HANGIL
GREAT BOOKS
128

시민사회와 정치이론 [2]

진 L. 코헨 · 앤드루 아라토 지음 | 박형신 · 이혜경 옮김

한길사

HANGIL
GREAT BOOKS
128

Jean L. Cohen·Andrew Arato
Civil Society and Political Theory

Translated by Park Hyong-Shin·Lee Hyeo Gyeong

This Korean edition was published by Hangilsa Publishing Co., Ltd. in 2013
by arrangement with MIT Press through KCC, Seoul.

1989년 11월 10일, 무너지는 베를린 장벽

시민사회 개념은 세계의 많은 지역에서 일어난 공산주의 독재 그리고 군부독재에
대항한 투쟁들 덕분에 오늘날 매우 유행하게 되었다. 따라서 어떤 사람들에게 시민사회
개념은 서구가 이미 성취한 그 무엇을 가리키는 것이며, 서구 사회가 지닌 역기능과
부정의를 탐구하는 데 어떤 명백한 비판적 잠재력을 지니지 않는 것으로 보이기도 한다.
그러나 코헨과 아라토는 이 책에서 근대 시민사회가 자유민주주의 체제 하에서
민주주의를 잠재적으로 확대할 수 있는 주된 장소라는 점을 치밀하게 논증한다.

프랑스의 인권선언

칸트는 모든 특수적인 법적·정치적 질서들을 넘어서는 보편적 인권에 기초하여
시민사회를 정의한다. 칸트의 역사철학에서 법의 지배에 기초하는 보편적 시민사회는
인간발전의 텔로스로 가정되었다. 칸트 그리고 나중에 피히테는 1789년 프랑스 인권선언의
정신에 따라 '시민의 사회'라는 관념을 제시했다. 특히 피히테에게서 본질적으로 근대적인
두 가지 관념이 처음으로 출현했는데, 그 하나가 국가와 사회의 명확한 분리이고, 다른 하나는
사회 자체를 개인주의적 측면과 보편주의적 측면에서 이해하는 것이었다.

슈트라스부르크에 있는 유럽 의회

근대 의회민주주의는 자유롭고 평등한 개인들의 공적 의사소통을
전제로 한다. 하지만 현실적으로는 의회의 공론장조차도 의사소통 과정에서 중요한
형식적·시간적 제약을 받거나 심지어는 의회가 시민사회의 정치적 토론이나
자발적 결사체의 활동을 제거하기도 한다. 코헨과 아라토는 진정한 대의민주주의를
위해 의회는 시민사회의 영향력을 전제로 하는 동시에 그 영향력에 열려 있어야만
한다고 주장한다. 그러기에 코헨과 아라토가 볼 때 시민사회야말로
대의민주주의의 민주화를 가능하게 만드는 것이다.

런던의 미국대사관 앞에서 베트남전쟁에 반대하는 시위대

코헨과 아라토는 사회운동이 근대 시민사회의 긍정적 잠재력을 실현하는 과정에서 역동적 요소를 이루고 있다고 본다. 즉 권리를 확대하고 시민사회의 자율성을 방어하고 시민사회를 더더욱 민주화하기 위한 사회운동은 민주적 정치문화의 활력을 유지시켜준다. 하지만 사회운동이 항상 내적으로 민주적인 것은 아니며, 정당한 정치질서에 의해 창출된 민주적 절차나 법을 위반하는 행위에 자주 참여한다. 따라서 코헨과 아라토는 민주적 사회운동은 시민사회 역시 사회운동의 표적으로 삼는 자기제한적인 것이 되어야 한다고 주장한다.

HANGIL GREAT BOOKS 128

시민사회와 정치이론²

진 L. 코헨 · 앤드루 아라토 지음 | 박형신 · 이혜경 옮김

한길사

제3부 시민사회의 재구성

3
시민사회의 재구성

제8장 담론윤리와 시민사회

우리 앞에는 지금 두 가지 이론적 토포스가 있다. 하나는 근대 시민사회이고, 다른 하나는 담론윤리이다. 첫 번째 것은 고전 자유주의의 테마를 환기시킨다. 즉 오늘날 '시민사회'라는 용어는 사생활, 재산, 공론장(자유로운 표현과 결사체) 그리고 법 앞의 평등이라는 권리들을 상기시킨다. 두 번째 것은 각축을 벌이는 정치적 규범들에 관한 공적 논의에 관련 당사자들 모두가 평등하게 참여하는 것을 강조하는데, 그것은 분명 민주주의의 원리를 지칭한다. 현재 정치이론에서는 자유주의와 민주주의가 근본적으로 정반대라고 보는 견해가 (또다시) 유행하고 있다. 고전 자유주의의 핵심교의를 옹호하는 사람들은 다수결과 참여를 강조하는 민주주의를 환상으로 보거나, 심지어 더 나쁘게는 그것이 적절하게 통제되거나 제한되지 않는다면 현존하는 자유에 위험한 것으로 보는 경향이 있다.[1] 반면 직접민주주의 또는 급진민주주의의 옹호자들은 자유주의적 전통 자체가 참여민주주의 사회를 달성하는 데 주된 방해물이라

---

1) 권리지향적 자유주의에 대한 최근의 가장 탁월한 옹호로는 Ronald Dworkin, *Taking Rights Seriously* (Cambridge: Harvard University Press, 1978)을 보라. 중립성이라는 자유주의적 이상에 관한 훌륭한 논의로는 Charles Larmore, *Patterns of Moral Complexity* (Cambridge, England: Cambridge University Press, 1987)를 보라.

고 비난하기에 이르렀다.[2] 그렇기는 하지만 우리는 각각의 설득력은 그 것들이 서로 간에 맺고 있는 긴밀한 개념적·규범적 관계에 달려 있다고 주장한다. 더 나아가 우리는 획득된 자유의 방어와 확대는 근대 시민사회의 제도들이 더욱 민주화되고 그러한 제도들이 정체에 대해 더 큰 영향력을 행사하는 것에 달려 있다고 가정한다. 우리는 담론윤리 이론의 틀 속에서 민주적 정당성과 기본권 개념을 탐구함으로써, 그리고 이 두 개념과 잠재적으로 민주적인 근대 시민사회라는 하나의 일관된 개념 간의 관련성을 확립함으로써 이 테제를 입증할 것이다.

다행스럽게도 우리는 진공상태에서 말하고 있는 것이 아니다. 시민사회의 옹호 그리고/또는 민주화 프로젝트를 자신들의 정치적 의제로 제시해온 현대 서구와 동구의 많은 집합행위자들이 이 두 가지 원리를 결합시켜왔다.[3] 이 행위자들이 '시민사회'라는 용어를 사용할 때 염두에 두고 있는 것은 국가와 경제로부터 구분되고 다음의 요소들을 포함하고 있는 사회영역에 관한 하나의 규범적 모델이다. (1) 다원성: 가족, 비공

---

2) Carole Pateman, *Participation and Democratic Theory* (Cambridge, England: Cambridge University Press, 1970); *The Problem of Political Obligation: A Critical Analysis of Liberal Theory* (New York: Wiley, 1979)을 보라. 또한 C. B. MacPherson, *The Life and Times of Liberal Democracy* (Oxford: Oxford University Press, 1977)와 *Democratic Theory* (Oxford: Clarendon Press, 1973)도 보라.

3) 우리가 여기서 염두에 두고 있는 것은 생태운동, 시민발의운동, 페미니즘운동, 평화운동을 포함하는 서구의 '새로운 사회운동'과 동구의 폴란드 자유노조운동에서 나타나는 핵심적 차원들이다. 이들 새로운 운동에 관한 논의로는 제10장을 보라. 또한 다음의 것들도 보라. Andrew Arato, "Civil Society vs. the State," *Telos*, no. 50 (Winter, 1981-82): 19-48; Jean L. Cohen, "Rethinking Social Movements," *Berkeley Journal of Sociology* 28 (1983): 97-113; "Strategy or Identity: New Theoretical Paradigms and Contemporary Social Movements," *Social Research* 52, no.4 (Winter 1985): 663-716; Andrew Arato and Jean L. Cohen, "The German Green Party," *Dissent* 8 (Summer 1984): 327-333; "Social Movements, Civil Society and the Problem of Sovereignty," *Praxis International* 4, no. 3 (1984): 266-283.

식 집단, 자발적 결사체(이것들의 다원성과 자율성이 다양한 형태의 삶을 가능하게 한다), (2) **공론장**: 문화와 의사소통의 제도들, (3) **사생활**: 개인의 자기발전과 도덕적 선택의 영역, (4) **합법성**: 적어도 국가로부터 그리고 경향적으로는 경제로부터 다원성, 사생활, 공론장을 구분하기 위해 필요한 일반적인 법과 기본권의 구조. 이들 구조가 함께 어우러져서 근대의 분화된 시민사회가 제도적으로 존재하는 것을 보장해준다.

하지만 현대 집합행위자들이 시민사회의 핵심요소들을 재발견한 것이 그 자체로 시민사회의 규범적 정당화를 수반하지 않는다. 사회운동 프로젝트들은 스스로 자기정당성을 거의 입증하지 못한다. 게다가 시민사회의 규범적 이상들에 대한 비판이 존재하지 않는 것은 아니다. 우리가 이미 살펴보았듯이, 한나 아렌트와 미셸 푸코는 각기 그러한 주장을 공격하는 강력한 논거들을 제시해왔다.[4] 아렌트가 볼 때, 국가와 구분되는 사회적 영역의 분화는 사회의 치명적인 탈정치화가 시작된 것이었으며, 이것은 공적 영역과 사적 영역 경계의 붕괴와 대중사회와 전체주의 모두의 출현으로 이어졌다. 푸코가 볼 때, 시민사회의 규범들 자체는 단지 새롭고 틈새 없는 감금체계와 결합되어 있는, 잘 드러나지 않는 사회적 규율과 미시기술을 가시적으로 지지하는 것뿐이었다. 우리는 이러한 견해들의 선구자인 청년 마르크스가 시민사회를 부르주아 사회와 등치시키고 국가와 정치적으로 소외된 사회를 구분하는 설득력 있는 논거들을 만들어냈다는 것 또한 기억해야만 한다.[5] 시민사회의 규범에 관한 이러한 비판과 여타 비판들에 답하기 위해서는 새롭고 포괄적인 그리고

---

4) Andrew Arato and Jean L. Cohen, "Civil Society and Social Theory," *Thesis Eleven*, no. 21 (1988): 40-64. 제4장과 제6장을 보라. 니클라스 루만도 마찬가지이다(제7장을 보라).
5) Jean L. Cohen, *Class Society and Civil Society: The Limits of Marxian Critical Theory* (Amherst: University of Massachusetts Press, 1982).

정당화할 수 있는 실천적 정치철학에 기초해야만 한다. 적절히 재해석된 담론윤리가 이러한 과제를 완수하는 데 가장 적합한 후보라는 것이 우리의 주장이다.

분명 담론윤리 이론도 난점을 지니고 있다. 첫째, 이 이론의 적용영역이 도덕인가, 정치인가 아니면 둘 다인가라는 문제가 있다. 둘째, 이 이론이 권위주의적 함의를 지니고 있다는 주장이 제기되어왔다. 셋째, 담론윤리가 특정한 삶의 형태를 규정하지 않는, 진정으로 보편적인 주장을 만들어낼 수 있는지가 불확실하다. 마지막으로, 담론윤리와 민주적 제도 및 자유주의적 제도들 간의 관계는 결코 만족스럽게 정교화된 적이 없다.

우리는 이들 쟁점 모두에 대해 설득력 있는 답변을 분명하게 제시하는 것이 가능하다는 점을 보여주고자 한다. 우리는 다섯 단계에 거쳐 그렇게 할 것이다. 우리는 담론윤리에 관한 하버마스의 가장 상세한 해석에 대한 논의에서부터 시작하여, 먼저 그 이론의 적절한 대상영역을 고찰할 것이다. 우리는 그 다음으로 적절히 재해석될 경우 담론윤리가 권위주의적 함의를 피할 수 있다고 주장한다. 우리는 이 논점을 분명히 제기하기 위해 형식적 담론절차의 정당한 실제적 지시대상을, '일반화할 수 있는 이해관계'에서 '합리적인 집합적 정체성'으로 대체할 것이다. 그 다음에 우리는 담론윤리가 구체적인 삶의 형태들(Sittlichkeit)과 맺는 관계에 집중할 것이다. 우리는 계속해서 바람직한 삶에 관한 어떤 단일 모델도 담론윤리로부터 나오지는 않지만, 그것이 그 이론에 대한 해결할 수 없는 제도적 결함을 의미할 필요는 없다고 주장할 것이다. 시민사회라는 범주가 우리로 하여금 담론의 제도화를 수반하는 특정 정치 모델과 다원적인 삶의 형태들을 결합할 수 있게 해주는 것도 바로 이러한 맥락 속에서이다. 구체적으로는 우리는 민주적 정당성과 기본권이라는 범주를 통해 담론윤리와 근대 시민사회를 연결한다. 끝으로, 우리는 담론윤리에 대한 우리의 재해석이 우리가 앞으로 '복수의 민주주의'(plurality of democracies)라고 부를 것의 유토피아적 지평을 가지고 있다는 점을 보여주고자 노력할 것이다.

담론윤리의 대상영역

담론윤리의 기본 틀은 두 가지 차원으로 이루어져 있다.[6] 첫 번째 차원이 정당한 합리적 동의에 도달하는 것을 가능하게 만드는 조건들을 구체화한다면, 두 번째 차원은 이러한 동의의 (형식적 수준에서) 가능한 내용을 구체화한다.[7] 하버마스는 동의에 도달하기 위한 정당한 또는 합

---

6) 아래의 논의는 이 이론의 두 주요 제안자인 위르겐 하버마스와 카를-오토 아펠(Karl-Otto Apel)이 상이하게 정식화했음에도 불구하고 공유하고 있는 담론윤리의 핵심가정들을 재진술한 것이다. 우리는 대부분을 하버마스의 견해에 의지한다. 담론윤리가 하나의 초월적 토대(아펠)로 제시될 수 있는지, 보편화용론적 토대(하버마스)로 제시될 수 있는지 아니면 단지 역사적 토대(카스토리아디스)로만 제시될 수 있는지, 그리고 그러한 윤리에 대한 우리의 '선택'과 관련하여 합리적 논거(하버마스)가 궁극적 우선성을 가질 것인지 아니면 결정(헬러)이 궁극적 우선성을 가질 것인지는 여전히 미해결의 문제이다. 1982년 유고슬라비아 두브로브니크에서 있었던 카스토리아디스와 하버마스 간의 인상적인 논쟁은 우리에게 똑같이 타당한 논거들이 역사성과 보편성을 부여받을 수 있다는 확신을 주었다. 또한 이 논쟁을 통해 이 두 입장의 공통요소가 분석 수준의 이중성이라는 것이 분명해졌다. 보다 설득력 있는 논쟁이 필요한 부분은 역사적 수준(이미 논쟁이 진행되고 있다)이라기보다는 메타수준(제도화의 절차적 수준)이다. 우리가 의지하는 카를-오토 아펠의 저작으로는 다음과 같은 것들이 있다. Karl-Otto Apel, *Towards the Transformation of Philosophy* (London: Routledge and Kegan Paul, 1980), 225-285; "Normative Ethics and Strategic Rationality: The Philosophical Problem of a Political Ethic," *The Graduate Faculty Philosophy Journal* 9, no. 1 (Winter 1982): 81-109. 위르겐 하버마스의 저작으로는 Jürgen Habermas, "Discourse Ethics: Notes on a Program of Philosophical Justification," *Moral Consciousness and Communicative Action* (Cambridge: MIT Press, 1990)을 보라.

7) 이들 두 가지 차원은 분리될 수 있으며, 첫 번째 차원이 우선성을 지닌다. Habermas, "Discourse Ethics"를 보라. 그리고 또한 다음 책에 실려 있는 룩스(Lukes)에 대한 그의 답변도 보라. John B. Thompson and David Held, eds.,

리적 절차를 메타규범이라고 정의해왔다. 메타규범은 행위규범의 기초를 확립하거나 정당화하는 유일하게 타당한 절차를 규정한다.[8] 어떠한 규범도 처음부터 타당한 것으로 가정되지 않는다. 오직 규범을 타당화하는 절차만이 그러한 주장을 정당한 것으로 만들 수 있다. 하버마스에 따르면, 행위규범이 타당성을 지니는 것은 오직 그 행위규범에 의해 (그리고 그 행위규범의 적용이 가져오는 부수효과에 의해) 영향 받을 수 있는 모든 사람이 실제 담론의 참여자로서 그러한 규범이 발효되어야만 한다거나 또는 여전히 발효되어야만 한다는 (합리적으로 동기화된) 동의에 도달하게 될 때뿐이다.[9] 하지만 합리적으로 동기화된 동의로 이해되기 위해서는 다소 많은 전제조건들을 필요로 한다. 영향 받는 모든 사람이 "사실상의 동등한 기회를 가지고 대화에서 역할을 수행하기" 위해서는, 각자가 모두에 의해 (각자의 주장이 타당한 논거에 의해 뒷받침될 경우 인정받게 되는) 자율적인 합리적 주체로 아무런 제약 없이 서로 상호적으로 인정되어야만 한다.[10] 그러나 대화가 타당한 결과를 산출할 수 있기 위해서는 그것이 정치세력이나 경제세력에 의해 제한되지 않는, 전적으로 공개적인 의사소통 과정이어야만 한다. 그것은 또한 접근의 측면에서도 공개적이어야만 한다. 즉 말을 하고 행위할 수 있는 사람이라면 그 누구라도, 만약 논쟁 중인 규범에 의해 잠재적으로 영향을 받는다면, 동일한 조건으로 그 토론에 참여할 수 있어야만 한다. 더 나아가 참여자

Habermas: *Critical Debates* (Cambridge: MIT Press, 1982), 254.

8) 또한 Apel, "Normative Ethics," 100-101을 보라.

9) Jürgen Habermas, "A Reply to My Critics," in Thompson and Held, eds., *Habermas: Critical Debates*, 257. 또한 Jürgen Habermas, *Legitimation Crisis* (Boston: Beacon Press, 1975), 89; "Discourse Ethics"도 보라.

10) 다음을 보라. Thomas McCarthy, *The Critical Theory of Jürgen Habermas* (Cambridge: MIT Press, 1978), 325; Albrecht Wellmer, *Praktische Philosophie und Theorie der Gesellschaft* (Konstanz: Universitätsverlag Konstanz, 1979), 10-11; Apel, *Towards the Transformation of Philosophy*, 227, 258-259.

들이 암묵적으로 전제되어 있을 수도 있는 전통적 규범에 도전할 수 있는 위치에 있기 위해서는, 그들은 담론 수준을 변화시킬 수 있어야만 한다.[11] 달리 말해 그 어떠한 것도 합리적인 담론에 금기가 될 수 없고 또 금기가 되어서도 안 된다. 즉 담론이 권력, 부, 전통 또는 권위의 저장소이어서는 안 된다. 요컨대 특정 규범의 타당성에 대한 합리적 합의에 도달할 수 있는 가능성을 뒷받침하는 절차상의 원리들은 대칭성, 상호성 그리고 성찰성을 포함한다.[12]

이러한 특징들이 '이상적 담화상황'을 구성한다. 이상적 담화상황에서 일어나는 특정 의사소통행위 속에서 암묵적으로 제기되는 타당성 주장은 담론적으로 벌충될 수 있다. 하지만 정당성 이론이 조직이론과 혼동되어서는 안 된다는 것을 처음부터 언급할 필요가 있다. 만약 우리가 '이상적 담화상황'이라는 매우 논쟁적인 개념을 사람들이 정당한 규범과 부당한 규범을 구분할 수 있게 해주는 일단의 기준(메타규범)으로 간주한다면, 우리는 논쟁적인 담화 또는 담론의 형식적 규칙을 하나의 구체적인 유토피아로 파악하는 해석이 유발하는 혼란을 피할 수 있다. '이상적 담화상황'은 단지 참여자들이 더 나은 논거에 기초해서만 동의를 획득하고자 노력한다면 따라야만 하는 규칙을 언급할 뿐이다. 만약 이들 조건이 충족되지 않는다면(이를테면 만약 논쟁 중인 행위자들이 가정을 언급하거나 가정에 도전할 수 있는 동등한 기회를 가지고 있지 않다면, 즉 만약 그들이 무력이나 조작의 지배에 종속되어 있다면), 참여자들은 여타의 모든 논거들을 논거들로 진지하게 받아들이고 있는 것이 아니며,

---

11) Jürgen Habermas, "Wahrheitstheorien," *Wirklichkeit und Reflexion: Festschrift für Walter Schulz* (Pfullingen, 1973), 251-252. McCarthy, *Critical Theory*, 316에서 인용함. 또한 논쟁규칙에 관한 가장 최근의 정식화로는 Habermas, "Discourse Ethics," 99ff.를 보라.

12) 영어로 된 간결한 정식화로는 Seyla Benhabib, *Critique, Norm, and Utopia* (New York: Columbia University Press, 1986), 284-285를 보라.

따라서 그들은 논쟁적인 담화에 실제로 참여하고 있는 것이 아니다.

분명 동의에 도달하는 모든 과정이 이러한 조건들을 충족시키는 것은 아니다. 하버마스(그리고 카를-오토 아펠)는 '합리적' 합의와 '경험적' 합의를 반복해서 구분한다. 대부분의 합의형성 과정은 "단지 경험적일 뿐"이다.[13] 타당성의 원천이 되는 담론규범은 동의에 의해 생산되지 않는다. 오히려 그것은 타당한 동의를 가능하게 하는 조건들이다. 실제적인 동의의 결과는 그것이 메타규범과 일치하는 한해서만 규범적 타당성을 지닌다. 다른 한편으로 그리고 누군가는 역설적이라고 생각할지도 모르지만, 하버마스는 가상의 대화보다는 실제의 대화를 강조한다. 왜냐하면 오직 실제로 이루어지는 담론만이 각자의 역할을 모든 행위자들과 교환할 수 있게 해주고, 그럼으로써 어느 누구도 배제하지 않는 관점의 진정한 보편화를 가져올 수 있기 때문이다.[14] 그는 이렇게 함으로써, 대부분의 계약이론 전통들(이 전통은 계약의 기원에 관한 신화와 관련해서만 담론 모델을 상정한다)뿐만 아니라, 동의가 독백을 통해 도달 가능한 진리에서 나온다고 가정하는 모든 접근방식과 자신을 구분한다. 논의 중인 규범에 의해 잠재적으로 영향 받는 모든 참여자가 협력적으로 참여하는, 현실의 실제적 담론만이 규범의 타당성에 관한 합리적 합의에 도달할 수 있다. 왜냐하면 그러한 조건 하에서만 우리가 개인적으로가 아니라 함께 무엇인가에 대해 확신하고 있다는 것을 우리가 알 수 있기 때문이다. 따라서 담론윤리의 메타규범은 그것의 규범적 함의가 단지 실제 대화의 맥락에서만 유효하다는 의미에서 특이하다.

따라서 하버마스는 칸트식의 정언명령을 절차적 논증규칙과 양립할 수 있는 노선을 따라 재정식화했다. 하버마스는 이렇게 언급한다. "나는

---

13) Apel, *Towards the Transformation of Philosophy*, 238-239를 보라. 여기서 그는 부르주아 민주주의 과정도 그렇게 특성화한다.

14) Habermas, "Reply," 257. 또한 Wellmer, *Praktische Philosophie*, 33-34도 보라.

내가 일반법칙이기를 바라는 공리를 다른 모든 사람에게 타당한 것으로 제시하는 대신에, 나의 공리를 그것의 보편화 가능성 주장을 담론적으로 검증할 목적으로 모든 사람에게 제시해야만 한다. 강조점이 각자가 모순 없이 하나의 일반법칙이기를 바라는 것에서 모두가 하나의 보편적 규범 이라고 동의하기를 바라는 것으로 이동한다."[15]

하지만 합리적 합의라는 관념은 영향 받는 모든 사람이 관련된 토론 에 실제로 참여하는 것 그 이상의 것을 포함한다. 합의적 의지형성 과정 에 덧붙여 우리가 하나의 규범이 정당하다고 주장하는 것은, 우리가 그 규범이 단지 우리의 집합적 의지에 부합할 수 있다는 것이 아니라 그 규 범이 옳다고 주장한다는 것을 의미한다. 하버마스의 주장에 의하면, 모 든 인지주의 윤리와 마찬가지로 담론윤리도 규범적 타당성 주장이 인지 적 의미를 지니며, 인지적 진리주장처럼 일정한 조정을 통해 조종될 수 도 있다고 가정한다.[16] 특정 공동체가 특정 규범을 실제로 인정한다는 것은 그 규범이 타당할 수 있다는 것을 말해줄 뿐이다. 규범의 타당성이 확인될 수 있는 것은 오직 우리가 의지형성 과정과 특정 규범의 수용 가 능성을 판단하는 기준 간에 어떤 관계를 확립하는 '가교의 원리'를 사용 할 때뿐이다. 판단의 불편부당성(Unparteilichkeit)이 집합적 의지형성 의 무영향력성(Unbeinflussbarkeit)를 보완해야만 한다.[17]

하버마스는 담론윤리의 이 두 번째 측면을 정교화하면서 위에서 언급 된 내용의 차원을 다룬다. 이것은 우리를 담론윤리의 두 번째 측면, 즉 동의의 형식적 내용으로 인도한다. 하버마스는 우리가 동의하는 행위규 범이 객관적(unparteilich)이고 합리적이며 정당하기 위해서는 일반화할

---

15) Habermas, "Discourse Ethics," 67.
16) 이 점에 대한 유익한 논의로는 Alessandro Ferrara, "A Critique of Habermas' Discourse Ethic," *Telos*, no. 64 (Summer 1985): 45-74를 보라.
17) Habermas, "Discourse Ethics," 68-76.

수 있는 이해관계를 표현해야만 한다고 주장한다.[18] 모든 타당한 규범은 다음의 조건을 충족시켜야만 한다. 그것은 바로 "규범의 영향을 받는 사람들 모두가 규범의 일반적 준수가 모든 사람의 이해관계의 충족과 관련하여 가져올 것으로 예상되는 결과와 부작용을 받아들여야 한다(그리고 그러한 결과가 대안적인 규제 가능성이 가져올 결과보다 선호된다)"는 것이다.[19] 규범의 영향을 받는 사람들 모두가 보편적 규범이라고 인정할 수 있는 것을 발견할 수 있기 위해서는, 이 '보편화 원리'는 실제적 담론을 필요로 한다.

지금까지 우리는 담론윤리에 관한 하버마스의 정식화를 간략하게 요약해왔다. 하지만 최근 몇몇 비판가들이 지적해왔듯이, 이 이론의 지위 또는 대상영역은 불명확하다.[20] 한편에서 하버마스는 분명 담론윤리를 칸트적 전통의 보편주의적 도덕이론으로 간주한다. 또한 다른 한편에서 하버마스는 담론윤리를 민주적 정당성 이론의 핵심으로, 그리고 전통적·신계약주의적 이론에 대한 대안을 제공하는 하나의 보편주의적 인권 개념의 핵심으로 제시한다. 설상가상으로 하버마스는 정당성의 하나의 원리로서의 담론윤리가 법의 근간을 이루는 정치윤리를 밝혀냄으로써 합법성과 도덕 간의 명백한 불화를 해소할 수 있다고 주장해왔다.[21]

---

18) Habermas, *Legitimation Crisis*, 108. 매카시가 이 이론의 이 같은 차원을 강조하는 반면, 벨머의 텍스트들은 이를 잔여화시키고자 한다.

19) Habermas, "Discourse Ethics," 65.

20) 이에 대한 탁월한 논의들로는 다음을 보라. Albrecht Wellmer, "Zur Kritik der Diskursethik," *Ethik und Dialog* (Frankfurt: Suhrkamp, 1986); Agnes Heller, "The Discourse Ethic of Habermas: Critique and Appraisal," *Thesis Eleven*, no. 10/11 (1985): 5-17. 담론윤리 이론에 대한 대부분의 논의들은 그것이 일반적인 도덕이론으로 기여할 수 있는 능력을 축으로 하고 있다. 우리는 우리의 논의가 담론윤리가 민주적 정당성과 기본권 이론으로 기여할 수 있는 능력을 포괄적으로 다루는 논의로는 처음일 것이라고 생각한다.

21) Habermas, *Legitimation Crisis*, 88. 또한 Jürgen Habermas, "Legitimation Problems and the Modern State," *Communication and the Evolution of Society* (Boston:

그의 목적은 도덕과 합법성 간의 차이를 전제하면서도 (양자 간의 구분을 없애고자 노력하는 마르크스주의적 접근방식과는 달리) 형식적 법이 도덕적 원리를 따른다는 식으로 양자 간의 연계관계를 설명하는 것이다. 그렇다면 우리가 다루어야 하는 첫 번째 질문은 다음과 같다. 정확히 무엇이 담론윤리의 대상영역인가? 그것은 도덕이론인가 아니면 정치적 정당성 이론인가? 그것은 둘 다일 수도 있는가?

우리의 의도는 정치윤리로서, 그리고 민주적 정당성과 기본권에 관한 이론으로서의 담론윤리를 옹호하는 것이다. 우리는 담론윤리가 사회정치적 규범들의 정당성을 검증할 수 있는 기준을 제공한다고 생각한다. 사실 '공적 대화', '일반적 이해관계', '영향 받는 모든 사람', '사회규범'과 같은 용어들은 정치철학의 범주들을 환기시킨다. 담론윤리 이론이 이것 이상으로 제시될 경우, 그것은 불필요하게 과중한 짐을 지게 된다. 실제로 담론윤리가 도덕이론으로서 기여할 수 있는 능력에 대해 제기되어온 가장 중요한 두 가지 반박은 담론윤리를 민주적 정당성 이론의 타당성 있는 후보로, 즉 재정식화된 보편화의 원리이자 실제적 대화의 필요조건으로 만드는 차원들에 초점을 맞추고 있다.[22] 우리는 어떤 일반이론이 자율적인 도덕적 판단의 영역에서 가장 잘 작동하는가라는 질문은 논외로

Beacon Press, 1979)도 보라. 이를 달리 표현하면, 하버마스의 담론윤리는 분화를 전제하는 이론의 틀 내에 자유주의적인 기본권 원리(그리고 소극적 자유 개념)와 고대 공화주의적인 (그리고 근대 초기의) 적극적 자유 개념을 한데 결합하고자 하는, '후기 헤겔주의적' 시도로 파악할 수도 있다. 하지만 헤겔식 모델과는 달리 담론윤리 이론은 우리로 하여금 규범적 정치 개념(또는 법의 근간을 이루는 규범적 원리들)을 일원론적이고 실재론적인 그리고 궁극적으로는 비민주적인 윤리적 삶 개념과 관련하여 해석하게 하지는 않는다. 대신에 민주적 정당성 이론으로서의 담론윤리는 다원적 형태의 삶에 적합한 새로운 형태의 공적 자유─기본권의 원리를 전제로 하고 또 부분적으로는 정당화하는 자유─에 관해 생각할 수 있게 만들어 준다. Jean L. Cohen, "Morality or Sittlichkeit: Towards a Post-Hegelian Solution," *Cardoso Law Review* 10, nos. 5-6 (March/April 1989): 1389-1414를 보라.

22) Heller, "The Discourse Ethic," 7; Wellmer, "Zur Kritik der Diskursethik," 51-55.

하고자 한다. 그럼에도 불구하고 우리는 어떤 특정 도덕철학에 헌신하지 않으면서도 담론윤리를 하나의 정치윤리로 옹호할 수 있다고 믿는다.

이것은 우리가 담론윤리 프로젝트를 기본적으로 루만식의 체계이론뿐만 아니라 법실증주의와 법현실주의 모두에 반대하여 탈존재론적 윤리이론의 통찰력을 활용하고자 하는 하나의 시도로 해석한다는 것을 의미한다. 요컨대 이 작업은 합법성과 정치에는 합리적으로 옹호할 수 있는 규범적 요소가 존재하며, 이 요소가 제재나 경험적 동기와는 무관하게 법규범의 의무적 차원과 사회정치체계의 정당성을 설명한다는 것을 보여주는 것이다.

하지만 일반적인 도덕이론과 정치적 정당성 이론을 구분하는 것은 우리에게 다음과 같은 하나의 핵심적 질문을 던져준다. 이 두 이론 간의 경계를 어떻게 설정할 것인가? 정의가 사회규범과 관계가 있고 실제적 대화를 요구하는 반면 도덕은 도덕적 양심에 관한 개인적 성찰을 수반한다고 진술하는 것만으로는 충분하지 않다. 왜냐하면 도덕과 합법성 모두 사회의 규범과 관련되어 있고, 현재 문제가 되는 것은 바로 이들 규범과 관련한 법의 유효범위이기 때문이다. 또한 삶의 특정 영역을 정의상 사적인 것이며 따라서 법의 출입이 금지되어 있는 것으로, 그리고 다른 영역들을 공적인 것이며 따라서 법적-규범적 통제에 열려 있는 것으로 명시함으로써, 이 둘 간의 경계를 설정하고자 하는 시도들도 설득력이 없다. 우리가 보기에, 이러한 접근방식은 제대로 작동할 수 없다. 왜냐하면 이것은 사회를 정의(正義) 너머에 존재하고 시간에 따라 변화하는 개인의 판단에 맡겨질 수밖에 없는 제도적 배열 및 관계로 이해하기 때문이다. 더욱이 제도나 관계와 관련하여 '사적'이라는 명칭은 그것들로부터 정의의 요구를 충족시키는 것을 면제해주는 것이 아니라 오히려 상이한 형태의 법적-규범적 규제를 수반한다.[23] 우리는 제도들 사이의 공간적 은유 또는 공간적 분할을 통해 추론함으로써 공적 영역과 사적 영역, 즉 개인의 도덕적 선택이나 개인적 판단에 맡겨져야 하는 것과 법적으로 규제되어야 하는 것 간의 경계를 설정할 수 없다. 대신에 우리는 사생활이 개인—특정한 선택(정체성 욕구에 영향을 주는 것)과 관련하여 (자율적인 도덕적 주체로서의) 특정 능력들을 지니고 있고 또 우리가 언제라도 분석하고 논의할 준비가 되어 있어야만 하는 특정한 관계구조(우정, 친밀성) 내에 존재하는 개인—에 속한다는 가정으로부터 시작해야만 한다. 실제로 사적 영역 그리고 심지어는 친밀한 '영역들'조차도 항상 법에 의해 구성되고 규제되어왔다. 하지만 법에 의해 구성된 것 속에는 법과 갈등을 일으킬 수 있는 자율적인 판단영역이 포함되어 있기도 하다. 따라서 우리는 자율적인 도덕적 성찰 또는 판단의 영역과 법규범의 영역을 분석적으로 구분할 것을 주장하지만, 이 구분과 삶의 영역들 또는 일단의 제도들 간에 일대일의 대응관계를 설정하고자 하는 어떠한 시도도 거부한다. 오히려 개인의 자율적인 판단이 정의의 기본 원리들을 침해하지 않는다면, 법은 그러한 판단과 관련하여 자기제한적이어야만 한다. 비록 정확히 어떤 내용이 사생활 권리의 보호에 속하는지는 당연히 토론과 수정의 여지가 있기는 하지만, 사생활의 권리들은 바로 이러한 방식으로 작동한다.

또 다른 측면에서 볼 때, 담론윤리를 민주적 정당성과 기본권에 관한

---

23) 이러한 노선을 따르는 공적인 것/사적인 것의 이분법에 대한 비판으로는 Susan Okin, *Justice, Gender and the Family* (New York: Basic Books, 1989)를 보라. 오킨은 가족이 '사적 영역'이기 때문에 "정의(正義) 너머에 존재한다"는 가정에 도전한다. 그녀는 흄과 롤스가 논의한 '정의상황'(circumstance of justice)이 가족에서도 통용된다고 설득력 있게 주장한다. 즉 남편, 아내, 아이들은 공통의 이해관계뿐만 아니라 서로 다른 이해관계를 갖는다는 것이다. 따라서 권리는 가족성원들 모두에 의해 주장될 수 있다. 우리가 가족을 시민사회에 포함시키는 것도 이러한 주장과 일치한다. 물론 가족법은 계약법이나 행정법과 다르다. 그러나 비록 그 안에서 이루어지는 어떤 결정들이 사적인 것으로 여겨진다고 하더라도, 그럼에도 불구하고 이 '사적 영역'은 법적으로 규제된다.

이론이라고 보는 우리의 해석은 법의 실정화와 그에 따른 합법성 영역과 도덕영역의 분리에 관한 사회학적 통찰을 전제로 한다. 하지만 이 이론에 대한 우리의 해석은 정치나 법의 총체적인 탈규범화와 도덕의 탈정치화가 이 과정의 불가피한 결과라는 견해를 거부한다. 이 명백한 역설을 어떻게 해소할 수 있는가?

분화된 형식적 실정법 체계뿐만 아니라 자율적인 보편주의적 도덕의 발전 또한 거대한 역사적 성과로 보아야만 한다는 것이 분명 하버마스(그리고 우리)의 견해이다. 게다가 이러한 발전들은 근대적 형태의 시민사회를 구성하는 조건들인 민주주의와 권리라는 근대 특유의 개념의 출현과 연계되어 있다. 하지만 이 과정에는 또 다른 측면이 존재한다. 즉 입헌국가와 자본주의 시장경제의 출현에 수반하여 발생했던 원리들에 기초하고 있는 일단의 사적 도덕으로부터 실정법적 규범이 분리되는 과정은, (특정 국가에 의해 '평정된' 영역에만 타당한) 법체계의 추상적 규칙에 대한 시민의 충성과 (개인적 도덕을 가지고 보편적 주장을 하는) "인간의 코스모폴리타니즘" 간에 잠재적 갈등을 수반한다.[24] 훨씬 더 중요한 것은, 근대 자연법 이론의 쇠퇴와 법실증주의의 발달 이후 지금까지 법이 적절한 입법적·법적 절차상의 옳음을 넘어서는 규범적 내용을 가진다는 주장, 즉 법이 그와 관련된 제재와 무관하게 구속력을 지닌다는 주장이 반복적으로 논쟁의 대상이 되어왔다는 것이다. 적어도 19세기 이후의 수많은 법이론에 따르면, 합법성과 도덕의 분화는 시민들의 일상적 삶과 정치의 분리, 그리고 합법성 자체의 탈규범화 모두를 수반해왔다.[25]

---

24) Habermas, *Legitimation Crisis*, 87-89. 벨머의 비판에 대한 유용한 논의로는 Alessandro Ferrara, "Critical Theory and Its Discontents: On Wellmer's Critique of Habermas," *Praxis International* 9, no. 3 (October 1989): 305-320을 보라.
25) 하버마스는 특히 이 테제에 관한 베버의 해석에 역점을 두고 있다.

게다가 법이 주권자의 의지나 명령으로 이해될 때(홉스, 오스틴), 그리고 헌법과 기본권이 단지 실정법의 특수한 사례들일 뿐이라고 공언될 때, 그 결과는 도덕과 법의 구분 그 이상의 것을 초래한다. 실제로 법실증주의는 법의 탈규범화를 공표한다. 즉 그것은 법을 일군의 경험적 사실들로 변형시킨다. 의무는 있을 수도 있는 제재 앞에서의 신중한 행동으로 전환된다. 심지어 법실증주의 내에서조차(하트) 그러한 극단적 결과들은 자주 거부되고, 명령으로서의 법이라는 관념과 계산으로서의 의무라는 관념은 단호하게 논박받아왔다. 그럼에도 불구하고 어떻게 하나의 체계로서의 법이라는 개념—순수하게 법적인 조항들이 서로와만 관계를 맺고 오직 일관성(켈젠) 요구 또는 '2차적' 법질서 측면에서의 타당성(하트) 요구만을 충족시킬 필요가 있는—이 법적 또는 정치적 정당성의 기초를 마련해줄 수 있는 진정한 정치윤리와 같은 어떤 것으로 이어질 수 있는지를 알기는 어렵다. 법을 법원, 입법부, 공동체, 정치관료 또는 여타의 권력소유자들이 제재와 함께 집행하고자 하는 것에 관한 사회학적 예측으로 축소시키는 견해(법현실주의; 비판적 법 연구의 몇 가지 형태들)의 경우에는, 그 이유를 알기란 훨씬 더 어렵다.

하버마스는 법적-합리적 지배의 토대와 관련한 베버와 루만과의 논쟁에서, 하나의 전체로서의 근대 법체계의 정당성을 오직 법절차의 형식성과 체계적 성격으로부터만 끌어내는 것은 불가능하다는 점을 반복해서 지적한 바 있다.[26] 정당한 권위로서의 법은 법 외적인 정당화의 원천에 기초하고 있다. 적어도 형식적 민주주의 국가의 입장에서, 궁극적 권위의 원천으로 헌법에 기대는 것은 법의 정당성이 궁극적으로는 민주주의와 기본권의 원리들—헌법에 그리고 헌법발전 이면의 이른바 민주적

---

26) Habermas, *Legitimation Crisis*, 95-117. 또한 *The Theory of Communicative Action*, vol. 1 (Boston: Beacon Press, 1984), 254-270도 보라.

과정에 구현되어 있는—에 기생한다는 것을 의미한다. 민주적 정당성과 기본권의 원리들이 법적 권위의 근간을 이룬다. 하지만 이들 원리는 자연법 이론과 공화주의적인 시민적 덕성이론 모두에서 그랬던 것처럼, 더이상 신성한 '자명한 진리'로 옹호될 수 없다. 담론윤리의 과제는 그러한 이론들의 전제를 피하면서도 그러한 이론들의 현대적 등가물을 제시하는 것이다. 따라서 담론윤리가 정당화하는 민주주의의 원리들은 한꺼번에 주어지는 것이 아니라, 용인할 수 있는 규범들의 보편성과 그러한 규범들과 함께 출현하는 타당성 주장에 대한 담론적 재고 가능성을 확인해주는, 독창적이고 반복 가능한 의사소통 과정의 결과로 인식되어야만 한다.

우리는 합법성을 공식적 제재라는 종래의 전거에 의거하여 정의할 것을 제안한다. 형식적 제재는 타당한 규범을 명분으로 근대 국가의 행정적·사법적 권력을 행사할 수 있다. 도덕적 규칙은 그러한 강제에 의지할 수 없다. 따라서 우리가 살펴보듯이 담론윤리는 전체로서의 법체계와 정치체계에 적용되는 것은 물론 (제재와 관련 당사자들의 해석과 순응 모두에 의존하는) 법규범들의 특수한 복합체에도 적용될 수 있다. 우선 우리는 담론윤리를 민주적 정당성의 하나의 원리로 재해석한다. 그 다음에 우리는 담론윤리를 제도화가 가능한 기본권에 대한 이론의 일부로 재해석한다. 우리가 앞으로 살펴보듯이, 담론윤리의 이 두 가지 차원은 자율적인 도덕적 판단의 영역을 포함한다. 이 영역은 담론윤리의 범위를 벗어나지만, 그럼에도 불구하고 담론윤리의 전제조건이며 기본권에 의해 보장되어야만 한다. 우선은 이 나중의 쟁점에 초점을 맞추기로 하자.

우리는 담론윤리가 상호의존적이지만 별개인 두 가지 차원, 즉 민주적 정당성과 기본권 차원에서 합법성 영역과 관련되어 있다고 가정하고 있다. 이들 차원 각각은 도덕과 닿아 있다. 하지만 비록 우리가 공식적 제재를 언급함으로써 합법성이 시작되고 자율적 판단이 끝나는 곳이 어디

인지를 경험적으로 말할 수는 있지만, 우리는 이것들의 경계가 어디이어야만 하는가라는 규범적 질문에 대해서는 아직 손을 대지 못했다. 물론 모든 근대 사회가 자율적인 판단의 영역과 법적으로 규제될 수 있는 영역 간의 경계를 설정하고 있지만, 각 사회가 설정한 경계지점은 서로 다르다. 논쟁이 발생할 경우 쟁점이 되는 것은 불가피하게 이들 경계가 어떤 관점에 따라 설정되어야 하는가, 즉 합법성인가 아니면 개인적 판단인가, 공적 담론인가 아니면 사적인 도덕적 성찰인가 하는 것이다. 우리가 볼 때는, 그러한 경우들에서 적어도 우선은 담론윤리가 어떤 독백을 통해 획득된 도덕적 관점보다 우위에 있는 것으로 간주되어야만 한다. 왜냐하면 법규범에 의해 잠재적으로 영향 받는 모든 사람이 참여하는 실제 토론 속에서만 우리가 우리 모두에게 공통적인 것(만약 그런 것이 존재한다면), 법적 규제의 영역이어야만 하는 것, 정치적 의사결정의 형태들 중 정당한 것, 자율적 주체의 개인적 판단에 맡겨져야만 하는 것, 그리고 타협되어야만 하는 것을 발견할 수 있기 때문이다. 달리 말해 오직 논쟁의 여지가 있는 쟁점들이 공적으로 토론되고 난 이후에만, 우리가 어떤 것을 '사적'인 것으로 간주해야만 하는지, 즉 어떤 것을 바람직한 삶이라는 개인적 이상과 관련하여 개인의 자율적 판단에 맡겨야만 하는지를 결정할 수 있다.[27]

---

27) 여기에는 약간의 해명이 필요하다. 하버마스는 담론윤리를 일반적인 도덕이론으로 제시한다. 그는 그렇게 하면서, 도덕적 관점('옳은 것')과 개인 또는 집단 정체성 또는 문화적 가치체계의 문제들('바람직한 것')을 구별한다. 따라서 공적인 것/사적인 것의 이분법에 대한 그 자신의 해석은 보편주의적인 도덕원리(공적인 것)와 개인의 삶의 방식, 정체성 욕구, 삶의 계획 등등을 인도하는 특수한 가치(사적인 것) 간의 구분에 의거한다. 그가 문화적 가치들이 일반적인 사회규범의 후보가 될 수 있다고 주장하기는 하지만, 이러한 구분은 보편화될 수 없는 문화적 가치, 정체성 욕구, 삶의 형태의 구성요소들은 도덕적인 것의 영역에 속하지 않으며 오히려 심미적-평가적인 쟁점들을 포함한다는 가정에 근거한다. 이러한 유형의 주장은 도덕이론가들 사이에 격앙된 논쟁을 유발한다. 일부 사람들은 우리가 결

코 옳은 것과 바람직한 것을 분리시킬 수는 없다고 주장한다. 다른 사람들은 이런 식으로 이 둘을 분리하는 것은 불필요하게 도덕적인 것의 영역을 협소화시키는 한편, 바람직한 것의 문제를 원리의 문제에서 취향의 문제로 용납할 수 없게 강등시킨다고 주장한다. 우리는 담론윤리를 도덕이론의 특수한 부분집합으로, 즉 입헌민주주의의 정당한 의사결정의 근간을 이루는 원리들을 다루는 이론으로 조명함으로써, 이 수준의 논쟁을 우회하고자 시도해왔다. 그러나 이 이론에 대한 우리의 견해는 민주적 의사결정의 범위에 제한을 가하는 자율적인 도덕적 판단의 영역을 전제로 한다. 우리가 앞으로 살펴보듯이, 이 '영역'은 담론윤리의 원리들과 복잡한 관계에 있는 기본권 원리에 의해 그 자체로 인정된다. 따라서 우리가 '사적'이라고 부르고 있는 것은 개인들의 도덕적 성찰과 선택은 물론 그들의 프로젝트와 정체성 욕구와 관련한 판단 또한 지칭한다. 우리가 앞으로 살펴보듯이, 사생활의 권리들이 바로 이 영역을 보장한다. 모든 권리가 그것들이 주장되고 동의되고 그리고 법으로서 제도화되어야만 한다는 점에서 공적인 원리들과 관련되어 있지만, 특히 사생활의 경우에서 그 권리들이 보호하는 것에 대해서는 공적, 법적 또는 정치적 통제가 금지된다. 달리 말해 공적으로 명시되고 법적으로 보호되는 사생활의 권리들은 정치적 규제를 벗어나 있는 자율적 판단의 영역을 구성한다. 하지만 사생활 그 자체는 특정한 제도적 영역에 속하는 것이 아니라, 삶의 모든 영역에서 작동하는 개인의 측면들을 지칭한다. 게다가 사생활이라는 개념은 주권적 주체나 몰사회적 개인이라는 원자론적 모델에 기초하지 않는다. 이와는 반대로 개인들은 복잡한 상호작용 과정에서 자신의 개인적·집합적 정체성을 발전시키고 항상 타인과의 관계망 속에 착근되어 있기 때문에, 그리고 모든 근대 시민사회에는 복수의 도덕개념들이 존재하기 때문에, 자율적인 도덕적 선택을 하고 개인적 프로젝트들을 발전시킬 수 있는 능력은 보호와 인정을 요구한다. 이러한 상호작용적 또는 상호주관적 개인성 개념에 입각할 때, 논거를 제시하거나 정체성 욕구를 설명하는 형태로 이루어지는 타인과의 의사소통이 물론 하나의 중심적인 역할을 수행한다. 그러나 상호작용에 참여하는 것뿐만 아니라 상호작용에서 철수하기도 하는 실제 대화와는 전혀 다른, 이상적인 대화에서도 역시 그러하다. 게다가 의사소통적 상호작용은 담론과 동일하지 않다. 실제로 우리는 보편화될 수 없는 가치들, 정체성 욕구, 삶의 형태의 구성요소들, 개인적 프로젝트들은 담론윤리의 구조에는 종속되지 않는다고 보는 하버마스에 동의한다. 하지만 우리는 그것들의 도덕적 지위를 부정하지는 않는다. 요컨대 우리는 두 개의 규범적 영역, 즉 사적 영역과 공적 영역이 존재한다고 가정한다. 사적 영역은 자율적이고 개인적인 도덕적 성찰, 결정, 판단, 책임을 지칭하는 반면, 공적 영역은 법적·정치적 규범 또는 정의의 범위를 지칭한다. 우리는 이러한 식으로 담론윤리의 범위를 좁히는 동시에 담론윤리가 일반적인 도덕이론이 되는 것이 갖는 부담을 덜고, 또 도덕적인 것의 지위를 사적이라고 여겨졌던 것에까지 확장한다.

따라서 담론윤리는 이중적 지위를 지닌다. 그것 특유의 대상영역은 제도화된 사회적 관계, 전체로서의 법체계와 정치체계, 그리고 특정 법과 권리들로 구성되어 있다. 담론윤리는 자율적인 개인의 판단과 정의 간의 경계문제를 결정하는 하나의 방법 역시 제공한다. 분명 실제 담론과정의 관점에서 설정된 어떤 경계는 도덕적 신념이나 개인 또는 집단의 정체성 욕구라는 관점에서는 받아들일 수 없는 것일 수도 있다. 다수는 이전에 사적이라고 해석되어온 의사결정 영역을 법적으로 규제하려고 노력할 수도 있지만, 소수는 그러한 규제를 가하는 것을 원하지 않는다. 도덕적 관점에서 볼 때, 양심적 반대와 시민불복종은 정당한 선택이다. 이것들은 이례적으로 강렬한 우려의 관점에서 설정된 경계들을 공개적으로 인정하면서도 그 경계들을 우회하거나 변화시키려고 시도하는 노력으로 파악되어야 한다. 하지만 양심적 반대와 시민불복종의 경우 다음과 같은 점에서 정의(正義)에 대한 요구가 우위에 있다. 즉 사람들은 자신들의 삶의 방식, 정체성 또는 도덕적 신념을 포기할 것을 강요받을 수 없지만, 부당함을 거부하는 도덕의식은 그것이 민주적 정당성의 원리와 기본권을 (만약 이것들이 자기제한적이라면) 받아들여야만 한다는 점에서 자기제한적일 것임이 틀림없다. 달리 말해 민주적 정당성의 원리와 기본권은 차이를 명시적으로 표현할 수 있는 공간을 보호해야만 한다. 이것은 바람직한 삶과 합법성 개념 간에 갈등이 발생하는 경우, 특정 개인이 자신의 도덕적 양심이나 판단을 따르고 그에 따라 행위하는 것이 비윤리적이라고 간주되어서는 안 된다는 것을 의미한다. 그러나 그럼에도 불구하고 사람들은 자기제한이라는 명령에 따라 행위해야만 한다. 민주적 입헌정체의 틀 내에서 도덕적으로 정당한 법의 위반은, 헌법원리를 인정하는 것, 민주적 질서를 수용하는 것, 그리고 여론에 영향력을 행사하고 새로운 규범적 합의를 발전시키는 상징적 행위를 지향하는 것을 전제로 하고 있다.[28] 그러한 행위에 대한 법적 대응은 그것을 일반적인 범죄행위와 구분할 수 있어야만 하고, 따라서 과도하게 가혹해서는 안된다.[29] 개인의 양심적 행위에서 사회운동의 전술에 이르기까지 원칙에 의거하는 모든 불복종 행위는 이러한 관념에 의거한다.

따라서 우리의 해석은 도덕과 합법성의 경계를 붕괴시키지 않는다. 그와는 반대로 우리의 해석은 개인의 자율적 판단의 영역을 보존한다. 동시에 이것은 절대적인 도덕적 판단이 잠재적으로 부적절하게 간섭하는 것으로부터 실정법을 보호하고, 그럼으로써 실정법이 법실증주의자들의 손에 넘어가지 않게 한다. 실제로 일단 우리가 담론윤리의 적합성을 민주적 정당성과 권리의 문제에 국한시키고 나면, 다양한 도덕적 원칙, 문화적 가치, 삶의 방식들을 위한 공간이 남게 된다. 담론윤리는 이것들 중 어떤 것의 내적 적합성을 평가하지 않은 채, 일반적인 사회규범을 둘러싼 갈등이 발생하는 경우에만 그것들 사이에서 판결한다. 따라서 양심의 자율성과 서로 다른 삶의 방식은 민주적 정당성의 원리와 기본권에 의해 존중받는다(하지만 법과 정치의 영역에서 민주적 정당성의 원리들이 행사되도록 하는 것은 기본권이다). 이 경우에도 또한 담론적 의지형성 과정이 '사적' 영역과 '공적' 영역 간의 경계를 결정하지만, 이 과정이 사적 영역(여기서 이것은 자율적인 개인의 도덕적 선택 또는 판단의 영역으로 이해된다)을 완전히 없앨 수는 없다.

담론이라는 메타규범 자체는, 비록 그것이 개인의 도덕적 양심의 자율성을 확립할 수는 없지만, 그것의 자율성을 전제로 한다. 만약 그 규범의 영향을 받는 모든 사람이 대화에서 어떤 역할을 담당할 기회를 가진

---

28) Habermas, "Civil Disobedience: Litmus Test for the Democratic Constitutional State," *Berkeley Journal of Sociology* 30 (1985): 95-116. 이 쟁점들에 관한 더 충분한 논의로는 제11장을 보라.

29) 이 점은 이 장에서 더욱 상세히 논의된다. 또한 다음 책의 시민불복종에 관한 장을 보라. Dworkin, *Taking Rights Seriously*, 206-222.

다면, 만약 그 대화가 강제되지 않는 것이 틀림없다면, 만약 각 개인이 담론 수준을 변화시킬 수 있다면, 그리고 만약 모든 사람이 자신의 욕구 해석을 분명하게 표현할 수 있다면, 실제 담론은 자기자신의 가치에 대해 자기성찰적일 뿐만 아니라 원칙에 입각한 입장에 따라 어떤 주어진 규범에 도전할 수 있는 능력 또한 갖춘 자율적인 개인들을 전제로 하고 있다. 권리에 의해 확보된 도덕적 자율성과 차이의 상호인정을 제도화하지 않고는, 개인의 필수적인 사회화에 필요한 과정들은 불가능할 것이다.

따라서 논의, 그리고 합의의 협력적 탐색의 근간을 이루는 규칙들 그 자체는 도덕과 합법성의 구분을 포함한다. 담론윤리는 민주적 정당성 원리와 몇몇 핵심적 권리들로 이루어진 메타규범을 분명하게 표현하는 식으로, 도덕영역의 자율성 그리고 말하자면 그것 나름의 자기제한을 정당화한다. 하지만 거기에는 또 다른 이유가 있다. 아무리 이의가 없다고 하더라도 또는 아무리 오래 지속된다고 하더라도, 그 어떤 합의도 그것 이 영원할지란 알 수 없다. 왜냐하면 정당한 것과 도덕적인 것, 즉 어떤 주어진 시점에서 특정 연대적 공동체에서 규범적으로 옳다고 여겨지는 것과 각 개인이 항상 도덕적으로 받아들일 수 있는 것이 자동적으로 일치하지 않기 때문이다. 비록 법적 규범이 가장 이상적인 담론적 검증과정에서 살아남았다고 하더라도, 그것은 여전히 개인이 지닌 특정 가치나 정체성 욕구들과 갈등을 일으킬 수 있다. 도덕적 자율성도 그리고 개인적 정체성도 특정 집단의 집합적 정체성이나 합의에 희생될 수는 없다. 왜냐하면 이러한 희생이 담론윤리의 존재이유 그 자체—즉 바람직한 삶에 대한 독특하고 상이한 개념들을 가진 개인들로 이루어진 다원적 사회의 규범적 정당성에 형식적 원리를 제공하는 것—를 위반할 것이기 때문이다. 심지어 대칭적 상호성의 요구에 거의 부합하는 상황에서도 차이의 부재나 변화의 부재를 가정할 근거는 전혀 존재하지 않는다. 결국 모든 합의는 단지 경험적일 수밖에 없으며, 따라서 도전과 수정에 노출될 수밖에 없다.[30] 정의의 관점에서 볼 때, 우리는 소수의 개인들 편에서 오늘날 일어나고 있는 가치변화가 내일의 일반의지가 되지 않으리라는 것을 알 수 없다. 따라서 개인의 판단, 상이한 삶의 방식, 그리고 새로운 방식의 실험은 정당한 것에 관한 현재의 합의로부터 자율성을 부여받아야만 한다.

그럼에도 불구하고 누군가는 도덕의식이라는 관점에서 법과 정치의 영역을 위한 별개의 윤리이론이 필요하지 않다는 것에 반대할지도 모른다. 도덕적 주체로서 나는 법에 복종한다. 왜냐하면 그것이 옳기 때문이다. 그리고 복종하기에는 법이 도덕적으로 옳지 않다면, 나는 나 자신에게 어떤 결과가 초래되든 간에 법에 불복종해야만 할 것이다. 도덕은 객관적인 관점에서든 주관적인 관점에서든 합법성보다 분명히 더 광범위하다. 형식적 법이 모든 행위영역을 규제할 수 없는 반면, 주관적 관점에서 볼 때 도덕은 그렇게 해야만 한다. 도덕의식이 법과 제재의 필요성을 인정할 수도 있다. 왜냐하면 우리는 신이 아니며 항상 도덕적인 것도 아니어서, 어떤 경우에는 외적 제약을 필요로 하기 때문이다. 그러나 법의 도덕적 구성요소가 개별 행위자의 도덕적 성찰이 달성할 수도 있는 것과 동일하다면, 정치를 위해 별개의 윤리이론은 전혀 필요하지 않을 것이다. 그렇다면 담론윤리는 대체 왜 발전하는가?

근대적 맥락에서 우리가 도덕에서 합법성으로 직접 옮겨가거나 또는

---

30) 페라라는 이 점에 관해 적절히 논의하고 있다. 하지만 그의 분석은 일반적인 도덕 이론으로서의 담론윤리에 주로 초점을 맞추고 있으며, 정치적 정당성 이론과 관련한 쟁점을 해명하지는 않는다. Ferrara, "A Critique of Habermas' Discourse Ethic," 71-74를 보라. 해석자들은 담론윤리가 실제 담론에서 이루어지는 특정한 합의의 가능성과 타당성을 당연히 수반한다고 순진하게 가정하는 오류를 공통적으로 범한다. 요점은 이것이 아니다. 오히려 담론윤리는 규범에 관한 실제 토론을 인도함이 틀림없지만 동의에 도달할 수도 또는 동의에 도달하지 못할 수도 있는 기준을 표현한다. 담론윤리의 원리를 위반하는 합의는 합리적이라고 일컬어질 수 없을 것이다.

말하자면 이 둘을 재종합할 수 없는 데에는 두 가지 이유가 있다. 첫째로, 잘 알려진 바처럼, 우리 근대인들은 다원적인 도덕세계 속에서 살고 있다. 서로 다른 가치체계, 삶의 방식, 정체성은 만약 법이나 정치적 결정이 그것들 중 어떤 하나의 관점에서 이루어진다면, 침해받게 될 것이다. 따라서 진정한 자유주의자라면 누구든지 어떤 하나의 도덕적 입장을 사회 전체에 대해 절대적인 것으로 만드는 것에 반대할 수 있다. 만약 그렇게 된다면, 그것은 개인의 존엄성과 권리를 일반 복리에 대한 관심에 예속시키거나 또는 지배적인 것이 된 특정한 바람직한 삶 개념을 공유하지 않는 사람들의 고결성을 침해하는 결과를 가져올 것이다. 모든 행위, 심지어 모든 도덕적 행위가 제도적으로 규제될 수 있고 또 규제되어야만 하는 것은 아니다.

우리가 사회적/정치적 규범의 의무적 차원을 탈관습적인 도덕적 행위자에게조차 동기를 부여할 수 있는 것과 등치시켜서는 안 되는 두 번째이자 보다 강력한 이유는 도덕과는 달리 합법성의 발생은 원칙적으로 실제 담론을 포함할 수 있고 또 포함하고 있음이 틀림없다는 것이다. 분명 하버마스 자신은 도덕과 합법성을 융합시키는 경향이 있다. 왜냐하면 그는 도덕적 검증이 논의의 규칙을 적용받는 내적 대화를 수반한다고 옳게 파악하기 때문이다.[31] 따라서 우리가 이 규칙들을 따를 경우, 그

---

31) 하버마스는 도덕적 영역에서 가상 담론에서 실제 담론으로의 이행이 이루어져야만 한다고 주장한다. 그러나 우리는 이러한 주장에 대한 벨머의 비판이 설득력 있다는 것을 발견한다. 벨머는 도덕적 영역에서 실제 담론이 요구된다는 것을 부정한다. 그는 또한 논의의 전제조건들이 도덕적 원리를 지탱하기에 충분하지도 않다고 주장한다. 우리는 어떤 유형의 탈관습적 도덕이론이 가장 상위단계의 도덕적 추론을 구성하는가라는 문제에 관해 어떤 입장을 취하고 싶지 않기 때문에, 원칙에 입각한 탈관습적인 도덕적 추론은 실제 대화를 포함할 필요가 없다는 점을 인정한다. 칸트적 도덕이론도 그리고 공리주의적 도덕이론도 그것을 요구하지 않는다. 하지만 이 둘 모두는 하버마스의 기준에 따른다면 탈관습적이다. 이 쟁점에 관한 논의로는 Thomas McCarthy, "Rationality and Relativism: Habermas'

리고 하나의 공리가 다른 모든 공리들에 대해 초래하는 잠재적인 부수효과를 고려할 때, 우리가 실제 담론이 산출하게 될 것과 동일한 판단에 도달하는 것이 가능해 보일 수도 있다. 그럼에도 불구하고 가상 대화와 실제 대화 간에는 여전히 핵심적 차이가 존재한다. 즉 모든 관련자들이 동일한 상호인정의 조건에 입각하여 참여할 수 있는 실제 대화만이 관점의 반전을 수반하고, 하나의 우리—일반적인 또는 공통의 이해관계를 명시적으로 표현할 수 있는 능력과 집합적 정체성을 갖는 하나의 연대적 집합체—를 산출하거나 재확인할 수 있을 것이다. 한나 아렌트가 오래전에 지적했듯이, 공적 공간 속에서만 여론이 하나로 합쳐질 수 있다. 우리가 관련된 모든 사람에게서 가능한 모든 논의를 고려할 수 있는, 하나의 이상적인 도덕적 주체를 상정했을 때조차, 그 결과는 적절히 구성된 하나의 공중이 내리는 정치적 판단으로 자동적으로 수렴되지는 않을 것이다. 왜냐하면 그와 관련하여 새로 출현하고 있는 집합적 정체성이 누락될 수도 있기 때문이다. 이상화된 자기성찰적인 도덕적 판단은 기껏해야 타자 및 다른 논의들을 관대하게 다루게 할 수는 있지만, 어떤 집합체의 연대를 산출하거나 재확인할 수 없을 것이며, 또한 우리의 집합적 정체성이 무엇인지 그리고 그러한 정체성으로부터 나오는 우리의 일반적 이해관계가 무엇일 수 있는지를 이해할 수도 없을 것이다. 하지만 이것이 제도화된 규범의 대상영역이다. 그것은 또한 우리 자신의 것과는 전혀 다른 관점들에 대해서는 통찰하지 않을 것이며, 따라서 차이와의 연대 가능성—그리고 이것이 규범적 규제에 대해 가하는 제한—은 누락될 것이다. 실제로 어떤 판단이 도덕적이지만 정당하지 않을 수 있다는 것은 실제로 있을 수 있는 일이다. 우리의 해석에 입각할 때, 담론윤

'Overcoming' of Hermeneutics," in Thompson and Held, eds., *Habermas: Critical Debates*, 57-78를 보라. 또한 Wellmer, *Ethik und Dialog*, 102-113도 보라.

리는 정의(正義)의 정의(正義)——즉 법의 정당성과 규범적 힘——가 원칙적으로 민주적 의지형성에서, 그리고 규범 속에서 일반적 이해관계를 분명하게 표현하는 것에서 나온다고 암시한다. 도덕의 관점에서 볼 때, 계몽된 전제군주가 부과하는 법도 모든 사람의 개인적 관점에서 보면 도덕적일 수 있으며, 심지어는 일반적 이해관계(공공선)를 표현하는 것일 수도 있다. 하지만(그리고 이것이 도덕의식 관점의 한계이다) 그러한 법이 도덕적일 때조차, 즉 그것이 공동체가 자신의 일반적 이해관계라고 동의한 것과 일치할 때조차 그것이 정당하지 않을 수도 있다. 왜냐하면 정의는 영향을 받는 사람들이 담론적인 집합적 의지형성 과정 속에서 스스로 그것을 결정할 것을 요구하기 때문이다.

여기까지의 논의를 요약해보자. (1) 도덕과 합법성의 분할은 근대 세계의 주요한 그리고 특징적인 성과이다. (2) 담론윤리는 규범적인 정치적 정당성 이론과 권리이론의 핵심을 제공하지만, 삶의 모든 영역에서 개인의 선택을 인도하는 하나의 도덕이론으로 기여할 수는 없다. (3) 우리는 정의의 의미를 민주적 정당성과 기본권 개념의 노선에 따라 해석한다. 따라서 담론윤리의 대상영역은 제도화된 규범과 함께 그 규범에 부착되어 있는 법적 제재로 구성된다. (4) 담론윤리는 또 다른 도덕적 추론양식에 자율성을 부여한다. (5) 의사소통행위이론에 기초할 때, 담론윤리는 사회적 규범에 부착되어 있는 제재와는 별개인, 사회적 규범의 의무적 측면을 설명할 수 있다. (6) 정치적·법적 제도들은 합법성과 도덕의 붕괴를 수반하지 않으면서도 도덕적 통찰에 책임을 지울 수 있다. 실제로 시민사회를 가진 입헌민주주의 사회에서 민주적 정당성과 기본권의 원리들은 정치적 규범과 정치과정들을 정당화할 수 있는 궁극적인 원천이다.

권위주의라는 비난

특히 담론윤리에 대한 하버마스의 해석에 대해 퍼부어진 권위주의라는 비난은, 합리적 합의에 초점을 맞추는 것이 독자적인 삶의 방식(그리고 그리하여 시민사회)에 대한 자코뱅-볼셰비키적 억압을 수반한다고 주장한다. 우리는 이러한 비난을 반박하고 그러난 비난을 면할 수 있는 형태의 담론윤리를 발전시키는 것에서 시작할 것이다. 그 다음 단계에서 우리는 담론윤리와 어떤 특정의 구체적인 에토스 또는 인륜(Sittlichkeit) 간에 내재적 관계가 존재한다는 것을 부정하면서도, 그러한 부정이 담론윤리를 단지 형식주의적이거나 아니면 공허한 상태로 방치하지 않다는 것을 입증할 것이다. 실제로 우리는 담론윤리가 복수의 삶의 방식들이 공존하는 것을 허용하는 사회제도와 선택적 친화성을 지닌다고 주장할 것이다. 이러한 방식으로 우리는 여러 형태의 시민사회 가운데서 오직 근대 시민사회들만이 담론윤리와 관련이 있다는 것을 보여주고자 한다.

하버마스의 담론윤리에 대해서는 두 가지 명백히 모순적인 비난, 즉 한편에서는 권위주의라는 비난과 다른 한편에서는 과도한 형식주의라는 비난이 제기되어온 것으로 보인다. 어쩌면 이 두 비난은 결합될 수도 있을 것이다. 왜냐하면 담론윤리가 지나치게 형식주의적이어서 어떠한 제도적 결과도 가져올 수 없거나, 또는 비록 제도적 결과를 가져온다고 하더라도 그것은 불가피하게 권위주의적 함의를 지닐 수밖에 없기 때문이다. 하지만 관련된 쟁점들이 완전히 다르기 때문에, 우리는 이들 비난을 따로따로 다루고자 한다.

권위주의라는 비난에는 몇 가지 변형태들이 존재한다. 첫 번째는 추상적 도덕과 공포를 담론윤리 전체와 연결하면서 칸트에 대한 헤겔의 비판을 포괄적으로 적용하는 것을 포함한다. 이 수준에서 제기된 반대는 알브레히트 벨머(Albrecht Wellmer)에 의해 신속하게 성공적으로 처리되었다.[32] 보다 구체적인 반대들은 하버마스가 제시하는 두 부류의 독특한 구분 속에서, 즉 (1) '경험적' 합의와 '합리적' 합의 사이에서 (2) '특수한' 이해관계와 '보편적' 또는 '일반적' 이해관계 사이에서 권위주의적 잠재성을 발견한다. 이를테면 로베르트 슈패만(Robert Spaeman)에 따르면, 그러한 구분과 함께 "지배의 폐지라는 유토피아적 목적은 자칭 계몽주의자들의 지배의 정당화에 정확히 기여한다."[33]

1. 이러한 반박을 하버마스에게 적용함으로써, 마치 그가 20세기 초반의 낭만적인 반자본주의적 마르크스주의자 세대에 속하는 것처럼 단순히 치부해버리는 것은 분명 매우 잘못이다. 하지만 실제로 '경험적' 합의와 '합리적' 합의라는 구분은, 만약 그것이 후자를 위해 전자의 폐지가 요구된다는 것으로 해석된다면, 단지 경험적이기만 한 사람들이나 노동계급에게 고전적인 자코뱅-볼셰비즘이 드러낸 경멸을 생각나게 한다.

하지만 하버마스는 신중하게 이러한 함의를 피해왔다. 심지어 사회비판에 정신분석학적 성찰 모델의 전면적 적용 가능성을 거부한 후에도, 그는 "가능한 담론들을 시작하기 위한 조건들을 확립하는 데에는 오직 담론기술들만이 〔사용되어야만 한다"는〕 가정을 고수한다.[34] 하버마스는 담론을 확립하거나 재확립하는 것을 자신의 기능으로 하는 담론 속에서는 그 누구도 "진리에 특권적으로 접근"할 수 없기 때문에 "오직 참여자들만이 존재할 수 있을 뿐"이라고 주장함으로써, 그러한 성찰 모델을 넘어선다.[35] 달리 말하면 하버마스의 주장이 함의하는 것은 하나의

---

32) Wellmer, *Praktische Philosophie*, 11, 31ff.를 보라.

33) Jürgen Habermas, "Die Utopie des guten Herrschers," *Kultur und Kritik* (Frankfurt: Suhrkamp, 1973), 386; Alvin Gouldner, *The Future of Intellectuals and the Rise of the New Class* (New York: Seabury, 1979), 38-39에서 인용함.

34) Habermas, "Utopie des guten Herrschers," 387.

35) Jürgen Habermas, *Theory and Practice* (Boston: Beacon Press, 1973), 37-40.

형태의 담론조건들을 또 다른 형태의 담론조건들로 강제로 대체하는 것이 아니라, 과거의 형태들에 나란히 새로운 형태들을 확립함으로써 어쩌면 현존하는 공적 삶의 형태들에 활력을 불어넣을 수도 있다는 것이다. 실제로 하버마스는 경험적인 의사소통 과정과 관련하여 '지도적 역할'을 수행할 수도 있는, 지식인이나 정치조직의 특권적 담론을 명시적으로 거부한다.[36]

하지만 실제적 합의가 필연적으로 **사실상의** 합의를 의미한다고 솔직히 공표함으로써 반권위주의적인 방향으로 가장 멀리 나아간 사람은 바로 알브레히트 벨머이다.[37] 그렇다면 우리는 경험적 합의가 언제 합리적이 되는지를 어떻게 말할 수 있는가? 경험적 합의의 합리성을 의심하는 것은 구체적인 반론을 제기하는 것을 의미하거나, 아니면 참여자들의 합리성을 의심하는 것을 의미한다. 하지만 후자는 이상적 담화상황의 구조적 조건들의 도움으로 파악될 수 있는 것이 아니다. 의심은 여전히 하나의 가설로 남아 있으며, 그 가설은 오직 새로운 담론을 실행하고 새로운 동의에 도달함으로써만 유지될 수 있다. 그러기 위해서는 참여자들이 자신들의 이전의 무(無)이성을 인정해야만 한다. 아그네스 헬러(Agnes Heller)가 적절히 표현하듯이, 현실의 대화가 모두에게 열려 있다는 주장과 함께 논의의 규범들이 일반의지가 결국에는 모두의 의지일

---

36) 아펠은 훨씬 더 나아가서 '실제 의사소통 공동체'와 '이상적 의사소통 공동체' 간의 변증법적 관계를 명시적으로 상정한다. 이것에 따르면, 후자는 전자 속에서 하나의 '실제적 가능성'으로 반(反)사실적으로 예기된다(*Towards the Transformation of Philosophy*, 280-281). 아펠은 두 가지 입장, 즉 현존 민주주의 형태들을 '경험적 합의'의 형태로 보고 (가능성이 있는) '실제 의사소통 공동체'의 지위를 모든 공동체에 부여하는 입장과 현대 민주주의 제도들을 실제 의사소통과 이상적인 의사소통 간의 변증법적 장소로 보는 입장 사이에서 왔다 갔다 한다.("Normative Ethics," 102-103)

37) Wellmer, *Praktische Philosophie*, 46-47.

뿐일 수도 있는 민주적 의지형성 과정을 수반한다.[38] 합의가 공적 공간에서 일어나는 담론과 의견차이 모두를 허용하는 "합리적으로 조직된 사회"의 산물일 때조차, 우리는 절차의 합리성이 절대진리나 그 결과의 옳음을 보장한다고 가정할 수 없다. 규범의 진리가 단 한 번에 확립될 수는 없다. 합리적 합의의 내용이 반드시 진리인 것은 아니다. 우리가 그것을 합리적이라고 간주하는 까닭은 절차적 규범 때문이며, 우리가 그것을 옳다고 여기는 까닭은 우리가 토론에서 제시한 근거가 타당하고 또 타당한 것으로 받아들여지기 때문이다.[39] 그러나 우리는 잘못 생각할 수도 있으며, 또는 더 잘 표현하면 우리가 기꺼이 받아들이는 종류의 이유가 시간이 지남에 따라 변화할 수도 있다. 기껏해야 우리가 도달할 수 있는 진리확신의 합리적 토대는, 우리가 그 진리를 옳다고 여겨야만 하지만, 그럼에도 불구하고 성찰적인 근대인인 우리가 그 진리가 틀릴 수도 있고 또 새로운 논의의 여지가 있는 것으로 간주해야만 한다는 것이다. 따라서 합리적 합의라는 관념이 절대진리의 획득을 의미하는 것은 아니다. 규범에 대한 동의의 가능성은 합리적 의견불일치의 가능성을 포함한다! 요컨대 담론의 산물인 합리적인 경험적 합의는 학습에 그리고 물론 이견에 열려 있다.

2. 따라서 (집합적 의지형성의 절차적 차원과 연관된) 합리적 합의와 경험적 합의 간의 구분이 권위주의적 합의에 맞서 보호될 수 있다고 하더라도, (보편화 원리에 결부된) 특수한 이해관계와 일반적 이해관계의 구분은 이번에는 형식이라기보다는 내용의 문제와 관련하여 하버마스를 그러한 비난에 한 번 더 노출시킨다. 이미 지적했듯이, 담론윤리는 규범이 일반화할 수 있는 이해관계를 명시적으로 표현하고 있는지의 여부

---

38) Heller, "The Discourse Ethic," 13-16.
39) Wellmer, "Über Vernunft, Emanzipation, und Utopie," *Ethik und Dialog*, 208-221.

에 따라 그 규범의 타당성을 검증한다. 하버마스는 이전의 정식화와 최근의 정식화 모두에서 담론윤리가 욕구해석을 규범에 대한 논의 속으로 끌어들인 결과, 제약 없는 자유로운 합의는 단지 모두가 원하는 것만을 허용하게 된다고 주장한다.[40] 오직 규범이 일반의지나 동의의 산물인 것에 더하여 일반화할 수 있는 이해관계를 표현하는 경우에만, 규범은 합리적인 진정한 합의에 기초하는 것이 된다. 하지만 형식적으로 민주적이고 계급에 기초하는 자본주의적인 사회에서 경험적 담론과정의 결과들은 '일반화할 수 있는 이해관계'를 억압한다는 테제를 전제로 하여, 하버마스는 ("동의할 것이다", "만약 [그들이] 제약받지 않은 담론에 참여한다고 한다면" 등등과 같은) 귀속적 조건어법에 반복적으로 의지해 왔다.[41] 그가 이러한 귀속에 부여하는 지위는 단지 사회과학적 가정이 지니는 지위에 불과하며, 따라서 이는 현실의 실제 토론과정에서 검증과 확인을 필요로 한다. 그럼에도 불구하고 이 이론은 이 수준에서는 모호하다. "담론적으로 재고 가능한 규범" 또는 보편화할 수 있는 일반적 이해관계가 "실제 담론과정에서 형성되고 또 발견되어야"만 하지만,[42] 하버마스는 또한 엄격하게 말해 오직 "제3자, 말하자면 사회과학자의 관점"에서만 일반화할 수 있는 이해관계 모델이 비판적으로 적용될 수 있다고 암시하는 것으로 보인다. 이전의 텍스트들에서 하버마스는 이 이론을 실제 담론에 필요한 조건들의 출현을 방해하는 사회체계들과 비판적으로 연관 짓기 위해 "억압된 일반화할 수 있는 이해관계"에 관해 언급한 바 있다. 그가 사회과학에 상정하는 명백히 객관적인 견해(진정한 일반적 이해관계에 '독백을 통해' 도달하는 불참자의 견해)는 '현실의' '보편적' 이해관계 대 '허위의' '경험적인' 특수한 이해관계를 구분했던

---

40) Habermas, *Legitimation Crisis*, 89, 그리고 "Discourse Ethics," 65-66.
41) Ibid.
42) McCarthy, *Critical Theory*, 327-328.

옛 레닌주의적 또는 루카치적 관점과 부합하는 것으로 보인다. 바로 이러한 억압된 일반화할 수 있는 이해관계라는 개념이 지닌 모호한 지위가 하버마스를 권위주의라는 비난에 노출시킨다.

이러한 비난을 피할 수 있는 한 가지 방법은, 일반화할 수 있는 이해관계 모델이 하버마스 자신을 포함하는 일부 해석자들이 주장해온 만큼 담론윤리에서 중심적이지는 않다고 주장하는 것일 수도 있다. 하버마스는 분명 이해관계의 충족이 제로섬 게임일 필요는 없으며, 모든 사회에서 몇몇 이해관계들은 사실 일반화할 수 있다고 주장한다. 하지만 누군가는 담론윤리가 거의 정반대의 경험적 상황에서도 살아남을 수 있다고 주장할 수도 있다. 특수한 이해관계만을 드러내고 있는 담론도 그것이 이해관계의 조정규칙에 대한 동의를 확보하기 위해 필요한 것이라면, 그것은 여전히 일반적인 것의 한 가지 표현으로 간주될 수 있다. 심지어 안정적인 타협조차도 **규범적** 근거를 필요로 하며, 전통적이든 아니면 담론적이든 간에 그 타협이 지닌 구속적 성격에 관한 일정한 합의에 근거한다. 하버마스는 다원성을 개인주의적 측면에서 해석하는 경향이 있다. 즉 그는 집단형태의 다원성을 특수주의적인 것으로, 그리고 타협을 전략적인 것으로 해석한다.[43] 그럼에도 불구하고 그는 이제 일반성과 다원성, 합의와 타협 간의 경계를 담론적으로 상세히 구획함으로써, 이들 용어 모두에 의사소통의 토대를 부여할 필요가 있다고 주장한다.[44]

이 주제에 관한 그의 가장 최근 텍스트에서[45] 하버마스는 타협이 의사소통행위의 실패에 상응하는 것으로 보인다고 생각했던 자신의 이전의 정식화를 수정했다. 그는 여전히 공통의 이해관계가 무엇인지를 해명

---

43) Habermas, *Legitimation Crisis*, 65-117.
44) Ibid. 또한 다음을 보라. Habermas, "Reply," 257-258; McCarthy, *Critical Theory*, 331; Habermas, "Utopie des guten Herrschers," 384.
45) Habermas, "Discourse Ethics," 72.

하는 것에 관심이 있는 모든 사람의 시도와 특수한 상충하는 이해관계들 사이에서 균형을 맞추기 위해 타협을 추구하는 사람들의 노력을 구별한다. 그러나 하버마스는 구속력 있는 타협 또한 구체적 조건들을 필요로 한다는 것을 알게 되었다. 구속력 있는 타협에 참여하는 사람들은 오직 모든 관련자가 동등하게 참여할 수 있을 때에만 공정한 균형이 이룩될 수 있다고 가정한다. "그러나 이번에는 이들 타협형성의 원리들이 정당화를 위해 현실의 실제 담론을 필요로 한다."[46] 타협구조—타협의 근저를 이루는 규범성을 수용하는 것을 포함하는—와의 비전략적 관계는 안정적인 타협이 발생하기 위한 필수조건이다. 게임의 규칙은 진지하게 받아들여져야만 한다. 만약 타협구조 자체가 의무를 부과할 수 있는 능력을 지니고 있다면, 그 구조는 모두의 공통적인 관심사가 된다.

만약 "합리적으로 동의에 도달하는 것"의 전형적 경우가 복수의 관점, 삶의 형태 또는 이해관계를 놓고 타협에 도달하기 위해 합리적 논의를 하는 경우라고 해석된다면, 복수의 특수한 이해관계들 사이에서 이루어지는 타협의 의사소통적 토대는 보다 강고해질 수 있을 것이다. 벨머에 따르면, 모든 인간조건에 부착되어 있는 특수성의 지표는 "합리적인 자기결정과 의사소통에 부과될 수 있는 하나의 제약"이 아니라 이성이라는 개념 속에 통합되어야 하는 "상황성의 계기"로 간주되어야만 한다. "통일이 이루어질 수 없는 바로 그곳에서도, 적어도 모든 사람은 자신의 주장을 하기 위한 발언기회를 얻고 또 결정에 참여하는 데서 동일한 권리를 가지고 있어야만 한다."[47] 따라서 일반성은 이해관계의 내용이 아니라 모두로 하여금 자신의 특수한 이해관계들을 분명하게 표현할 수 있게 하는 구조에 부착되어 있으며, 이것이 바로 타당하고 구속력 있는 타

---

46) Ibid.
47) Wellmer, "Über Vernunft," 206.

협을 이끄는 것이다.

일반적 이해관계라는 개념이 초래한 문제들에 대한 이러한 해결방식만큼이나 매력적인 것은 이 개념이 전적으로 강제적이지 않다는 것이다. 실제로 하버마스도 이러한 형태의 논의, 즉 에른스트 투겐타트(Ernst Tugendhat)의 논의를 확실히 역점을 두어 다루었지만, 그것을 받아들이지는 않았다. 투겐타트는 논쟁과 집합적 의지형성 과정을 등치시키고, 의사소통윤리이론으로부터 인지적 차원을 제거하고자 했다.[48] 그는 모든 '합리적 동의'는 사실은 경험적 동의라는 입장에 입각하여, 이 문제는 단지 집합적 선택행위에 동등하고 균형적인 참여를 보장하는 원칙들을 정교화하는 문제일 뿐이라고 주장한다. 여기에 정당화 문제는 개재되어 있지 않다. 집합적 선택행위는 의지에 따른 행위이지 이성에 따른 행위가 아니다.

하버마스는 이 입장에 반대하여, 담론윤리의 인지적 차원을 제거한 대가가 바로 우리가 특정 규범을 사회적으로 사실상 수용하는 것과 그 규범이 지닌 타당성을 더 이상 구분할 수 없게 되는 것이라고 지적한다.[49] 만약 우리가 판단의 불편부당성(Unparteilichkeit)을 의지형성의 무영향력성(Unbeinflussbarkeit)으로 대체한다면, 만약 일시적인 동의를 제외한 어떠한 원칙도 집합적 선택의 기초가 되지 않는다면, 우리는 심지어 만장일치의 집합적 선택의 결과조차도 왜 구속력을 가지는지를 말할 수 없다. 이것이 바로 민주적 의지형성과 다수결 이론에 대한 고전적 반론

---

48) 다음에 들어 있는 투겐타트에 대한 부연설명을 보라. Habermas, "Discourse Ethics," 68-76. 벤하비브 또한 보편화 원리를 배제하지만, 투겐타트와는 달리 담론윤리의 인지적 성격을 역설한다. Seyla Benhabib, "In the Shadow of Aristotle and Hegel: Communicative Ethics and Current Controversies in Practical Philosophy," in Michael Kelly, ed., *Hermeneutics and Critical Theory in Ethics and Politics* (Cambridge: MIT Press, 1990), 1-31.

49) Habermas, "Discourse Ethics," 74.

이다. 단순한 경험적 합의가 그 자체로 정당한 의무를 창출하지는 않는다. 이 문제에 관한 한, 경험적 동의는 결코 안정적이지 않다. 게다가 만약 그것이 의지에 따라 변화될 수 있다면, 그리고 만약 그것이 오직 우리의 일시적인 동의에 좌우된다면, 그것은 어떠한 권위 있는 성격도 가지지도 않는다. 따라서 하버마스는 일반적 이해관계라는 관념이 담론윤리에서 갖는 중심성을 반복적으로 강조한다.

규범의 인지적 요소를 강조하는 것은 또한 일반적으로 신들의 전쟁에 대한 베버식의 테제, 즉 근대 사회에서는 다원성을 축소하는 것이 불가능하며 심지어 가치들 간의 화해조차 불가능하다는 테제가 일반적으로 수반하는 불가피한 결단주의에 대한 하나의 응답의 근거가 된다. 하버마스는 우리가 형이상학이나 교조주의에 의존하지 않으면서도 타당성 주장의 상호주관적인 인정에 대해 합리적 근거를 제시할 수 있다고 주장한다. 그에 따르면, 규범적 타당성 주장은 계약당사자들의 비합리적인 의지적 행위가 아니라 "합리적으로 동기화된 규범의 인정 속에 자리 잡고 있으며, 따라서 그것은 언제든지 문제시될 수 있다."[50] 다원주의라는 현실이 일반화할 수 있는 이해관계와 특수한 그리고 여전히 특수한 상태로 남아 있는 이해관계를 논의를 통해 분리할 수 없다는 것을 의미할 필요는 없다. 하지만 하버마스는 "규범의 인지적 요소가 규범화된 행동의 기대라는 명제의 내용으로 한정되지는 않는다"고 주장한다. "규범적 타당성 주장은 그것이 논거의 제시와 통찰의 획득을 통해 담론적으로 재고될 수 있다고 가정한다는 의미에서, 즉 그것이 논쟁을 통해 참여자들 간의 합의에 기초할 수 있다고 가정한다는 의미에서, 비록 그러한 가정이 반사실적이기는 하지만, 그 자체로 인지적이다."[51]

---

50) Habermas, *Legitimation Crisis*, 105.
51) Ibid.

하버마스는 몇 가지 별개의 쟁점들을 혼동한다. 일반적 이해관계의 인지적 성격이 규범적 타당성을 산출한다고 주장하는 것은 '인지적'이라는 용어가 지닌 몇 가지 의미들을 혼동하는 것이다. 논쟁의 원칙이 현재의 경험적 합의의 결과(규범)를 검증할 때 참여자들이 의지할 수 있는 메타규범을 제공할 수 있다고 주장하는 것과, 규범의 타당성 기준을 바로 그 성격상 사회과학적 관점 또는 관찰자의 관점에서 확인할 수 있는 일반적 이해관계라는 개념 속에 위치시키는 것은 전혀 다른 문제이다. 후자의 전략은 이해관계의 객관적 일반성과 규범의 보편성을 등치시키는 자연과학주의적 오류를 되살아나게 한다. 실제로 하버마스는 그 밖의 다른 곳에서 자신이 고심하여 구분했던 '합리성'의 두 가지 의미를 혼동하고 있는 것처럼 보인다. 동의에 도달하는 합리적 과정은 논쟁의 원칙들을 포함하는데, 이들 원칙은 우리가 담론 속에서 그것들을 검증할 수 있다는 의미에서 인지적이다. 그렇기는 하지만 규범의 옳음과 관련하여 타당성 주장을 제기하고 논의하는 과정들은 사실에 관한 진술들 속에 포함되어 있는 진리 주장의 합리성 또는 인지적 성격과는 별개이다. 규범적 타당성 주장을 인지적 진리 주장처럼 취급하는 것은 실제 담론과 이론적 담론 각각에 의해 탐구되는 대상영역들을 혼동하는 것일 수도 있다. 실제 담론은 수행적 태도에서, 즉 참여자의 태도에서 경험되고 심지어 재구성되기조차 하는 세계('사회세계')를 지칭한다. 그것은 이중적 해석학과 연루되어 있으며, 항상 관련 사회적 행위자들이 제기하는 타당성 주장에 좌우된다. 이론적 담론, 심지어는 사회에 관한 이론적 담론도 사회적 행위자와 그들의 행위를 객관화할 것을 요구한다. 일반적인 또는 일반화할 수 있는 이해관계라는 용어는 이러한 의미에서 이론적이다. 그것은 참여자들이 필요로 하고 원하고 갈망하는 것에 대한 참여자들의 견해를 그들의 이해관계에 대한 (분석에 기초한) 객관적 판단으로 대체한다. 따라서 투겐타트가 논쟁의 메타규범 속에 구현되어 있는 합리성 주장을 폐기한 것에 대한 응답으로 하버마스가 일반적 이해관계라는 기준을 강조한 것은 잘못된 담론적 검증에 의지하고 있는 것이다. 이해관계의 일반성이 규범의 타당성을 산출하지는 않는다. 실제로 어떤 규범의 정당성은 그 규범이 일반적 이해관계를 반영한다는 사실에 기초한다는 관념은 합의를 불필요한 것으로 만든다. 왜냐하면 그것은 규범이 그러한 이해관계를 반영하기 때문에 (어떤 방식으로든 그것이 확인되기만 한다면) 그 타당성에 대한 합의는 따라나올 것이라는 점을 함의하고 있기 때문이다. 요컨대 합의가 타당성을 낳지 그 반대는 아닐 것이다.[52]

투겐타트가 담론의 메타이론적 토대가 일정한 적합성을 지니고 있다는 점을 거부한 것과 하버마스가 규범의 타당성 검증의 기준으로 일반적 이해관계라는 개념을 역설하는 것은 의무문제에 대한 두 가지 잘못된 해결방식을 대표한다. 전자가 임의성을 포함한다면, 후자는 객관주의를 포함한다. 그의 명예에 걸맞게 하버마스는 가치다원주의, 탈전통적인 법 그리고 탈관습적인 도덕적 추론이라는 맥락에서 성찰적 정당화 양식이 직면하는 골치 아픈 문제를 인식하고 있다. 그의 대답 중 지지할 만한 부분은 판단의 객관성(Unparteilichkeit)이 논쟁의 구조 그 자체에 뿌리박고 있다는 주장이다. 즉 판단의 객관성은 우리가 어쩌다가 선택한 것이기 때문에 하나의 가치로서 외부로부터 유입되는 것이 아니라는 것이다.[53] 비록 모든 합의가 단지 경험적인 것에 불과할 수도 있지만, 이것이 우리가 임의적인 집합적 의지에 내맡겨진다는 것을 의미하지는 않는다. 우리가 합리적 근거를 제시할 수 있는 것은 가치 그 자체의 진리에 대해서가 아니라 가치가 사회정치적 규범 속으로 통합되는 것에 대해서이다.

---

52) 우리는 이러한 통찰을 알레산드로 페라라(Alessandro Ferrara)에게 빚지고 있다.

53) 이것이 『정의를 넘어서』(*Beyond Justice*, Oxford: Blackwell, 1987)에서 헬러가 제시한 입장이다. 헬러의 결단주의에 대한 비판으로는 Jean L. Cohen, "Heller, Habermas and Justice," *Praxis International* 8, no. 4 (January 1989): 491–497을 보라.

논쟁의 원칙들은 경험적 대화의 결과(규범)를 검증할 때 참여자들이 의지할 수 있는 메타규범(대칭적 상호성)을 제공할 수 있다. 합의의 합리성은 타당성 주장을 이들 메타원칙에 회부함으로써 검증될 수 있다. 왜냐하면 이 원칙들만이 합의를 타당하고 의무적인 것으로 만들 수 있기 때문이다. 따라서 모든 합리적 논의를 고찰할 뿐만 아니라 논의할 수 있는 능력을 가진 모든 사람들을 존중하는 담론원칙들은 우리가 규범적으로 옳은 것에 도달할 수 있게 해준다. 이것은 하버마스 입장에서 설득력 있는 부분이다.

그러나 이것은 '일반적 이해관계'라는 개념의 역할이 무엇이고, '보편화 원리'가 담론윤리의 논쟁절차 원칙에 부가하는 것이 무엇인지에 대해서는 여전히 해명하지 않은 채 남겨놓고 있다. 만약 "일반화할 수 있는 이해관계"가 '원초적' 욕구해석을 지칭하는 것이라면, 흄이 제일 먼저 명시적으로 제기하고 아그네스 헬러가 반복해서 제기했던 반론, 즉 이해관계와 욕구를 둘러싼 토론은 결론에 도달하지 못할 수밖에 없다는 주장은 이치에 맞는 것일 것이다.[54] 다른 한편으로 우리는 만약 일반적 이해관계라는 개념이 특정 집단의 객관적 이해관계를 지칭하는 것이라면, 그것은 권위주의적 함의 없이는 규범의 옳음에 대한 기준으로 사용될 수 없다는 것을 이미 살펴보았다.

그렇기는 하지만 이해관계 개념은 우리의 담론윤리 해석에서 중요하다. 우리는 '일반적 이해관계'라는 용어가 '공통의 정체성'이라는 관념에 길을 내어주거나, 더 정확히 말하면 우위성을 부여해야만 한다고 제안한다. 복수의 가치체계, 삶의 방식, 개인적 정체성들로 특징지어지는 사회에서, 담론윤리는 서로 접촉하고 동일한 정치적 결정과 법에 의해 영향 받는 우리가 공유하는 것—만약 그런 것이 있다면—이 무엇인지

---

54) Heller, "The Discourse Ethic," 13-14.

를 발견하고 재확인하는 방식을 제공한다. 앞서 진술했듯이, 우리는 우리의 개인적 또는 특수한 정체성과 차이는 차치하더라도, 우리가 누구인지 그리고 우리가 어떤 규칙 하에서 함께 살기를 바라는지―즉 동일한 시민사회의 성원으로서 우리의 **집합적 정체성**은 무엇인지―를 담론을 통해 확인하고 또 부분적으로는 구성한다. 이런 방식으로 해석될 경우, 일반화할 수 있는 이해관계를 토론 속에서 발견한다는 것은 선행하는 어떤 것, 즉 우리의 차이에도 불구하고 우리가 그간 (그 자체로 변화의 여지가 있는) 일반적인 사회적 정체성에 부합하는 공통적인 어떤 것을 발견하거나 재확인하거나 또는 창출해왔다는 것을 함의한다. 공적 토론은 우리에게 결국에는 우리가 공통의 어떤 것을 가지게 된다는 것, 우리가 하나의 우리가 된다는 것, 그리고 우리가 우리의 집합적 정체성을 구성하는 특정한 원리들에 동의하거나 그것을 전제로 한다는 것을 보여줄 수 있다. 이것들이 정당한 법적 규범의 내용과 사회적 연대의 토대를 구성하는 차원들이 된다. 그렇다면 공동체의 집합적 정체성은 내용의 측면에서 규범의 정당성에 관한 최소한의―**위반할 수 없는 것**이라는 소극적 의미에서의―기준을 제공할 수 있다.

정당화 문제에 관한 저술들에서, 하버마스는 정당성 주장이 규범적으로 결정된 사회적 정체성의 사회통합적 보존과 관련되어 있다고 명시적으로 진술해왔다. "**정당화**는 정당성 주장을 타당하게 만드는 데, 즉 현존(또는 권고된) 제도들이 특정 사회의 정체성을 구성하는 가치들을 실현시키는 방식으로 정치권력을 사용하는 데 어떻게 그리고 왜 적합한지를 보여주는 데 기여한다."[55] 사회통합, 사회적 연대, 집합적 정체성은 정체의 측면에서 제기하는 규범적인 정치적 정당성 주장의 '사회'(하버마스의 용어로는 생활세계)의 지시물이다. 정치적-행정적 체계가 정체성

---

55) Habermas, *Communication and the Evolution of Society*, 183.

(또는 의미)을 창조할 수는 없지만, 이 체계의 정당성 주장은 집합적 정체성에서 이탈하지 않게 하고 사회적 연대와 사회통합을 강화한다.[56]

누군가는 집합적 정체성 개념에 의지하는 것이 일반적 이해관계라는 개념을 포함하여 앞서 언급한 문제들을 단지 또 다른 수준으로 옮겨놓는 것에 불과하다고 반박할 수도 있다. 특정 집합적 정체성이 권위주의적으로 되는 것을 막는 것은 무엇인가? 누구의 집단정체성 해석이 지배하게 될 것인가? 그 해석이 어떻게 특수한 것 이상의 어떤 것이 될 수 있고, 왜 그것을 옹호하기 위해서는 보편주의적 주장을 해야 하는가? 그 답은 민주적 정당성과 권리의 원리를 핵심요소로 하는 집합적 정체성의 특수성 속에 있다. 민주적 정당성 원리는 정당화의 조건—합리적 동의의 절차와 전제조건들 그 자체—이 정당화하는 힘을 획득하여 정당화의 근거(메타규범)가 됨으로써, 자연이나 신과 같은 구체적 정당화 원리들을 대체한다는 것을 함의한다.[57] 민주적 정당성 원리는 이미 성찰적

---

56) 하버마스의 견해에 입각할 때, 생활세계는 의사소통행위를 보충하는 개념이며, 담론은 의사소통행위의 성찰적 형태이다. 정체성을 구성하는 언어와 문화가 배경을 형성한다면, 생활세계의 구조적 구성요소들—자연과 그 속에서의 우리의 위치에 관한 문화적 모델, 정당하게 질서 지어진 대인관계, 퍼스낼리티 구조, 그리고 역량—은 또한 우리가 주제화하고 성찰할 수 있는 객관적·사회적·주관적 세계의 구성요소로서도 사용된다. 우리의 형식적인 세계개념들 사이의 분화와 세계에 대한 근대적 이해의 탈중심화된 구조는 "행위자들이 그들의 상호이해를 그들 자신의 해석적 수행에 의존하는 만큼, 생활세계가 일상의 의사소통 관행에 대한 자신의 예단능력을 상실한다"는 것을 의미한다(Habermas, *The Theory of Communicative Action*, vol. 2 [Boston: Beacon Press, 1987], 133). 달리 말해 일단 생활세계의 구조적 구성요소들의 재생산이 더 이상 의사소통행위라는 매체를 통해 이루어지지 않고 행위자 자신의 해석적 성과에 기초하고 나면, 개인적·집합적 정체성의 핵심적인 구성요소들은 그들의 '소여성'을 상실한다. 도덕적 관점에서 그리고 또한 자기실현을 위한 프로젝트라는 관점에서, 이들 정체성을 성찰하고 그것들의 차원을 비판적으로 평가하는 것이 가능해진다. 가장 요구사항이 많은 형태의 의사소통행위인 담론은 무(無)로부터 집합적 정체성을 창조하지 않으며, 집합적 정체성들은 담론과정 속에서 재확인되고 수정되고 또는 재해석될 수 있다.

이 된 정당화 수준과 보편화할 수 있는 절차적인 원리를 포함한다. 이것은 민주적 정당성이라는 근대의 절차적 원리가 우리의 전통에 대한, 또는 적어도 문제시되어온 우리의 전통과 집합적 정체성의 측면들에 대한 탈관습적·탈전통적 지향을 전제로 한다는 것을 의미한다. 게다가 이것은 우리의 집합적 정체성과 공통의 전통 중에서 민주적 정당성 및 기본권 원리들과 양립할 수 있는 측면들만이 타당한 정치적 규범의 내용을 제공할 수 있다고 암시한다. 토론과 민주적 원리들이 우리 전통의 일부를 구성한다는 사실은 집합적 정체성 개념에 대한 권위주의적 공격을 막아낸다. 왜냐하면 이것은 우리가 우리의 정치문화 중 담론적 갈등해결의 메타규범을 위반하지 않는 차원들만을 사회정치적 규범에 투입하기에 정당한 것으로 받아들일 수 있다는 것을 의미하기 때문이다.

절차적으로 규정된 담론윤리의 실제적 지시대상을 '일반적 이해관계'에서 '집합적 정체성'으로 대체하는 우리의 논의를 명확하게 하고 난 후에 이 문제로 다시 돌아가도록 하자. 우리는 우리의 해석을 상이한 이유에서 받아들일 수 없는 세 가지 입장에 대한 하나의 대안으로 제시한다. 첫째로, 일반화할 수 있는 이해관계를 새로운 보편화 원리의 가장 중요한 항목으로 설정하는 하버마스 자신의 입장이 있다. 이것은 필연적으로 하나의 객관적 범주—제3자의 관점에서 분석될 여지가 있는 범주—를 담론적 의지형성의 핵심으로 만들지만, 하버마스 자신은 원하지 않는 권위주의적 결과들을 불가피하게 낳는다. 둘째로, 모든 합의를 단지 경험적인 것에 불과하다고 봄으로써, 그리고 경험적 동의 자체를

---

57) Habermas, *Communication and the Evolution of Society*, 184. 하버마스는 이 수준이 적어도 이론적으로는 루소와 칸트에서 도달된다고 주장한다. 베버와는 달리 하버마스는 '이성의 형이상학'—해체되어 결국에는 자기자신에 대한 자기정당화에 불과한 실정법과 법적 절차들만이 남게 되는—보다는 의무의 자연법 이론에서 더 많은 것을 발견한다. 요컨대 그는 합리적 동의라는 생각을 자신이 민주적 정당성의 절차적 원리로 재정식화하는 대칭적 상호성의 조건 하에서 발견한다.

담론적 절차의 목표로 만듦으로써, 일반화할 수 있는 이해관계라는 쟁점을 우회하는 정반대의 입장이 있다. 그렇다면 경험적 합의의 결과는 그 정의(定意)상 정치적 의미에서의 정의(正義)가 된다. 우리는 이 입장(법실증주의 그리고 특히 법현실주의과 유사한 도덕적 회의주의를 초래할 수도 있는 결과의 불안정성과 극단적인 가변성)에 대해 하버마스가 반대하는 것은 옳다고 생각한다. 세 번째 (카를-오토 아펠의 입장과 같은) 입장은 (경험적 합의라기보다는) 합리적 합의가 그 자체로 하나의 목적이라고 주장함으로써 일반화할 수 있는 이해관계의 문제를 회피하고자 한다. 이 해석에 따르면, 논의에 참여하는 사람들은 수행모순을 피하기 위해 합리적 담론을 제도화하고 그 제도화를 확산시키고자 노력해야만 한다. 그러나 이 접근방식은 모든 실제적 또는 경험적 담론을 끊임없이 소멸하는 반사실적 담론이라는 미명하에 가치절하하는 경향이 있고, 그러므로 담론의 제도화 조건을 구체화하는 일에 착수조차 할 수 없다.

우리의 입장은 상호관련된 두 개의 단계를 포함하고 있다. 첫째, 우리는 민주적임을 주장하는 경험적 규범, 전통, 합의에서 시작한다. 그러나 우리는 이것들이 합리성과 민주화가 얼마나 가능한가라는 측면에서, 즉 담론윤리가 제공하는 메타규범에 비추어 (참여자들에 의해) 평가될 수 있다고 주장한다. 둘째로, 그렇기는 하지만 우리는 합리적으로 토의된 경험적 합의의 결과조차도 불안정하다는 것을 여전히 인식하고 있다. 따라서 우리는 먼저 집합적 정체성에 기초한 논의를 통해 그리고 그 다음으로는 일반적 이해관계와 사회적 연대에 기초한 논의를 통해 이를 교정하고자 노력한다. 우리는 만약 합리화 또는 민주화된다면 합리적이고 민주적인 집합적 정체성 또는 정치문화를 구성하거나 재확인할 수 있는, 실제의 공적 담론과정에 초점을 맞춘다. 이러한 맥락에서 담론윤리는 우리의 전통, 집합적 정체성 그리고 정치문화 중 우리가 유지하고 발전시키기를 원하는 그리고 정당한 규범에 내용을 제공할 수 있는 측면들을 선별할 수 있는 기준을 제공한다. 반드시 공적 의사소통 과정이 집합행위를 수행하는 우리를 구성하고 나서야, (공식적으로 말할 때) 특정 사회나 집단의 이해관계가 무엇일 수 있는지를 질문할 수 있으며 그리고 그 성원이 서로 연대할 수 있는 조건이 탐색될 수 있다.

　물론 어떠한 집합적 정체성도 단순히 또는 전적으로 자기성찰적이기만 한 것은 아니다. 또한 어떠한 집합적 정체성도 그것의 모든 측면에서 보편적인 것은 아니다. 보편화할 수 있는 민주적 정당성과 기본권 원리들은 집합적 정체성의 전체가 아니라 단지 구성요소일 수 있을 뿐이다. 상징적 수준에서 이들 원리의 재생산은 전통, 집합적 기억, 이미 존재하는 상호작용의 유형, 확립된 가치들 그리고 관련 관행들(생활세계)—이것들은 정치적인 집합적 정체성의 합리적 핵심을 유지시킬 수 있는 연대의 원천들이다—의 발견 또는 재전유를 전제로 한다. 탈관습적이고 담론적인 집합적 정체성의 관점에서 볼 때, 이러한 재전유는 탈전통적이어야만, 즉 전통과의 관계에서 비판적이어야만 한다. 그것은 탈관습적인 집합적 정체성과는 양립할 수 없는 담론과 경험적 연대의 전통들을 골라내고 그것들과 매우 비판적인 관계를 확립해야만 한다. 그러한 담론과 전통들은 정치적 규범의 내용으로 기여할 수 없다. 따라서 모든 집합적 정체성이 그 정의상 특수하기는 하지만, 자기자신의 전통과 비판적 관계를 가질 수 있는 정체성들은 담론적 갈등해결의 원리와 양립할 수 있는 내용을 발전시킬 수 있다. 우리가 어떤 정체성을 가지고 있었든 간에, 현재 근대 시민사회의 성원인 우리는 갈등을 담론적으로 해결해야만 한다는 원칙에 기초하는 정치문화에 참여하고 있다. 달리 말해 우리는 단순히 일시적으로 결합된 제한적인 담론적 절차 자체 그 이상의 것을 통해 우리의 결정에 타당성을 부여하고 우리의 집합적 정체성을 구성한다(만약 그렇지 않다면, 집합적 정체성의 근거는 박약할 것이다). 그리고 우리가 그 '이상의 것'을 위해 객관적으로 해석된 이해관계에 의지할 필요는 없다. 우리의 정체성을 확고히 해주는 자유로운 공적 담론 자체는 시간이 경과하면서 이 정체성에 내용을 부여해주는 전통을 지니고 있다. 따라서 하버마스가 추구하는 일반성의 수준은 우선 담론에 참여하는 것에서 비롯될 수도 있다. 그러나 그것은 근대 시민사회에서 민주적 정당성 원리의 근간을 이루는 담론전통들을 갱신하는 것을 목적으로 하는 담론에 보다 확고하게 기초할 수 있을 것이다.

우리의 정의에서 공통의 정체성은 일반적 이해관계와 동일한 것이 아니다. 하지만 일단 공통의 정체성이 확립되거나 재확인되고 나면, 무엇이 공동체의 일반적 이해관계를 구성하는지를 이해할 수 있다. 이들 일반적 이해관계가 공동체에 적절한 집합적 정체성을 (규범적으로와는 다른 것으로서의) '실제적으로' 재생산하는 데 필요한 제도나 장치들을 수반할 수 있다. 여기가 사회과학적 관점이 존재하는 곳이다. 이를테면 하버마스가 그러하듯이, 근대 생활세계에 참여하고 또 그 생활세계가 전제로 하는 도덕적·문화적으로 탈관습적인 집합적 정체성을 가지고 있는 모든 사람의 일반적 이해관계 속에서 체계와 생활세계가 분화되고 근대 경제와 정치적 국가 같은 것들이 재생산된다고 주장할 수도 있다. 요컨대 공통의 정체성—그 원리가 담론을 통해 인정받아온 정체성—을 재생산하는 데 필요한 구조적 전제조건들을 구체화하는 것은 가능하다. 그렇다면 우리는 여전히 이해관계의 진실성에 대한 인지적 타당성 주장을 제기함으로써, 그러한 이해관계를 일반화할 것을 주장해야만 할 것이다. 더욱이 우리는 특정 제도적 장치가 우리의 공통의 정체성을 위해 필요한지 또는 다양한 제도적 장치들이 그러한 우리의 목적에 기여할 수 있는지, 그것들 중 어떤 것이 현존 제도적 장치들보다 더 나을 수 있는지에 관한 토론을 개시해야만 한다. 실제로 탈관습적인 집합적 정체성을 재생산하는 데 필요한 제도적 필요조건(일반적 이해관계)과 우연적인 조건들 사이에는 염두에 두어야 하는 중요한 차이가 존재한다. 그 어떤 쪽도 결국 삶의 방식이 되지는 않는다. 그리고 전자조차도 기능적 등가물을 가질 수 있다. 우리는 또한 민주적 정당성과 기본권 또는 정의의 원리들과 특정한 조직장치를 혼동하지 않기 위해 주의를 기울여야만 한다. 이러한 단서조건들과 함께 우리는 보편화 원리가 제시하는 기준, 즉 타당한 규범에 의해 정당화되는 이해관계가 일반적일 것임이 틀림없다는 기준을 수용할 수도 있다. 이 기준은 규범의 정당성을 객관적으로 도출하는 것을 포함하지 않는다.

집합적 정체성 개념은 또한 합의의 안정성 또는 그 합의의 권위의 문제를 해결하는 데도 도움이 된다. 우리가 논쟁적 담론의 메타이론적 원칙들이 메타규범을 산출한다고 인정할 때조차, 우리가 이들 원칙은 오직 경험적 맥락에만 적용된다고 여전히 주장하고 그런 다음에 무엇이 이러한 적용에 안정성이나 권위를 부여하는지를 묻는다는 것이 가능한가? 메타규범을 적용하는 단 하나의 올바른 방식만이 존재하는 것은 아니다. 이것은 적용이 날마다, 전통마다, 삶의 방식마다 다를 수 있다는 것을 의미한다. 요컨대 누군가는 결국 그 어떤 것도 실제로 메타규범을 따르지 않는다고 여전히 주장할 수도 있다. 우리의 답변은 '공통의 정체성'이 메타원칙과 집단의 이해관계—이것 또한 변화할 수 있다—를 매개하며, 그것을 통해 메타규범을 적용하기로 동의한 것—비록 이러한 동의 역시 여전히 변화할 수 있지만—에 대해 안정성과 권위를 제공한다는 것이다. 민주주의를 요구하는 근대 생활세계와 정치질서의 경우에, 집단의 공통의 정체성은 그 정체성이 매개적 역할을 할 수 있게 해주는 다음과 같은 두 가지 구성요소들을 가지고 있다. (1) 탈관습적인 보편적 차원으로, 이것은 문제가 되고 있는 규범에 대한 비전통적 태도와 자기성찰을 포함한다. (2) 특정한 전통, 즉 내용의 원천의 차원으로, 이것은 (여타의 요소들 중에서도 특히) 담론을 제도화하는 구체적 양식, 기본권, 그리고 메타규범을 적용하는 특정 전통들을 포함한다. 이것들은 의문이 제기될 때 공통의 정체성의 틀을 깨지 않고도 비전통적 태도에 입각하여 토론을 시작할 수 있다.

담론전통에 의지하는 것이 우리로 하여금 하나의 권위주의에서 또 다른 권위주의로, 객관적으로 인식된 일반적 이해관계라는 것에서 신성한 것으로 간주되는, 해석학적으로 접근할 수 있는 전통이라는 것으로 옮겨가게 하지는 않는다. 담론전통은 담론 자체와의 비전통적 관계(진정한 담론적 절차 속에서만 이룩할 수 있는)를 허용하고 심지어는 요구하기까지 하기 때문에, 담론의 제도와 구체적 절차들을 거부하거나 갱신하는 것─그리고 심지어 갱신된 집합적 정체성의 맥락에서 전적으로 새로운 제도나 절차를 창출하는 것─이 가능해진다. 근대 사회에서는 오직 실제적인 일반적 이해관계들만이 자기성찰적이고 자기비판적이 된 전통에 스스로 뿌리를 내리고 있는, 이러한 집합적 정체성에 기초한다.

별개의 집합적 정체성을 가지고 있는 복수의 집단과 가치다원주의를 그 특징으로 하는 근대 사회들조차도, 그것들의 상호작용을 조절하는 공유된 원칙들이 존재하지 않는다면, 그리고 그 성원들이 공유하는 공통의 (정치적) 정체성─다른 모든 점에서는 그 성원들이 서로 아무리 다르다고 할지라도─이 존재하지 않는다면, 그것은 사회일 수 없을 것이다. 급진적 다원주의, 즉 철학과 사회학이 근대 사회의 심장부에서 발견한 신들의 전쟁은, 우리가 함께 의사소통하고 행위하는 한, 적어도 우리 모두가 암묵적으로 인정하는, 의미 있는 규범적 조정과 공통성─아무리 최소한일지라도─을 배제할 만큼 그렇게 근본적일 수는 없다.

하나의 단일한 집합적 정체성에 의해 통합되어 있는 하나의 단일한 집단이라는 동질성에 기초한 뒤르켐의 기계적 연대와는 달리, 근대 시민사회에서는 '바람직한 삶'에 대해 각기 자기 나름의 독특한 견해를 가지고 있는 복수의 집단들에 의해 최소한의 또는 '약한' 집합적인 정치적 정체성이 공유될 수 있다. (합법성의 영역에 제한된) 담론윤리를 그것의 토

대로 하고 있는 집합적 정체성은 공통성을 표현할 수 있다. 집합적 정체
성은 연대의 한 원천일 수 있다. 왜냐하면 그것은 매우 상이한 사회집단
들의 정체성을 구성하는 한 가지 요소일 수 있기 때문이다.

이것이 보편화 원리 또한 모든 의사소통적 상호작용에 내재하는 메타
규범이라는 하버마스 주장의 진정한 의미이다. 이러한 방식으로 해석될
때, 이 원리는 어떠한 권위주의적 함의도 지닐 수 없다.

담론윤리와 바람직한 삶

담론윤리에 대한 우리의 해석은 앞서 언급한 형식주의라는 비난과 관
련되어 있는 논의 속으로 하나의 실제적 차원을 끌어 들인다. 실제로 담
론윤리의 절차적·형식적 성격을 전제할 때, 거기에 정체성에 대한 고
찰을 도입한다는 것은 하나의 의무론적 이론으로서 정체성이 지니는 지
위를 침해하는 것이라는 반론이 제기될 수도 있다. 정체성 개념은 특정
한 삶의 방식이 갖는 타당성에 대한 평가를 함축하기 때문에, '바람직
한 삶'을 구성하는 것이 무엇인가에 대한 실제적 가정을 포함하는 것처
럼 보인다.[58] 이 쟁점은 담론윤리를 (민주적) 정당성과 기본권의 **정치적
원리**로 파악하는 우리의 해석에 특히 적실하다. 왜냐하면 어떠한 정체의
법뿐만 아니라 정당성의 기준도 해당 정체의 전반적이고 구체적인 삶의
방식의 일부(해당 정체의 에토스 또는 인륜의 명확한 표현)이며, 따라서
특수한 것으로 인식될 수 있기 때문이다. 하지만 의무론적 윤리이론들은
바람직한 삶을 구성하는 것에 관한 평가적 판단과 '정의'의 문제를 분리
해서 생각한다. 이러한 윤리정신 속에서 하버마스는 담론윤리로부터 특

---

58) 우리가 볼 때, 정체성 개념이 정치윤리 속에서 실천이성을 대체하지는 않는다. 오
히려 이 개념은 실천이성의 원리(절차적 계기)와 특수한 이해관계 또는 욕구해석
들을 연결시키거나 매개한다.

정한 삶의 형태나 특수한 삶의 역사가 지니는 타당성 또는 질을 판단할 수 있는 자격을 박탈해왔다.[59] 따라서 특정 규범의 타당성에 대한 합리적 합의는 사람들이 상이한 삶의 형태들 사이에서 특정 형태를 선택하거나 욕구해석의 위계를 발전시키는 데 기준을 제공하지 못한다.

다른 한편으로 하버마스의 보편화 원리는, 그것이 규범에 의해 영향받을 수도 있는 모든 사람의 욕구해석을 고찰에 끌어 들일 경우, 내용을 다룰 수 있다고 주장한다. 실제 담론은 그것의 내용이 사회집단의 생활세계—여기가 바로 규범이 처음으로 발생하는 곳이다—라는 지평 속에 이미 주어져 있음을 발견한다. 집합적 정체성 개념이 위치하는 곳도 역시 여기인 것으로 보인다. 따라서 우리는 다음과 같은 역설에 직면한다. 즉 담론윤리는 우리가 삶의 형태들을 판단하는 동시에 그것들에 대한 판단을 삼가고 있다고 분명하게 주장한다.[60]

---

59) Habermas, "Discourse Ethics," 104.

60) 이 역설은 담론윤리에 대한 정반대의 해석들을 이끌어왔다. 이를테면 알레산드로 페라라는 담론윤리를 욕구해석이나 문화적 가치에 입각한 담론의 가능성을 배제하는 의무론적 이론으로 매우 엄격하게 해석해왔다. Alessandro Ferrara, "Critical Theory and Its Discontents"를 보라. 역으로 세일라 벤하비브는 만약 욕구가 의무론적으로 '약하게' 해석된다면 욕구해석에 대한 토론이 담론윤리 안에 존재하게 될 것이고 또 그러한 담론은 바람직한 삶이라는 우리의 관념이 도덕적 성찰과 도덕적 변화에 쉽게 영향 받게 만든다고 주장한다. Seyla Benhabib, "In the Shadow of Aristotle and Hegel," 16을 보라. 하버마스가 보다 최근 연구에서도 잠재적으로 규범의 영향을 받는 사람들의 욕구해석이 담론의 적절한 내용을 이룬다고 여전히 가정하고 있다고 주장할 만한 방대한 증거가 존재한다. 그러나 이 해석은 단지 우리가 하버마스의 보편화 원리에서 제시되는 "일반화할 수 있는 이해관계"라는 용어의 의미를 보편화할 수 있는 문화적 가치에 기초하는 욕구해석을 지칭하는 것으로 취할 때에만 이해될 수 있다("Discourse Ethics," 104를 보라). 벤하비브의 입장이 지닌 기이함은 그녀가 하버마스의 '재정식화된 보편화 원리'를 담론윤리 이론으로부터 제거하기를 원하면서도, 바람직한 삶의 문제가 도덕적 성찰에 영향을 받는다고 주장한다는 것이다. 이 입장은, 우리가 우리의 욕구해석에 대해 의사소통하고 토론하고 그럼으로써 욕구해석을 유동적인 것으로 만들기 때문에 이러한 종류의 토론은 담론이나 매한가지라는 잘못된 관념에 의거하여, 자기실현의 문제

민주주의 이론의 관점에서 볼 때, 이 역설은 혼란스러워 보인다. 이것은 다음과 같은 문제로 분해된다. 어떻게 특정 사회집단의 연대주장이 다수의 집단들로 구성된 다원적 사회 내에서 그리고 그러한 사회들 사이에서 모두 제기되는 보다 일반적인 정의의 요구와 화해할 수 있는가? 여기에는 담론윤리의 의무론적 성격과 동기부여의 문제라는 두 가지 쟁점이 포함되어 있다. 만약 담론윤리가 욕구해석을 다룬다면, 우리가 (욕구해석의 근저에 놓여 있는) 가치 또는 삶의 형태와 관련된 판단을 어떻게 담론윤리의 범위에서 배제할 수 있는가? 그러한 판단 없이는, 즉 실제 관심사들을 담론윤리 속으로 통합하지 않는다면 담론윤리는 형식주의적으로 되고 공허해지고 "생활세계와는 무관해진다"고 주장하는 비판가들이 옳은 것 아닌가? 하지만 만약 담론윤리가 특정 삶의 방식을 포함한다면, 만약 그것이 일단의 가치 그리고 그리하여 "바람직한 것에 관한 숨어 있는 개념"(찰스 테일러)을 전제로 한다면, 각축하는 바람직한 삶 모델들과 관련하여 담론윤리가 보편적이라거나 중립적이라고 어떻게 주장할 수 있는가? 그것은 단지 많은 모델들 중에서 보다 나은 한 가지 모델을 대변하는 것은 아닌가?[61] 다른 한편으로 상충하는 가치체계

와 (도덕적) 자기발전의 문제를 혼동한다. 그러나 엄격히 말하면, 이것은 하버마스에서는 사실이 아니다. 토론은 담론과 동일한 것이 아니다. 오히려 욕구해석을 포함하는 담론은 일반화할 수 있는 것과 여전히 특수한 것으로 남아 있어야만 하는 것과 관련하여 옳은 것과 바람직한 것을 구분할 수도 있는 담론이다. 보편화 원리는 이러한 노력에 필수적이다. 일단 그러한 구분이 이루어지고 나면, 욕구해석은 토론과 비판의 문제가 될 수 있지만, 엄격한 의미에서 논쟁적 담론의 문제는 아니다. 사람들은 옳은 것과 바람직한 것을 선험적으로 구분할 수 없다고 보는 벤하비브의 견해에 우리가 동의하기는 하지만, 우리의 입장은 우리가 보편화 원리를 견지하지 않는다면, 그리고 일반화할 수 있는 이해관계에 대한 고찰 속으로 매개변수—정체성 개념—를 도입하지 않는다면, 우리는 바람직한 것의 차원들이 담론윤리 속으로 어떻게 들어오는지를 적절하게 평가할 수 없다는 것이다. 만약 그렇게 하지 않을 경우, 여전히 하버마스의 이론과 부침을 같이하는 견고한 토대인, 옳은 것과 바람직한 것의 구분은 해체되고 말 것이다.

를 가지고 있는 행위자들이 도대체 왜 기꺼이 대화에 참여하거나 또는 다른 행위자들의 관점을 타당하거나 귀 기울일 만한 가치가 있다고 생각해야만 하는가 하는 동기부여의 문제가 제기된다. 이 문제들을 차례로 살펴보도록 하자.

과도한 형식주의

모든 절차이론들과 마찬가지로 담론윤리는 과도한 형식주의라는 비난에 취약해 보인다.[62] 담론윤리는 동료 인간의 복지에 대한 관심을 배제하고 '바람직한 것'에 대해 고려하지 않는 것처럼 보인다. 조화로운 사회적 삶의 형태를 구성하는 것은 무엇인지 또는 특정 개인의 삶을 성공적으로 인도하는 것은 무엇인지와 같은 질문들은 회피된다. 이러한 반박에 대한 응답 속에서 하버마스에게 가장 우호적인 비판가들은 담론윤리의 전반적 틀 속으로 부가적인 원리를 도입해왔다. 그들은 자비심, 공감, 직관 또는 배려의 윤리라는 표제 하에 하나의 기준을 정의에 대한 고찰을 보완하는 자율적이고 정당한 도덕적 관점으로 상정한다.[63]

---

61) Charles Taylor, "Die Motive einer Verfahrensethik," in Wolfgang Kuhlman, ed., *Moralität und Sittlichkeit* (Frankfurt: Suhrkamp, 1986), 101-134.

62) Habermas, "Discourse Ethics," 106.

63) Benhabib, *Critique, Norm, and Utopia*, 327-353; Ferrara, "A Critique of Habermas' Discourse Ethic"을 보라. 페라라의 논의는 우리의 관심사에 적절하다. 그의 최고의 통찰은 하버마스가 제시한 보편화 원리 자체가 정체성에 대한 고찰이 담론윤리에서 중심적이라는 점을 함축한다는 것이다. 페라라는 복잡사회에서는 규범의 정당성에 관한 논쟁이 서로 다른 정체성들 간의 충돌을 수반하며, 하버마스는 칸트의 개념과는 전혀 다른 자율성 개념, 즉 존엄성과 다면적 발전(자신이 선택한 삶의 계획에 따라 마음껏 자신의 삶을 살 수 있는 능력)을 결합시키는 개념을 전제로 하고 있다고 옳게 지적한다. 극히 암시적인 구절에서, 페라라는 절차주의적인 정의관념 속에 각 개인의 정체성 욕구에 대한 존중으로 해석되는 바람직한 것에 관한 '형식적' 개념을 포함시킬 것을 요구한다. 이 형식적 개념은 고려 중에 있는 규범에 의해 잠재적으로 영향 받는 개별 정체성들의 보전에 초점을 맞춘다. 하지만

이러한 접근방식들이 지닌 주요 문제는 그것들이 정의와 바람직한 것 사이를 매개할 수 있는 가교원리보다는 담론윤리적 정의개념에 대한 한 가지 대안—그것의 이름으로 정의를 일시 중지시키거나 무시할 수도 있는—을 포함하고 있다는 것이다. 여기서 통상적으로 가정되는 것이 정의의 의미를 단지 사람들에 대한 공평한 또는 동등한 대우를 포함하는 것으로 극히 협소하게 해석하는 것이다. 요컨대 정의는 하나의 원리 (평등한 권리)의 지위로 강등되고, 그 다음에 두 번째 원리인 자비심에 의해 보완된다. 그리고 이 둘은 보다 상위의 원리, 즉 개별 인간의 고결성 또는 존엄에 대한 동등한 존중에서 도출될 수 있는 것으로 생각된다. 그러나 이와 유사한 로렌스 콜버그(Lawrence Kohlberg)의 시도에 대한 응답에서 하버마스가 옳게 지적한 바 있듯이, 이러한 접근방식은 성공할

페라라는 일반적인 도덕이론으로서의 담론윤리와 정치적 정당성 이론으로서의 담론윤리를 구분하지 않는다. 실제로 그의 논의의 대부분은 도덕이론으로서의 담론윤리 이론에 초점이 맞추어져 있다. 그러므로 그것은 우리의 입장과 근본적으로 다르다. 게다가 페라라가 그의 주장을 펼치기 위해 사용하는 이론적 수단은 설득력이 없다. 페라라는 "모든 관련된 사람의 정체성 욕구에 최소한의 파괴적인 영향 미치기"라는 기준을 정의의 원리에 외재하는 것으로, 즉 정의의 원리의 균형을 잡아야만 하는 부가적 원리로 파악한다. 실제로 그는 심지어 다음과 같이 말하기까지 한다. "만약 이상적 담화상황이 만족스럽게 종결된 후에도 우리가 최고의 논의조차 일부 정체성 욕구를 완전히 공평하게 평가하는 데 실패하고 있다고 느낀다면(우리의 신중한 판단에 따를 때, 그러한 정체성 욕구를 가장 잘 충족시킬 수 있을 해결책은 우리가 최고의 논의를 통해 제시할 수 있는 것이 아니다), 우리가 이상적 담화상황의 결과를 무시하고 우리의 최고의 직관에 따라 행위하는 것은 정당할 것이다."(70쪽) 이러한 입장은 일반적인 도덕이론과 관련해서는 혼동하고 있으며, 정치적 정당성 이론과 관련해서는 만약 제한되지 않는다면 위험하다. 만약 페라라가 말하고자 하는 것이 사람들이 위협당하는 정체성 욕구에 대해 양심적으로 거부하거나 시민적 불복종에 참여할 수도 있다는 것이라면, 그것은 훌륭하다. 그러나 만약 그가 말하고자 하는 것이 단순히 사람들이 민주적 토론의 결과를 무시할 수도 있다는 것이라면, 민주적 절차에 계속해서 헌신하게 하는 문제가 매우 중요해질 것이다. 한편으로는 도덕과 합법성 간의 관계 그리고 다른 한편으로는 정의와 연대 간의 관계에 대한 우리의 분석이 이러한 난점들을 해소한다.

수 없다. 왜냐하면 부분적으로는 그러한 시도는 사람(person) 개념을 얼버무리고 있기 때문이다.

> 각자를 자율적인 행위를 할 수 있는 하나의 주체로 일반적으로 동등하게 존중한다는 것은 동등하게 대우한다는 것을 의미한다. 하지만 각자를 생애사를 통해 개인화된 하나의 개별적 주체로 동등하게 존중한다는 것은 동등하게 대우한다는 것과 상당히 다른 그 어떤 것을 의미할수도 있다. 즉 그것은 하나의 자결적 존재(a self-determining being)로서의 사람을 보호하는 것이 아니라, 하나의 자기실현적 존재(a self-realizing being)로서의 사람을 옹호하는 것을 의미할 수도 있다.[64]

고결성에 대한 존중이 다른 사람의 복리에 대한 배려를 포함하는 것은 아니다. 게다가 동등한 존중의 원리에서 파생된 자비심의 원리는 단지 개인에게만 적용될 뿐 공동의 복지나 공동체적 의미에는 적용되지 않는다. 따라서 하버마스에게 가장 우호적인 비판가들이 가정하는 협소한 정의개념에 입각할 때, 바람직한 것에 관한 질문들은 외재하는 것으로 보일 수밖에 없다. 그렇기에 정의는 각각의 개인이 지닌 특수성에도, 공동체의 복지의 고려에도, 그리고 '구체적인 타자'의 관심사에도 무감각하다. 정의는 개인의 소극적인 자유와 주관적인 권리로 번역되고, 그것이 전부이다.

　이러한 해석들은 담론윤리의 풍부한 의사소통적·상호주관적 전제들을 시야에서 놓치고 있다. 담론은 영향 받는 사람들에 대한 동등한 대우 그 이상을 포함하는, 성찰적 형태의 의사소통적 상호작용이다. 담론윤리

---

64) Jürgen Habermas, "Justice and Solidarity: On the Discussion Concerning Stage 6," in Thomas E. Wren, ed., *The Moral Domain: Essays in the Ongoing Debate between Philosophy and the Social Sciences* (Cambridge: MIT Press, 1990), 242.

의 분석적 출발점은 독립적이고 별개이고 현실에서 유리된 개체라는 개념이 아니라 일상적인 사회적 삶의 상호주관적인 의사소통적 하부구조이다. 개인들은 상호인정의 관계 내에서 행위하며, 이 관계 속에서 자신의 개성과 자유를 상호주관적으로 획득하고 주장한다. 대화과정에서 모든 참여자는 그 또는 그녀의 견해나 욕구해석을 분명히 표현하고, 공적인 실제 토론 속에서 이상적 역할들을 취득한다. 이것이 단지 동감을 통해서만이 아니라 도덕적 통찰을 통해 다른 사람들의 욕구해석을 이해할 수 있는 틀을 제공한다. 공통성의 존재가 검증되고 차이에 대한 존중이 잠재적으로 확인되는 곳이 바로 이곳이다.

하버마스는 자신이 정체성 개념과 연대개념을 체계적으로는 처음 사용하는 두 편의 최근 글에서 이러한 테마들을 발전시킨다.[65] 그는 정의이론을 보충하기 위해 부가적인 윤리이론이 필요하지는 않다는 것을 보여줄 수 있다. 왜냐하면 '실제적' 차원이 처음부터 '형식적으로' 존재해왔기 때문이다. 요약하면 하버마스는 정의를 보충하기에 적합한 개념은 자비심, 동감, 직관 또는 배려가 아니라 연대이고 정의와 연대는 두 가지 별개의 도덕적 원리들을 표현하는 것이 아니라 동일한 원리의 양면이라고 주장한다.

이 논의는 다음과 같이 전개된다. 인간은 담화공동체의 맥락에서 그리고 상호주관적으로 공유되는 생활세계 속에서 이루어지는 의사소통적 사회화 과정(Vergesellschaftung)을 통해 개인화된다. 인간은 오직 한 집합체의 성원으로서만 개인적 정체성을 획득하며, 그와 동시에 말하자면 집단 정체성도 획득한다. 개인화가 더욱 진행될수록, 생활세계는 한층 더 분화되고 개인도 복합적이고 호혜적인 조밀하고 미묘한 상호의존성

---

65) Ibid.; Habermas, "Morality and Ethical Life: Does Hegel's Critique of Kant Apply to Discourse Ethics?," *Moral Consciousness and Communicative Action*을 보라.

의 네트워크 속으로 점점 더 말려든다. 실제로 개인적 정체성과 집단 정체성의 극단적 취약성은 "인간이 내적 핵심을 구성하는 것은 그것과 동시에 그가 의사소통적으로 창출되는 개인 간 관계에서 스스로를 외면화하는 정도만큼만"이라는 사실에서 기인한다.[66] 도덕은 취약한 정체성을 숨기기 위해 고안된다.

생활세계의 근대화 속에 포함된 분화과정을 수반하는 성찰성, 보편주의, 개인화의 증가는 물론 우리에게 개인적 정체성과 집합적 정체성의 만성적 취약성을 더욱 인식할 수 있게 해준다.[67] 그러나 그러한 상황에서 의미와 연대의 연속성이 유지되는 것은 바로 담론적 요구를 이행하는 '불연속적' 수단을 통해서이다.

담론은 성찰적 형태의 이해지향적 행위이기 때문에, 말하자면 후자 위에 자리하기 때문에, 취약한 개인들의 뿌리 깊은 허약성에 대한 도덕적 벌충에 대해 담론이 취하는 중심적인 관점은 언어적으로 매개되는 상호작용—사회화된 개인들이 지니는 취약성은 여기서 기인한다—이라는 매체 그 자체에서 파생하는 것일 수도 있다. 담론의 화용론적 특성이 각 개인들이 각자를 다른 사람들 모두와 연결시키고 있는 사회적 유대를 파괴하지 않으면서도 각자의 이해관계를 설명할 수 있게 해주는, 분별력 있는 의지를 형성할 수 있게 해준다.[68]

분명 사회화 과정을 통해 확립되는 집합적 정체성과 개인적 정체성 모두는 재확인될 필요가 있다. 왜냐하면 그것들은 계속되는 상호인정을 필

---

66) Habermas, "Justice and Solidarity," 243; "Morality and Ethical Life," 199-202.

67) Habermas, "Justice and Solidarity," 225; Jürgen Habermas, *The Philosophical Discourse of Modernity* (Cambridge: MIT Press, 1987), 337-366.

68) Habermas, "Justice and Solidarity," 245-246.

요로 하면서도, 끊임없이 도전과 변화에 노출되어 있기 때문이다. 개인은 결코 자신의 정체성을 고립적으로 유지할 수 없다. 개인의 고결성은 개인 간 관계와 상호인정 관계를 공유할 수 있게 해주는 상호주관적으로 공유된 생활세계를 보전하지 않고는 확보될 수 없다.

하버마스는 이를 "도덕적 현상의 이중적 측면"이라고 부른다. 즉 개인적 정체성을 보호하기 위한 도덕적 조항이 개별 인간의 고결성을 보호할 수 있기 위해서는, 그와 동시에 절대적으로 필요한 상호인정 관계의 망을 보호해야만 한다. 왜냐하면 그 관계망 속에서 개인들은 자신의 허약한 정체성을 자기집단의 정체성과 상호적으로만 그리고 동시적으로만 안정화시킬 수 있기 때문이다.[69] 실제로 하버마스는 모든 윤리가 두 가지 임무를 가지고 있다고 주장한다. 즉 윤리는 각자를 동등하게 대우할 것과 각자의 존엄성을 존중할 것을 요구함으로써 사회화된 개인의 불가침성을 보장해야만 한다. 그리고 윤리는 공동체—그 성원들을 사회화하는—의 성원으로서의 개인들 간의 연대를 요구함으로써 상호주관적인 상호인정 관계를 보호해야만 한다. 따라서 연대는 각자가 타자에 대해 책임을 져야만 하는 경험 속에 뿌리박고 있다. 왜냐하면 그들 모두는 동료로서 그들의 공통의 삶의 맥락—요컨대 집합적 정체성—을 보전하는 것에 대한 관심을 공유하고 있기 때문이다. 따라서 의사소통 이론의 관점에서 볼 때, 타인의 복지와 일반적 복지에 대한 관심은 정체성 개념을 통해 밀접히 연결되어 있다. 집단의 정체성과 독특한 개인들의 정체성은 완전한 상호인정 관계를 통해 재생산된다. 따라서 정의를 보충하는 개념은 동감이나 자비심이라는 다소 모호한 관념이 아니라 연대이어야만 한다. 의무론적 의미에서 인간에 대한 존중과 대화상대자들에 대한 동등한 대우로 이해되는 정의의 절차적 원리들은 정

---

69) Ibid., 243.

의의 나머지 것으로 연대를 요구한다. 정의와 연대는 동일한 것의 두 측면이다.[70]

분명 하버마스는 우리와는 달리 도덕과 정의의 원리를 구분하지 않는다. 그가 볼 때, 담론윤리는 이 둘 모두에게 기여한다. 하지만 앞서의 논의는 분명 정치적 정당성 원리에 대한 관심에 가장 잘 적용된다. 이 견해에 입각할 때, 정의는 독특하고 자결적인 개인들이 지닌 동등한 자유를 말하며, 정당한 규범이란 담론과정에서 그 규범에 의해 잠재적으로 영향을 받는 모든 **참여자**가 받아들이는 규범이다. 따라서 연대는 생활세계 속에서 함께 연결되어 있는 동료들이 공유하고 있는 공통의 정체성을 보존하는 것에 대한 관심은 물론, 개인적 정체성 그리고 심지어는 하위집단의 정체성을 보전하는 것에 대한 관심 모두를 가리킨다. 따라서 정당한 규범은 "다른 한쪽 없이는 한쪽을 보호할 수 없다. 즉 정당한 규범은 개인들이 속해 있는 공동체와 동료 인간의 복지를 보호하지 않고는 개인의 동등한 권리와 자유를 보호할 수 없다."[71] 따라서 담론윤리는 개인의 자율성과 고결성뿐만 아니라 무엇보다도 그것들이 상호주관적 삶의 방식에 착근되어 있음을 또한 전제로 한다. 규범의 정의(正義)에 관한 성찰의 내용 자체도 공유된 또는 중첩적인 삶의 형태들에서 파생한다. 이것이 정의와 공공선 사이에 숨어 있는 연계관계의 원천이다. 따라서 이해관계를 그것의 일반화 가능성/타협 가능성의 측면에서 검토하는 것은 의사소통적 사회화의 관점에서 일반화될 수 있는, 그리고 모든 삶의 방식의 특징이기도 한, '바람직한 삶'의 '구조적' 측면——즉 개인적 정체성과 집합적 정체성을 보전하는 것을 존중하고 보호하는 데 필요한 조건——을 검토하는 것을 포함한다.[72]

---

70) Ibid., 243-244.
71) Ibid., 244.
72) Ibid. 247.

담론윤리에 내재하는 바람직한 것의 구조적 차원은 보편화 원리가 그것에 따라 작동해야만 하는 기준—즉 특정 규범에 의해 영향 받는 모든 개인과 집단의 정체성 요구조건을 명확히 표현하고 고려하는 기준—을 제공한다. 담론은 추상적 인간이 지닌 추상적 권리의 공평성과 존중의 기준을 명확히 표현하는 것에 더하여, 개인 정체성과 집단 정체성의 핵심적 구성요소들을 재확인하고 재생산하는 상호주관적인 의사소통적 성과 (상호인정)를 성찰적으로 재생산한다. "개인이 가장 독특한 그 자신만의 욕구들을 확인하는 해석들조차도 모두가 참여하는…… [그리고] 개인의 목소리의 총합에 상호인정의 상호성을 더하는 수정과정에 노출되어 있다."[73] 따라서 여기서 작동하는 바람직한 것에 대한 구조적 개념은 다음과 같이 정식화될 수 있다. 즉 기꺼이 토론하고 대칭적 상호성의 절차적 원리를 준수하는 개인 정체성과 집단 정체성을 보존하는 것에 돌이킬 수 없는 손상을 초래할 수도 있는 어떠한 규범의 제도화도 금지된다. 물론 이것은 담론이 삶의 형태들을 규정하거나 판단할 수 없다는 것을 표현하는 또 다른 방식이다. 하지만 여기에는 그 이상의 것이 포함되어 있다. 정체성에 대한 관심과 욕구해석이 토론 속으로 들어오기 때문에, 한편에서는 퍼스낼리티의 추상적 차원과 상황에 따른 차원에 대한 존중의 원리가, 다른 한편에서는 개인 정체성과 집단 정체성의 유지를 위해 필요한 최소한의 연대에 대한 존중의 원리가 대화 자체를 인도한다.

　바람직한 것이라는 이 개념은 공허한 형식주의라는 비난을 잠재우고, 그럼으로써 그러한 비난이 담론윤리의 의무론적 지위를 침해하지 않게 하기 위해 제기된다. 상이한 삶의 방식을 지니지만 공통의 생활세계 또는 중첩되는 생활세계를 공유하는 사람들 사이에서, 바람직한 삶과 연대에 대한 하나의 응집적인 모델을 정식화할 수 있는 각자의 능력에 대한

---

73) Ibid.

존중과 적어도 정치적인 집합적 정체성의 핵심적 측면들에 대한 존중은 바람직한 것에 관한 어떤 특정 모델을 편파적으로 선호하지 않는다. 하지만 그것들은 '생활세계'와 관련되어 있다! 그렇지만 그것들이 담론윤리의 의무론적 성격을 훼손하는, 바람직한 것에 관한 숨겨져 있는 구체적인 개념이 되는 것도 아니다(테일러의 비난). 담론의 관행은 개인화와 상호주관적으로 공유된 삶의 방식 모두를 존중한다. 각 개인은 연대를 전제하고 있고 연대를 잠재적으로 재확인하는 연대적 대화과정에 참여할 수 있어야만 한다. 왜냐하면 그 과정은 타자의 입장을 고려하는 과정을 포함하고 있고 또 타자의 정체성 욕구에 열려 있는 과정이기 때문이다. 실제로 '공동의 삶'(Zusammenleben)의 질은 그것이 보장하는 연대와 복리의 정도에 의해서 그리고 또한 각 개인의 이해관계(정체성 요구조건)가 공통의 이해관계 내에서 얼마나 고려되고 있는지에 의해 측정되어야만 한다.[74]

그럼에도 불구하고 담론윤리에 내재하는 바람직한 것의 구조적 측면에 관한 이러한 논의는 옳은 것과 바람직한 것, 보편적인 (보편화할 수 있는) 것과 특수한 것, 정의의 문제와 개인의 자기실현―즉 개인의 특수한 생애사, 정체성 요구조건, 삶의 형태들―을 포함하는 문제를 구분하는 것에 의거한다. 물론 우리가 개인의 욕구해석을 담론 속으로 끌어들인 다음, 그것의 차원들 중 어떤 것이 일반화할 수 있는 규범의 내용이 될 수 있는지를 발견할 수도 있다. 그러나 그러한 담론이 이루어진 이후에도 일반화할 수 없고 따라서 여전히 특수한 개인의 생애사, 바람직한 것의 개념, 삶의 형태들의 차원이 여전히 남아 있다. 비록 우리가 담론 이후에 옳은 것과 바람직한 것 간의 경계를 설정한다고 하더라도, 정의상 후자는 담론이 요구하는 논리를 벗어나 있는 평가의 문제를 제기한

---

74) Habermas, "Morality and Ethical Life," 203.

다. 왜냐하면 그것들은 우리가 합의에 도달할 수 없는, 그리고 우리가 담론을 통해 판단할 수는 없는 차이들을 포함하고 있기 때문이다. 개인 정체성과 집단 정체성에 필연적인 특수한 구성요소들이 담론윤리의 범위에 한계를 설정한다. 그 내부에서 개인 정체성과 집단 정체성을 형성시키는 상호인정의 구조와 관련하여 앞서 언급해온 것에 따른다면, 하버마스가 정의의 원리가 (연대와 개인의 자율성 모두가 자신들의 자원을 끌어내는) 상호주관적으로 공유된 삶의 형태를 침해해서는 안 된다―실제로는 보호해야만 한다―고 믿은 것은 분명하다. 하지만 바람직한 삶의 구조적 측면은 특수한 삶의 형태들(그리고 생애사들)의 구체적 총체와는 구별되기 때문에, 그 자신의 "바람직한 것에 대한 구조적 개념"을 지니고 있는 담론윤리와 개인이나 집단의 특수한 정체성 욕구, 가치 등등의 관계에 관한 질문은 여전히 남아 있다.

이러한 쟁점이 정의의 문제와 충돌하지 않는 한(즉 우리가 그러한 쟁점이 포함하는 행동형태들이 구체적인 맥락을 넘어 일반화되기를 바라지 않고 또한 어떠한 정의의 원리와도 갈등을 일으키는 것으로 인식하지 않는 한), 이들 쟁점은 원칙적으로 관련이 없는 정의의 요구에 의해 "침해되어서는 안 되는" 또는 심지어 종속되어도 안 되는 것의 기준에 부합한다. 거기에 포함되는 것은 행위, 가치, 그리고 개인 정체성 또는 집단 정체성의 구성요소들에 관한 기준들로서, 법적 규범이 적용되어야만 하는 영역들과는 다른, 차이와 개인적 선택의 영역으로 (상호)인정받을 만한 것들이다. 말하자면, 정의 외부에 존재하는 이러한 영역을 법적으로 인정하는 것은 개인적 판단의 자율성과 법적 규제의 자기제한을 보장하는 기본권의 형태를 취할 수 있다. 담론윤리가 자기제한적인 것은 바로 이 영역과 관련될 때이다. 즉 담론윤리는 "바람직한 삶을 긍정적으로 지적하는 대신에, 손상된 삶을 부정적으로 지적한다."[75]

그러나 분명 개인이나 집단에게 자신의 삶의 형태, 즉 정체성의 구성요소로 보이는 것이 정의의 요구와 충돌할 수도 있다. 자기실현의 요구와 정의의 요구 사이에서 갈등이 발생하는 경우, 우리는 대칭적 상호성의 원리를 침해하고 물의를 일으킨 정체성 욕구나 구성요소들은 제거되어야만 한다고 말하고 싶은 즉각적인 충동을 느낀다. 하지만 정의라는 개념 자체가 논쟁 중에 있는 상황에서, 양심적 반대와 시민불복종이라는 선택지는 여전히 남아 있다.

보편성?

비록 상호인정의 요구가 의사소통행위의 조건에서 기인할 수도 있고 또 정의와 연대 모두의 공통의 뿌리로 확인될 수도 있지만, 그러한 의무가 어떤 특정 집단—그것은 어떤 가족일 수도, 어떤 부족일 수도, 어떤 도시일 수도 또는 어떤 국가일 수도 있다—의 구체적 세계 너머에까지 이르지는 않는다.[76] 만약 우리가 담론윤리를 시민권 윤리, 즉 민주적 정당성과 기본권적 원리로 해석한다면, 우리는 어떻게 담론윤리에 대해 보편성 주장을 할 수 있는가? 윤리와 시민권은 그것들이 관계하는 정체의 특수한 형태에 따라 다르지 않는가? 우리는 칸트식의 형식주의로 회귀하지 않으면서도 단독으로 관용뿐만 아니라 복수의 집단 정체성들과의 연대까지도 확립할 수 있는 보편적 입장에 어떻게 도달할 수 있는가?[77] 하버마스의 대답은 담론이 일상적인 의사소통 관행보다 훨씬 더 많은 것을 요구하는 형태의 의사소통을 구성한다는 것이다. 담론은 논쟁적 담화 원리들에 의해 지배되는 성찰적인 것이다. 그리고 담론은 특정 공동체의 습속이라는 특수성을 넘어서면서도, 그로 인해 사회적 유대를 파괴하지 않는다. 연대의 원리는 그것이 보편적 정의이론의 일부가 될 때, 그리

---

75) Ibid., 205.
76) Ibid., 202.
77) Ibid., 203-204.

고 담론적 의지형성이라는 관념에 비추어 해석될 때, 그것의 자민족중심주의적 성격을 상실한다. 논의들은 특정 생활세계들을 초월한다. "담론은 자신의 범위를 확대하여 자기자신의 특수한 삶의 형태의 협소한 한계를 벗어날 수 있는 유능한 주체들을 그 안에 포함시킴으로써, 맥락구속적인 의사소통행위의 전제들을 일반화하고 추상화하고 확장시킨다."[78] 가족, 부족 또는 국가와 같은 생활세계의 한계는 담론이 제도화되고 바람직한 것의 구조적 원리가 존중되는 맥락에서는 초월될 수 있다.[79] 게다가 도덕적 논쟁은 특정 공동체의 규범과는 다른 원리들에 호소할 수도 있으며, 따라서 공동체는 타당하고 설득력 있는 논거를 가지고 그것에 대응하거나, 그렇지 못하다면 다르게 생각하는 누군가의 강력한 주장에 묵묵히 따라야만 한다. 담론윤리의 보편화 추동력은 특수성 또는 '공동체'를 억압하기는커녕 바로 그것의 추상성 덕택에 차이에 정당성을 부여하고 차이와의 연대를 요구할 수 있는 유일한 토대가 된다. "이해관계와 가치지향들이 근대 사회에서 더욱 분화됨에 따라, 전체를 위해 개인의 행위 영역을 통제하는 도덕적으로 정당화된 규범도 더욱더 일반적이고 추상적이 된다."[80]

하버마스는 담론 속에서 정식화되는 의사소통행위의 화용론적 전제들에 대한 분석에서 이러한 보편성 주장을 정당화한다. 하지만 우리가 볼 때, 이 논의가 전적으로 만족스러운 것은 아니다. 왜냐하면 그것은 추상적인, 따라서 불완전한 형태의 보편주의를 포함하고 있기 때문이다. 우리 문화 이외의 다른 문화들도 규범적 행위로부터 의사소통행위로, 그

---

78) Ibid., 202.
79) Habermas, "Justice and Solidarity," 245-246. 하버마스는 만약 담론이 제도화된다면, 이러한 한계는 돌파될 수 있다고 진술한다. 그 함의상 담론윤리는 근대 시민 사회에 또는 담론이나 기본권이 그 자리를 차지하고 있는 사회에 살고 있는 사람들의 도덕적 직관을 재구성한다.
80) Habermas, "Morality and Ethical Life," 205.

리고 의사소통행위로부터 담론으로 이행할 수 있다는 것은 분명히 있을 수 있는 일이지만, 많은 문화들에서는 특히 근대적이지 않고 자기성찰적이지 않은 문화들에서는 그러한 단계들이 불가능하고 부적절하다는 것 역시 확실하다. 우리가 그러한 문화에게 외부로부터 부과되는 이상을 위해 자신의 정체성을 포기하라고 요구하는 것은 도리를 벗어난 일일 것이다. 그러한 경우에는 타자의 집합적 정체성에 대한 존중이 어쩌면 관용이라는 형태로 이루어져야만 할 것이다. 그러나 그러한 존중이 우리가 집합적 정체성 또는 어떤 원리의 적어도 몇 가지 요소들을 공유하고 있는 사람들에 대해 느끼는 연대와 등치될 수는 없다.

여기서 확실히 해두기로 하자. 연대가 문제가 되는 두 가지 맥락이 있다. 즉 그것은 다원적 시민사회 내에서 그리고 상이한 사회들 사이에서 문제가 된다. 우리가 염두에 두고 있는 근대적 연대개념은 우리가 연대하고 있는 타자와의 동감이나 동일성을 요구하지 않는다. 하지만 담론윤리를 보충하는 연대는 동일하지 않은 것을 동일시할 수 있는 능력을 포함한다. 달리 말하면, 그것은 타자를 또 다른 사람으로, 즉 우리가 우리자신이 그러하기를 원하는 것처럼 정체성 욕구와 논의를 분명히 표현할수 있는 동일한 기회를 부여받아야만 하는 사람으로 받아들이는 것을 포함한다. 하나의 단일 사회 내에서 규범을 둘러싼 갈등에 대해 판결하는 담론상황은 그러한 연대의 가능성을 입증한다. 왜냐하면 거기에서 우리는 타자의 입장에 서서 생각하고, 그 또는 그녀의 욕구와 이해관계가무엇인지를 파악하고, 공통점과 집합적 정체성을 발견하고 구성하거나재확인할 수 있기 때문이다. 그러한 과정은 모든 관련 행위자의 자기인식을 풍부하게 할 것임이 틀림없다. 다른 한편으로 연대는 담론을 의미있는 것으로 만들며, 담론의 상호인정 논리가 그것의 핵심임을 재확인시켜준다. 달리 말해 우리가 다른 사람들의 개인적 욕구나 가치를 공유하거나 심지어는 꼭 좋아하지 않는다고 하더라도 (그것들이 담론적 갈등해결이나 타협의 전제조건들과 양립할 수 없는 것은 아니라고 가정함으로써) 우리는 우리가 집합적 정체성을 공유하는 타자들과 연대를 맺을 수 있다. 그러나 우리는 그러한 차이들이 담론 속에서 사적으로 구성되는 것인 한, 그러한 차이를 받아들여야만 한다.

공통의 정치적 정체성을 공유하지 않는 집합체들 간의 연대의 문제는 좀 더 복잡하다. 가장 쉬운 경우는 상이한 문화적 전통에 뿌리를 박고 있지만 담론 및 민주적 정당성과 기본권 원리 모두를 제도화하고 있는 두 사회 간의 상호작용에 관한 것이다. 우리는 연대가 근대 시민사회 성원들의 집합적인 정치적 정체성을 강화하여 서로 다르지만 그 사회의 전반적인 정치문화를 공유하는 사람들을 통합시킨다는 것을 이미 살펴보았다. 이러한 종류의 집합적 정체성은 근대 시민사회를 구성하는 많은 집단 정체성들 사이에 연대를 촉진하면서 하나의 우리를 주장할 수 있다. 바로 이러한 형태의 근대적인 집합적 정체성과 근대적인 사회적 연대가 보편적 방향으로 팽창되어 동일한 시민사회의 성원이 아니라 다른 시민사회의 성원인 사람들과도 연대할 수 있게 해준다. 그러나 담론이나 권리를 제도화하지 못한 문화들에 대해서도, 우리는 비록 연대는 아니더라도 존중을 보여주어야만 한다.

하지만 담론윤리의 보편적 함의가 모든 문화에 적용되는 두 가지 지점이 존재한다. 첫째, 민주적 참여와 기본권에 대한 요구가 어떤 특정 문화 내에서 제기될 때, 우리는 그러한 요구를 명시적으로 표현하는 사람들과의 연대를 피할 수 없다. 인권이 지닌 최소한의 의미는 인권을 요구하는 사람들은 어떠한 국가에 대해서도 인권을 가진다는 것이다. 그러한 권리는 특정 정체 속에 존재하는 시민권의 맥락 내에서만 확보될 수 있다. 그러나 그것의 지시대상(보편적 인권)은 어떤 특정 정체에 국한되지 않는다. 둘째, 평화시에도 그리고 잠재적 전시상황(그리고 오늘날 어떠한 문화도 이러한 가능성에서 벗어나 있지 않다)에서도 다양한 문화들이 서로 조우할 경우, 담론윤리는 대등한 것들 간의 합리적 대화의 원칙이 규범적으로 수용 가능한 유일한 갈등해결 형태라는 것을 함의한다. 게다가 이러한 형태의 보편주의가 서로 다른 사람들과의 연대를 가능하게 만드는 유일한 토대이다. 왜냐하면 그것이 공통의 규범이나 원리 그리고 상호인정에 도달할 수 있는 가능성을 열어주기 때문이다.

의사소통적으로 행위하는 사람들은 원칙적으로 스스로를 담론 수준으로까지 끌어올릴 수 있다는 하버마스식의 관념이 우리가 우리 자신의 삶의 형태와는 근본적으로 다른 삶의 형태들을 판단하게 (그리고 그보다는 훨씬 덜 하지만, 간섭하게) 하는 하나의 보편적 척도를 함의할 필요는 없다. 그러나 그러한 관념은 우리에게 근본적으로 상이한 문화들이 조우하는 이 두 가지 경우를 다룰 수 있는 특정 방식을 제시해준다. 근대 시민사회 내에 상이한 삶의 형태들이 존재한다는 것은 우리가 개성과 차이의 상호인정 관계와 존중을 내면화하는 것이 원칙적으로 불가능한 것은 아니라고 생각할 수 있게 해준다. 이것은 모든 삶의 형태들이 우리 자신의 삶의 형태와 똑같은 지위에 있다고 간주하는 척하는 거짓 믿음(상대주의)도 그리고 각각의 특수성에 그것 나름의 존엄성을 부여할 수 없다는 추상적 보편주의의 입장도 수반하지 않을 것이다.

이상의 의미에서 볼 때 담론의 최종 심급에 자리하고 있는 보편적 지시대상은 물론 '이상적 담화공동체'이다. 이것이 지칭하는 정체성은 우리의 인간존재로서의 정체성이다. 그리고 이것이 함의하는 바람직한 것에 대한 형식적 개념은 말할 능력이 있는 모든 인류와의 연대이다.[81] 이것이 정치윤리 영역을 규정하는 실질적 이상이다. 따라서 담론윤리는 연대 없는 정의는 유지될 수 없다는 18세기의 통찰을 보전한다. 실제로 이것이 인권사상의 배후에 존재하는 원리이다. 하지만 이것은 인류라는 일

---

81) Habermas, "Justice and Solidarity," 246-247.

반적인 그리고 기본적으로 비어 있는 항목 내에서 동일성이 아니라 차이를 전제로 하고 있다. 따라서 집합적 정체성과 연대라는 개념의 측면에서 해석할 때, 바람직한 것에 대한 구조적 이해는 실제로 정의이론의 또 다른 측면으로 작동할 수도 있다. 즉 "규범적 타당성 주장에서 특정 입장을 취할 수 있는, 제약 없는 개인적 자유가 없다면, 실제로 도달한 동의도 진정으로 보편적일 수 없을 것이다. 그러나 이 상황에서 각 개인이 자기 이외의 모든 사람에 대해 갖는 동감—이것은 연대에서 파생한다—이 존재하지 않는다면, 합의를 가능하게 하는 어떠한 해결책도 발견할 수 없을 것이다."[82]

정치적 규범의 후보들을 탈관습적으로 검증하는 것을 포함하는 자기구성적 담론과정에서 이룩된 (또는 재확인된) 정체성들은 보편적 이해관계로 가정된 그 어떤 것보다도 더 심층적인 의미에서 보편적인 함의를 갖는 초문화적 연대의 여지를 지니고 있다. 타자와의 연대감을 느끼기 위해서는 우리가 조우했을 때, 우리는 비폭력적 형태의 갈등해결방식에 잠재적으로 접근할 수 있어야만 한다. 부분적으로는 담론을 통해 구성된 하나의 우리는 그러한 갈등해결을 위해 유일하게 가능한 매체, 즉 초문화적으로 적합한 의사소통에 접근할 준비가 되어 있다. 어쨌든 연대의 능력을 가지기 위해서는, 우리는 문화적 전통에 접근해야만 한다. 그러나 (우리가 공통점을 거의 가지지 않는) 타자와 연대감을 느낄 수 있기 위해서는, 우리는 우리 자신의 정치전통을 비판할 수 있어야만 한다. 이 두 단계를 함께 취한다는 것은 복수의 상이한 전통들 그리고 그리하여 정체성들과의 실제적 연계관계를 깨지 않으면서 집합적 정체성을 보편적 방향으로 확장하는 것이 가능하다는 것을 의미한다.

이것이 칸트와 아리스토텔레스의 종합과 매한가지인 것은 아니다. 왜

---

82) Ibid., 247.

냐하면 개인 정체성과 집단 정체성이 갖는 가치에 대한 가치판단은 여전히 제한되기 때문이다. 담론윤리가 우리에게 담론형태의 기본 규범을 결코 발전시키지 못했던 과거의 삶의 방식을 판단할 것을 강요하지는 않는다. 그러나 이것은 다수가 (전국적으로 또는 국제적으로) 접촉하는 경우 받아들일 수 있는 유일한 갈등해결의 형태가 담론이라는 것을 의미한다. 반복해서 말하면, 바람직한 것에 대한 구조적 개념은 특정한 삶의 방식을 판단하는 바람직한 것의 실제적 기준을 제시하는 대신에, 개인 정체성과 집단 정체성의 보전에 손상을 입힐 수도 있는 규범들을 금지한다. 더욱이 각축하는 사회적 규범들의 경우에 담론적 갈등해결 과정을 방해하거나 또는 담론윤리의 메타규범들을 위반하는 정체성 요소들(지배, 배제, 불평등 등등의 형태에 기초하는 요소들)은 도덕적 자율성과 차이와의 연대를 제공하는 정치윤리에 굴복해야만 할 것이다.

동기부여

이상의 지적은 동기부여의 문제를 제기한다. 앞서 진술했듯이, 의무론적인 절차적 판단은 탈맥락화된 질문들에 동기가 제거된 답변을 제시하는 것처럼 보인다. 실제로 담론의 메타규범들은 오직 대화상황 자체에만 적용되며, 참여를 유발하거나 결과에 적용하는 기준을 제공할 수 없다. 담론윤리의 뒷면인 연대의 원리 또한 이 문제에 즉각적인 답변을 제공하지 못한다. 우리의 관점을 변화시키고 어쩌면 심지어 우리 삶의 방식의 여러 측면들을 변화시키는 담론적 의사소통 과정에 우리가 기꺼이 참여하고 싶어 하지 않는 바로 그 지점에서 연대는 자신의 한계를 드러낸다. 왜 누구라도 담론에 참여해야만 하는가?

대화에 참여하는 데에는 온갖 종류의 실용적 또는 전략적 이유들이 존재한다. 이를테면 우리는 현재의 이해관계와 권력균형의 배열태를 감안할 때, 평화로운 대화형태의 갈등해결이 무력과 폭력의 사용보다 낫다는 결론에 도달할 수도 있다. 그러나 대화 자체에는 자동적으로 의무를 산출할 수도 있는, 내재적인 그 무엇은 전혀 존재하지 않을 것이다. 실제로 대화는 담론과 동등하지 않다.

모든 의무론적 도덕이론들이 직면하는 동기부여 문제에 대한 하버마스의 답변은 두 개의 부분으로 이루어져 있다. 첫째, 하버마스는 담론의 전제조건이 실제로는 성찰적인 형태의 의사소통행위이며, 따라서 자격 있는 주체들의 상호인정을 뒷받침하는 상호성은 합의에 도달하고자 하는 행위, 즉 논쟁이 뿌리 내리고 있는 행위에 이미 내장되어 있다고 주장한다. 따라서 하버마스는 논쟁을 거부하는, 그리하여 도덕적 관점을 거부하는 근본적인 회의론자의 입장에 답하면서, 사람들은 일상생활의 의사소통 관행에서 벗어날 수 없다고 주장한다. 의사소통적 상호작용의 전제조건이 논쟁 그 자체의 전제조건과 적어도 부분적으로는 일치하기 때문에, 이탈이라는 선택지는 실제로 결코 어떠한 선택지도 아니다.

> 세상에 존재하는 어떤 것을 이해하면서 의사소통행위에 참여하는 주체들은 규범적 타당성 요구를⋯⋯ 포함하여 타당성 요구에 순응한다. 이것이 바로 비록 실제의 논쟁형태가 아주 초보적이고 담론적 합의구축의 제도화가 아주 미발전 상태에 있다고 하더라도, 논의를 통해 의사소통행위를 유지하는 것에 적어도 암묵적으로나마 지향하지 않는 사회문화적 삶의 형태는 전혀 존재하지 않는 이유이다.[83]

둘째, 하버마스는 실제 담론이 문제가 있는 행위와 규범을 그들이 존재했던 맥락의 실재 윤리로부터 떼어내어 가설적 추론에 종속시킨다는 사실을 인정한다. 그는 담론윤리가 동기라는 추동력과 사회적으로 용인

---

83) Habermas, "Discourse Ethics," 100.

된 제도에 의해 뒷받침되지 않는 한, 그것이 제공하는 도덕적 통찰은 실제로는 효력이 없을 것이라는 점을 인정한다. 담론은 그것만으로는 모든 관련자의 실제적 참여에 필요한 조건들이 충족되는 것을 보장할 수 없다. 담론윤리는 "그것이 도중에 만나게 되는" 특정한 삶의 형태에 의존한다.

> 사회화 및 교육의 관행과 도덕 간에는 일정 정도 일치점이 존재해야만 한다. 전자는 초자아의 통제에 필요한 내면화와 자아정체성의 추상성을 진척시켜야만 한다. 덧붙여 도덕과 사회정치적 제도 사이에도 일정 정도의 적합성이 존재해야만 한다.[84]

달리 말해 담론윤리가 적절한 동기복합체에 의해 보충되기 위해서는, 롤스가 '정의상황'이라고 부르는 것이 달성되어야만 한다. 하버마스에서 이것은 적어도 담론의 제도화의 시작, 기본권 원리의 명확한 표명, 도덕적 논쟁에서 역할을 담당하기 위해 필요한 기질과 능력을 학습하는 데 필수적인 사회화 과정, 그리고 보편주의적인 도덕적 비난을 부적절하게 만들 만큼 비참하게 곤궁하고 품위를 떨어뜨리지는 않는 물질적 삶의 조건이 요구된다는 것을 의미한다. 근대 시민사회에서 기본권 원리와 공적 담론이 시민사회와 정치사회의 공적 공간 속에 (비록 선택적이고 불완전하게이기는 하지만) 제도화되어왔다는 것이 바로 하버마스의 견해이다. 이것은 규범적 타당성의 담론적 검증이 이미 제도의 정당성에 대한 우리의 직관의 일부를 이룬다는 것을 의미한다. 따라서 롤스의 '성찰적 균형'(reflective equilibrium) 모델에 의거할 때, 논쟁적 규범을 담론에 예속시키는 것은 일상적 직관을 재구성하는 것으로 이해할 수 있으며, 이것이 바로 근대 시민사회의 사회제도와 정치제도에 대한 공평한 판단

---

84) Habermas, "Morality and Ethical Life," 207.

의 토대가 된다.

그러나 비록 규범과 관련된 담론에 참여하는 것이 암묵적으로 참여자로 하여금 대칭적 상호성이라는 메타규범에 따르게 하기는 하지만, 우리가 특정 담론에 참여하는 것에 대해 전반적인 전략적 관계를 유지하는 것은 여전히 가능하다. 하지만 참여는 그 자체로 사회화 효과를 가질 수 있으며, 참여와 관련된 원리들은 우리 모두가 지지할 수 있는 것들이다. 담론적 갈등해결이 그 자체로 규범적 권력을 획득할 수 있는 것도 바로 이러한 과정 속에서이다. 담론윤리 원리들을 적용하기 위해서는 적절한 판단(phronesis)이 필요하지만, 근대화 중에 있는 생활세계를 가지고 있는 사회들에서는 투입의 측면에서 동기문제를 해결하는 데 필요한 규범적 학습이 원칙적으로 가능하다. 왜냐하면 적어도 그러한 사회들은 실제 논쟁으로부터 나온 고도로 추상적이고 보편적인 몇몇 원리들을 내면화할 수 있게 해주기 때문이다. 하버마스는 담론윤리에 필요한 탈관습적 수준의 도덕의식에 대해 논의하면서, 도덕적 통찰과 문화적으로 습관화된 경험적 동기 간의 간극은 보충될 필요가 있다고 주장한다.

[그러한 간극은] 원칙에 입각한 도덕적 판단(동기의 기초를 형성하는 신념들)에 의해 유발되는 내적 행위통제 체계에 의해 [보충될 필요가 있다]. 이 체계는 자동적으로 기능해야만 한다. 그것은 현재 정당하고 인정되고 있는 질서의 외적 압력—그 압력이 아무리 작다고 하더라도—으로부터 자유로워야만 한다. 담론윤리가 보여주듯이, 이러한 조건들은 규범의 정당화 절차로부터 논리적으로 도출되는 고도로 추상적이고 보편적인 몇몇 원리들을 완전히 내면화하는 것에 의해서만 충족된다.[85]

---

85) Habermas, *Moral Consciousness and Communicative Action*, 183. 알레산드로 페라

이것 이외에 의무론적 이론이 더 말할 수 있거나 더 말해야만 하는 것은 없다. 따라서 담론적 갈등해결에 참여하는 경험적 동기의 발생 문제는 사회이론 또는 사회심리학의 영역에 속한다.

하나의 제도적 결함?

담론윤리가 하나의 특정한 삶의 형태를 규정하지는 않는다. 매우 다양한 삶의 형태들이 담론윤리와 양립할 수 있지만, 근대적인 삶의 형태 중 (그러한 형태를 역사적으로 가능하게 만든 형태를 포함하여) 어떤 것도 담론윤리의 비판적 잠재력에서 벗어날 수 없다. '삶의 형태' 개념은 특정 사회의 문화적 유형과 제도적 유형 그리고 사회화 유형을 포함한다. 이처럼 광범위한 개념은 담론윤리의 함의를 자칫 잘못 판단하게 할 수 있다. 따라서 담론윤리 비판이 전체 사회구성체나 문명에 대한 평가로 이어지지 않게 구체적인 사회영역들로 제한될 필요가 있다는 점은 지적

라는 이 주장이 어쩌면 반근대적인 전통주의자도 그리고 포스트모더니스트도 만족시키지 못할 것이라고 지적했다. 전통주의자는 근대성과 결부된 아노미, 불확실성, 사회통합의 결여를 감안할 때 우리의 규범지향을 탈관습적 수준으로 끌고 가는 전망에 반대할 것이고, 포스트모더니스트는 규범성의 경험이 단지 권력의 또 다른 표현이라고 주장할 것이다. 후자의 반대는 제6장에서 논의되었고, 전자는 제9장에서 다루어질 것이다. 여기서 우리는 이 담론이론이 근대성 쪽으로 명백히 치우쳐 있다는 사실이 그 이론이 현존 제도나 근대화과정에 대한 하나의 변호자라는 것을 의미하는 것은 아니라는 점만을 지적하고자 한다. 그것보다는 오히려 담론윤리는 이원론적 사회이론과 결합하여 생활세계의 '식민화'에 대한 비판적 입장을 견지한다. 또한 이 담론이론은 전통사회에 비해 근대화를 옹호하는 추상적 당위를 제기하지도 않는다. 하지만 이 이론은 이미 근대화하고 있는 생활세계 속에서 일어나는 **재전통화** 전략을 폭로하는 데 일조한다. 그러한 전략은 적어도 근대 생활세계의 영역에서 잠재적으로 가능한 평등주의적 · 민주적 · 비성차별적 제도들에 반대하여 위계적 · 권위주의적 · 가부장제적 형태의 삶을 옹호하는 권력투쟁으로 해석될 수 있다.

할 만한 가치가 있다. 그럼에도 불구하고 담론윤리를 정의이론으로 해석하는 것은 그 개념이 전체 삶의 형태를 결정하지 않고도 하나의 구체적인 정치적 실천 모델로 이어질 수 있다는 것을 의미한다.[86] 실제로 민주적 제도 없이 민주적 정당성을 생각하기는 어렵다. 그럼에도 불구하고 우리는 민주적 제도에 대한 어떠한 단일 모델도 담론윤리로부터 파생하지 않는다고 주장한다. 게다가 만약 민주주의 이론이 현존 (비록 결함이 있기는 하지만) 민주주의 유형들에 비해 권위주의 쪽으로 나아가는 것을 피하고자 한다면, 담론윤리로부터 어떤 제도를 도출해내서는 안된다. 그렇기는 하지만 우리는 이 절과 다음 절에서 다음과 같은 논지를 펼치고자 한다. (1) 담론윤리는 제도적 분석 수준과 연계되어 있다. (2) 담론윤리가 근거하고 있는 민주적 정당성과 기본권 원리들은 열려 있는 복수의 민주주의, 그러므로 근대 시민사회와 그것과의 비판적 관계 모두를 전제로 하는 민주화 프로젝트를 수반한다.

우리 논의의 초석은 정당화 원리라는 한편과 지배(또는 통치)의 제도화(또는 조직화)라는 다른 한편 간의 구분이다.[87] 하버마스는 이 구분을 사용하여 현실주의적 민주주의 이론과 규범적 민주주의 이론 모두의 단점을 보여준다. 베버에서 슘페터로 이어지는 그리고 그들을 넘어서는

---

86) 담론윤리가 너무나도 형식주의적이어서 그 어떠한 제도적 결과도 산출하지 못한다는 정반대의 비난에는 두 가지 이형(異形)이 존재한다. 하나가 담론윤리의 프로젝트는 수용하지만 제도적 매개체를 탐색하고 있다면, 하나는 그 프로젝트에 전적으로 이의를 제기한다. 전자에 대해서는 다음을 보라. Jean L. Cohen, "Why More Political Theory?," *Telos*, no. 49 (Summer 1979): 70-94; Jack Mendelson, "The Habermas-Gadamer Debate," *New German Critique*, no. 18 (1979): 44-73. 후자에 대해서는 다음을 보라. Seyla Benhabib, "Modernity and the Aporias of Critical Theory," *Telos*, no. 49 (Fall 1981): 39-59; Steven Lukes, "Of Gods and Demons: Habermas and Practical Reason," in Thompson and Held, eds., *Habermas: Critical Debates*, 134-148.

87) Habermas, *Communication and the Evolution of Society*, 183, 186-187.

모든 '현실주의적인 엘리트민주주의' 이론들은 민주적 규범과 기껏해야 최소한의 연관성만을 갖는 (엘리트경쟁의) 절차를 민주적인 것으로 규명한다. 그것은 자유로운 동의나 공적인 담론적 의지형성에 도달한다는 전제조건에도 그리고 일반적 이해관계에 대한 지향에도 기초하지 않는다. 정당화 문제는 그러한 절차적 규칙의 수용이라는 경험적 문제로 축소되거나 전적으로 무시된다. 역으로 루소에서 아렌트에 이르는 직접민주주의 이론가들은 진정한 민주적 정당성 원리로부터 일단의 이상화된 관행들을 도출한다. 하지만 그러한 주장들은 진정한 민주주의의 가능성 자체에 대해 의문을 제기한다.

정당성과 지배의 제도화 간의 엄격한 분리는 이 두 가지 대안 모두를 넘어서는 경향이 있다. 그럼에도 불구하고 하버마스 자신의 일련의 사고로부터 우리는 그가 규범주의자들로부터는 민주적 정당성에 대한 강조를 그리고 현실주의자들로부터는 조직화의 경험적 절차를 도출하여 이두 유형의 이론을 단지 결합하고 있을 뿐이라고 쉽게 가정할 수 있다. 하버마스는 민주적인 공적 삶에서는 지배의 부재가 바람직하고 가능하다고 보는 아렌트의 환상을 옳게 포기한다.[88] 하지만 동시에 하버마스는 민주적 조직화가 다른 무엇보다도 단지 지배의 한 가지 형태에 불과하다는 다소 베버적인 인상을 풍기는 것처럼 보인다.

현실주의적 이론에 대한 명백한 양보는 민주적 유토피아에 대한 불가지론과 의회제 민주주의의 현 단계에 대한 비관주의를 결합한 것에서 기인한다. 우리는 이 두 가지 입장과 관련하여 우리의 개념을 발전시키고자 한다. 하버마스는 민주주의를 (담론윤리에 의해 타당성을 부여받

---

88) 한나 아렌트가 이소노미아(isonomia)라는 아리스토텔레스식 개념을 "지배와 피지배에의 참여"가 아니라 '지배의 부재'를 의미하는 것으로 오역하는 것은 결코 우연이 아니다. Hannah Arendt, *The Human Condition* (Chicago: University of Chicago Press, 1958), 22를 보라.

는 절차라는 의미에서) 절차적 유형의 정당성을 충족시키는 모든 정치질서로 정의한다. 즉 그에 따르면, "민주주의는 합리적 정당화 원리에 의해 여타의 지배체계들과 구별된다."[89] 원칙적으로 이러한 정의를 충족시킬 수 있는 조직형태들은 많이 존재한다. 사람들은 그러한 형태들 중에서 우리가 무엇을 선택하는가는 "구체적인 사회적·정치적 조건들, 성향의 범위, 정보에 달려 있다"고 말한다. 하지만 조직 수준에서 민주주의는 제도적 변화를 허용할 수 있고 또 심지어는 그것을 창출하기까지 하는 '자기통제적 학습과정'이라는 측면에서 정의되는 민주화와 관련하여 이해되어야만 한다.[90]

하버마스의 주장에 따르면, 루소에 의해 처음으로 제기된 근대적인 절차적 형태의 민주적 정당성 속에서 정당화를 할 수 있는 힘은 합의형성을 가능하게 하는 궁극적 근거라기보다는 그것의 형식적 조건들에서 나온다. 이것은 정당화 수준 자체가 성찰적이 되었다는 것을 의미한다. 따라서 합의에 도달하기 위한 조직구조에 관한 합의를 포함하여 어떠한 주어진 합의도 원칙적으로 담론윤리에 의해 명확하게 표명된 그리고 담론윤리에 의해 담론의 구성조건으로 전제되는 기준에 의해 인도되는 학습과 수정에 열려 있다. 자기통제적인 학습과정으로 이해되는 민주화는 바로 이것을 의미한다.

이에 관한 한, 우리는 이러한 일련의 사고에 아무런 불만도 없다. 우리 역시 민주적 정당성이 불가피하게 복수의 형태일 수밖에 없는 민주적 조직형태들보다 중요하다고 생각한다. 우리 역시 민주화를 하나의 열려 있는 과정이라고 인식한다. 그러나 우리가 보기에 하버마스는 어떤 특정 형태의 조직(이를테면 평의회민주주의)이 민주적 정당성 원리로부

---

89) Habermas, *Communication and the Evolution of Society*, 186.
90) Ibid.

터 도출될 수 있다는 것을 옳게 부정하기는 하지만, 민주적 제도를 조직화하는 데 필요한 최소한의 조건을 제시하는 것을 빼먹고 말았다. 이 맥락에서 역사적 전제조건에 관한 진술은 너무나도 적은 것만을 언급한다. 이것 이외에 하버마스가 할 수 있는 것은 단지 다음과 같은 언급을 반복하는 것뿐이다. "그것은 다음과 같은 가정, 즉 만약 모든 관련된 사람이 자유롭고 동등하게 담론적 의지형성에 참여할 수 있다면 사회의 기본적 제도와 기본적인 정치적 결정은 그들 모두로부터 자발적인 동의를 얻을 수 있을 것이라는 가정이 기초할 수 있는 제도적 배열을 발견하는 문제이다."[91]

그 특성상 이 진술은 우리로 하여금 제도의 문제에서 손을 떼게 만든다. 여기서 하버마스는 특정 장치를 민주적인 것으로 받아들이는 데서 정당한 근거를 제공할 수 있는 절차들을 담론윤리와 관련하여 묘사하고 있다. 하지만 우리는 그러한 담론윤리의 재진술이 제도적 쟁점을 회피함으로써 담론윤리를 변질시키고 있다는 점을 지적하지 않을 수 없다. 이 진술문 속에서 담론이 실제 담론으로부터 가상 담론으로 현저하게 전환된다. 만약 관련된 사람들이 "참여할 수 있다면" 특정 제도와 결정이 '동의'를 창출"할 것"이라는 '가정'은, 베버가 말하는 이해(verstehen) 개념의 의미에서 심적 상태에 대한 해석을 필요로 하거나 또는 그것이 아니라면 마르크스주의적 전통의 의미에서 이해관계의 배열태에 대한 사회과학적 분석을 필요로 한다. 그 어느 쪽의 접근방식도 정체성 형성과 이해관계 분석은 공적 의사소통과 대화에 달려 있다고 암시하는 담론윤리의 보다 심층적인 취지와는 일치하지 않는다. 따라서 민주적 정당성은 조직 수준에 최소한의 실제적 담론과정을 확립할 것을 요구한다. 이 최소한의 담론과정 없이는, 우리가 담론적 타당화 및 정당화 절차들과 일

---

91) Ibid.

정한 내적 관계를 갖는 (비록 하나를 다른 하나로부터 단순히 도출하는 관계는 아니지만) 제도들의 존재를 주장하지 않고도 민주적 정당성에 관해 이야기할 수 있다는 환상이 생겨날 수도 있다. 타당한 담론의 필요 조건이 실제의 경험적인 제도화된 담론에 의해 대체로 또는 완전히 충족되지는 않지만, 그럼에도 불구하고 반사실적 규범과 실제 담론과정 간에는 내재적 관계가 존재한다. 우리는 지금까지 담론은 항상 실제 담론이고 담론규범은 오직 경험적인 제도화된 담론의 참여자들에게만 유효하다고 주장해왔다.

담론의 제도화라는 관념은 하버마스의 전반적인 구상에서 좀처럼 빠지지 않는다. 따라서 이 맥락에서 근대 형식적 민주주의의 지위를 고찰하는 것이 유용하다. 담론의 제도화는 "일정한 조건 하에서 담론이 실행될 수 있을 것이라는 일반화된 그리고 의무적인 기대"가 존재한다는 것을 일컫는다.[92] 담론규범을 사회적으로 구현하고 있는 실제 역사적 사례들은 가변적이고 우연적이고 불확실한 것으로 이해된다.[93] 하버마스는 그러한 사례들에 다음 세 가지를 포함시킨다. 즉 아테네에서의 철학의 시작, 근대 초기 실험과학의 등장, 그리고 17세기와 18세기의 계몽주의와 혁명들에 의한 정치적 공론장의 창출이 바로 그것들이다.[94] 여기

92) Habermas, "Utopie des guten Herrschers," 382. 하버마스의 저작에서 담론의 제도화 또는 공적 공간의 창조에 관한 첫 번째 주요한 논의는 다음의 책 속에서 이루어진다. Habermas, *The Structural Transformation of the Public Sphere: An Inquiry into a Category of Bourgeois Society* [1962] (Cambridge: MIT Press, 1989).

93) Habermas, *Theory and Practice*, 25; McCarthy, *Critical Theory*, 324.

94) Habermas, *Theory and Practice*, 25-26; Habermas, "Utopie des guten Herrschers," 383. 부르주아 공론장 테제는 새로운 민주적 정당성의 원리가 행정권력에 대해 통제력을 (적어도 원칙적으로) 행사하는 의회와 같은 공적 공간의 제도화를 통해 권력에 영향력을 행사한다는 관념을 수반한다. 그러나 하버마스는 루소가 정당성 원리 수준과 조직 수준을 혼동한다고 비판할 때, 정확히 이 단계가 루소로 하여금 가상적 담론 모델에서 실제적 담론 모델로 옮겨가는 것을 가능하게 했다는 것을 깨닫지 못하고 있는 것처럼 보인다(*Communication and the Evolution of Society*,

서 우리의 흥미를 끄는 것은 오직 가장 마지막 사례의 의미와 운명이다.

하버마스에 따르면, '부르주아' 민주주의는 "정치적 결과를 수반하는 모든 의사결정 과정이 공적 시민의 법적으로 보장된 담론적 의지형성"과 연관되어 있다고 주장했다.[95] 이 주장은 타당한 합의라는 관념이 '민주화 형태'로 지배구조 자체에 스며들어 있다는 것을 말해준다.[96] 따라서 적어도 근대 의회제 민주주의의 발생 순간에서는 하버마스도 우리가 이미 가정했던 정당화와 지배의 내적 연관성을 인정한다. 그러나 그는 또한 발전과정에서 정당화와 지배가 분리되었다고 주장했다. 부르주아 민주주의의 주장은 (베버적인 의미에서 정당화에 아무리 효과적이라고 하더라도) 여전히 하나의 허구로 남아 있다(또는 하나의 허구가 되었다). 그 결과 민주주의 요구의 본질에 대해 점점 더 냉소적이 되는 사람들과 규범적 민주주의 이론가들 간에는 깊은 분열이 발생해왔다.[97] 하버마스는 '엘리트주의'와 '현실주의'뿐만 아니라 이들의 두 적대자, 즉 형식적 민주주의에 대한 마르크스주의적 비판과 규범적 민주주의 이론에 대해서도 항상 비판적이었다. 그는 대의민주주의에 대한 하나의 대안으로서의 평의회 모델을 거부한다. 왜냐하면 그것은 범주오류에 기초하고 있기 때문이다. 하지만 하버마스가 담론 모델과 양립할 수 없는 그 어떤 형태의 민주주의 장치도 결코 조직 메커니즘으로 간주하지 않는다는 점을 지적할 필요가 있다. 다수결, 소수집단의 보호 또는 의회 면책특권

185-186). 그럼에도 불구하고 민주적 정당성 또는 심지어 실제 민주적 합의를 하나의 단일한 조직 모델과 동일시하는 것은 여전히 지지될 수 없다. 다른 한편 단지 하나의 정당성 원리로서의 민주주의는 비민주적인 관행들에게 쉽게 '정당화'의 한 원천이 될 수 있다.

95) Habermas, "Utopie des guten Herrschers," 383.

96) Ibid.

97) Ibid. 또 다른 분열이 '현실주의적인' 민주적 엘리트이론과 형식적 민주주의에 대한 마르크스주의적 비판 사이에서 발생한다. Habermas, *Theory and Practice*, 27을 보라.

과 같은 형식적 메커니즘들은, 물질적·일시적 희소성과 다수의 이해관계나 정체성들에 직면하여 담론절차의 범위를 한정하면서도 그 절차를 보존하는, 잠재적으로 중요한 정치적 장치들이다.[98] 다른 한편으로 직접민주주의 형태들은 대의민주주의의 참여적 특징을 증가시킬 수 있는 잠재력을 지니고 있다. 즉 그것들이 반드시 복잡성을 심각하게 제약하지는 않는다.[99] 그렇기는 하지만 근대 세계의 발전과 함께 대의민주주의와 직접민주주의라는 이들 민주주의 모델 각각은 위기에 접어든다. 직접민주주의의 확대는 진정한 형태의 참여를 도입하기를 거부하는 것처럼 보이는 제도들에 내장되어 있는 '구조적 폭력'에 직면한다. 그러나 만약 우리가 오직 담론적으로만 완전한 참여 모델로 나아갈 수 있다면, 후자는 담론이 제외되거나 변형된 바로 그곳에서 우선 담론을 확립할 수 있는 수단을 찾아야 하는 어려운 문제에 봉착한다.

하버마스의 입장은 형식적인 대의민주주의와 관련하여 여전히 다소 모호한 상태에 있다. 한편에서 (그의 초기 연구에서 현재에 이르기까지) 그는 이 모델의 역사를 다양하게 이해되는 쇠퇴과정으로 제시해왔다. 다른 한편에서 그는 당위(정당성)와 존재(제도) 간의 신칸트식 이분법을 민주주의 이론의 수준에서 단순히 재연하는 것을 불편해한다. 그는 불가피하게 반사실적일 수밖에 없는 윤리이론이 "이미 작동하고 있는 정의관념, 이미 존재하는 사회운동들의 지향, 현존 자유의 형태들을…… 철저히 무시"해서는 안 된다고 경고한다.[100] 이러한 비평의 표적이 담론윤리의 정치적 함의를 혁명적 파괴의 측면에서 해석하는 입장이기는 하지만, 정의와 자유라는 용어의 정확한 지시대상의 소재지를 찾아내기는 어렵다. 또한 이미 현존하는 사회운동이 이러한 부류의 용어들과 어떻게 부합하

---

98) Habermas, "Die Utopie des guten Herrschers," 385.

99) Ibid., 383; Habermas, *Legitimation Crisis*, 130ff.

100) Habermas, "Reply," 252.

는지를 정확하게 상술하기도 어렵다. 정의와 자유는 민주적 정치제도와 확립된 권리들을 지칭하는 것으로 보인다. 그러나 하버마스 이론의 가장 최근 형태조차도 이러한 맥락에서 자유와 정의의 증가가 더 많은 제도화의 문제일 수도 있다는 점에 의문을 제기한다. 여기서 하버마스는 근대 민주적 복지국가의 발전으로 이어지는 국가형성의 거대한 역사적 단계들을 법제화의 시대로 묘사한다.[101] 그중에서도 19세기의 법치국가(Rechtsstaat)와 그것보다 더 나중에 출현한 동시대물인 민주적 입헌국가는 처음에는 근대 국가에 맞서 자유(또는 권리)를 보장했던 것으로 제시되지만, 그것들의 공통의 후계자인 20세기 민주적 복지국가는 자유의 관점에서 볼 때 모호한 것으로 제시된다. 왜냐하면 "자유를 보장하는 복지국가의 수단이 바로…… 복지수혜자들의 자유를 위협하기 때문이다."[102] 하버마스는 감시, 통제, 일상생활의 관료제화를 수반하는 복지국가의 부정적인 특징들을 염두에 두고 있다. 하지만 이 관점에서 볼 때, 19세기의 민주적 입헌국가 또한 모호해진다. 하버마스가 참여의 권리의 원리들이 (복지국가의 바로 그 원리들과는 달리) 여전히 "확실하게 자유를 보장"하고 있다고 역설하기는 하지만, 이들 권리의 조직화(제도화)는 이미 관료제적인 것으로 인식된다. 따라서 "자발적인 의견형성과 담론적 의지형성의 가능성"은 "투표자 역할의 분절화를 통해, 지도부 엘리트들의 경쟁을 통해, 관료제의 외피를 쓴 정당기구들에서의 수직적인 의견형성을 통해, 자율화된 의회제 단체들을 통해, 강력한 의사소통 네트워크 등등을 통해" 크게 제한된다.[103]

---

101) Jürgen Habermas, *Theory of Communicative Action*, vol. 2, 524ff. 가장 상세하지만 일면적인 해석으로는 Habermas, *Structural Transformation*, 181-250을 보라. 또한 Cohen, "Why More Political Theory?"도 보라.

102) Habermas, *Theory of Communicative Action*, vol. 2, 362. 우리는 제9장에서 이 문제를 보다 상세하게 다룬다.

103) Ibid., 364. 현재 역설적이게도 자유를 보장하는 유일하게 분명한 단계가 되어버

따라서 현대 정치제도의 측면에서 시작하여 민주적 정당성에 필요한 최소한의 조건의 소재지를 파악하는 것으로 나아가는 것은 비실제적인 것으로 보인다. 이들 제도는 실제 담론의 사례로 보인다기보다는 오히려 민주적 정당성의 원리를 그 제도들의 반사실적 지위로 축소하는 것처럼 보인다. 담론윤리의 기준은 대중민주주의의 정치적 관행들 속에서 제도적 지지물을 발견한다기보다는 오히려 이들 관행들로부터 민주주의라는 베일을 벗겨버리는 것으로 보인다.

국가영역 외부에서 확립된 시민적 권리와 정치적 권리가 자유와 정의의 제도화를 대표한다는 데에는 반론이 제기될 수도 있다. 실제로 우리가 정치체계의 관점이 아니라 시민사회의 관점에서 시작할 때, 규범적 발전과 제도적 쇠퇴라는 이율배반을 넘어서는 길이 열린다.[104] 보다 구체적으로 말하면, 권리 개념은 담론윤리를 제도화할 수 있는 최소한의 틀인 시민사회 이론을 낳을 수 있다.

우리는 앞서 민주적 정당성의 원리와 권리의 원리 모두가 담론윤리에 의해 정당화될 수 있다고 주장했다. 우선, 공적인 민주적 담론이 권리를 창출하고 유지하는 데 하나의 역할을 수행한다는 것을 확실히 해야만 한다. 우리가 이미 살펴보았듯이, 민주적 정당성의 한 가지 원리로서의

런 법치국가, 즉 민주주의 국가의 선조와 관련시켜 볼 때, 민주주의 국가는 정당성의 원리라는 수준에서는 향상된 반면, 실제 제도적 발전의 수준에서는 쇠퇴한 상태이다. 그리고 이것은 하버마스가 주장하고 싶어 하지 않았을지도 모르는 이상한 결론이다.

104) 하버마스가 담론윤리에 의해 확립된 두 가지 핵심적인 규범적 관점, 즉 민주적 정당성의 관점과 기본권의 관점에서 제도의 문제를 다루는 방식에는 한 가지 중요한 차이가 있는 것처럼 보인다. 전자가 막다른 골목으로 인도한다면, 후자는 전망이 있어 보인다. 왜냐하면 일단 하버마스가 권리에 대한 분석을 규범적 발전/제도적 쇠퇴라는 개념적 틀에서 체계/생활세계의 이분법으로 전환시키자, 권리가 제도적 수준에서 담론윤리를 위해 필요한 기본적인 최소한의 조건을 확립하는 것으로 보이고, 또 이원론적 발전의 가능성이 열리기 때문이다.

담론윤리가 함의하는 것은, 법과 권력의 창출이 정당하게 여겨지기 위해서는 그것이 관련된 모든 사람의 민주적 참여에 다시 회부되어야만 한다는 것이다. 기본권의 경우 우리의 테제는 기본권이 제도화되기 위해서는, 그것은 공적 담론에 참여할 기회뿐만 아니라 담론과정을 통한 법 제정까지 요구한다는 것이다. 달리 말해 담론과정은 권리의 헌법적 기원이라는 수준에서 그리고 권리의 유지를 위해 필요한 반복적인 논쟁과 참여라는 수준에서 거듭된다. 우리는 이 두 번째 차원이 시민사회 영역에서 집회, 결사, 그리고 공개적 입장표명을 할 수 있는 기회에 의해 좌우된다고 주장할 것이다.

여기서 문제가 되는 것은 권리를 주장하는 것과 권리를 합법화하는 것 간의 관계이다. 근대적 의미의 권리가 법의 실정화를 전제로 하기는 하지만, 권리가 실정법으로 축소될 수는 없다. 우리가 보유한 권리가 헌법과 법적 규약 속에서 구현될 때에만, 그것은 효력을 발휘하고 안정적이 될 수 있다. 그러나 이러한 권리는 필연적으로 역설적이다. 즉 권리는 형식적으로 국가권력의 자발적인 자기제한을 의미하며, 그리고 그것은 입법적 행위에 의해 무효화될 수도 있다(이를테면 영국에서는 의회의 51퍼센트의 찬성으로 어떠한 권리도 폐지할 수 있다). 그러나 권리는 단순한 실제적 입법행위의 결과 그저 출현하지도 또 유지되거나 확대되지도 않는다. 국가가 법적-헌법적 수준에서 권리를 철회할 수 있음에도 불구하고, 규범적 관점에서 권리는 철회되어서는 안 된다. 그리고 특정 사회적-역사적 조건이 충족된다고 하더라도, 권리는 철회될 수 없다.

담론윤리는 사회학적 측면에서는 이러한 불가능한 것(cannot)을 가능하게 하는 조건을, 그리고 철학적 측면에서는 그러한 당위(ought)의 근거를 지적한다. 첫째, 기본권의 생존과 확장은 권리에 관심 있는 유권자들의 동원을 허용하고 심지어 촉진하기까지 하는 활력 있는 정치문화에 매우 크게 의존한다. 개인들이 기본권에 의해 보호되어야 한다는 주장은 공적 토론, 집회 그리고 많은 경우 시민불복종을 실천하는 사회운동에 의해 뒷받침되지 않는 한 공허한 것이 될 것이다. 따라서 권리의 원리는 사회의 공적 공간에 참여할 수 있을 것을 요구한다. 담론윤리가 여기서 명백히 적실성을 지닌다. 왜냐하면 담론윤리가 담론을 시민사회에 제도화하고, 그러한 제도화가 권리를 상정하고 옹호하는 데 결정적이기 때문이다.

둘째, 담론윤리는 권리를 창출하고 확대하는 사회학적 과정을 지적할 뿐만 아니라 권리이론의 토대의 일부 역시 제공한다. 이것은 우리가 기본권을 가져야 하는 논거를 제시하고, 우리가 기본권 중에서도 일단의 중심적인 권리를 분리해내는 것을 도와준다. 실제로 기본권 그 자체의 핵심적 의미는 시민의 편에서 권리를 주장할 '권리'를 수반한다. 물론 이 '권리'는 특수한 적극적 권리도 또한 소극적 자유도 아니다. 그것은 오히려 시민의 편에서 그 자체로 시민사회 내에 위치하는 공론장과 시민 간에 새롭고 적극적인 관계를 만들어내는 정치적 원리이다.[105] 우리는 담론윤리의 메타규범이 권리를 주장할 권리라는 원리, 따라서 권리라는 관념 자체를 정당화할 수 있다고 생각한다.

이 주장은 여기서는 단지 요약할 수 있을 뿐인 일단의 결정적 구분에 의거한다. 담론윤리의 메타원리와 기본권 간에 만약 어떤 관계가 있다면, 그 관계는 무엇인가? 그러한 관계를 개념화할 수 있는 세 가지 방식이 존재한다. (1) 기본적인 보편적 권리들이 담론윤리에 의해 전제될 수도 있지만, 합리적 담론의 메타규범은 그 자체만으로는 그러한 권리를 위한 '근거'나 원리를 제공할 수 없을 것이다. (2) 기본권이 가능한 합리

---

105) 이러한 관념에 관한 논의로는 Claude Lefort, "Politics and Human Rights," *The Political Forms of Modern Society* (Cambridge: MIT Press, 1986)를 보라. 이러한 관념을 위해 르포르는 한나 아렌트에 기대고 있다. Hannah Arendt, *On Totalitarianism* (New York, 1958), 296을 보라.

적 합의의 내용으로 담론윤리에 들어올 수도 있다. 또는 (3) 기본권이 담론윤리의 메타원리에 의해 수반될 수도 있다. 우리는 담론윤리와 기본권을 관련짓는 이 세 가지 방식은 사람들이 어떤 부류의 권리를 고려하는가에 따라 분류된 것이라고 주장할 것이다. 이제 각각의 입장을 차례로 살펴보자.

  (1) 헌법을 제정하고 개정하는 과정 동안 우리가 (헌법적) 권리를 획득하는 것은 우리가 동의에 도달했기 때문이라는 관념을 입헌주의 원리가 포함하고 있다고 가정해보자. 그럼에도 불구하고 강한 의미에서의 권리관념은 헌법적인 법적 실정성으로 축소될 수 없다.[106] 권리는 한 가지 결정적 의미에서 항상 실정법에, 심지어는 더 상위의 실정법(헌법)에 선행한다. 하지만 권리의 선행적 특성을 설명하기 위해 우리가 자연권 교의 속으로 후퇴할 필요는 없다. 대신에 우리는 권리관념을 담론의 메타조건과 결부시킬 수 있다. 즉 권리에 의해 자율성을 보장받는 개인이 없다면, 합리적 담론이 요구하는 전제조건들(어떠한 경험적 합의도 이것에 근거하여 측정될 수 있다)은 원칙적으로 충족될 수 없다. 따라서 권리는 사회에 대한 실제 담론에 참여하기 위해 요구되는 규범적 필요조건으로 해석될 수 있다.[107] 만약 우리의 개인적·집합적 자율성이 권리에 의해 확보되지 않는다면, 우리의 담론참여도 제약들로부터 보호받을 수 없을 것이다. 제약이 아무리 민주적으로 이루어진다고 하더라도, 이러한 보호의 부재는 개인에 의해 결코 당연한 것으로 받아들여질 수 없다. 시민적 권리와 정치적 권리들은 민주적이라고 주장되는 제도화된 담론의 전제조건을 구성한다. 달리 말해 권리와 민주적 토론 모두는 특정 도덕적 규범이나 가치를 합리적 합의의 가능한 후보들로 주장할 수 있는 자

---

106) 강한 의미에서의 기본적인 보편적 권리라는 관념에 대해서는 Dworkin, "Taking Rights Seriously," *Taking Rights Seriously*를 보라.
107) Janos Kis, *L'Egale Dignité* (Paris: Seuil, 1989)를 보라.

율적인 개인들을 전제로 한다. 이러한 의미에서 합리적 담론의 메타원리들은 기본권의 원리를 '요구한다.'

하지만 이 논의는 분해될 필요가 있다. 우리는 기본권이라는 관념 배후에는 "실제적인 도덕적 원리," 즉 자율성의 원리가 존재한다고 가정한다.[108] 한편에는 (보편화용론 이론에 기초하고 있는) 담론윤리에서 직접 파생하는 자율성 개념이 존재한다. 이 맥락에서 자율성은 대화에서 일정한 역할을 담당하고, 이상적인 역할담당에 상호적으로 참여하고, 그러한 역할에 대해 성찰하고, 자기자신의 욕구, 이해관계, 가치를 분명히 표현함으로써 그것들의 보편화 가능성을 결정하고 일반 규범에 입각하여 공통의 동의에 도달할 수 있는 능력을 의미한다.[109] 그러나 이러한 자율성 개념은 우리가 기본권의 선행적 성격이나 기본권을 지닌 주체로서의 자율적인 개인에 관해 논의할 때 염두에 두는 것을 포함시키기에는 충분하지 못하다. 의사소통이론적 자율성 개념은 그러한 담론에 참여할 수 있는 개인이라는 개념과 담론의 메타원리들(대칭적 상호성) 사이에 하나의 연계관계를 설정한다. 그러나 그럼에도 불구하고 이 개념은 합리적 담론의 메타원리들로부터 추론할 수 없는 보다 복잡한 자율성 원리에 기생한다. 여기서 우리가 염두에 두고 있는 자율성 개념은 퍼스낼리티의 추상적 차원과 상황구속적 차원 각각에 부착되어 있는 두 가

---

108) Albrecht Wellmer, "Models of Freedom in the Modern World," in Kelly, ed., *Hermeneutics and Critical Theory in Ethics and Politics*, 247.

109) McCarthy, *Critical Theory*, 327-328, 352. 다양한 자율성 개념의 여러 측면들이 결합될 수 없는 이유는 전혀 없다. 따라서 도덕적 자기입법과 판단이라는 의미에서의 자율성(칸트), 자기자신의 삶의 계획과 자기발전의 경로를 선택할 수 있는 능력(밀) 그리고 대화에서 역할을 담당하고 그 역할에 대해 성찰하고 또한 타자의 역할을 취득할 수 있는 능력(하버마스) 모두가 여기서 문제가 되고 있는 자율성 관념의 구성요소들이다. 말할 필요도 없이, 우리는 푸코가 그렇게도 가차 없이 비판했던 지배관념과 연관된 자기감시적이고 억압적인 경향을 피할 수 있는 자율성 개념을 정식화하는 것이 가능하다고 가정한다.

지 구성요소를 가지고 있다. 첫 번째 요소는 권리담지자라는 추상적이고 일반적인 개념에 의해 전제되는 칸트적 노선에 따라 자결과 개인적 선택의 원리로 해석될 수 있다. 두 번째 요소는 자기자신의 인생계획을 구성하고 수정하고 추구할 수 있는 능력(밀, 롤스)을 지칭한다. 즉 이 구성요소는 독특한 퍼스낼리티라는 관념과 개인 정체성 형성의 동학에 부착되어 있다. 이 이원적인 자율성 개념의 한 측면 또는 다른 한 측면은 항상 개인의 기본권이라는 자유주의 사상의 근간을 이루는 자유 또는 불가침적 퍼스낼리티의 핵심원리로 거론되어왔다. 이 개념은 민주적 정당성 관념의 근간을 이루는 합리적 담론의 메타규범으로 환원될 수는 없는 도덕적 원리를 구성한다. 하지만 앞서 지적했듯이, 담론윤리는 항상 권리를 주장하는 과정에서 일정한 역할을 수행한다. 우리가 보기에, 이 원적인 자율성 개념은 소극적 자유로서의 자유 개념 또는 독특하고 불가침적인 퍼스낼리티의 자유로운 자기발전에 기초하는 자유주의적 기본권 주장의 '진리내용'을 구성한다.

하지만 소극적 자유와 불가침적 퍼스낼리티라는 관념에 원자적인 몰사회적 개인 개념을 부과하거나 또는 재산권 패러다임을 개인적 자율성을 보호하는 권리들의 개념적 핵심으로 설정할 필요는 없다. 우리는 이미 개인화가 복합적이고 상호주관적인 의사소통적 상호작용 과정에서 발생한다는 사실에서 기인하는 개인 정체성의 취약성을 지적한 바 있다. 개인의 정체성은 취약하다. 왜냐하면 결코 단 한 번에 형성되는 것이 아니기 때문이다. 우리는 우리의 정체성을 우리의 삶을 통해 발전시킨다. 그리고 정체성은 그것의 안정성과 자기존중에 대한 상호인정의 동학에 의존한다. 따라서 사회화된 개인의 존엄성, 독특성, 불가침성에 대한 존중을 표현하는 일단의 권리들(자유의 권리, 퍼스낼리티 권리, 사생활 권리)은 앞서의 두 가지 의미 모두에서 자율성을 보장하는 데 필수불가결하다. 우리는 우리의 소극적 자유를 구체화하고 우리의 퍼스낼리티를 표현할 수 있기 위해 (우리의 주택, 개인 소유물 등등에 대한) 몇 가지 형태의 재산권을 필요로 하기는 하지만, 재산권은 소극적 자유, 불가침적 퍼스낼리티 그리고 경제적 의미에서의 재산을 등치시키는 소유적 개인주의의 지지할 수 없는 가정에 근거할 뿐이다. 요컨대 재산권은 적절히 한정된다면 일단의 많은 권리들 중 하나일 수는 있지만 자율성이라는 관념의 개념적 핵심은 아니다.

따라서 대칭적 상호성의 원리가 실제 대화의 메타규범을 구성한다면, 그러한 대화에 참여할 수 있는 개인이라는 개념의 근간을 이루는 메타규범을 구성하는 것은 자율성 원리의 핵심적 측면들이다. 따라서 어떤 의미에서는 권리의 한 가지 중요한 차원이 담론윤리에서 직접적으로 파생하지 않는 소극적 자유의 권리와 퍼스낼리티적 권리를 수반한다고 할 수 있다.

(2) 알브레히트 벨머가 지적했듯이, 재산권의 유형와 구조의 결정 그리고 시장관계와 밀접한 관계가 있는 소극적 자유의 차원은 앞서 언급한 두 번째 모델에 근거하여, 즉 내용의 수준에서 담론윤리와 결부될 수 있다. 달리 말해 "시장—소극적 자유의 영역으로서의—에 조정기능을 위임하는 것은 적어도 잠재적으로는 민주적 의사결정 과정에서 나오는 것으로 (그리고 이 과정에 의해 제한되는 것으로) 보일 수도 있다. 이러한 종류의 '전략적인' 경제적 행위영역의 정당화는 하버마스의 의사소통행위이론에 내장되어 있는 것이다."[110] 동일한 것이 '사회적 권리' 또는 분배정의의 문제라고 불리게 된 것에도 그대로 적용된다. 여기서도 우리가 서로 조화되기를 바라는 사회적 권리들의 정확한 범위와 종류 역시, 비록 우리가 물론 그것들을 기본적인 자유의 권리라고 해석하는 것에 동의할 수도 있지만, 내용수준에서 담론 속으로 들어와야만 할 것이다.

---

110) Wellmer, "Models of Freedom," 241.

따라서 재산권과 사회적 권리는 민주적 토론의 내용이 될 수 있다. 그러한 권리들이 민주적 토론에 외적 한계로 서 있는 것이 아니다.

(3) 자율성과 민주적 정당성을 매개하는 세 번째 부류의 권리들, 즉 의사소통의 권리들(언론, 집회, 결사, 표현 그리고 모든 시민권적 권리들)이 존재한다. 이 부류의 권리가 담론윤리에 의해 수반된다는 것이 바로 우리의 주장이다. 즉 그러한 권리들은 기본권의 구조를 가지고 있지만(이것들은 어떠한 민주적 합의에 대해서도 선행하고 불가침적인 것으로 인식될 수 있다), 그러한 권리들이 특정한 합의를 가능하게 하고 또 그 합의가 정당하다고 주장할 수 있게 하는 조건일 경우, 그것들은 담론윤리 관념 자체의 근간을 이루는 대칭적 상호성의 원리로부터 직접 도출될 수 있다. 이 부류의 권리들이 담론을 구성한다. 이들 권리는 토론의 가능한 내용으로 담론에 들어오는 것이 아니며(그것들은 담론의 절차적 원리를 위반하지 않는다면 거부될 수 없을 것이다), 또한 가능한 토론의 범위를 한정 짓는 것으로 들어오는 것도 아니고, 오히려 그것들은 토론 자체의 구성원리로서 담론에 들어온다. 말할 필요도 없이, 우리는 이러한 권리들이 민주적 정당성을 창출하는 시민사회 내부에 공적 공간을 제도화한다고 주장한다.

이제 우리는 자유민주주의 정치이론을 따라다니는, 권리와 민주주의 사이에서 발생할 수도 있는 대립을 이해할 수 있다. 비록 권리가 민주적 담론 개념 자체에 요구되기는 하지만, 그럼에도 불구하고 민주적 결정과 의사소통 권리 간에 그리고 민주주의와 자율성의 권리 간에 갈등이 존재할 수 있다. 이러한 갈등들은 원리 수준의 갈등인가 아니면 두 가지 상이하지만 상호의존적인 원리들이 제도화되는 방식 간의 갈등인가? 우리는 전자가 아닌 후자가 사실이라고 생각한다. 이 주장은 기본권이라는 핵심관념을 자율성 관념과 "권리를 가질 권리"라는 민주적 원리의 측면에서 재해석하고자 하는 우리의 시도에 기초하고 있다. 이 재해석은 다음의 단계들을 포함한다. 첫째, 우리는 원자적인 몰사회적 개인에 관한 인간학적 가정들을 담고 있는 불필요한 가방에서 자율성이라는 관념을 떼어낸다. 둘째, 우리는 재산을 모든 권리와 소극적 자유 자체의 패러다임인 것처럼 보는 소유적 개인주의로부터 자율성 관념을 해방시킨다. 개인화가 사회화를 통해 그리고 사회의 문화·전통·제도에 참여하는 것을 통해 발생하며 개인적 정체성과 집합적 정체성이 복잡한 의사소통적 상호작용 과정을 통해 동시에 출현한다고 보는 '공동체주의적' 통찰은 분명 개인적 자율성의 요구, 소극적 자유의 원리 또는 기본권이라는 관념을 축소시키는 데서 그 어떤 일도 하지 않는다. 셋째, 우리는 핵심적인 권리복합체를 담론윤리 자체의 메타규범이라는 측면에서, 즉 민주적 정당성 원리가 제도적 소재지를 찾기 위한 필수조건인 의사소통의 권리라는 측면에서 설명한다. 넷째, 우리는 시민사회와 정치사회가 이들 일단의 기본적인 권리들에 의해 구성되며, 또 그러한 권리들을 제도화한다고 주장한다. 마지막으로, 우리는 권리를 가질 권리라는 관념이 시민사회와 정치사회의 제도화된 공론장에서 그리고 또한 사회운동의 환경 속에서 출현하는 비제도화된 공론장에서도 개인들의 적극적인 참여를 수반하는 하나의 민주적 정치원리라고 주장한다. 따라서 비록 권리주장의 취지가 부분적으로는 민주적 의사결정은 자기제한적이어야만 한다는 점과 관련하여 개인의 자율성 영역을 확립하는 것이기는 하지만, 권리주장은 하나의 정치적 행위로 인식된다. 이들 단계는 권리지향적인 자유주의 이론과 참여민주주의 이론 사이의 거리를 크게 축소시킨다.

경험적 담론은 담론의 의사소통적 전제조건과 자율성 수준에서의 전제조건 모두를 침해할 수 있다. 자율적 개인들의 주장이라는 관점에서 볼 때, 모든 담론은 경험적일 뿐이며 항상 끊임없이 수정된다. 이것은 이론적으로 다루기에 가장 명확하고 가장 쉬운 경우이다. 그러나 이상적인 합리적 의사소통의 관점에서 볼 때조차 민주주의와 자율성 간의 갈등은 있을 수 있는 일이다. 우리는 이것을 부정하고자 하지는 않는다. 실제로 우리는 법의 권한을 넘어서는 개인의 자율적 판단의 영역이 존중되어야만 한다고 주장하면서도, 담론윤리의 대상영역을 법적 규범과 전체로서의 법체계에 한정시키는 것에서 이에 대한 논의를 시작했다. 분명 개인의 판단은 특정한 정치적 규범이 민주적으로 획득되었을 때조차 그 규범과 충돌할 수 있다. 벨머가 지적했듯이, 어떤 구체적인 역사적 맥락 속에서 일어나는 의사소통적 합리성의 요구는 제도, 도덕적 신념, 여론 또는 사회의 규범과 관련하여 모종의 공적 정의(定義)를 가지고 있을 것이다. 그러나 이들 요구는 비판과 수정에 열려 있어야만 하며, 또한 이의(異意)의 여지를 남겨두어야만 한다.[111] 하지만 이를 민주주의와 (약식 표현으로) 권리의 원리 간의 대립으로 해석하는 것은 잘못이다.

어떤 권리들은 도덕적 양심과 개인적 판단에 따른 입장들을 원칙에 입각한 정당한 관점으로 제도화한다. 이러한 관점에 입각하여 우리는 어떠한 경험적 규범에도 이의를 제기할 수 있다. 이의를 제기할 권리, 다를 권리, 자신의 판단에 근거하여 행위할 권리, 그리고 사생활의 권리는 소극적 자유와 불가침적 퍼스낼리티를 보호한다. 하지만 벨머와는 달리, 여기에 포함되어 있는 것은 비합리적인 권리가 아니라 오히려 자율적이고 서로 다를 수도 있는, 메타정치적으로 근거한 권리이다. 양심의 자유와 특수성의 권리가 여기서 나온다. 그러나 이것들은 여전히 합리적 권리들이다. 그렇기에 도덕적 양심은 합리적이든 아니면 비합리적이든 그 자신의 기준에 따라 그러한 권리를 행사할 수 있다. 만약 우리가 양심의 자유를 행사하는 특정 방식이나 또는 바람직한 것에 대한 특수한 개념을 추구하는 특정 방식을 강요한다면, 실제로 개인의 자율성은 상실될 것이다. 그러나 만약 우리가 우리 자신의 영역에서 타인의 자율성을 침

---

111) Ibid., 227-252.

해해도, 그것은 또한 상실될 것이다.

　권리와 민주주의의 원리는 각기 그 나름의 방식으로 경험적 합의의 정당한 내용이 될 수도 있는 것의 조건들을 제한한다. 전자는 그러한 합의의 범위를 설정함으로써(그럼에도 불구하고 관련된 사람들은 이 합의에 동의해야만 한다), 그리고 후자는 타당한 합의가 이루어질 수 있는 절차적 원리의 범위를 설정함으로써 각각은 이의에 대비한다. 달리 말해 이 두 원리 모두는 우리가 경험적 동의의 정당성에 도전할 수 있는 원칙적인 준거점을 제공한다.

　오직 몇몇 권리들만이 소극적 자유를 수반하고 또 권리의 원리 자체가 심히 정치적 원리라는 것은 우리가 지금까지 논의한 것을 놓고 볼 때 분명할 것이다. 그럼에도 불구하고 거기에는 민주적 의사결정의 범위에 한계를 설정하는 경계의 문제가 존재한다. 권리의 구체적인 내용, 대화 속에서 동의된 규범, 그리고 일반적으로 동의한 제약 내에서 우리가 우리의 소극적 자유와 정체성 목표들을 실행하는 방식 모두가 이 경계의 문제에 영향을 미친다. 소극적 자유, 불가침적 퍼스낼리티, 사생활 개념은 특수성과 개인적 자율성의 이름으로 민주적 의사결정의 범위를 제한하며, 합의 그 자체의 토대와는 무관한 토대에 의존한다. 기본적인 자율성의 권리들과 민주적 의사결정 간의 경계선이 내용에 관한 토론에 앞서 미리 설정될 수는 없지만, 그럼에도 불구하고 이 선은 원칙적으로 그어져야만 한다. 바람직한 삶이라는 쟁점을 구성하는 것과 일반화할 수 있는 '이해관계'의 영역에 속하는 것을 둘러싼 논쟁을 실제 담론에 앞서 해결할 수 있는 방법은 없다.[112] 그러나 우리는 일단 이러한 경계선이 그어지고 나면 그러한 특수한 문제들(나의 삶의 계획, 나의 정체성에 대한 나의 결단과 그것의 추구)에 민주적 의사결정은 출입이 금지되지

---

112) Benhabib, "In the Shadow of Aristotle and Hegel."

만, 그것들은 여전히 도덕적 가치를 보유한다고 주장한다. 이 문제들은 오류, 이기주의, 이익타협 또는 취향의 문제로 축소될 수 없다. 왜냐하면 문제가 되고 있는 것은 개인(더 큰 사회적 전체 내의 특정 집단의 성원으로서 또는 단지 고유의 정체성을 지닌 한 개인으로서)의 정체성, 도덕적 자율성 또는 삶의 방식이기 때문이다. 논란의 소지가 있는 정체성 욕구들은 그것들이 일반적인 행위규범에 영향을 미칠 때 일반적인 토론 속으로 들어올 수 있다. 첫 번째 부류의 권리들이 이 영역을 보호한다. 우리는 우리의 프로젝트와 관련하여 일정 정도의 성찰성을 획득할 수 있지만, 우리에게 정의를 위하여 우리의 정체성을 포기하라고 요구하는 것은 지나친 것일 것이다. 왜냐하면 그것은 분명 공정하지 않을 것이기 때문이다. 달리 말해 집합적 정체성과 관련하여 앞 절에서 논의한, 정체성 욕구에 대한 "최소한의 파괴적 영향"이라는 기준이 여기서는 개인적 정체성과 관련하여 하나의 단서조항—즉 타자의 자율성이나 담론의 메타규범(대칭적 상호성)을 침해하는 특수성의 차원들은 어떠한 정당성 주장도 하지 않는다는 것—과 함께 제기되며, 무엇이 공정한가에 대한 민주적 결정에 한계를 설정한다. 이러한 의미에서 옳은 것과 바람직한 것, 자율성 권리들과 민주적 정당성은 서로 자기제한적이어야만 한다.

따라서 완전히 발전한 시민사회의 제도적 실체에 가장 기본적인 두 부류의 권리는 개인의 고결성, 자율성, 퍼스낼리티를 보호하는 권리들과 자유로운 의사소통과 관련된 권리들이다. 하지만 도덕적 자율성을 보호하는 것을 포함하여 모든 권리는 담론적 타당화를 요구한다. 이 관점에서 볼 때, 의사소통 권리들이 가장 기본적으로 보일 것이다. 왜냐하면 그것들이 담론 자체를, 따라서 근대 시민사회의 핵심적인 제도, 즉 공론장을 구성하기 때문이다. 그리고 이렇게 보이는 것은 부분적으로는 사회학이 의사소통 권리에 부여하는 우선성에서 기인한다.

사실 담론윤리는 논리적으로 이 두 부류의 권리 모두를 전제로 한다.

고전 자유주의자들이 그랬던 것처럼, 권리를 개인주의적 존재론에 근거시키는 것이 아니라 의사소통적 상호작용 이론에 근거시킴으로써, 우리는 일군의 의사소통 권리를 강조할 수 있는 강력한 근거를 가지게 된다. 사생활과 참정권 같은 여타의 권리들이 이 핵심적 복합체를 유지하기 위해 요청된다고 주장하는 것은 분명 가능할 것이다. 사생활과 자율성의 권리들이 지지될 수 있는 까닭은 자율적 개인―자율적 개인이 없다면 합리적 담론은 불가능할 것이다―을 생산할 필요가 있기 때문이다. 이것은 실천철학의 요체라고 이해되는 담론윤리로부터 순전히 하버마스식으로 권리를 연역한 결과일 수도 있다.[113] 하지만 우리의 논의에서 이 두 부류의 권리들은 서로에게로 환원될 수 없는 윤리적 삶의 두 지주를 상징한다. 하나로부터 우리가 제한받지 않는 의사소통적 상호작용이라는 원리를 추론할 수 있다면, 다른 하나로부터는 자율적이고 독특한 개인이라는 원리를 추론할 수 있다. 이 둘 모두는 합리적이기 위해 노력하는 실제 담론의 전제조건들이다. 따라서 이 둘 모두는 비록 동일한 방식으로는 아니지만, 민주적 정당성의 전제조건으로 요구된다. 이 관점에서 볼 때, 의사소통 권리들은 우리에게 권리를 공식화하고 옹호할 수 있는 정당한 영역을 알려준다. 퍼스낼리티 권리들은 권리를 가질 권리를 지니고 있는 주체들을 확인한다.

---

113) 이것은 의사소통 권리(집회, 결사, 매스컴)와 정치적 참여(투표권, 공무담임권)를 핵심적 권리복합체―즉 소극적 자유의 영역을 확립하는 권리들(이것은 극단적인 자유지상주의적 형태 속에서는 사적 소유가 핵심적인 권리이자 권리 개념에 핵심적이라는 식으로 해석되는가 하면, 덜 극단적인 자유주의적 형태 속에서는 복지 및 여타 유형의 사적 소유권을 허용하는 것으로 해석되기도 한다)―를 보장하는 수단으로 보는 고전 자유주의적 접근방식을 전도시킨 것이나 매한가지일 수도 있다. 하지만 우리가 보기에 의사소통 권리는 국가로부터 시민사회 영역을 보호하는 것 그 이상의 것을 수행한다. 의사소통 권리는 또한 민주적 의지형성의 정치적 전제조건이다. 실제로 민주적 정당성과 참여는 바로 이 영역에서 발생된다.

시민사회의 공론장과 친밀한 영역을 구성하는 이 권리목록은 담론윤리적 의미에서 특정 형태의 합리적 의사소통에도 결정적이다. 정치적 권리와 사회경제적 권리도 비록 덜 직접적이기는 하지만 역시 중요하다. 이들 중 몇몇 유형은 공론장과 사적 영역을 안정화하는 데에, 따라서 이들 영역과 근대 국가와 경제를 '매개함'으로써 담론을 제도화하는 데에 필요한 전제조건이다.

하버마스는 최근에 기본권이 담론윤리적 의미에서 정당할 뿐만 아니라 우리 법체계의 도덕적 본질(인륜)에도 중심적인 보편적 규범의 내용을 실현한다고 주장했다.[114] 서구에서는 사실 권리가 확대되어온 바로 그만큼, 그러한 윤리의 규범들은 점점 덜 선택적으로 실현되어왔다.[115] 그럼에도 불구하고 선택성과 일방성은 근대 자본주의 경제와 근대 국가에서 권리를 행사하고 해석하는 규칙이었다. 권리를 다소 대략적으로 자유의 권리(Freiheitsrechte)와 성원의 권리(Teilhaberrechte)로 나누는 하버마스는 관료제가 실제 참여와 자발적인 공적 의지형성을 제한하는 방식으로 오늘날 후자가 조직화되고 있다고 주장한다.[116] 전자는 자본주의 사회에서 개인주의적 전제에 기초하여 해석된다. 이 두 가지 점을 축약해서 표현하면, 권리는 (의사소통적 해석에 기초할 때 권리가 이상적으로 수반해야만 하는) 연대와 시민권의 원리들과는 단절된 사적 개인의 특권인 것처럼 보인다. 따라서 다시 한 번 규범과 원리의 수준에서, 우리가 '정의'와 '자유'의 확장에 관해 말할 수도 있지만, 그것의 제도적 구현은 기본적으로 소극적이거나 고도로 선택적인 것으로 제시된다.[117]

---

114) Habermas, "Morality and Ethical Life," 205.

115) Ibid., 268.

116) Habermas, *Theory of Communicative Action*, vol. 2, 362-363. 이 텍스트는 자유의 제도화에 대해서는 그 어떤 유사한 단서조항도 제시하지 않는다.

117) 규범이 바로 하나의 제도로서 방어될 수 있다는 것에는 (파슨스에 의해, 그리고 때로는 하버마스에 의해 그랬듯이) 여전히 반론이 제기될 수도 있다. 이 경우, 우

이들 두 가지 선택지 사이에는 결정적인 차이가 존재한다. 게다가 하버마스는 실제로도 제도적 쇠퇴 테제에서 벗어나 선택적 제도화 테제로 나아가기 위한 한 가지 중요한 조치를 취했다. 법제도—조종기능을 갖는 법적 매체와 대치되고 일상적 상호작용의 규범적 내용과 단절될 수도 있는—에 대한, 그리고 근대성의 해방적 잠재력의 선택적 제도화에 대한 그의 강조는 규범적 발전과 제도적 쇠퇴의 이율배반을 넘어서고 있다는 것을 보여준다. 따라서 우리는 비록 권리와 자유가 현대 자본주의적 대중민주주의 사회에서 선택적으로 제도화되고 있지만(즉 비록 그것들이 개인주의적으로 인식된 권리에 한정되고 있기는 하지만), 그럼에도 불구하고 그것들은 제도화되고 있다고 주장한다. 게다가 권리를 가질 권리는 민주적 정치문화의 핵심적 구성요소로 인정받게 되었다. 클로드 르포르가 보여주었듯이, 권리가 갖는 상징적 중요성은 새로운 권리를 보다 완전하게 실현하고 확장하고 재해석하고 창조하기 위해 투쟁할 수 있는 가능성이 열린다는 것이다.[118] 비록 근대성의 긍정적 측면을 의미하는 규범적 발전이 안정적인 제도들 속에서 오직 선택적으로만 확립되어왔지만, 이러한 부분적 성과는 사회운동이 관련 원리들을 덜 선택적인 방식으로 갱신하고 재확립할 수 있는 공간을 창출한다.

하버마스는 사회운동이 권리확장의 배후에 존재하는 역동적 요인이라고 주장해왔다. 운동의 실천은 "공적으로 인정된 욕구 또는 원망에 대

리는 권리의 조직적 쇠퇴와 반대되는 것으로서의 권리의 제도적 발전에 관해 이야기해야만 할 것이다. 하지만 우리는 규범(정당성)을 제도화 또는 조직과 병치시키는 방식으로 논의를 시작했다.

118) 르포르 또한 권리를 전적으로 소극적 자유의 도덕적·몰정치적 보장물로 해석하는 자유주의적 권리 이데올로기에 반대하는 설득력 있는 주장을 제시한다. 마르크스도 이러한 해석에 매혹당해, 권리를 필요로 하지 않는 사회를 꿈꾸었다. 이러한 해석을 재생산하는 것은 재앙일 수 있다. 왜냐하면 그것의 유일하게 가능한 결론은 또다시 변명이나 혁명일 것이기 때문이다. 따라서 우리는 이러한 받아들일 수 없는 일단의 대안들을 넘어서는 방식을 찾고 있다.

해 해석"을 변경할 때 그리고 일상적인 삶과 관련된 제도들의 규범적 내용을 주제화함으로써 그것을 "의사소통에 이용할 수 있게" 할 때 정점에 도달할 수 있다. 하지만 하버마스는 현재에 관한 한, "'민주화' 개념이 여기서 문제가 되고 있는 것에는 적합하지 않다고 주장한다. 왜냐하면 몇몇 경우를 제외한다면, 시민행동과 사회운동이······ 정치적 결정에 실제로 참여할 수 있는 범위를 확대시킬 것 같지는 않기 때문이다."[119] 하버마스가 사회운동이 새로운 정치문화나 새로운 문화적 헤게모니에 대해 기여한 바를 여전히 강조하고 있다고 말하는 것은 공정하다. 하지만 이 새로운 정치문화와 새로운 문화적 헤게모니는 민주적 제도와 오직 간접적으로 장기적으로 그리고 불확실한 방식으로 연결되어 있을 뿐이다.[120] 하버마스가 사회운동의 효과를 이렇게 축소해서 평가하는 까닭은 그가 (기본권 개념에 대해 그러하듯이) 민주적 정당성의 원리를 실제로 민주적 과정을 표현하는 제도들과 연결시키지 않기 때문이다. 따라서 그는 운동의 결과를 정치문화의 변화—즉 권리의 실행 가능성에 영향을 미칠 수는 있지만 그것의 확대를 가져오지는 않는 과정—에 한정시킬 수밖에 없다. 이 입장이 지닌 역설은 담론윤리가 요구하는 기본권의 비선택적인 제도화가 새로운 민주적 제도의 창출 없이는 생각할 수조차 없으며, 바로 이러한 상황이 사회운동을 요구한다는 것이다. 단지 민주화된 정치문화에만 기초해서는, 순전히 개인주의적인 권리구조로부터 의사소통적으로 조직된 권리구조로 이행하는 것은 불가능하다. 권리

---

119) Jürgen Habermas, "On Social Identity," *Telos*, no. 19 (Spring 1974), 100.

120) Jürgen Habermas, "The New Obscurity: The Crisis of the Welfare State and the Exhaustion of Utopian Energies," *The New Conservatism: Cultural Criticism and the Historians' Debate* (Cambridge: MIT Press, 1985)를 보라. 또한 Andrew Arato and Jean L. Cohen, "Politics and the Reconstruction of the Concept of Civil Society," in Axel Honneth et al., eds., *Zwischenbetracthungen Im Prozess der Aufklärung* (Frankfurt: Suhrkamp, 1989)을 보라.

에 대한 새로운 정의는 새로운 유형의 입법활동을 필요로 한다. 그러나 현대 대의체계의 배제 메커니즘과 선택성은 기본권을 확대하는 데 필요한 조건에 결정적인 한계를 설정한다. 법원을 통한 의사(擬似)입법은 권리의 민주화에 몇몇 잃어버린 요소들을 공급해줄 수는 있지만, 민주화된 정치체계가 없이는 그러한 행동주의는 심각한 한계를 지닌다. 하지만 대중민주주의 쇠퇴 테제에 대한 하버마스의 집착은 민주적 정당성의 제도화에 대해 거의 어떠한 전망도 하지 못하게 한다. 따라서 그의 저작에서 담론윤리와 제도적 분석 간의 관계는 여전히 심히 이율배반적인 상태로 남아 있다.

하버마스의 사회이론의 이러한 차원들이 몇 가지 점에서 이율배반을 넘어서고 있다는 점을 강조하지 않는 것은 부당할 것이다. 체계와 생활세계에 관한 하버마스의 최근 논의들은 제도를 이원론적으로 파악하는 경향이 있다.[121] 최근의 이론구성은 규범적 발전을 전적으로 퍼스낼리티와 문화의 수준에만 배타적으로 위치시키는 대신에, 사회제도를 일차원적으로 해석하면서도 법, 매스커뮤니케이션, 가족에서부터 타협의 정치구조에까지 이르는 다양한 제도들의 이원적 특징을 인정한다. 이 접근방식은 민주적 정당성과 의사민주적 지배형태를 엄격하게 병치시키는 것을 지속할 수 없게 만든다. 오히려 이 모델에 입각할 때, 현대 민주주의의 제도적 형태들이 양면적이라는 것, 그러한 형태들은 이율배반을 일단의 이중적인 발전 가능성으로 내면화하고 있다는 것이 분명해진다. 어쨌든 이러한 결론은 민주적 정당성 관념 자체에서 도출된다. 우리는 이것을 이미 기본권의 경우에서 논의했다. 여전히 문제로 남아 있는 것은 민주적 정당성 이론의 수준에서 담론윤리가 현존 민주주의 제도와 그러한 민주적 형태의 규범적 정당성 주장 간에 존재하는 거리만을 강조하

---

121) Habermas, *Theory of Communicative Action*, vol, 2, chs. 6 and 8.

는 대신에 이들 제도의 이중적 가능성을 어떻게 조명할 수 있는가 하는 것이다. 민주적 정당성에 관한 우리의 재정식화는 담론윤리를 특정 삶의 형태에서, 그리고 심지어는 그러한 삶의 형태에서 파생하는 것으로 상정되는 일단의 구체적인 정치제도로부터 떼어낸다. 따라서 우리의 재정식화는 하나의 삶의 형태로서의 하나의 완전히 투명한 담론이라는 유토피아와 단절하는 것은 물론 그에 상응하여 그러한 삶의 형태에 특수성의 지표를 부여하는 인간생활의 모든 차원을 무시하는 것과도 단절한다.[122] 그러나 아직까지 우리는 이 원리의 반사실적 성격에 초점을 맞추는 개념에서 벗어나지 못하고 있다. 이 분석의 가장 역설적인 결론은 현존 사회를 전적으로 비민주적이라고 진단하면서도, 민주적 정당성의 원리로부터 제도적 결과를 도출할 수 있는 어떠한 가능성도 부정하는 것일 것이다. 이러한 구상은 **계몽의 변증법**의 담론-이론적 재정식화나 매한가지일 수 있다. 하지만 우리가 하버마스의 사회이론이 그러한 재정식화에 불과하다고 지적하는 것은 아니다. 즉 이것은 오직 『공론장의 구조변동』(*Strukturwandel der Öffentlichkeit*)에서만 (부분적으로) 사실이었다. 오히려 우리는 담론윤리가 만약 『의사소통행위이론』(*The Theory of Communicative Action*)에서 등장하는 이원론적 사회이론과 적절한 관계를 맺고자 한다면, 그것은 더욱 다듬어질 필요가 있다고 제시하고 있는 중이다.

문제가 되고 있는 것은 합리적 합의라는 관념이다. 우리는 이 관념의 극단적인 정식화가 이상적 담화상황에 기초하는 지지할 수 없는 유토피아로 이어지든가 아니면 존재와 당위라는 신칸트주의적 이원론을 윤리와 제도의 측면에서 재진술하는 것으로 귀착된다고 주장한다. 하지만 우리가 전통적 합의를 자유민주주의적인 경험적 또는 실제적 합의

---

122) Wellmer, "Über Vernunft," 198.

관념으로 대체할 것을 제안하는 것은 아니다. 이러한 대체가 조작된 또는 강제된 합의 앞에서 무력해질 것이라는 반론은 타당하다. 그렇기는 하지만 우리는 벨머를 따라 모든 합의가 경험적이라고 생각한다. 담론 윤리의 매개변수들은 오직 경험적인 맥락 속에만 존재할 수 있다. 이러한 맥락에서의 합리성은 단지 정도의 문제일 뿐일 수 있다. 더 나아가 그것은 행위의 의사소통적 조정 가능성을 발전시킨다는 의미에서 항상 합리화 과정의 문제이다. 따라서 합의의 합리성에 대한 어떠한 의문도 하나의 가설로서 존중되어야만 한다. 그리고 이 가설은 오직 또 다른 담론을 실행함으로써만, 그리고 참여자들이 이전의 자신의 무(無)이성을 인정한다는 의미에서 "보다 합리적인" 합의에 도달함으로써만 입증될 수 있다.[123]

그렇다면 우리가 이러한 재정식화와 함께 담론윤리에 대한 과도할 정도의 최소주의적 해석을 확약하는 것인가? 우리가 만약 벨머를 따라 "구체적인 역사적 상황에서 가능한 것이 결코 원리로부터 도출될 수는 없기" 때문에, 구체적인 제도의 정당성에 관한 어떠한 평가도 담론원리로부터 도출될 수는 없다고 주장한다면, 아마도 그럴 것이다.[124] 이 진술은 재정식화된 형태의 합의관념을 우리가 이미 분석한 이율배반적인 속박 속으로 되돌려놓는다. 그러나 벨머 또한 우리에게 다음과 같이 말하고 있다. (1) 현존 제도를 비판하는 소극적 절차는 "우리가 시도할 수 있는 것은 의미의 실현이 아니라 단지 무의미의 제거일 뿐"이라는 메를로-퐁티(Merleau-Ponty)의 원칙에 기초하는 것일 수 있다.[125] 그리고 (2) "담론원리는 우리에게 우리가…… 역사적 관행 속에서만 발견할 수 있는 범위까지 담론적 합리성의 영역을 확장할 것을 요구하는…… **명령**

---

123) Ibid., 214-221.
124) Ibid.
125) Ibid., 220.

110

을 내릴 수노 있다."[126] 따라서 우리는 이러한 개념의 정신을 따라 실제로 담론윤리에 대한 보다 최소한의 진술이 그것의 제도적 결과를 위한 장(場)을 열어준다고 말할 수도 있다. 즉 만약 우리가 담론원리가 요구하는 것과 구체적인 역사적 상황에서 가능한 것 모두를 설명한다면, 우리는 현존 제도를 비판하고 새로운 제도를 계획할 수 있다. 도덕의식과 자아정체성의 발전뿐만 아니라 "제도와 혁명의 역사" 또한 보편적 원리가 전개되어온 역사에 속한다.[127]

그렇다면 구체적 역사는 어떻게 설명될 수 있는가? 루카치에서 아도르노에 이르는 서구 마르크스주의 전통은 해방이 어떠한 역사적 토대도 가지지 않는다고 암묵적으로 가정하면서, 역사와의 단절을 상정하는 경향이 있었다. 하지만 하버마스와 벨머는 그들의 이론적 선조들이 반박했던 정통마르크스주의의 생산중심주의적 토대를 이용하지 않으면서, 역사적 연속성을 명시적으로 재상정해왔다.[128] 이 새로운 논의에서 해방은 규범적 전제조건을 가지고 있다. 벨머와 하버마스에 따르면, 이 전제조건은 17세기 또는 18세기 이래로 확립되어온 민주적 정당성과 기본권 원리의 형태로 형식적 민주주의 사회 속에 존재하고 있다. 그러나 이 입장이 유증된 제도들과의 관계에서 갖는 함의는 여전히 불명확한 채로 남아 있다. 실제로 벨머는 하버마스의 연구에서 그리 잘 공존하지는 못하는 두 가지 요소를 발견한다. 그 하나는 연속성을 강조하는 반면, 다른 하나는 불연속성을 강조한다. 그 하나는 수정된 헤겔식 전통과 연결되어 있는 반면, 다른 하나는 정치적으로 해석된 마르크스적 전통과 연결되어 있다.[129]

---

126) Ibid., 198.
127) Ibid., 209.
128) Ibid., 175-181.
129) Ibid., 190-199.

헤겔식 전통은 시민사회 이론을 수반한다. 이 전통을 비판적으로 지지한다는 것은 근대 국가에 대한 헤겔의 전망도 그리고 자본주의 경제체계에 대한 불변적 견해도 수용하지 않는다는 것을 의미한다. 그럼에도 불구하고 이것은 시장의 조종 메커니즘에 따른 소극적 자유의 영역의 분화가 전체주의의 대대적 복귀 없이는 극복될 수 없다는 것을 의미한다. 동일한 것이 그와 관련된 법적 보편주의와 형식주의의 쟁점에도 적용된다. 즉 헤겔식 모델에서는 이러한 분화가 이른바 더 높은 실제적 형태의 사회적 자유 속에서 극복될 수 없다. 합법성의 영역을 도덕, 예술, 과학과 문화적으로 구별하지 않고는, 그리고 이 모든 형태들을 일상생활의 관행과 구별하지 않고는, 법의 자율성을 유지한다는 것은 불가능하다. 이러한 수정된 헤겔식 모델에서는 심지어 합리적으로 조직된 사회조차도 우연성, 특수성, 그리고 따라서 지속적으로 존재하는 갈등으로 가득 찬 사회적 관계를 수반할 것이다. 마지막으로 해방은 이미 제도화된 보편적인 법과 도덕의 구조가 지닌 잠재력을 완전히 실현한다는 의미를 가질 것이다.

그러나 벨머는 하버마스의 저작 속에는 또 다른 마르크스주의적 유토피아가 존재하며, 그것은 직접민주주의적 평의회 공화국 프로젝트에 대한 의사소통이론적 해석을 포함하고 있다고 주장한다. 벨머에 따르면, 하버마스에서 "지배로부터 자유로운 사회는 그간 집합적 의지형성 과정이 강제 없이 담론적으로 이룩된 결사체의 형태를 취해온 사회일 것이다."[130] 우리는 의사소통이론을 이런 종류의 예기된 유토피아를 구성하는 틀로 사용하는 것에 대한 벨머의 비판을 이미 받아들였다. 그리고 하버마스 자신도 1970년대 중반경 그러한 구상을 포기했다. 실제로 이 모델은 아마도 합리주의적-계몽주의적 자유 개념에 대한 헤겔의 비판을

---

130) Ibid., 216-217.

견뎌낼 수 없을 것이다. 하지만 벨머는 헤겔에게서 파생되는 시민사회 모델에 대해서도 똑같이 불편해한다.[131] 왜냐하면 그것이 더 이상 합리적 사회라는 관념에 대한, 그러므로 해방의 관념에 대한 명확하고 예리한 개념화를 가능하게 할 것으로 보이지 않기 때문이다. 우리는 이 마지막 견해에 이의를 제기하고자 한다.

벨머는 담론윤리와 시민사회 개념 간의 내적 관계에 대해, 그리고 훨씬 더 중요하게는 정치적인 공론장과 의회에서 이루어지는 담론의 제도화와 시민사회 간의 연계성에 대해 지적한다. 그는 그 자체로 제도화된 것으로서의 민주적 정당성에 대해 이야기한다. 즉 자본주의적 사적 소유는 이제 생산력에 대한 족쇄라기보다는 오히려 민주적 정당성의 한계로 등장한다. 하지만 이러한 논점의 정식화, 즉 자본주의적 생산관계가 "이 민주적 정당성의 조직원리가 실제로 제도적으로 실행되는 것을 방해한다"는 정식화는 다소 모호하다.[132] 이러한 은유의 맥락에서 마르크스적 대안과 헤겔적 대안은 "혁명이냐 개혁이냐"라는 옛 선택지를 재진술하고 있는 것으로 등장한다. 그리고 우리가 그러한 선택과정들에 대해 온갖 경험을 한 지금, 벨머는 그 어떤 선택지에 대해서도 거의 아무런 열의도 불러일으키지 못한다. 민주적 정당성(이것의 전개는 새로운 정체성과 정치문화의 발전에 할당된다)과 의사민주주의적 제도들 간의 하버마스식 이율배반이 벨머의 저작에서도 주기적으로 재현된다는 것은 전혀 놀랄 일이 아니다.[133]

우리의 시민사회 개념은 토크빌, 그람시, 파슨스의 전통과 (우리가 앞으로 살펴보게 될) 하버마스 자신의 새로운 이원론적 사회이론 속에서 개혁, 혁명 또는 체념이라는 트릴레마를 수반하는 궁극적으로 부정적인

---

131) Ibid., 189-199.
132) Ibid., 178-179.
133) Ibid., 200-201.

결과를 피하는 방식으로 담론윤리와 연계를 모색한다. 우리는 경제, 시민사회, 국가의 삼분 모델을 사용함으로써, 자본주의 경제와 근대 시민사회 간의 (헤겔에서 그리고 마르크스에서는 훨씬 더 많이 등장하는) 거의 단정적인 관계를 제거한다. 우리는 시민사회의 제도와 그것의 모순적인 제도적 발전 간의 이율배반에 초점을 맞춤으로써 옛 프랑크푸르트 학파에서 유래하는 쇠퇴 모델도, 자궁이라는 마르크스의 은유도, 그리고 또한 현존 사회에 대한 온갖 다원주의적 변명도 피한다. 우리는 분화관념과 민주주의 관념들을 연결시킴으로써, 복수의 민주주의 모델을 손에 넣을 수 있다. 이 모델은 조종 메커니즘을 의사소통행위적 조정으로 전면적으로 대체하거나 탈분화를 수반하는 근본주의를 끌어 들이지 않으면서도, 벨머가 헤겔식 모델을 사용한다면 잃게 될지도 모른다고 두려워했던 유토피아적 사고를 복원시킨다.

담론윤리와 시민사회

우리가 옹호하는 시민사회 개념은 세 가지 본질적 측면에서 헤겔의 모델과 다르다. 첫째, 우리의 개념은 보다 분화된 사회구조를 전제로 한다. 우리는 그람시와 파슨스에서 단서를 얻어, 시민사회가 국가뿐만 아니라 경제와도 구분된다고 가정한다.[134] 우리의 개념은 헤겔의 개념이 비록 모호하게나마 그랬던 것처럼 국가중심적이지도 않고, 마르크스의 개념이 그랬던 것처럼 경제중심적이지도 않다. 우리의 개념은 사회중심적 모델이다.[135] 둘째, 우리는 토크빌과 초기 하버마스를 따라 사회의 의사소

---

134) 헤겔의 경우에 시민사회는 하나라기보다는 두 가지 수준의 매개체, 즉 정치사회와 경제사회를 포함한다. 그의 이론은 오직 전자만을 보다 변증법적인 상이한 용어로 포함시키고 있다.

135) 하지만 파슨스의 사회공동체 개념과는 달리, 우리의 시민사회 개념은 그 자체로

통과 자발적 결사체로 이루어진 공론장을 시민사회의 중추적인 제도로 파악한다. 물론 자율적인 개인의 판단영역으로 이해되는 사적 영역 또한 근대 시민사회에 중요하다. 셋째, 우리는 시민사회의 제도화를 (헤겔에 서처럼) 항상 권리('추상적 권리')에 기초하여 사회제도의 안정화를 가져오는 과정이지만 또한 보다 민주적이 될 가능성을 내재하는 과정이며, 그것의 규범들이 민주화를 요구한다고 인식한다.

역사적 의미에서 시민사회는 세속적인 자연법에서 담론윤리에 이르기까지 모든 근대 정치윤리를 가능하게 하는 토대이다. 특히 후자(이것의 선조는 19세기까지 거슬러 올라간다)는 근대의 자유주의적 공론장에서 담론이 제도화되지 않았다면 가능하지 않았을 것이다. 하지만 담론윤리는 그것이 정치적으로 시민사회에서 민주화의 규범적 필요성과 경험적 가능성을 함축하고 있다는 점에서, 여타의 모든 근대적 정치윤리(자연권, 공리주의, 칸트식 정치철학 그리고 심지어 최근의 신계약주의와 신아리스토텔레스주의)와 다르다. 따라서 그것은 고전 자유주의의 요구와 급진민주주의를 화해시킬 수 있는 유일한 윤리이다.

우리는 상이한 민주주의 조직 모델들이 담론윤리적인 민주적 정당성 원리와 양립할 수 있다는 주장을 받아들인다. 이 양립 가능성이 단지 직접민주주의와 대의민주주의 간의 대립과 관련해서만 인식될 필요는 없다. 민주적 정당성 원리의 필요조건들은 적어도 원칙적으로는 피라미드식으로 조직된 평의회 직접민주주의에 의해서도, 그리고 일반적으로 접근할 수 있고 실제적 권력을 가지고 있는 활력 있는 공론장에 의해 통제되는 위임된 기관을 가지고 있는 대의제적 형태의 민주주의에 의해서도 충족될 수 있다. 그러나 또 다른 축에서 본다면, 이 원리는 연방주의 정

'탈중심화'되어 있다. 그것은 (집합체들의) 집합체로도 그리고 사회 전체를 통합하는 단일한 사회체로도 해석되지 않는다. 대신에 그것은 생활세계의 다원적이고 분화된 제도적 차원으로 해석된다.

체뿐만 아니라 중앙집권주의적 노선에 따라 조직된 정체와도 양립할 수 있다. 마지막으로, 이것은 비담론적 조직원리의 요구 및 이 원리와 민주적 조직 간의 경계가 담론과정에서 확립되고 확증되는 경우에는, 심지어 담론적으로 또는 민주적으로 조직되지 않은 삶의 영역들과도 양립할 수 있다. 하지만 우리는 담론윤리가 이미 존재하는 민주주의 형태들에 대한 억압과는 쉽게 양립될 수 없다고 주장한다. 이 주장은 전면적 혁명이 민주주의의 맥락에서는 정당하지 않다는 것을 함의한다. 그렇다고 해서 우리가 권위주 하에서 발생하는 혁명의 정당성이나 또는 심지어 자신들을 배제한 '민주적' 조건들에 대해 반란을 일으키는 배제된 사람들이나 집단의 권리를 부정하는 것은 아니다.[136] 하지만 우리가 말하고자 하는 것은 현대 시민사회의 (담론절차가 관련된 모든 사람에게 그러한 결정에 직접 접근할 수 있게 하는, 있을 것 같지 않은 경우를 제외하고) 형식적으로 민주적인 제도들에 원칙적으로 접근할 수 있는 사람들이 그 제도를 전복시키고자 시도하는 것은 문제가 있다는 것이다. 우리가 이러한 입장을 취하는 까닭은 오직 대의민주주의라는 틀만이 대다수 사람들에게 포괄적인 민주적 의지형성의 과정에 접근할 수 있게 해주기 때문이다. 한나 아렌트가 솔직히 인정했듯이, 항상 높은 수준의 정치참여를 필요로 하는 직접민주주의는 불가피하게 귀족정치적일 수밖에 없다. 따라서 종래의 민주주의를 대체하고자 하는 새로운 형태의 민주주의가 모든 사람을 위해 그것을 대체한다는 것은 원리상 결코 있을 수 없다. 그렇

---

136) Guillermo O'Donnell and Philippe Schmitter, *Transitions from Authoritarian Rule* (Baltimore: Johns Hopkins, 1986). 이 저작은 전면적 혁명 프로젝트가 정치적 민주주의를 낳지는 않는다는 것을 입증한다. 쿠론(Kuron)은 자기제한적 혁명이론을 통해 '전체주의' 체제의 맥락에서 동일한 논의를 한 바 있다. Andrew Arato, "The Democratic Theory of the Polish Opposition: Normative Intentions and Strategic Ambiguities," *Working Papers of the Helen Kellogg Institute* (Notre Dame, 1984)를 보라.

다고 이것이 새로운 형태의 민주주의의 도입을 통해 이전에는 불충분하게 접근했던 사람들 가운데 다수가 보다 의미 있는 참여의 틀을 발견하게 된다는 것을 부정하는 것은 아니다. 이러한 이유 때문에 우리는 현재의 민주주의 형태들이 담론윤리의 요구에 따라 보충되고 보완되거나 또는 민주화될 수 있지만, 대체될 수는 없다고 주장한다.

담론윤리와 복수의 민주주의 형태 간의 친화성과 현존 민주주의 형태들이 억압되어서는 안 된다는 담론윤리의 함의는 우리를 시민사회와 두 가지 방식으로 연결시켜준다. 첫째, 시민사회와 현재의 대의민주주의 형태들은 정치적·사법적으로 서로를 전제로 한다. 둘째, 오직 시민사회라는 토대 위에서만 우리는 민주주의가 복수의 형태로 제도화된다는 사실을 이해할 수 있다. 이 두 가지 주장을 차례로 살펴보기로 하자.

첫째, 대의민주주의의 형태로 조직된 정치사회와 근대 시민사회는 그것들을 '매개하는' 두 가지 핵심적인 제도들, 즉 공론장과 자발적 결사체를 공유한다. 정치와 관련된 공적 토론의 틀(미디어, 정치 클럽과 정치결사체, 정당간부 회의 등등)과 의회의 토론 및 논쟁의 틀은 연속선상에 있다. 심지어 마르크스조차 지적했듯이, 의회—공식적으로는 토론과 논쟁의 조직체—가 사회에서 정치적 토론이나 자발적 결사체를 제거하거나 심지어는 심각하게 제한하는 것은 (비록 일시적으로 가능하기는 하지만) 모순이다.[137] 그러나 똑같이 중요한 것은 사회 속에 존재하는 정치와 관련된 형태의 공중이 그것에 내장된 논리를 통해 국가의 제도적 네트워크들 내에, 또는 보다 정확히 말하면 정치사회 내에 언젠가는 그러한 공론장을 수립해야만 한다는 것이다.[138] 더 나아가 다원적인 역동적 시민사회는 의회구조 내에서 (정당을 포함하는 여타 타협구조들

---

137) Karl Marx, *The Eighteenth Brumaire of Louis Bonaparte* (New York: International Publishers, 1969), 66.
138) Arato and Cohen, "The Politics of Civil Society."

과 함께) 성원집단이나 개인들 간의 갈등을 정치적으로 매개할 수 있고, 각축하는 이해관계들을 결집시킬 수 있고, 합의에 도달할 가능성을 탐색할 수 있는 가장 그럴듯한 일반적 틀을 발견한다. 다른 한편으로 이해관계를 결집하고 갈등을 매개하는 의회의 구조는 사회 수준에서 그러한 것들을 다소 공개적으로 명확하게 표현하는 한에서만 제대로 작동한다. 요컨대 대의민주주의에서 정치사회는 시민사회의 영향력을 전제로 하는 동시에 그 영향력에 열려 있어야만 한다.[139]

사법적 수준에서도 권리 개념은 이와 유사한 관계를 보여준다. 대의민주주의와 근대 시민사회는 권리를 공통의 전제조건으로 공유한다. 즉 정치적인 의사소통 권리가 의회민주주의의 전제조건이라면, 사적인 의사소통 권리들은 근대 시민사회를 가능하게 만든다. 정치적 권리들이 의회제적 (또는 지역적) 대의제도에 대한 시민의 접근을 허용하고 통제한다면, 사적인 의사소통 권리들은 시민사회의 개인과 결사체의 자율성을 보장한다. 따라서 의사소통 권리는 이중의 기능을 가진다. 표현, 결사 등의 자유는 시민사회의 자율성을 확대하지만, 그것들 없이는 의회의 공론장 또한 가능하지 않다. 하지만 권리 수준에서 대의민주주의와 시민사회의 관계는 이보다 훨씬 더 깊다. 특권, 면책특권 또는 신분제 유형의 자유에 대립되는 것으로서의 권리는 시민사회의 공적 공간에서 개인, 집단 또는 운동에 의해 주장될 때 생겨나고 재확인된다. 권리는 실정법에 의해 보장될 수 있고 또 보장되어야만 한다. 그러나 **권리로서의 권리**, 즉 국가 자체에 대한 제한으로서의 권리는 논리적으로 실정법으로부터 추론할 수 없다. 권리의 영역에서 법은 시민사회에서 사회적 행위자가 성취해온 것을 보호하고 안정화한다. 하지만 이러한 맥락에서 실정법은 시민사회의

---

139) 시민사회가 정치사회에 미치는 영향에 대한 보다 상세한 논의로는 제9장과 제10장을 보라.

행위자들이 정치적-입법적 또는 정치적-사법적 매개체를 통해 구성하고 재구성하는 시민사회 그 자체이다.

몇 가지 이유에서 근대 시민사회는 실정법을 통해 권리를 정치적으로 재확인하지 않고서는 제도화될 수 없다. 첫째, 근대 시민사회 복합체는 (그리고 어쩌면 탈[脫]원시사회의 어떠한 복합체도) 삶의 모든 영역에서 법적-사법적 규제를 필요로 한다. 심지어 사적인 친밀한 영역 자체도 법제도에 의해 보호된다. 달리 말해 헤겔이 알고 있었듯이, 도덕과 인륜은 법을 그리고 근대 사회의 어떠한 영역도 완전히 대체할 수 없고 또 대체해서는 안 된다. 또는 그것들은 법을 전적으로 불필요한 것으로 만들 수도 없고 또 그렇게 해서도 안 된다. 이 점은 기본권에도 적용된다. 기본권을 둘러싼 그리고 기본권의 해석과 시행을 둘러싼 사회적 갈등은 높은 정도의 법적 규제를 필요로 한다. 둘째, 사회에 개입하는 근대 국가의 권력 자체는 이러한 개입에 대한 자기부과적인 법적 한계 없이는 억제될 수 없다. 기본권의 법률화는 이와 같은 국가의 자기부과적 한계라는 의미를 지닌다. 달리 말해 권리가 한계가 되는 것은 오직 이러한 의미에서 그것이 법적으로 상정되는 것을 통해서 뿐이다.

바로 이 지점에서 기본권과 근대 대의민주주의 정치 간에 '선택적 친화성'이 존재한다. 역사적으로 많은 개인적 권리들이 권위주의적인 또는 단순히 자유주의적인 입헌국가들에 의해 법으로 제정될 수 있었지만, 우리가 근대 시민사회를 구성하는 것으로 지적했던 권리의 목록은 오직 대의민주주의에 의해서만 설득력 있는 방식으로 확립되고 방어될 수 있다. 우리가 대의민주주의 정체를 동어반복적으로 함의하는 정치적 권리들을 제외시킨다고 하더라도, 우리 목록의 (사적 권리에 대립되는 것으로서의) 의사소통 권리의 많은 것들이 그 자체로 우리가 알고 있는 여타의 모든 정치체계를 심각하게 위협할 것이다. 따라서 여타 정치체계에 의한 이들 권리의 수용은 단지 전술적인 양보일 수 있다. 권리를 통한 근대 시민사회와 국가의 분화는 대의민주주의를 강력하게 수반한다.

둘째, 우리는 근대 시민사회가 대의민주주의의 출현을 논리적으로 전제하고 (역사적으로) 용이하게 할 뿐만 아니라 대의민주주의의 민주화를 역사적으로 가능하게 만든다고 주장한다. 이것은 현재의 민주주의 형태들을 옹호하는 담론윤리의 경향과 부합하지만, 동시에 그 이상의 민주화를 요구한다. 현대 시민사회의 복잡성과 그 내적 다양성 모두는 고려 중인 분할 축에 따라 다양하게 분화된 과정, 형태, 장소의 측면에서 민주화의 문제를 제기할 것을 요구한다. 실제로 근대 시민사회는 제도화된 복수의 민주주의들이 출현할 수 있는 영역이다. 우리는 이 점과 가장 관계가 깊은 두 부류의 구분을 확인할 수 있다. 첫 번째 것은 각각의 분화된 영역, 즉 정치사회, 경제사회, 시민사회 특유의 민주화의 구조적 가능성 및 한계와 관련되어 있다. 두 번째 것은 각 영역 내부에서 민주주의 형태들의 복수화와 관련되어 있다.

오래전에 마르크스는 만약 민주주의가 한 가지 영역(국가)에 한정되는 데 반해 전제적 통치형태들이 경제와 시민결사체들 속에 만연하다면, 첫 번째 영역의 민주주의 형태들은 훼손될 것이라고 지적했다. 반면에 마르크스 이후의 우리의 모든 역사적 경험은 분화가 민주화에 한계를 설정한다는 것을 보여준다. 만약 우리가 국가와 경제가 효율적으로 기능하기를 기대한다면, 우리는 그것들에 대한 조종 메커니즘이 필요하다는 점을 고려해야만 한다. 잘 알려진 바대로, 조종 메커니즘은 직접참여 모델의 노선을 따르는 전면적 민주화를 방해한다. 하지만 그러한 영역에서 어떠한 민주화도 가능하지 않다는 결론을 내리는 것은 오류일 것이다. 그와는 반대로 일단 우리가 각 영역의 조정 메커니즘들이 지닌 상이한 논리들을 설명하고 나면, 각각에게 적합한 민주주의의 형태들이 존재한다—비록 그 형태들이 관련된 구조적 조건들에 따라 달라질 필요가 있기는 하지만—는 것이 명백해진다. 이 점은 우리가 국가와 경제의 메커니즘들이 터를 잡고 있는 제도적 수준으로서의 정치사회와 경제사회의 영역들에 초점을 맞출 때 명료해진다.

정치사회 수준에서 대의민주주의는 시민권 원리의 근대적 해석들이 요구하는 민주적 참여의 최소한의 정도를 분명하게 표현한다. 동시에 권력관계를 통해 그 기능이 조정되고 무력의 합법적 사용에 대한 독점권으로 정의되는 국가의 존재 자체가 직접참여에 부과하는 한계들도 명확해진다. 정당한 과정이라는 원리에 의해 인도되는 권력분립, 법의 지배, 그리고 효율적인 관료제적 작동의 필요조건들은 국가 수준에서 이루어지는 정책결정에 모든 사람이 직접 참여하는 것을 배제한다. 기껏해야 이 수준에서 참여자들은 정당과 의회의 감시, 통제 그리고 공개성을 통해, 달리 말해 정치사회의 제도를 통해 간접적으로만 활동할 수 있을 뿐이다. 형식적인 민주적 정체를 더욱 민주화하기 위해서는 이 한계들을 고려해야만 한다.

정치사회는 지구적 구조나 전국적 구조로 한정되지 않는다. 이들 구조는 오늘날 통상적으로 사실인 것보다 더 직접적인 참여를 허용할 수 있는 지방적·지역적 구조에 의해 보완될 수 있다. 게다가 입헌 원리나 규범을 수정하는 절차들은 더 공개적이 될 수도 있다. 더욱이 몇몇 국가들에서는 비록 비민주적인 조합주의적 형태이기는 하지만 직능대표제 구조들이 지역에 기초한 대표구조를 보충한다. 이것들은 적어도 원칙적으로는 뒤르켐과 철학적 다원주의자들의 오랜 꿈인 더 많은 민주주의와 더 많은 참여를 가능하게 한다.[140] 모든 곳에서 간과하고 있는 것처럼

---

140) G. D. H. Cole, *Guild Socialism Restated* (New Brunswick, NJ: Transaction Books, 1980); Harold Laski, *Studies in the Problem of Sovereignty* (New Haven: Yale University Press, 1917), *Authority in the Modern State* (New Haven: Yale University Press, 1919), and *The Foundations of Sovereignty and Other Essays* (New York: Harcourt Brace, 1921).

보이는 것은 이미 확립된 대의제적 조직체들과 정당성을 공유하는 지역적·기능적 조직체들에 의한 총 사회적 투입이 지구적이고 공개적인 공적 절차 속에서 제도화되고 있다는 것이다. 길드 사회주의자, 오스트로-마르크스주의자(Austro-Marxist), 여타의 민주적 사회주의자들 및 현대의 몇몇 사회운동이 되풀이해서 요구하는 제2원(院)은 이러한 방향에서 지적되고 있다. 물론 이 영역의 민주화를 위한 적확한 장치는 우리의 보다 추상적인 맥락에서는 쟁점이 될 수 없다.

직능대표제 관념은 이미 경제민주주의의 문제를 다루고 있다. 하지만 경제, 아니 보다 정확히 말하면 경제사회와 관련되는 한, 효율성과 시장합리성이라는 요구조건들은 오직 이 둘을 희생해야만 민주주의가 가능하다는 명목으로 무시될 수도 있다는 것은 분명하다. 이때 대의제도와 참여의 수준은 생산과 소비의 사회적 필요와 화해할 필요가 있다. 경제민주주의의 형태들은 정체의 형태만큼 그렇게 포괄적일 필요는 없다. 하지만 단체교섭, 공동결정, 대의제적 노동자평의회 메커니즘들의 제도화가 보여주듯이, 민주화가 그 자체로 효율적인 기능과 양립할 수 없는 것은 아니다.

경제사회의 측면에서 가능하고 바람직한 복수의 민주주의 형태들로는 다른 무엇보다도 소비자와 생산자 협동조합, 법인체 내의 고용주와 노조 대표제, 다양한 권력을 갖는 평의회들, 고충처리위원회, 그리고 오늘날 우리가 동유럽에서 보는 것과 같은 새로운 형태의 소유권들을 들 수 있다. 원칙적으로 이것들 각각은 효율성 요구 및 서로와 양립할 수 있게 만들어질 수 있다(또는 적어도 그것들이 수반하는 효율성 감소가 받아들일 수 있는 한계 내에서 유지될 수도 있다). 경제사회를 더욱 민주화하는 것은 이들 다양한 형태의 참여를 효율적인 조종이 위협받는 지점까지 제도화하는 것을 수반할 것이다. 그리고 그러한 상황은 경제, 사회, 국가를 탈분화시키지 않으면서도 달성될 수도 있다. 따라서 정치사회와 경제사회의 배개영역들은 이중의 역할을 한다. 즉 이들 영역은 시민사회가 경제와 정체에 미치고자 하는 영향의 수신자로 작용하면서도 분화를 안정시킨다.

민주주의가 정치사회나 경제사회의 수준에서보다는 시민사회의 수준에서 훨씬 더 진전될 수 있다는 것이 우리의 중심 테제이다. 왜냐하면 의사소통적 상호작용의 조정 메커니즘이 근본적 우선성을 지니는 곳이 바로 그곳이기 때문이다. 다음 장에서 다시 논의할 이 주장의 체계적 측면을 논외로 하면, 귀납적으로 추리해볼 때, 사회결사체, 공적 의사소통, 문화제도, 가족의 작동이 잠재적으로 높은 (이를테면 정당이나 노동조합에서 가능한 것보다 더 높은) 정도의 평등주의적인 직접참여와 집단적 의사결정을 가능하게 한다는 것은 분명하다. 물론 참여 수준에 대한 실험은 광범위한 결사체, 공중, 비공식적 조직들이 이미 존재하고 또 권리에 의해 보장되는 곳에서만 일어날 수 있다. 이러한 다원성이 존재하는 곳에서 소규모의 참여는 토크빌이 희망했던 것처럼 민주적 지방자치의 진정한 본질이 될 수 있을 뿐 아니라 민주적 정치문화를 낳을 수 있는 자기교육 과정의 토대가 될 수 있다. 현대의 많은 시민사회들이 실제로 의사(擬似)과두정치적 관행들과 연계되어 있지만, 자발적 결사체, 대학, 그리고 심지어 교회 안에는 이미 다원성의 토대가 잘 확립되어 있다. 그러나 이들 구조가 항상 민주적인 것은 아니며, 좀처럼 진정한 참여를 수반하지도 않는다. 그러나 민주적 규범이라는 맥락에서 이들 구조는 민주화의 변함없는 표적이다.

『공론장의 구조변동』에서 하버마스는 또한 현존 조합적 실체들의 민주화가 공론장 쇠퇴에 대한 하나의 가능한 해결책이라고 주장했다.[141]

---

141) 타협의 신조합주의적 구조를 민주화하는 것이 갖는 중요성에 관한 논의로는 Habermas, *Structural Transformation*, sec. 23을 보라.

우리는 민주적 정당성 원리가 시민사회 이론에 연결될 때 세 가지 이유에서 이러한 종류의 대안을 소생시키고 확장할 것이라고 믿는다. 첫째, 만약 대의제적 의회에 더하여 소규모의 참여가 전혀 존재하지 않는다면, 근대 사회에서 참여는 궁극적으로 단지 환상에 불과할 것이다. 둘째, 이러한 맥락에서 담론윤리가, 모든 것을 포괄하는 하나의 담론과정이라는 명목 하에 현존하는 다원성을 억압하는 것을 정당화하는 데 이용되어서는 안 된다. 셋째, 현존하는 복수의 민주화는 모종의 평의회 모델에 의해 '전체주의화'되기보다는 근대적 구조를 보존하게 될 것이다. 평의회 모델은 조종 메커니즘들(행정부, 시장)을 직접적인 사회적 관계 속에 재편입시킬 것이고, 이것은 근대 시민사회의 전제조건——즉 분화——과 충돌할 것이다. 그럼에도 불구하고 조종 메커니즘 수준에서 이루어지는 민주화의 한계는 국가와 경제에도 또한 간접적으로 영향을 미칠 수 있는 사회결사체들의 민주화에 의해 부분적으로 벌충될 수 있을 것이다.

시민사회에서 공론장의 규범은 비록 왜곡된 상태이기는 하지만, 현존 결사체 형태들의 감독, 통제, 민주화에 대한 부단한 요구를 반영한다. 원래 국가-관료제적 권력에 대해 사회가 창출하는 담론적 통제형태의 하나였던 자유주의적 공론장은, 사적 결사체들이 (경제적·정치적 조정임무에 부분으로만 책임을 지는) 의사정치적 성격을 지닌 대규모 조직들로 변형되는 경우에만 쇠퇴해왔다. 새로운 상황에서 공공성이라는 규범적 요구는, 비록 시민사회, 정치사회, 경제사회마다 그 정도는 다르겠지만, 이들 사적 결사체를 공적으로 노출시키고 그것의 민주화를 수반한다. 역사적으로 볼 때, 대안적이고 공적인 형식적 조직들의 부활과 함께 바로 그러한 발전들이 자유주의적 공론장을 방어하는 과정들을 보충해왔다. 정치적인 공적 삶의 부활은 항상 전체 과정에서 이러한 측면을 발전시킬 수 있다.

공공성이라는 규범 그 자체를 제외하면, 담론윤리의 두 가지 요소——

조금이라도 관련된 그 누군가를 배제하는 것에 대해 비판하는 것과 실제적 참여를 강조하는 것—가 복수의 민주주의에 긍정적 영향을 미친다. 사실 현존하는 모든 민주주의 형태는 배제의 과정을 내장하고 있다. 19세기의 자유주의적 대의민주주의 모델은 수동적 시민들을 배제하고 있었다. 근대 대의민주주의는 강력한 자발적 결사체나 정당조직의 성원이 아닌 사람들의 관련성을 (비록 공식적으로 배제하지는 않지만) 감소시킨다. 직접민주주의는 공적 행복을 우선적으로 추구하지 않는 (즉 정치적으로 행동하지 않는) 사람들을 배제한다. 영토민주주의가 생산자를 차별한다면, 산업민주주의는 소비자들을 차별한다. 연방주의는 각 구성단위 내에서 이의를 제기하는 개인과 집단의 중요성뿐만 아니라 전국적으로 규모가 큰 다수의 중요성 또한 축소시킬 수 있다. 중앙집권적 민주주의는 잠재적으로 중요한 자치단위들에게 어떠한 유인도 제공하지 않는다. 이러한 원리들의 어떠한 결합도 배제를 완전히 배제하지는 못하지만, 복수의 민주주의 형태들을 촉진시키는 것은 몇 가지 수준에서 의미 있는 참여—이것이 아니었더라면 중요성이 감소했을—를 약속한다.

이제 요약해보자. 담론윤리의 의미에서 해석된 민주적 정당성과 기본권은 복수의 민주주의를 강력하게 함의하며, 근대 시민사회는 이들 민주주의에 대해 두 가지 점에서 제도적 잠재력의 영역을 상징한다. (1) 제도적 영역으로서의 국가, 사회, 경제의 분화—그리고 이들 영역과 정치사회와 경제사회의 분화—는 민주주의와 민주화가 이들 영역의 서로 다른 논리들에 따라 정의되는 것을 가능하게 한다. (2) 시민사회 자체에 존재하는 복수의 구조—실제적 구조와 잠재적 구조—는 **참여와 공공성**의 측면에서 사회적 영역을 민주화할 수 있게 한다. 오늘날 민주주의 문제는 그것이 처음 출현했던 영역, 즉 시민사회의 영역으로 다시 돌아갔다. 형식적으로 민주적인 정체들의 더 많은 민주화는 단순히 국가 또는 경제가 아니라 시민사회와 관련하여 제기되어야만 한다. 우리가 해석해온 것처럼, 수정된 시민사회 이론과 더불어 담론윤리는 이러한 접근방식을 가능하게 할 뿐만 아니라, 민주화의 윤리로서의 담론윤리는 또한 그러한 접근방식을 요구하기도 한다. 담론윤리에 기초한 권리원리가 근대 시민사회의 보호를 수반한다면, 민주적 정당성 원리는 자유민주주의의 모델을 넘어서는 시민사회의 민주화를 수반한다.

여기서 이해된 것으로서의 복수의 민주주의는 유토피아적이다. 하지만 이 유토피아의 의미는 두 가지 매우 다른 해석의 여지를 지니고 있다. 하나의 해석은 근대 시민사회의 현존 제도적 틀과의 연속성을 전제로 할 수 있다. 이것은 부분적으로 철학적 윤리에 기초하여 명시적으로 표현되는 제도적 프로젝트를 수반할 것이다. 그리고 그 철학적 윤리는 물론 이 프로젝트의 실현을 위해 온갖 종류의 역동적 기구들을 요구할 것이다. 벨머가 적절히 지적하듯이, 역사적 개연성은 철학적 윤리로부터 추론될 수 없다. 하지만 현존 제도적 틀은 당위와 존재, 즉 철학과 현존 사회를 매개할 수 있다.

만약 시민사회의 제도적 틀이 우리가 현대 국가와 경제에 대해 알고 있는 것에 비추어 시대착오적인 것으로 판명된다면, 우리는 실제로 순수한 당위의 의미에서의 두 번째 유토피아—완강하게 반항하는 현실에 강요되어서는 안 되는—를 다루고 있는 것이 될 것이다. 이 경우 담론윤리는 분명 복수의 민주주의라는 쓸모없는 개념의 부담에서 벗어나야만 할 것이다. 그렇다면 문제가 되는 것은 현대의 조건과 관련하여 재정식화된 시민사회 개념의 생존능력이다. 이 시민사회 개념을 재정식화—현대 사회에 가장 잘 접근할 수 있게 해주는 것으로 보이는 근대 사회이론의 용어와 논의들을 사용하여—하는 것이 우리의 다음 목표이다.

제9장 사회이론과 시민사회

시민사회의 재구성

어쩌면 시민사회 관념이 매우 유행을 타온 탓에, 오늘날 이 관념이 점점 더 모호해지고 있는지도 모른다. 사회적 행위자들이 시민사회의 재구축 또는 방어라는 관념을 제기할 때, 그것은 분명 동원을 증가시키는 경향이 있다. 하지만 그러한 이미지는 실제로 비판적인 자기성찰의 토대로서 또는 심지어는 집합행위를 강제하는 가장 중요한 요인과 관련한 정향의 토대로서도 적절하지 않다. 마찬가지로 그러한 행위자들은 근본주의적 입장에 빠지거나 시민사회의 프로젝트를 경제 엘리트와 정당정치 엘리트들의 목적과 동일시함으로써, 그들 나름의 자율성과 독창성을 포기하기 쉽다. 따라서 새로운 집합적 정체성의 핵심을 성찰하고 그러한 정체성에 기초한 프로젝트가 더 자유롭고 더 민주적인 사회의 출현에 기여할 수 있는 조건들을 분명하게 표현하는 시민사회 개념이 필요하다.

과거로부터 이어져온 최고의 시민사회 이론조차도 오늘날 이러한 과업을 달성할 수 없다. 헤겔, 토크빌, 그람시 또는 파슨스의 개념에 직접적으로 기초하는 프로젝트가 현재 안고 있는 약점은 이들 프로젝트가 지닌 매우 실제적인 내적 이율배반—우리는 지금까지 이를 탐구해왔다――뿐만 아니라 이들 프로젝트가 아렌트, 슈미트, 젊은 하버마스, 푸코와 같은 비판가들에 비해 갖는 상대적 취약성에서도 기인한다. 의심할 바 없이 공론장의 쇠퇴와 관련되어 있는, 그리고 사회적인 것이 새로운 형태의 조작, 통제, 지배로 변형되는 것과 관련되어 있는 그러한 약점들은 적어도 선진자본주의 국가들의 경험에도 해당된다. 그리고 이것은 모든 곳에서 민주적 공중, 완전한 연대, 자율성의 형태들을 발견하는, 시민사회에 대한 이론적 옹호자들의 낙관적 견해에도 마찬가지로 적용된다. 그러나 루만과 같은 현존 사회에 대한 충실한 현실주의적 분석가의 견해가 가장 급진적인 비판가들의 견해와 부합하기 시작할 때,[1] 자주 부정적 현상에 눈을 감는 시민사회 옹호자들은 그들의 이론이 이데올로기라는 혐의를 받기 시작한다.

오늘날 시민사회의 범주가 유용하기 위해서는 그것은 재구성되어야만 한다. 우리는 '재구성'을 "어떤 이론이 설정해온 목적을 보다 완전히 달성하기 위하여 그 이론을 분리시켜 하나의 새로운 형태 속에 재결합시키는 것"으로 비체계적으로 정의한다.[2] 이것은 "많은 점에서 수정을

---

1) 우리가 살펴보았듯이, 분화에 대한 루만의 옹호조차도 시민사회에 이익이 되어 돌아오지 않는다. 그의 개념은 시민사회의 제도들을 정치체계 속으로 흡수한다.
2) 하버마스는 시민사회 개념을 자신의 기본적인 범주들 중의 하나, 즉 공론장에 대한 자신의 광범위한 검토 속에서 재도입했다. 프랑크푸르트학파의 역사철학의 영향 하에서, 그리고 국가/사회의 융합에 대한 카를 슈미트의 연구를 직간접적으로 전유하면서, 하버마스는 시민사회의 쇠퇴과정 또는 심지어 종말과정을 추적했다. 프락시스(praxis) 또는 테크네(techne) 같은 정치학의 고전적 교의의 핵심관념들을 재구성하고자 하는 그의 후기 시도들은 메타이론적 수준을 강조했다. 한동안은 루만과 같은 반대자들만이 하버마스와 고전적 시민사회 개념의 관계가 실제로도 심화되었음에 주목했다. 하지만 하버마스가 역사유물론을 재구성하는 작업을 하는 한, 그는 마르크스 및 대부분의 마르크스주의의 시민사회와 관련한 편견으로부터 자유로울 수 없었다. 우리는 이 근본적인 단절이『의사소통행위이론』과 함께 발생했다고 주장할 것이다. 이 책은 시민사회 개념과 관련한 자신의 초기의 음울한 판단을 뒤집을 뿐만 아니라 그것을 재구성한 것이나 매한가지이다.

필요로 하지만 그것이 지니고 있는 자극의 잠재력이 아직 고갈되지 않은 어떤 이론을 다루는" 통상적인 방법이다.[3] 우리는 시민사회 범주를 재구성하면서, 하버마스의 2단계 이론적 전략의 두 번째 단계, 즉 '생활세계'와 '체계'를 다루는 데 똑같이 필요한 방법론들을 구분하고 또 연결하는 이원론적인 사회이론의 발전에 비판적으로 의지할 것이다.[4]

우리는 다음과 같은 단계를 따라 논의를 진행한다. (1) 생활세계, 정치적 하위체계, 경제적 하위체계라는 삼분 모델을 이용하여,[5] 그람시와 파슨스로부터 물려받은 패러다임을 심화시킨다. 그리고 우리는 또한 그러한 패러다임을 발전시키면서 루만에게서 입수할 수 있는 보다 진전된 분화이론을 성찰하고, 슈미트 및 여타 이론가들의 융합 주장을 상대화하

---

3) Jürgen Habermas, *Communication and the Evolution of Society* (Boston: Beacon Press, 1979), 95. 이러한 의미에서 시민사회를 재구성하기 위해 요구되는 새로운 개념적 수단들—분화된 행위이론과 생활세계와 체계 모두를 강조하는 이원론적 이론틀의 전개—이 15년여에 걸쳐 하버마스에 의해 발전되었다. 하지만 이 두 기본적 단계의 상호관계가 마침내 만족스럽게 설명된 것은 『의사소통행위이론』에서뿐이며, 오직 거기서만 시민사회 이론과의 잠재적 연계관계가 명확히 밝혀지고 있다.

4) 이제는 우리가 잘 알고 있듯이, 이 전략의 첫 번째 단계는 행위 개념들을 구분하고 목적론적 행위 개념과 함께 모든 주체철학의 한계를 초월하는 의사소통행위이론을 발전시키는 것이다.

5) Agh Attila, "The Triangle Model of Society and Beyond," in V. Gathy, ed., *State and Civil Society: Relationships in Flux* (Budapest, 1989)를 보라. 우리는 삼분 개념을 폴라니가 발견한 것으로 보는 것은 정확하지 않다고 본다. 폴라니는 『대전환』에서 19세기 초기 온정주의에 대한 사회적 공격과 경제적 공격을 구분하지 않았고, 그 세기 후반기의 자기조절적 시장에 대한 사회중심적 형태의 반응과 국가중심적 형태의 반응 간을 구분하지도 않았다. 문제의 개념에 대한 폴라니의 가장 실제적인 공헌은 그가 자유주의적 이분법 모델과 마르크스주의적 이분법 모델 모두에서 모호하게 남아 있던, 경제사회와 시민사회 간의 긴장을 발견했다는 것이다. 비록 우리가 그보다는 전(前)산업적 온정주의에 대해 덜 긍정적이고 후기 자유주의적 국가주의의 모든 모델에 대해 더 부정적이기는 하지만, 우리의 전반적 분석은 그에게 크게 빚지고 있다. 이러한 태도를 견지하는 까닭은 바로 그로부터는 여전히 삼분 모델을 입수할 수 없기 때문이다.

고 제한하는 데 일조하고자 한다. (2) 루만의 체계이론적 논박에 맞서서, 우리는 시민사회의 근대성을 입증하기 위해 노력한다. 우리는 그것을 생활세계의 합리화 능력과 관련하여 파악한다. 특히 우리는 근대 시민사회를 안정시키는 데서 규범적 학습과 기본권이 수행하는 역할을 보여준다. (3) 시민사회에 대한 발생론적 및 이데올로기적 공격에 대처하기 위해 우리는 생활세계의 물화 및 식민화 관념을 사용하여, 비판가들이 강조하는 온갖 부정적인 현상이 삼분 모델의 초기 형태들과는 달리 우리의 구상과 부합할 수 있음을 보여준다. 특히 우리는 일방적인 해방투쟁과 국가-사회-경제 관계의 출현 간의 역사적 연계관계가 새로운 형태의 타율성에 의해 부여된 것이며, 그것이 복지국가의 특징인 식민화 형태들 속에서 정점에 이르렀다는 점을 입증할 것이다. 그럼에도 불구하고 (4) 우리는 시민사회 개념이 갖는 중대한 함의에 의문을 제기하면서 우리를 '영혼 없는 개혁주의'라고 비난하는 사람들에 맞서, 분화된 시민사회 모델이 예전에 국가사회주의에 의해 지배되던 국가에서뿐만 아니라 복지국가에서도 시민사회의 유토피아적 약속을 보전하고 있다고 주장한다. 여기서 말하는 유토피아적 약속이란 새로운 권리 모델 속에서 공공성과 친밀성을 재구성하고 방어하는 것을 일컫는다. (5) 우리는 시민사회의 유토피아가 기존의 타율적인 견해들과 관련한 단순한 추상적 '당위'가 아니라는 점을 보여주고자 노력한다. 우리는 일차원성과 전면적 관리에 관한 프랑크푸르트학파의 다양한 이론에 맞서, 우리가 그간 강조해온 부정적 현상은 단지 자본주의적 민주주의 국가의 제도적 구조의 한 측면만을 제시하고 있을 뿐이라는 점을 보여주는 하나의 개념을 개관한다. 마지막으로, 이 장의 가장 긴 절에서 우리는 민주주의혁명과 복지국가 모두와의 성찰적 연속성이라는 측면에서 현존 시민사회를 민주화하기 위한 상세한 정치적 프로젝트를 제시한다. 우리는 그러한 프로젝트가 동유럽의 정치적 전략들이 방향을 전환할 수 있게, 즉 아마도 실행할 수 없을 (그리고 우리가 생각하기에는 바람직하지 않은) 과거와 현재의 서구적 대안에서 벗어나 가능한 (그리고 우리가 생각하기에는 바람직한) 공동의 미래에 기초한 모델로 나아갈 수 있게 해줄 것이라고 믿는다.

시민사회, 생활세계 그리고 사회의 분화

시민사회를 이해하는 데서 삼분 분석틀이 갖는 우위성은 우리의 구상에서 근본적인 것이다.[6] 일부 마르크스주의자들, 그리고 특히 신자유주의자와 신보수주의자들, 그리고 유토피아적 사회주의의 오늘날 계승자들이 여전히 사용하고 있는 국가와 사회라는 이분법적 모델[7]은 19세기 사상의 전형적 특징이다. 이 이분법적 모델의 사회적 토대와 역사적 토대—모든 사회세력의 "논란의 소지가 있는" 통일을 전제로 하여 그 사회세력들을 일시적으로 접합시키고자 하는 반(反)절대주의적 투쟁(슈미트)과 역사상 자기조절적 시장 메커니즘에 의해 지배되는 '경제사회'의 처음이자 어쩌면 마지막 출현(폴라니)—모두는 '자유주의적'이라는 모호한 용어 속에 들어 있다.

루만이 보여주었듯이, 한편에서는 경제사회가 모든 것을 다 포괄하는 것으로 보고 다른 한편에서는 국가와 사회를 이분법적으로 바라보는 모순적인 관념이 바로 자유주의 시대를 특징짓는 인식형태이다(그가 볼 때, 이는 '허위의식'이다).[8] 세련된 마르크스주의자들과 자유주의자들 모두는 특히 그들이 정치를 다룰 때 순전히 경제적인 개념에 비해 부르주아 사회(bürgerliche Gesellschaft)라는 이분법적 개념을 선호했다. 우

---

6) 우리는 이와 관련한 최초의 중요한 자극을 기요르기 마르쿠스(György Markus)에게 빚지고 있다. 그는 이미 1981년에 연대성을 이해하는 데서 이 모델이 갖는 우위성을 강조했다.

7) A. Arato, "Civil Society, History and Socialism: Reply to John Keane," *Praxis International* 9, nos. 1-2 (April-July 1989), 140-144를 보라.

8) 제4장을 보라.

리의 입장에서 볼 때, 그 이유는 분명해 보인다. 우리가 모든 사회적 관계(주거지, 지위, 문화)가 시장경제적 관계로 축소되는 경향이 있다는 폴라니의 주장을 받아들이든, 아니면 새로 기능적 우위성을 가지게 된 경제의 출현에 관한 루만의 테제를 받아들이든 간에, 우리는 자기조절적 경제의 성장이 점점 더 분화된 근대 국가장치들의 출현과 함께 무력화된 것이 아니라 그것과 함께 발생했다는 것을 목도하는 것을 피할 수 없다. 폴라니의 개념으로 표현하면, 이것은 부정적 '유토피아'의 전제조건을 유지하는 것과 관련된 정치적 요구, 즉 토지, 노동, 생산기업을 '허구의'(fictitious) 상품으로 변형시켜야 하는 것에 의해 설명할 수 있다.[9] 그가 말하듯이, 처음의 기획과는 달리 "자유방임주의는 계획되었다."[10] 루만이 볼 때, 경제의 우위성은 여러 구조적인 이유들 때문에 초기의 정치적인 것의 우위성보다 더 큰 분화를 가능하게 하고, 정치적-종교적-사회적-경제적 지배라는 산만한 구조가 근대 국가—그 선행자보다 더욱 강력한—로 변형되는 것을 촉진한다.

경제사회의 관념보다 덜 환원론적이기는 하지만, 국가와 (경제=시민)사회의 이분법적 모델은 여전히 환원론적이다. 루만의 표현으로, 경제는 국가의 유일한 사회적 환경이 결코 아니다. 경제의 분화는 여타 영역(법, 과학, 예술, 가족)의 분화를 전제로 하고 또 그것을 촉진한다.[11] 폴라니의 (문명의 위험에 훨씬 더 민감한) 보다 역동적인 모델에서조차 자기조절적 시장이라는 유토피아와 '시장사회'의 창조는 '사회의 대항운동'이 보여주는 바와 같이 자기폐쇄 상태에서 노력하는 것을 통해서는 결코 성공한 적이 없었고 또 절대로 성공할 수 없었다. 폴라니에 따르면, 19세

---

9) Karl Polànyi, *The Great Transformation* (New York: Rinehart and Co., 1944), 71을 보라.
10) Ibid., 141.
11) 막스 베버의 근대성 이론은 이러한 가정에 입각해 있다.

기 '사회'는 심각한 잠재적 갈등의 소지가 있는 두 가지 매우 독특한 '조직화 원리'를 담고 있었다. 그 두 원리가 바로 경제의 자기조절과 사회의 자기방어이다.[12] 우리는 특히 사회세력들의 오랜 적(敵), 즉 유증된 형태로 존재하는 관료권위주의 국가가 폐지되거나 결정적으로 약화될 때, 이 두 원리(경제적 자유주의 원리와 민주주의 원리) 간의 갈등이 증가되고 노정된다는 점을 덧붙일 것이다. 고전 자유주의 시대를 기술하는 데서 이분법적 모델이 갖는 상대적 장점이 무엇이든 간에, 그 모델은 사회변혁이나 새로운 사회구조의 배후에 존재하는 힘들을 설명할 수 없었다.

이것이 바로 시민사회-경제-국가 관계라는 삼분 모델이 출현하게 된 배경이다. 폴라니의 발견은 그가 결국은 국가규제 그리고 심지어는 경제의 국가화와 사회의 자기방어를 동일시함으로써 그 가치가 훼손되었다. 그람시와 파슨스는 마르크스주의자와 자유주의자의 환원론적 견해 각각과 싸우면서, 현대 사회가 경제적 과정과 정치적 과정 또는 심지어 그 과정들의 새로운 또는 갱신된 융합에 의해서 뿐만 아니라 법의 구조, 사회적 결사체, 의사소통 제도, 문화형태들—이 모든 것은 상당한 정도의 자율성을 가지고 있다—의 상호작용에 의해서도 재생산된다는 점을 처음으로 발견했다. 그람시와 파슨스는 헤겔에게서도 영향을 받았다. 그들은 결사체적 삶의 부활을 공적인 것과 사적인 것의 논리, 즉 경제와 국가의 논리의 융합으로서가 아니라 산업혁명과 프랑스혁명보다도 더 오래된 사회의 매개조직을 **새로운 형태 및 탈전통적 형태** 속에서 재창조한 것으로 이해했다.

그람시의 모델이나 파슨스의 모델이 우리가 앞서 슈미트, 하버마스의 『공론장의 구조변동』, 그리고 심지어는 아렌트에서 살펴본 융합 주장—자유주의 사회의 '대전환'을 이해하는 대안적 방법—에 맞서서 지속될

---

12) Karl Polànyi, *The Great Transformation*, 130-132.

수 있을지는 의문이다. 주지하다시피 그람시는 국가와 시민사회, 지배와 헤게모니를 분명하게 구분할 수 없었다. 그리고 그는 대부분의 경우 시민사회의 독자적 제도들을 기존의 국가와 경제를 재생산하는 기능과 관련해서만 주제화할 수 있었다(또는 기꺼이 그렇게 했다). 그러한 묘사 속에서 시민사회는 여전히 주어진 경제질서의 재생산에 기여하는 국가 자체의 확장으로 비춰질 수 있다. 따라서 헤게모니는 여전히 다른 수단들에 의한 지배와 연속선상에 있게 된다. 사회공동체를 사회의 규범적 중심으로 만들어온 파슨스는 사회공동체의 독자성을 선언할 수는 있었지만, 그가 각각 별개의 교환매체에 의해 규제되는 사회공동체, 국가, 경제를 매우 유사한 하위체계들로 취급하는 것은 그가 실제적 환원주의를 방법론적 환원주의로 대체해왔다는 것을 의미한다. 특히 이러한 이유 때문에, 그는 융합이론가들이 강조하는 국가화와 경제화 현상에 전적으로 무감각하다. 파슨스가 폴라니의 주장을 일면적으로 받아들인 것이 암시하듯이(이것은 그가 자기조절적 시장의 [과도기적] 지배가 아니라 단지 분화만을 바라보게 한다), 그는 팽창하고 있는 근대 국가와 자본주의 경제의 구조가 시민사회에 가하는 위협을 파악할 수 없다. 이와 같이 그람시와 파슨스의 서로 다른 형태의 기능주의는 시민사회 이론에 상반되는, 하지만 똑같이 바람직하지 않은 결과를 낳는다. 파슨스의 기능주의는 주어진 지배구조에서 과도하게 통합된 모습을 산출하고, 그람시의 기능주의는 비현실적으로 헤게모니에 면역된 자기조절 및 경계유지를 특징으로 하는 모델로 이어진다.

우리는 위협과 약속 모두를 주제화할 수 있는 이론을 필요로 한다. 하버마스의 '기능주의적 이성 비판'[13]은 시민사회의 삼분 모델을 재구성

---

13) 이 비판은 방법론적 환원주의로부터 벗어나 있다. Jürgen Habermas, *The Theory of Communicative Action*, 2 vols. [1981] (Boston: Beacon Press, 1984, 1987; 이하에서 *TCA*로 표기함).

하는 데 가장 유용한 개념적 틀을 제공한다. 언뜻 보기에, 체계와 생활세계라는 방법론적으로 이원론적인 구분은 자유주의 모델과 표준적인 마르크스주의 모델을 형성해온 국가/시민사회 이중성의 하버마스 판인 것으로 보인다. 하지만 좀 더 면밀히 검토해 보면, 두 개의 하위체계가 서로 그리고 생활체계와 구분된다는 테제는 그람시적 형태의 삼분틀에 더욱 상응하는 모델을 함축하고 있다. 이 이론에서 경제와 국가를 각각 통합하는 돈과 권력이라는 매체는 파슨스가 제시한 그 매체들의 작동방식과 그리 유사해 보이지 않는다. 그 매체들의 '표준적 상황'은 근본적으로 다른 구조를 포함한다. 돈의 경우에 교환은 이익, 그리고 궁극적으로는 '긍정적인 제재'와 연결되어 있다. 권력의 경우에 종속과 지배는 궁극적으로 '부정적인 제재'와 연결되어 있다. 그리고 그러한 제재는 직접적인 명령의 요소를 담고 있는 위계적으로 분화된 지위로부터 행사된다. 이러한 차이는 훨씬 더 이질적인 부호체계 속에서의 더 약화된 상징화, 덜 유동적인 순환, 더 불안정한 축적, 더 어려워진 측정, 더욱 커진 조직의존성이라는 조건들을 낳을 뿐만 아니라, 전통이나 협약과 연계된 직접적인 정당화에 의해 지배하거나 지배받는 비대칭성을 보완할 필요성을 제기한다.[14] 민법과 공법을 통해 이루어진 제도화의 구조는 이러한 차이를 반영하고 있다. 오직 공법만이 '의무'와 연계되어 있다.[15] 게다가 돈과는 달리, 권력을 창출하고 심지어 유지하는 것은 그것이 의사소통행위의 세계에서 재생되는 것을 전제로 한다.[16] 하지만 돈과는 달리 권력은 경험적인 동기화, 즉 이해관계에 대한 언급과 연결되어 있으며, 일상적인 언어 의사소통을 극적으로 대체하는 능력에 기초하는 상호작용 속에

---

14) *TCA*, vol. 2, 267-272.

15) Ibid., 185, 270-271.

16) Ibid., 269. 또한 Jürgen Habermas, "Hannah Arendt: On the Concept of Power," *Philosophical-Political Profiles* (Cambridge: MIT Press, 1983)도 보라.

'일정한 자동성'을 공급한다. 따라서 돈보다 그 형식화 수준이 낮음에도 불구하고, 권력은 근대 국가를 구성하는 조종매체로 제도화된다.[17)]

---

17) 파슨스의 중요한 논문 Parsons, "The Concept of Power," *Politics and Social Structure* (NewYork: Free Press, 1969) 말고도, 또한 Niklas Luhmann, *Macht* (Stuttgart: Enke Verlag, 1975)도 보라. 국가행정을 권력매체에 의해 통합된 하나의 체계로 보는 개념은 토머스 매카시에 의해 근본적으로 도전받아왔다. 매카시는 일부 덜 신중한 비판가들에 비해 기꺼이 시장경제와 돈에 그러한 지위를 부여하는 것으로 보인다. 그의 논문 McCarthy, "Complexity and Democracy: The Seducements of Systems Theory," *Ideals and Illusions: On Reconstruction and Deconstruction in Contemporary Social Theory* (Cambridge: MIT Press, 1991)를 보라. 놀랍게도 하버마스가 이 개념을 계속해서 이용하고자 하는 열망을 분명하게 가지고 있었기에, 그는 이러한 비판에 다소 대략적이고 잠정적인 방식으로 답변해왔다. Habermas, "A Reply," Axel Honneth and Hans Joas, eds., *Communicative Action* (Cambridge: MIT Press, 1991)을 보라. 우리는 하버마스의 이원론적 사회이론의 이러한 측면을 충분히 설득력 있게 만들 필요가 있다고 보지만, 우리가 하버마스의 이러한 입장을 메타이론적으로 더욱 발전시키는 일을 떠맡을 수는 없다. 하지만 우리의 전반적 논지에서 두 가지 하위체계, 즉 두 가지 매체 개념이 갖는 중심성은 우리가 매카시에게 답변할 것을 요구한다.

1. 매카시는 하버마스가 파슨스와 루만과는 달리 권력만이 정당화를 요구한다는 단일한 주장을 넘어 돈과 권력 간의 차이를 체계적으로 강조한다는 사실을 다소 무시하고 있다. 실제로 하버마스는 하나의 위계적 개념을 (우리가 보기에는 옳게) 제시한다. 그 개념 속에서 돈이라는 매체가 가장 추상적이고 자동적인 형태의 기능을 대표하고, 권력이라는 매체(그것의 다양한 부호들, 낮은 수준의 순환, 행위의존성 등과 함께)가 그 뒤를 잇고, 그 다음으로 영향력과 평판(여전히 일상적인 언어 의사소통을 대체하는)과 같은 일반화된 의사소통 형태들이 그 뒤를 잇는다. 매카시가 강조한 돈과 권력 간의 차이들 중 많은 것은 이러한 수준에서 하버마스가 원래 제시한 주장에 입각하여 쉽게 조정될 수 있다.

2. 매카시는 하버마스에서 이따금 등장하는 잘못된 예에 입각하여, '공식적으로 조직화된' 것과 하나의 하위체계로 작동하는 것을 동일시하는 것으로 보인다. 공식적 조직화는 분명 권력 하위체계를 구성하는 하나의 필요조건(그리고 그리하여 동일시의 한 표지)이다. 그러나 공식적 조직화는 제도화의 필요조건이지 그것의 근본적 메커니즘은 아니다. 우리는 루만을 따라 공식적 규칙 그리고 특히 법적 규칙은 그것의 작동과 혼동해서는 안 되는 권력의 부호를 나타낸다고 말할 수 있다. 게다가 그것은 (경제의 경우에서의 돈과는 달리) 유일하게 적합한 부호도 아니다. (루만이 볼 때, 권력의 상징, 권력의 상징적 이용, 지위위계는 권력의 또 다

른 가능한 몇몇 부호들이다. 그리고 우리는 비공식적 규칙들 역시 덧붙일 수 있다. 그러한 비공식적 규칙들에는 젠더의 규칙뿐만 아니라 공식-비공식적인 것의 부호 자체가 포함된다.) 마지막으로, 공식적-비공식적이라는 짝을 이루는 범주가 체계-생활세계라는 범주와 동일시되어서는 안 된다. 왜냐하면 한편으로는 체계에도 비공식적인 매체부호들이 있을 수 있으며, 다른 한편으로는 생활세계에도 공식적인 관계들(친족구조)이 존재할 수 있기 때문이다.

이러한 근거들을 놓고 볼 때, 매카시가 언급하는, 조직에서 '비공식적인 것'이 수행하는 역할과 관련한 근대 조직이론의 증거들은 권력이 하나의 매체로서 작동한다는 것을 반증하는 것이 아니다. 권력은 일상적인 언어 의사소통 없이 선택성─무엇을 말할 수 있고 무엇을 할 수 있는지를 결정하는 능력─을 전이시킨다. 이때 선택성의 전이는 적어도 두 사람이 상대적으로 선호하는 대안들과 상대적으로 거부하는 대안들의 조합의 역(逆)연계를 통해 기대(그리고 기대의 기대)를 조절하는 것에 의존한다. (일반적으로 그리고 행위이론적으로 단순화하면, 권력소유자들은 비순응과 비제재의 조합보다는 비순응과 제재의 조합을 선호하는 반면, 약한 상대방은 비순응과 제재에 비해 순응과 비제재를 선호한다. 중요한 것은 각자가 상대방의 선호를 예견할 수 있어야만 한다는 것이다.) 그러한 전이는 명령과 위협을 통해 발생할 수 있으나 그것의 효력은 그것이 이원적 부호에 의존하여 촉진될 때 크게 향상된다. 이것은 중요한 지적이다. 그러한 부호들은 합법적인 것과 불법적인 것으로 부호화되는 공식적 규칙일 수 있지만, 또한 공식적-비공식적, 상급-하급, 상-하, 지지자-반대자 관계와 같은 '부차적' 부호의 형태를 취할 수도 있다(그리고 조직 속에서 그 부호들은 항상 그러한 형태를 취하고 있다). 의심할 바 없이 동등한 사람들 사이에서 이루어지는 실제의 명령과 협정(비록 동등하지 않은 사람들 사이에서 이루어진 협정도 신중하게 다룰 필요가 있지만)도 조직의 의사결정에서 하나의 역할을 수행한다. 조직이 의사결정상의 시간제약을 크게 축소하고 다소 자동적인 형태의 기능을 산출하는 데서 갖는 충분히 입증된 능력─이는 공식적인 것과 비공식적인 것이 서로 대립하기보다는 서로를 강화할 때 실현된다─을 감안할 때, 공식·비공식적인 일상적 언어 의사소통에 비하여 공식·비공식적인 권력규칙이 수행하는 중심적 역할을 강조하는 것은 여전히 매우 설득력이 있다. 매카시가 최근의 조직이론의 증거에 의거하고 있음을 감안할 때, 우리는 그가 조직을 실제로 위계서열상의 공식적 우두머리─유일한 진짜 행위자─의 수중에 있는 하나의 도구라고 보는 베버식의 행위이론적 개념에 토대하여 조직의 효율성과 그 조직의 극적인 권력증대를 설명하고자 하는 것은 아닌가 하는 생각이 든다. Niklas Luhmann, "Ends, Domination and System," *The Differentiation of Society* (New York: Columbia University Press, 1982)를 보라.

3. 매카시는 옳게, 이원론적 사회이론이 하버마스 자신의 규범적 전제에 기초한 하나의 정치전략을 허용하기는 하는가, 즉 체계이론에 너무나도 많은 것을 양보

한 것이 불필요하게 방어적인 정치 개념을 산출하는 것은 아닌가 하는 의문을 제기한다. 매카시가 하버마스의 정치체계, 행정체계, 국가장치 개념의 모호성을 지적할 때, 그는 이러한 우려가 왜 정당한지를 밝히는 쪽으로 나아간다. 실제로 '국가'의 전 영역을 체계이론을 통해 연계시킬 경우(하버마스가 시종일관 그렇게 하는 것은 전혀 아니며, 이것은 오히려 공적 영역을 완전히 행정으로 환원하는 옛 프랑크푸르트학파의 개념과 합치한다), 그것은 불필요하게 방어적인 개념을 낳는다. 우리의 전반적 논지는 이원론적 사회이론 자체는 그러한 결과를 낳지 않으며, 담론윤리 속에서 정식화된 하버마스의 규범이론은 그러한 사회이론의 측면에서 자기제한적인 급진민주주의 프로그램으로 이어지는 것으로 가장 잘 해석된다는 것을 보여주고자 하는 것이다. 특히 우리는 정치사회 개념을 하나의 매개수준으로 도입한다. 정치사회는 생활세계의 관점에서 볼 때는 공공성의 전진기지와 사회의 잠재적 영향을 의미하고, 체계의 관점에서 볼 때는 자기조절을 통한 외부로부터의 성찰적 형태의 규제를 의미한다.

4. 매카시가 자주 언급하지만 실제로는 채택하지 않는 (또는 단호하게 거부하는) 대안적 개념, 즉 의사소통행위이론의 실천철학적 재해석은 어쩌면 모든 '물화된' 체계를 직접민주주의적 참여의 체제로 전화시키고자 하는 근본주의적 꿈을 귀환시킬지도 모른다. 우리는 경제와 국가의 비회귀적인 탈분화 관념을 해석하는 데 일정한 어려움을 겪고 있다. 매카시는 이를 미해결 문제의 형태로 진전시키고 있는 것으로 보인다. 그는 무엇이 '회귀적'이고 무엇이 '비회귀적'인지를 설명하지 않는다. 게다가 그는 탈분화에 의해 자신이 의미하고자 하는 것이 단지 체계와 생활세계 간의 경계를 재규정하는 것인지, 영역들 간의 보다 복잡한 투입-산출 관계를 확립하는 것인지, 또는 심지어 두 가지 조정형태, 즉 의사소통과 권력이 하나의 역할을 수행하는 매개제도를 도입하는 것인지를 분명히 하지 않으며 (우리 역시 이 세 가지 선택지를 주장한다), 그가 기본적으로 국가행정체계를 포함한 전체 정치적 영역이 민주적 참여와 의사소통적 행위조정의 영역이 될 수 있고 또 되어야만 한다고 믿는지도 분명하지 않다. '잠재적 기능'을 배경으로서의 생활세계와 일치시키기 위해서는 두 번째 대안이 요구된다. 우리의 주장은 체계의 작동요소들이 (생활세계의 배경요소들과 유사한 방식으로) 의사소통 맥락에서 취해지거나 주제화될 수 없고 어쩌면 생활세계로 재흡수될 수도 없다는 것이 아니라, (행위자들이 의지할 수 있는 의미의 수동적 저장소를 의미하는 생활세계의 요소들과는 달리) 매체에 의해 규제되는 체계의 맥락은 역동적이며 하나의 객관적인 자체의 '논리'(이를테면 모든 관련자들의 의도와는 무관한 관료기구의 증식)를 가진다는 것이다.

우리는 하버마스가 자신이 초기에 포괄적인 계획과 연계된 참여민주주의의 측면에서 민주화를 해석하던 것 —매카시가 실제로는 그것을 지지하지 않으면서도 재진술한 입장—을 포기한 이유들을 공유한다. 비록 체계적으로 기능하는 경이처럼 방법론적 이원론은 세 가지 제도적 영역의 '논리' 속에서 견지되고 있다. 두 가지 매체/하위체계는 마찬가지로 근본적인 사회적 기능, 즉 체계통합의 기능에 관여한다. 체계통합이란 행위자의 정향이나 규범과 무관하게 조화롭게 작동하는 행위의 결과가 낳는 의도하지 않은 기능적 상호의존성을 일컫는다.[18] 하지만 방법론적 이원론은 삼분 분석틀로 이어진다. 근대 국가와 자본주의 경제의 제도화 형태들에서 나타나는

제에 대한 적대감을 일반적으로 매카시에게 돌릴 수는 없지만, 그리고 그렇기에 매카시의 입장이 전통적인 실천철학으로 완전히 복귀하는 데까지 나가지는 않지만, 매카시는 국가와 관련한 실천철학의 가정을 비판하기를 피한다. 매카시는 하나의 맥락에서는 국가의 체계적 성격을 기꺼이 상품화, 즉 이질적인 경제논리의 침투에 기인하는 것으로 추정한다. 우리가 보기에 그러한 철저한 루카치식 접근 방식은 만약 실제로 발전된다면 국가를 민주적 의사결정자들의 수중에 있는 전적으로 중립적인 도구로 보는 종래의 관념, 즉 단지 근대 국가의 논리를 폐색함으로써 국가주의 자체를 정당화하기만 할 뿐인 관념을 부활시킬 수밖에 없을 것이다. 우리가 국가의 전체 영역 그리고 특히 국가행정체계를 생활세계로도 그리고 경제체계의 반영물로도 간주하지 않을 때에만 우리는 그러한 논리를 인식할 수 있고, 또 그것을 그러한 경우로 한정시킬 수 있다. 설사 그렇다고 하더라도, 미래의 개념들은 우리에게 체계이론의 논리보다는 국가의 논리를 이해하는 다른 방법을 제공해줄 수도 있다. 어쨌든 매카시는 우리에게 『자본론』을 제외하고는 하나의 바람직한 대안적 유형의 기능분석 모델을 전혀 제공하지 않는다. 그러한 기능분석 모델은 어쩌면 하버마스의 그것보다 더 역동적인 경제논리 개념으로 이어졌을 수도 있지만, 그것은 국가와 관련한 환원주의와 (마르쿠스, 키스, 벤스가 아직도 출간되지 않는 1971년의 원고 G. Markus, J. Kis, and G. Bence, "Is a Critique of Political Economy At All Possible?"에서 보여주었던 것처럼) 중앙계획이 생산의 무정부성을 대체하리라는 환상을 대가로 해서만 그렇다. (앞서 언급한 루카치식의 물화이론은 단지 마르크스 모델의 파생물일 뿐인 반면, 베버의 관료제 개념은 행위이론적 모델로, 매카시가 사용한 조직이론적 주장의 견지에서는 배제될 수밖에 없다.) 우리가 보기에, 하버마스의 이상(그리고 우리가 어쩌면 매카시와 공유하는 정치적 목적)은 이원론적 사회이론, 구체적으로는 국가행정과 경제라는 하위체계들을 구분하고 또 그러한 하위체계들이 민주적 근본주의와 국가주의—민주적 근본주의와 필연적으로 연결되어 있을 수밖에 없는—모두와 양립할 수 없다고 보는 이원론적 사회이론의 측면에서 잘 표현될 수 있다.

18) 하버마스는 『의사소통행위이론』제2권 제6장에서 체계와 생활세계의 차이를 체계적으로 분석하고 있다.

차이점과 유사점은, 그것들을 생활세계와 구분하면서도 '2단계' 사회이론 내에서 나타나는 세 가지 서로 다른 유형을 지적하기에 충분하다. 하나의 경우에는 논리 간에 그리고 다른 하나의 경우에는 제도화 형태 간에 나타나는 두 가지 분화유형 역시 이들 세 가지 영역의 상호작용의 의미에 영향을 미친다. 생활세계와 체계 간의 영향력의 방향과 상호침투의 정도가 규범적 원리의 문제를 수반하지만, 국가와 경제의 상호침투('이중교환')와 그 방향성은 이제 '단지' 기술적인 문제가 된다.

규범적으로 뒷받침되고 의사소통적으로 창출된 합의의 해석을 통해 사회적으로 통합된 생활세계라는 개념은 삼분 모델 속의 시민사회 개념과 유사한 이론적 공간을 차지하고 있다. 비록 때로는 문화를 포함하고 또 다른 때에는 퍼스낼리티까지를 포함하는 보다 광범위한 종합 속에서이기는 하지만, 하버마스는 실제로 생활세계를 파슨스의 사회공동체 개념의 번역어로 소개한다.[19] 이렇게 언급되기는 하지만, 생활세계 개념이 시민사회 개념으로 왜곡 없이 번역될 수 있다는 것은 피상적 수준에서조차 전혀 자명하지 않다. 그와는 반대로 이 개념들은 전혀 다른 범주적 수준에서 작동하는 것처럼 보인다. 누군가가 현상학이 생활세계를 개념화해온 전통을 머릿속에 그릴 경우, 특히 그렇다.[20]

그럼에도 불구하고 하버마스가 진전시킨 대로 적절하게 구분되고 명료화될 경우, 생활세계 개념은 우리가 전체 분석틀(〈그림 1〉) 내에서 시민사회가 차지하는 정확한 위치를 지적할 수 있게 해주는 두 가지 별개의 수준을 포함하고 있다는 것이 우리의 테제이다.[21] 한편으로 생활세

19) Jürgen Habermas, "Technology and Science as Ideology," *Toward a Rational Society* (Boston: Beacon Press, 1970); *TCA*, vol. 2, ch. 7을 보라.
20) 하버마스는 『의사소통행위이론』에서 후설의 현상학적 접근방식과 슈츠와 루크만의 사회학적 접근방식을 포함하여 생활세계에 대한 몇몇 접근방식들을 논의한다. *TCA*, vol. 2, 126ff.
21) *TCA*, vol. 2, 142-144에 제시되어 있는 하버마스의 그림들을 보라. 하버마스는 비

〈그림 1〉

하위체계	경제		국가
생활세계 제도	퍼스낼리티	사회통합	문화
상징적 자원	능력	연대감	의미
구조적 배경		언어-문화적 생활세계	

계는 암묵적으로 알려져 있는 전통, 다시 말해 언어와 문화 속에 뿌리내리고 있고 또 일상적 삶 속에서 개인들이 의지하고 있는 배후가정의 저장소로 언급된다. 언어적으로 구조화되어 축적된 지식, 누적된 확고한 신념, 그리고 우리가 사용하고 의존할 수 있는 형태의 연대와 능력은 아무런 의심 없이 행위자들에게 그냥 주어진다. 따라서 개인들은 자신들의 생활세계에서 벗어날 수도 없고, 생활세계 전체에 대해 의문을 제기할 수도 없다. 하버마스가 파슨스식의 문화이론의 심층적 수준을 통합시킨 것도 바로 특히 이 수준에서이지만, 그가 통합시킨 것은 경계유지 체계의 구조보다는 상호침투하는 언어적인 의미와 자원의 구조였다.

하버마스에 따르면, 생활세계는 세 가지 구성요소—문화, 사회, 퍼스낼리티—를 가지며, 이들 각각은 서로 구분될 수 있다.[22] 행위자들이 서로를 이해하고 그들의 상황에 동의하는 만큼, 그들은 문화적 전통을 공유한다. 행위자들이 상호주관적으로 인지한 규범을 통해 서로의 행위를 조정하는 만큼, 그들은 공동의 사회집단의 성원으로 행동한다. 개인들이 하나의 문화적 전통 내에서 성장하고 집단생활에 참여함에 따

판에 대한 응답으로, 그의 생활세계 개념이 두 가지 수준, 즉 철학적 (형식화용론적) 수준과 사회학적 수준을 포함하고 있다는 점을 분명히 하지 않을 수 없었다. Habermas, "A Reply," 245를 보라.

[22] 파슨스와 베버를 따라, 하버마스는 근대화과정의 시작과 함께 이들 생활세계의 구성요소들이 점차 서로 분화하기 시작한다고 본다. *TCA*, vol. 2, 145를 보라.

라, 그들은 가치지향을 내면화하고 일반화된 행위능력을 습득하고 개인적·사회적 정체성을 발전시킨다.[23] 문화적-언어적 배경뿐만 아니라 생활세계의 두 번째 차원—그것의 '제도적' 또는 '사회학적' 구성요소—도 의사소통 매체를 통해 재생산된다.[24] 이는 문화전승, 사회통합, 사회화라는 재생산 과정을 수반한다. 그러나 우리에게 주요한 논점은 생활세계의 구조적 분화—이는 근대화 과정의 일환이다—는 전통, 연대, 정체성의 재생산 과정 속에서 전문화된 제도가 출현하는 것을 통해 발생한다는 것이다.

생활세계의 구조적 구성요소들에 대한 하버마스의 논의는 우리의 문화가 우리에게 이용할 수 있게 해주는 축적된 지식의 형태, 의존하고 있는 연대, 그리고 추상적 퍼스낼리티의 능력을 재구성하는 데 초점을 맞추고 있다. 그러나 이러한 재구성은 그러한 제도들이 의존하고 있는 문화적 배경지식과 동일시될 수도 없고, 경제(돈) 또는 공식적으로 조직되고 관료제적으로 구조화된 조직(권력) 속에서 행위를 조정하는 조종 메커니즘과 동일시될 수도 없는 일련의 제도들을 포함한다.[25] 사람들이 (사회적으로 통합되어 있기 때문에) 해석학적으로 접근할 수 있는 하나

---

23) Ibid., 137-138.

24) 생활세계의 사회학적 수준과 제도적 수준을 동일시하는 것은 '사회학주의적' 과잉단순화를 초래한다. '생활세계의 세 가지 구조적 구성요소'는 각기 세 가지 과정—문화적 재생산, 사회통합, 사회화—의 관점에서 살펴볼 수 있다. 엄격하게 말하면, 우리는 세 가지 구성요소들을 검토함으로써만 제도적 수준에 도달할 수 있다. 이 세 가지 요소는 사회통합의 관점에서 보면 의미, 연대, 개인적 능력과 연계되어 있다. 이 관점은 우리를 우리가 초점을 맞출 세 가지 제도적 복합체—사회화 제도, 사회집단과 결사체, 문화제도—로 이끈다. 시민사회의 문제가 심리학이나 문화이론보다는 사회학에 속하기 때문에, 이러한 과잉단순화가 우리의 맥락에서 받아들여질 수 있다.

25) 여기서 우리가 말하는 제도란 가족, 학교, 대학과 같은 제도, 그리고 예술, 과학 등의 생산 및 보급과 관련한 제도들을 뜻한다. 아무런 정당화도 없이 헤겔은 시민사회에서 가족을 빼버렸고, 그람시는 가족을 무시해왔다.

의 시민사회 개념을 뿌리내릴 수 있는 것도 바로 여기, 즉 생활세계의 제도적 수준이다. 이 개념은 자신들을 재생산하기 위해 의사소통적 상호작용을 요구하고 또 자신들의 경계 내에서 행위를 조정하기 위해 기본적으로 사회통합 과정에 의존하는 모든 제도와 결사체적 형태를 포함할 수 있다.

정치이론과 정치사회학의 한 범주인 시민사회를 일반 사회학의 용어들과 동일시하는 것은 사회구조에 대한 과도하게 정치화된 이해를 초래할 수 있다. 파슨스의 사회공동체나 하버마스의 생활세계는 그렇게 협소하게 의도된 개념들이 아니다. 그러므로 이 개념들을 정치사회학과 경제사회학으로 해석하려는 노력을, 경제 및 정치와 직접적으로 연관되어 있고 또한 일반적인 사회구조에 뿌리내리고 있는 제도와 과정을 연구하는 데로 국한하는 것이 유용할 것이다. 우리가 이러한 노력을 기울이는 데서, 그리고 매우 흥미롭게도 우리가 하버마스의 이원론적 사회이론을 공적인 것과 사적 영역에 대한 그의 초기 이해와 연결시키는 과정에서 하버마스는 우리에게 도움을 준다. 그는 돈과 정치권력이 스스로를 확립하고 매체로서 정착하기 위해서는 그것들이 분화되어 나온 바로 그 생활세계 속에서 제도화되는 것이 필요하다고 상정한다. 이는 각각 민법과 공법이라는 메커니즘을 통해 이룩된다.[26] 이 두 메커니즘은 두 개의 독특한 제도들의 복합체, 즉 공적 제도와 사적 제도를 구성하고 그것들에 뿌리내리고 있다. 따라서 조종체계의 관점에서 볼 때, 삼분 모델은 공적 영역(『공론장의 구조변동』에서처럼)뿐만 아니라 사적 영역 역시 다시 둘로 나뉘어 이해되는 사분 모델로 표현되게 된다.[27]

『공론장의 구조변동』에서 제시한 모델과는 달리, 현재의 맥락에서 공

---

26) *TCA*, vol. 2, 185, 270-271.
27) Ibid., 319-320.

론장과 사적 영역은 매개체로서가 아니라 생활세계 내의 영역들로 파악된다. 여기서 경제와 국가는 생활세계와 오직 돈과 권력의 상호교환의 측면에서만 구조화되는 투입-산출 관계를 가진다. 그리고 그러한 투입-산출 관계가 또한 국가-경제 관계를 구조화한다. 나중에 우리가 그 결함을 집중적으로 다루겠지만, 이 체계이론적 관점은 몇 가지 중요한 이점을 가지고 있다. 첫 번째 이점이자 가장 명백한 이점은 그것이 우리가 루만을 따라 융합관념을 점점 더 복잡해지는 그리고 그와 동시에 자율성과 상호의존성이 증가하는 투입-산출 관계의 관념으로 대체할 수 있게 한다는 것이다. 이것은 시민사회와 그 다양한 대체물을 소멸시키거나 정치체계에 흡수시켜버리는 분화의 틀을 받아들이는 경향이 있는 것(우리가 살펴본 바와 같이 융합 테제의 체계이론적 재진술을 포함하는 주장)으로 보일 수도 있지만, 공론장과 법체계의 기능을 해명하고자 하는 루만 자신의 노력은 또한 정치적 하위체계의 안팎에서 그러한 기능들을 독특하게 배가시키는 결과를 가져온다. 교환이라는 체계이론적 용어를 계속해서 사용하는 하버마스의 도식(〈그림 2〉)은 사실 시민사회의 범주를 제거하고자 했던 루만의 부분적으로 실패한 시도의 결과와 동일하다. 생활세계 관점과는 달리 이 도식에는 공적 영역과 사적 영역 간의 통합 구조가 존재하지 않는다. 여기서는 시민사회를 흡수에 의해 붕괴시키는 대신에 파편화를 통해 파괴할 위험이 존재한다. 이 점에 대해서는 나중에 다시 논의할 것이다.

국가와 시민사회라는 이원론적 모델에 비해 이 틀이 갖는 두 번째 장점은 시민사회와 사적 영역, 국가와 공적 영역 간의 이데올로기적인 일대일적 상관관계를 단절시킴으로써 시민사회, 경제, 국가 간의 구조적 상호관계를 분명히 할 수 있게 해준다는 것이다. 두 부류의 공적-사적 이분법, 즉 하위체계 수준에서의 공적-사적 이분법(국가/경제)과 시민사회 수준에서의 공적-사적 이분법(공론장/가족)은 사사화와 '공공화'

〈그림 2〉

	공적	사적
체계	정치적 하위체계 또는 '국가'	경제적 하위체계
생활세계	공론장	사적 영역

라는 두 가지 의미를 구분할 수 있게 해준다. 그 결과 국가의 경제개입이 반드시 국가의 사적 영역 침입과 동일한 것은 아니며, 논리적으로 볼 때 경제적 자유화를 넘어서는 어떤 것이 공적 영역과 사적 영역을 침식하게 될 것임이 틀림없다. 반대로 '사적 영역'의 두 가지 의미를 전제할 때, 국가와 사회라는 이분법적 모델의 경우와는 달리, 여기서 국가의 철수가 사적 경제의 팽창에 이로운 것으로 인식될 필요는 없으며, 사적 경제의 제한이 단지 국가개입 증대의 또 다른 측면으로 인식될 필요도 없다.[28]

거기에는 또한 이 모델에 상응하는 한 가지 단점도 존재한다. 하지만 이것이 이 모델의 보다 단순한 이분법적 경쟁자의 장점인 것은 아니다. 두 하위체계와 시민사회 간의 교환관계의 관점에서 볼 때, 그 분석틀은 너무나도 대칭적이다. 금전적 투입-산출 관계와 권력 투입-산출 관계에 들어갈 수 있는 영역의 관점에서 생활세계를 체계이론적으로 도식화하는 것이 다시 한계를 드러내는 것은 바로 이러한 맥락 속에서이다. 여기서 사용되는 공적 영역과 사적 영역의 관념은 생활세계의 세 가지 제도

---

28) 그 역이 엄밀하게 사실이기 위해서는 매체—그 범위가 축소되지 않고 있는—에 의존하지 않는 의사결정에 가해지는 시간제약에 대한 해결책이 있어야만 한다. 이러한 어려움이 발생하는 까닭은 매체의 범위가 축소되고 있는 상황에서는 매체 그 자체의 작동에 도전하는 '탈식민화' 형태를 발견하기가 어렵고, 또한 이것은 근대성의 요구를 위반하기 때문이다. 하지만 민주적 의사결정에 주어진 특정한 제약이 시간제약 때문에 정당화된다고 주장하는 것은 분명 받아들이기 어렵다. 우리는 영향력 메커니즘을 이용하는 대의제적 제도, 사회운동, 시민행동의 조합을 통해 민주적 참여의 범위를 확대하는 것이 원칙적으로 가능하다는 것을 보여주고자 노력할 것이다.

적 차원 중에서 오직 문화와 퍼스낼리티의 재생산 관념만을 활성화시킨다. 사회통합 제도, 제도화된 집단, 집합체, 결사체들은 그것들의 분명한 정치적·경제적 관련성에도 불구하고 그러한 논의에서 생략된다. 그러한 것들이 부재하는 상황에서 생활세계 제도들이 "공식적으로 조직화된 행위영역"[29]에 영향을 미칠 수 있는 가능성은 실제로 주제화되지 않는다. 즉 생활세계와 체계 간의 의사소통이 돈과 권력이라는 매체 이외의 다른 통로를 이용할 수 있다는 관념은 제기조차 되지 않는다. 하버마스의 도식 속에 루만 모델의 일부 한계를 또다시 재생산하는 이러한 문제들에 대해서는 나중에 다시 다룰 것이다.

우리가 채택하는 이론은 두 가지 수준에서 융합 주장에 응답한다. 하나는 루만의 모델과 유사한 방식으로 분화를 재개념화하는 것이고, 다른 하나는 추정컨대 전통적으로 탈분화의 표적으로 분류되었던 영역들(경제, 사적 영역 등)을 분화시키는 것이다. 경험적 관점에서 볼 때, 이 두 이론적 선택 모두는 중요할 수 있다. 게다가 어떤 특정 맥락에서는 어느 한 견해도 그리고 심지어는 그것들의 조합도 '탈분화'의 가능성을 제거할 수 없을 수도 있다. 파슨스와는 달리 우리는 항상 하나의 '경험적 진단' (즉 융합)으로 의도되었던 것을 '선험적인 분석적 구분'(즉 분화)로 대체하고자 하지 않는다.[30] 루만조차도 정치체계를 중심축으로 하는 탈분화가 근대 사회에서도 분명히 발생할 수 있다고 생각한다. 자기조절적 시장에 대한 폴라니의 논의는 경제체계의 역동성과 관련하여 유사한 결과를 낳는다. 우리가 채택해온 모델은 그러한 융합 또는 탈분화의 형태 모두에 경험적으로 열려 있다.[31]

---

29) *TCA*, vol. 2, 185.

30) Ibid., 186.

31) 하지만 그것이 사랑이나 과학적 진리와 같은 루만의 일반 모델 속의 모든 매체로 무차별적으로 확대될 수는 없다.

20세기에 '전체주의적' 정치화라는 거울은 융합 주장을 말 그대로 민주적 복지국가에 적용하는 것은 불합리하다는 것을 보여준다.[32] 소비에트 유형의 사회들이 겪은 경험이 보여주듯이, 우리가 분리해온 네 영역 모두―경제, 문화영역, 퍼스낼리티, 결사체적 삶―를 상대적으로 긴 기간에 걸쳐 '위로부터' 완전히 정치화하는 것도 가능하다. 하지만 우리의 두 가지 수준의 생활세계 개념은 우리로 하여금 거기에서조차 시민사회의 언어적-문화적 하위층위는 파괴되지 않았으며 따라서 그것은 나중에 재구성하고자 하는 노력이 이용할 수 있는 구성조건들(의미, 연대, 역량)을 보전하고 있다고 주장할 수 있게 해준다.

자본주의적 민주주의 사회 하의 국가개입주의와 조합주의의 경우에 상황은 더욱 복잡하다. 비록 우리가 옛 프랑크푸르트학파의 전통에 따라 그것들을 의사전체주의적인 것으로 간주하기는 하지만, 그리고 비록 우리가 위로부터의 정치화와 아래로부터의 조합주의를 향한 경향을 전적으로 서로를 보충하는 것으로 생각하기는 하지만, 우리는 여전히 그것들이 전체주의 하에서도 유용하게 쓰일 수 있음―즉 생활세계의 문화적 잠재력에 기초하여 공식제도의 바깥에서 시민사회를 재구성하는 데[33]―을 인정해야만 할 것이다. 보다 면밀히 검토해 보면, 그 문제는 이분 모델에서 파생한 것이기보다는 전체주의 모델이 받아들이기 어려울 정도로 과잉확대된 결과인 것으로 판명난다. 이것은 클라우스 오페의 저작에서 분명하게 드러난다. 오페는 두 가지 분리할 수 있는 문제들을 지적해왔다. 그 하나는 시민과 국가 사이에 (자유)민주주의적 교량 또는 매

---

32) 실제로 카를 슈미트가 그 주장을 바이마르 공화국에 적용한 것은 당시 현존하던 (이탈리아 파시즘) 그리고 미래의 (있을 수 있는) 바람직한 전체주의 국가를 정당화하고자 한 것이었다.

33) Claus Offe, "New Social Movements: Challenging the Boundaries of Institutional Politics," *Social Research* 52, no. 4 (Winter 1987): 817-820.

개체를 유지하는 문제이고,[34] 다른 하나는 민주주의와 자본주의의 양립 가능성의 문제이다.[35] 이러한 맥락에서 매개의 위축과 융합을 함의하는 조합주의와 경제와의 복잡한 투입-산출 관계의 증대를 함의하는 복지 국가 개입주의는 동일한 사회구조를 공격하지도 또 위험에 빠뜨리지도 않는다. 그것들이 '민주적 자본주의'를 재생산하기 위해 수행하는 기능적 보충성이 단일한 융합과정의 일부로 파악될 필요도 없다. 조합주의는 결코 자발적 결사체의 포괄적 네트워크를 제거하지도 또 대체하지도 않는다. 그리고 국가개입주의는 대규모의 경쟁적이고 시장지향적인 자본주의 경제의 부문들을 그대로 남겨놓는다. 두 과정—하나는 직접적으로, 그리고 다른 하나는 돈이라는 매체를 통해 간접적으로—이 대표하는 사회통합에 대한 위협은 실제적이다. 그러나 그러한 것들에 반격하는 시민사회의 제도화된 자원과 문화적 자원—전자의 수준에서는 법적 권리, 결사체, 자율적인 문화제도들과 후자의 수준에서는 공유된 의미, 연대, 개인적 역량—역시 존재한다.

전통적인 시민사회를 넘어서

분화이론은 그 자체로 시민사회 개념을 재구성할 수 없다. 우리는 루만이 발전시킨 것과 같은 이론이 어째서 그러한 토포스의 흡수 또는 파편화로 이어지는 경향이 있는지를 살펴보았다. 그리고 루만이 합법성과 공공성의 재분화를 피할 수 없었지만, 그는 그것들을 제도적 삶의 단일한 네트워크에 재위치시키는 것에 저항한다. 루만이 볼 때, 그것은 단지 전통적인 조합적 형태의 시민-정치사회에서만 가능했다. 다른 한편 그

---

34) Claus Offe, "The Separation of Form and Content in Liberal Democracy," *Contradictions of the Welfare State* (Cambridge: MIT Press, 1985).

35) Claus Offe, "Competitive Party Democracy and the Keynesian Welfare State," *Contradictions of the Welfare State*.

는 근대성의 조건 하에서 퍼스낼리티와 의사소통의 내적 연관성을 인식하지만, 그러한 내적 연관성이 하나의 하위층위, 즉 생활세계를 가질 가능성을 고려하기를 거부한다. 비록 루만의 개념 속에서 시민사회가 우리가 이해할 수 있는 실제적 과정과 연계되어서 등장하지만, 그것은 오직 일반화된 매체가 출현하기 이전인 전근대적 조건 하에서만 그러하다. 그러한 조건 하에서는 전통이 합의의 토대를 산출했고, 따라서 그러한 합의는 담론적 주제화의 대상이 되는 것을 면제받았고 또 많은 시간을 소비하는 토론이 필요하지 않았다.[36] 생활세계와 관련하여 시민사회 개념을 재구성하는 것이 루만의 틀 속에서 논리적으로 가능할 수도 있지만, 그는 전체적 종합을 전통사회에 위임한다. 따라서 그는 아마도 우리가 제안하는 시민사회 모델의 가능성이 아니라 그것의 근대성과 경주했을 것이다.

우리는 우리의 재구성이 이전의 그 어떠한 시민사회 이론보다 근대성의 문제에 훨씬 더 잘 응답한다고 믿는다. 생활세계의 두 차원 간의 분화는 일반 체계 개념 내에서 시민사회의 소재지를 지적해줄 뿐만 아니라 관련된 모든 수준에서 **전통적 시민사회와 근대 시민사회**라는 중요한 구분을 할 수 있게 해준다. 달리 표현하면 체계와 생활세계 간의 분석적 구분과 생활세계 자체의 두 가지 수준 간의 분석적 구분은 루만이 제시한 선택을 넘어서는 하나의 방법을 제시한다. 루만은 에토스 또는 인륜에 의존하는 조합적으로 조직화된 전통적 시민사회라는 한편과 사회공동체 또는 의사소통적으로 재생산된 생활세계의 모습 속에서조차 시민사회를 위한 여지가 전혀 존재하지 않는 근대적 분화의 틀이라는 다른 한편 사이에서 선택할 것을 주장했다.

---

36) 이 전통적 생활세계의 위축을 가정하는 것과 함께 제도화 과정에 대한 실제적인 논의 속에서 루만이 반복해서 언급하는 모종의 역할은 여전히 기이하고 그 근거를 가지고 있지 않다.

우선 첫째로, 두 가지 수준의 생활세계 개념은 우리가 제도, 조직 또는 심지어 근본적으로 의문의 여지가 없는 공유된 규범적 질서의 수준에 근거하지 않고서도 시민사회의 통일성을 이해할 수 있게 해준다. 전체 생활세계 복합체의 문화적-언어적 배경, 즉 그것의 근원적 통일성의 원천은 제도나 조직이 아니라 제도와 조직을 위한 자원들의 네트워크이다. 게다가 생활세계가 의문의 여지가 없는 공유된 규범적 내용을 가질 수 있는 것은 오직 전통사회에서뿐이고, 그때조차 규범의 공유가 반드시 필요한 것은 아니다. 여기서 전통사회는 사실 공동의 전통과 관련하여 정의되는 것이 아니라 전통, 그리고 궁극적으로는 생활세계 자체에 대한 그것의 전통적 관계에 의해 정의된다. 반면 생활세계의 근대화라는 관념은 두 가지 맞물린 과정을 수반한다. 하나가 사회학적 수준에서 생활세계의 구조적·제도적 구성요소들의 분화와 그 결과 발생하는 생활세계의 내적 합리화이고, 다른 하나는 생활세계의 문화적-언어적 하위층위의 합리화이다.

이 두 과정을 분리하기란 쉽지 않고, 그것들의 우선순위를 매기는 것은 불가능하다. 각 과정은 일정 정도 다른 과정을 전제로 하고 있고 또 서로를 촉진한다. 사회학적 수준에서 분화는 사회를 하나의 단일하게 조직화된 제도들(친족관계 또는 시민-정치사회)의 네트워크로 착각하는 것—그간 그렇게 착각할 가능성이 얼마간은 존재했다—을 막아준다. 그러한 과정에는 사회화(가족, 교육), 사회통합(집단, 집합체, 결사체), 문화적 재생산(종교적, 예술적, 과학적) 제도들의 분화뿐만 아니라 퍼스낼리티, '사회', 문화 영역들의 구성요소들의 분화 역시 포함되어 있다. 그 과정에서 사회제도는 점차 세계관과 구체적인 사람들로부터 떨어져 나오고, 개인의 정체성과 대인관계를 형성하는 우연성의 영역이 전통적 가치와 제도로부터 해방되고, 문화의 재생과 창조는 문화적 목적 이상의 것을 담고 있는 사회제도의 지배로부터 해방된다. 그 결과 전통에 대한

비판적이고 성찰적인 관계가 출현한다.[37]

분화과정은 각각의 제도복합체들 내에서 계속된다. 이러한 맥락에서 이른바 문화적 합리화는 생활세계의 보다 심층적인 언어적-문화적 하위층위의 근대화와 연결된다. 문화의 합리화는 니체, 베버, 신칸트주의자들이 처음으로 주목한 타당성의 인지적-도구적, 미학적-표출적, 도덕적-실천적 가치 또는 형태를 축으로 하여 분류된 일단의 제도들로 문화영역이 분화되는 것을 수반한다. 하버마스가 볼 때, 의사소통적으로 조정된 탈전통적인 성찰적 형태의 결사체, 공론장, 연대, 정체성의 발전을 (필연적이지는 않지만) 가능하게 한 것이 바로 이러한 생활세계의 문화적 영역의 근대화이다. 오직 그러한 새로운 문화적 토대 위에서만 탈전통적 시민사회가 전통적 시민사회를 대체하는 것을 생각할 수 있다. 이러한 문화적 근대화는 그 결과가 전문화된 제도로부터 일상적인 의사소통으로까지 피드백되면서 생활세계의 문화적-언어적 가정과 그것이 행위와 관련하여 작동하는 방식을 크게 변화시킨다.[38]

근대화·합리화된 생활세계는 전통, 규범, 권위의 성스러운 핵심을 의문시하는 과정에 의사소통적으로 개방하고, 전통에 기초한 규범적 합의를 '의사소통'에 기초한 합의로 대체한다. 따라서 의사소통행위 개념은 생활세계의 합리화 개념과 우리의 탈전통적 시민사회 개념에서 중심적인 위치를 차지한다. 의사소통행위는 언어적으로 매개되는 상호주관적 과정을 포함한다. 행위자들은 그 과정을 통해 자신들의 대인관계를 확립하고, 규범을 의문시하고 재해석하며, 상황정의를 협의하고 동의를 이끌어냄으로써 그들의 상호작용을 조정한다. 하버마스는 이 합리적 행위 모델을 네 가지 다른 행위유형의 합리성과 분석적으로 구분함으로써, 전통

---

37) *TCA*, vol. 2, 145-146.
38) *TCA*, vol. 1, 340-341.

적 형태의 연대와 권위의 해체가 그 정의상 자율적 연대를 위한 자원을 결여한 채 오직 전략적·제도적으로만 행위하는 개인들로 구성된 일차원적 사회의 등장으로 귀착될 필요가 없다는 것을 보여주는 이론적 도구를 제시한다. 요컨대 행위이론은 사회적 행위(의심의 여지가 없는 기준에 기초한 규범적 행위)의 게마인샤프트적 조정이 근대적 대체물을 가질 수도 있다는 것을 함축하고 있다.[39] 달리 말해 하버마스의 의사소통행위 개념에 입각할 때, 경제 또는 국가의 합리화와 구분되는 것으로서의 생활세계의 합리화 분석은 우리로 하여금 파슨스식 '사회공동체' (또는 시민사회) 개념으로 돌아가면서도 그것의 전략적 해석의 축은 피하는 반면, 그것의 전통주의적 축을 전통 그 자체의 근대화를 가능하게 하는 맥락 속에, 즉 그것의 폐지가 아니라 새롭고 성찰적인 관계—전통에 대한 비전통적 관계—속에 위치시킬 수 있게 해준다.

우리가 이미 지적했듯이, 생활세계의 합리화는 또한 생활세계의 구조적 구성요소와 제도적 영역들의 더 많은 근대화의 전제조건이자 자극제이다. 특히 그 생활세계의 합리화는 친족관계, 가부장제 또는 소속과 공직점유와 관련된 여타 귀속적 제한으로부터 해방된, 동등한 권리를 가진 성원들로 이루어진 새로운 형태의 자발적 결사체를 출현시키고, 주로 그 결사체의 현재 성원들의 자유로운 상호작용을 통해 연대의 형태들을 갱신시킨다. 탈전통적 유형의 퍼스낼리티와 비판적 형태의 문화—탈아우라적 예술, 탈전통적 도덕, 과학—의 출현과 안정화 역시 마찬가지로 중요하다. 이 둘은 행위와 그 행위의 생활세계 배경 간의 변화된 관계와 규범적 구조를 포함하여 생활세계 구성요소들의 그 어떤 것도 주제화하고 비판할 수 있는 능력을 전제로 한다. 규범적 지향의 단계들이 퍼스낼리

---

39) 이것은 파슨스를 넘어서기 위한 단계이다. 파슨스의 사회공동체 개념은 행위의 규범적 조정과 행위기준과의 전통적 관계만을 허용한다.

티 발전의 맥락에서 처음으로 발견되었지만, 능력을 획득하기 위한 전제조건들은 여전히 개인들이 성장하여 형성하는 생활세계의 구조에 뿌리박고 있다.[40] 따라서 생활세계의 근대화는 개인적·사회적·문화적 형태의 도덕의식들이 평행관계를 이루기 위한 토대이다.

시민사회 이론에서 가장 중요한 것은 근대 생활세계의 구조가 (성스러운 질서의 모든 잔존물로부터 점차 해방된) 분화된 도덕적-법적인 문화적 가치영역을 통해 법제도와 법절차에 침투한다는 것이다. 그 결과가 바로 실정법의 제도화이다. 루만은 이 과정이 실정법의 토대가 규범적이기보다는 주로 인지적이라는 것을 의미한다고 해석했다. 그는 또한 기대에 대한 규범적 태도를, 학습에 저항하고 그럼으로써 성공지향적인 정치와 경제의 영역으로부터 분화된 시민사회의 핵심적인 제도적 구성요소들 중의 하나를 약화시키는 것으로 규정했다. 우리는 또한 루만이 법의 발전을 2단계 과정으로 이해한다는 것을 상기할 필요가 있다. 이 2단계 과정은 기대에 대한 규범적 태도와 인지적 태도가 분화되고 그것이 탈분화 없이 새로운 성찰적 조합 속에서, 즉 기대에 대한 기대 속에서 재연계되는 것을 포함한다. 이러한 발전단계를 통해 기대의 반사실적 구조가 학습에 익숙해져 무감각해진 불변하는 규범 속에 구현되는 것으로 가정된다.

루만의 일련의 논증과는 구분되는 것으로서의 생활세계의 근대화라

---

40) Habermas, "Toward a Reconstruction of Historical Materialism," *Communication and the Evolution of Society*, 154-155. 하버마스는 원래 모든 도덕적·법적 발전을 궁극적으로 연속적인 세 가지 의사소통행위 모델, 즉 상징을 통해 매개되는 상호작용 단계, 명제로 구분된 담화 단계, 논증적 담화 단계—각 단계는 각기 전전통적·전통적·탈전통적 도덕구조에 상응한다—에 기초하여 탐색했다. 그의 후기저술에서 생활세계의 근대화 관념은 둘째 모델에서 셋째 모델로의 이행에 초점을 맞추고 있다. 매우 흥미롭게도 규범적 양식과 인지적 양식의 분화를 수반하는 루만의 규범의 발전은 첫째 모델에서 둘째 모델로의 이행에 초점을 맞추고 있다.

는 개념은 두 가지 의미에서의 규범적 학습의 토대를 포함한다. 하나는 인지발달 심리학에 의해 증명된 것이고,[41] 다른 하나는 그것의 결과가 사회진화이론으로 번역될 수 있다는 사실에 의해 증명된 것이다.[42] 따라서 잘 알려진 전전통적·전통적·탈전통적 단계의 도덕적·법적 의식은 규범적 구조의 실제적 발전――규범과 사실(제재를 포함하는)의 분화(이것은 실제로는 단지 전통적 단계의 출현만을 설명한다)라는 의미에서뿐만 아니라 기대가 어긋났을(루만) 경우에 우리가 위험에 처한 상호주관성의 토대(하버마스)를 재확립하고자 할 때 의지하는 논증형태가 발전했다는 점에서도――을 의미한다.

전전통적 단계에서, 즉 행위, 동기, 행위주체가 여전히 동일 수준의 현실에서 인식되는 단계에서는 갈등의 사례들 속에서 단지 행위의 결과만이 평가받는다. 전통적 단계에서는 동기가 구체적인 행위결과와 무관하게 평가받을 수 있다. 특정한 사회적 역할이나 현존 규범체계와의 부합여부가 평가의 기준이다. 탈전통적 단계에서는 그러한 규범체계가 그것의 의사자연적인 타당성을 상실한다. 그것은 보편적인 관점에서 정당화될 것을 요구받는다.[43]

---

41) Habermas, "Moral Development and Ego Identity," *Communication and the Evolution of Society*, 77-90.
42) Habermas, "Historical Materialism and the Development of Normative Structures," *Communication and the Evolution of Society*, 118.
43) Habermas, "Toward a Reconstruction of Historical Materialism," 156. 논증형태에 초점을 맞추는 것은 루만이 비난하는 것처럼 상호기대의 구조를 실제의 의사소통으로 축소하는 것이 아니다. 실제로 루만조차도 갈등의 경우에 대비하여 실제 의사소통이라는 희소자원을 비축한다는 점을 인정한다. 하지만 그는 그러한 의사소통을 가능하게 하는 구조를 탐구할 필요성을 인식하지는 않은 채 그렇게 한다. 실정법의 경우에 규범적 양식의 기대를 보전할 수 있게 해주는 것――루만이 바라기는 하지만 설명할 수 없었던 어떤 것――도 바로 이 의사소통의 구조이다. 이를테면 "The Self-Reproduction of Law and Its Limits," in G. Teubner, ed., *Dilemmas of*

탈전통적인 도덕적 논증 구조의 단계는 이전의 진화단계와 관련하여 그리고 그러한 단계 자체 내에서의 학습을 수반한다. 실제로 탈전통적 구조는 규범적 양식의 기대를 포기하지 않은 채 계속 진행되고 있는 규범적 학습을 제도화한다고 말할 수 있다.

탈전통적인 도덕의식과 도덕적 논증의 구조라는 맥락에서 규범과 원리(콜버그) 또는 규칙과 원리(드워킨)라는 두 가지 수준과 관련하여 법적 영역의 중복은 중요한 문제이다.[44] '손쉬운 사안들'에서 규범을 독단적으로 적용하고 그리고 심지어 규범적 갈등을 인지적 문제로 변환시키는 것이 가능해질 수 있는 반면, '난해한 사안들'은 해석의 어려움 또는 보다 높은 규범적 수준의 타당한 원리에 의지하지 않고는 해결할 수 없는 심각한 규범적 갈등을 수반한다.[45] 규칙과 원리를 근본적으로 동일한 유형의 법 제정과 법적용의 기능으로 취급하거나(루만) 또는 제1규칙과 제2규칙 간의 구분의 단순한 사례들로 취급하는 것(하트)은 무익할 것이다.[46] 그 까닭은 권리 또는 민주적 참여를 옹호하기 위하여 원리에 의지하는 것은 전적으로 다른, 그리고 구조적으로 더 힘든 형태의 논증, 즉 법 제정과 법적용의 제도적 또는 시간적 틀 내에서는 유지할 수 없는 규범적 담론을 포함하기 때문이다. 그러한 사안들에서 루만처럼 재판관, 특히 (의회의 다수파에 반대하는) 최고법원의 재판관은 법 위반자로부터 학습하지 않을 것이라고 말하는 것은 솔직히 적절하지 않다. 실제로 시민불복종의 경우는 하나의 반증사례이다.[47] 물론 그러한 학습이 발생하지만 인지적-실용적 전환을 피할 수 있는 경우는 담론적 절차의

Law in the Welfare State (Berlin: de Gruyter, 1986), 125를 보라.

44) Ronald Dworkin, *Taking Rights Seriously* (Cambridge: Harvard University Press, 1978), 특히 ch. 2 and 3.

45) Dworkin, "Hard Cases," *Taking Rights Seriously*.

46) H. L. A. Hart, *The Concept of Law* (Oxford: Oxford Univerdity Press, 1961).

47) 제11장을 보라.

반사실적 요소들이 계속해서 적용될 때, 즉 경험적 담론의 조건들이 계속해서 그러한 원리들과 관련하여 교정되고 있을 때뿐이다.[48]

따라서 법의 실정화를 규범적 구조를 약화시키는 것으로 보거나, 또는 하버마스가 때때로 그런 것으로 보이듯이 심지어 법 제정이 오직 전체로서의 법체계의 정당화 수준에서만 작동하는 새로운 유형의 규범적 정당화에 의존할 수밖에 없다고 주장하는 것은 잘못이다.[49] 그럼에도 불구하고 이러한 탈전통적 논증의 검증을 견딜 수 있는 규범적 구조—무엇보다도 기본권과 민주적 절차—와 관련하여 전체로서의 법체계를 정당화하는 이러한 측면은 실정법의 제도화에서 하나의 중요한 차원이다. 근대 실정법은 특히 근대 경제체계와 행정체계를 세밀하게 규제하는 데 유리한 위치에 있다. 그로 인해 민법의 규범들은 경제과정의 직접적 구성요소이자 규제자가 되었고, 그것은 다시 간접적으로 그들 나름의 많은 법적 규제를 만들어낸다. 아마도 행정법으로서의 공법과 규제의 발전에 대해서도 동일한 말을 할 수 있을 것이다. 하버마스가 (민법과 부르주아 경제와 관련하여) 지적하듯이, 그로 인해 법은 그것의 초기 지위, 즉 갈등을 해결하고 통합의 붕괴를 방지하는 메타제도로서의 지위를 상실한다.[50] 규칙과 원리, 또는 법과 헌법의 중첩은 근대 국가와 자본주의 경제라는 하위체계의 출현으로 가능해졌고, 다시 그것을 안정화시켰다.

따라서 전체로서의 사회의 근대화를 구성하는 두 가지 전반적 과정—경제적 하위체계와 행정적 하위체계의 출현과 생활세계의 언어적-문화적 수준과 사회 수준의 합리화—은 서로를 전제로 한다. 생활세계는 이 두 하위체계의 발전을 통해 의사소통적 행위조정의 부담을 전

---

48) 제8장을 보라.
49) *TCA*, vol. 1, 260-261. 그 자신의 제도로서의 법과 매체로서의 법 간의 구분(하지만 이것은 원리/규범 구분의 또 다른 형태이다)은 이러한 해석에 반대한다.
50) *TCA*, vol. 2, 178.

락적으로 덜어내지 않고서는 근대화될 수 없다. 다시 이 두 하위체계는 여전히 상징적으로 구조화되고 언어학적으로 조정되지만, 적어도 일정 정도는 근대화된 생활세계 속에 제도적으로 정착될 것이 요구된다. 이러한 필요성은 갈등을 규제하는 메타제도의 존재에만 한정되지 않는다. 관료제적으로 구조화된 권력관계를 통해 조직화된 국가행정이 정치적 의무(후에는 시민의 권리)를 질 수 있는 주체를 필요로 하는 것과 마찬가지로, (계약관계에 기초한) 금전적 교환을 통해 조정되는 경제는 사법의 주체를 필요로 한다. 이러한 주체들은 그들에게 필수적인 인지적·도덕적 능력과 제도적 구조들을 생활세계 속에서 손에 넣을 수 있을 때에만 출현할 수 있다. 이러한 전제조건은 그러한 제도들이 서로와 맺는 관계속에서 그리고 생활세계의 제도들이 자신들의 근대화된 언어적-문화적 하위층위와 맺는 관계 속에서 문화적 재생산, 사회통합, 퍼스낼리티 발달에 대해 책임을 지고 있는 시민사회의 제도들 내에 변화를 불러일으킨다.

우리가 근대화의 두 가지 차원 중 어느 하나에 관심을 집중한다고 하더라도, 그것들의 상보성을 염두에 두는 것이 중요하다. 의사소통은 사회통합에서 탈전통적인 그리고 잠재적으로 민주적인 역할을 수행할 수 있다. 왜냐하면 루만이 주장했듯이, 사회적 조정의 다른 형태들—특히 돈과 권력이라는 매체—이 의사소통에서 많은 시간제약을 덜어주기 때문이다. 동시에 생활세계의 '매체화'(mediatization)에는 어떠한 자연적 한계도 존재하지 않기 때문에, 돈과 권력에 의해 조정되는 하위체계의 확장은 그것이 어떤 주어진 영역에서 의사소통적 행위조정을 대체할 수 있다는 것을 의미한다.[51] 근대 생활세계의 구성조건들 사이에 존재하는 동일한 과정 역시 바로 그 생활세계에 가장 큰 잠재적 위협이 된다.

이러한 상황은 우리로 하여금 어쩔 수 없이 우리의 시민사회 개념을

---

51) *TCA*, vol. 1, 341.

기본권에 의해 안정화된 근대 생활세계의 제도적 틀로 재정의하게 한다. 그리고 이제 생활세계의 관점에서 기본권의 범위 안에는 공적인 것과 사적인 것이라는 영역이 포함되게 된다. 이러한 기본권 제도는 생활세계를 근대화하는 데서 필수적 구성요소이다. 왜냐하면 기본권의 탈전통적 구조는 규범적 규칙보다는 법적 원리와 연계되어 있고 또한 기본권은 분화라는 의미에서 근대화에 기여하기 때문이다.

(최근 동유럽의 경우처럼) 운동과 여타 시민행동에 의해 형성되고 있는 시민사회는 한동안은 정착된 권리구조 없이 지내야만 할지도 모른다. 하지만 우리는 시민사회를 제도화하는 데서 그들의 성공의 지표는 단지 문서상으로가 아니라 실제로 작동하는 진술로서의 권리의 확립이라고 주장할 것이다. 그 이유는 근대성의 이면에 있다. 즉 매체에 의해 조정되는 영역 또는 하위체계의 권력과 확장이 근대 생활세계를 매우 불확실하게 만든다. 문화제도와 사회제도 그리고 사회화 제도의 내적 과정과 재생산이 침투받고 왜곡될 수 있는 상황에 처하여 그러한 제도들이 안정화될 수 있는 것은, 그것들이 권리에 의해 대변되는, 역사적으로 새로운 형태의 법제화에 기초할 때뿐이다. 실제로 우리는 근대 시대의 보편적 기본권과 주관적 기본권과 관련하여 근대 시민사회의 영역을 명확하게 설정하고 그 유형을 규정할 수 있다. 물론 이 영역은 사회의 자기조직화와 공공성을 중시하는, 적절한 근대적 형태의 정치문화라는 맥락에서만 방어될 수 있다. 권리행사와 그에 상응하는 사회적 학습형태가 다시 그러한 정치문화를 확립하는 데 일조한다.

우리는 시민사회의 제도적 측면에 초점을 맞춤으로써 세 가지 권리복합체를 구분할 수 있다. 문화적 재생산과 관련한 것들(사상, 언론, 표현, 의사소통의 자유), 사회통합을 보장하는 것들(결사와 집회의 자유), 사회화를 확고히 하는 것들(사생활, 친밀성, 신체의 불가침성의 보호)이 그것들이다. 두 개의 다른 권리복합체가 시민사회와 시장경제(사유재산, 계약, 노동의 권리) 또는 시민사회와 근대 관료제적 국가(시민의 정치적 권리와 복지수혜자의 복지권) 간을 매개한다. 이러한 권리복합체들의 내적 관계가 제도화된 시민사회의 유형을 규정한다. 우리가 근대 시민사회의 부정적 차원과 유토피아를 고찰할 때, 우리는 이 문제로 다시 돌아올 것이다.

권리담론은 순전히 이데올로기적이라는, 그리고 더욱 심하게는 주민에 대한 국가주의적 침투와 통제의 운반자라는 비난을 받아왔다. 고전 마르크스주의자들은 형식적 권리는 단지 자본주의적 소유와 교환관계의 이데올로기적 반영물일 뿐이라고 반박한다. 하지만 분명 오직 일부의 권리들만이 개인주의적 구조를 가지고 있으며, 또 모든 권리가 재산권으로 환원될 수 있는 것도 아니다.[52] 전형적인 무정부주의자들이 가지고 있는 입장(푸코에 의해 예증되는)은 권리는 단지 주권국가의 의지의 산물이고 실정법이라는 매체를 통해 분명하게 표현되며 사회의 모든 측면에 대한 감시를 용이하게 한다는 것이다.[53] 그 어느 누구도 국가에게 그 자신의 합법성을 준수하도록 강요할 수 없다. 국가가 그렇게 하는 것은 자신의 이익이 그렇게 하도록 이끌 때뿐이다. 우리는 그것을 이를테면 불법적 형태의 노동갈등을 피할 의무와 결부되어 있는 파업권의 경우에서처럼 국가가 협소하고 관리 가능한 통로 내로 저항을 한정시키는 것

---

52) Claude Lefort, "Human Rights and Politics," *The Political Forms of Modern Society* (Cambridge: MIT Press, 1986); Jean L. Cohen, *Class Society and Civil Society: The Limits of Marxian Critical Theory* (Amherst: University of Massachusetts Press, 1982), ch. 1을 보라.

53) Anthony Giddens, *The Nation State and Violence* (Berkeley: University of California Press, 1985), ch. 8을 보라. 기든스는 권리를 감시와 자율성 간의 논쟁의 장이 되는 감시의 형태로 보는가 하면, 사회에서의 감시형태들에 대한 대응형태로 보는 등 내적으로 일관성이 없는 입장을 취하고 있다. 우리는 첫 번째 입장보다는 두 번째 입장에 덜 반대한다. 첫 번째 입장은 국가행정을 권리의 원천으로 보고 있으며, 시민행동은 단지 그러한 권리에 대한 대안적 해석을 산출할 수 있을 뿐이다.

에서 발견할 수 있다.

국가는 권리를 합법화하는 기관이지만 권리의 원천도 아니고 그것의 타당성의 토대도 아니다. 권리는 출현하고 있는 시민사회의 공적 공간에서 개인과 집단이 주장하는 요구에서 시작된다. 권리는 실정법에 의해 보장될 수 있지만, 법과 동등하지도 않고 법으로부터 이끌어낼 수도 없다. 권리의 영역에서 법은 사회적 행위자들이 자율적으로 성취한 것들을 확실하게 보장하고 안정시킨다. 그럼에도 불구하고 권리는 제로섬 투쟁의 산물로 이해되어서는 안 된다. 근대 경제(폴라니)와 근대 국가(루만)의 탈분화경향은 근대 세계와 권리영역들의 제도화에 대한 위협을 상징한다. 행위자의 관점에서 볼 때는 권리가 아래로부터 창조되고 방어되는 경향이 있지만, 사회체계의 관점에서 볼 때는 루만이 보여준 것처럼 권리는 사회분화의 원리를 상징한다. 물론 이것은 권력증대 프로젝트이지만, (이를테면 감시의 네트워크를 통해) 권력을 확대하거나 부풀리기보다는 제한하는 것을 통해 발생한다. 이러한 두 가지 방법론적 관점의 수렴이 우리의 핵심 테제들 중 하나를 지적해준다. 그것은 바로 기본권이 근대 시민사회의 조직원리로 이해되어야만 한다는 것이다.[54]

---

54) 우리는 이 조직원리라는 개념을 사회통합과 체계통합의 교차로에 위치하면서 해당 사회의 **사회적 정체성**에 대해 책임을 지고 있는, 한 사회의 제도적 핵심을 지시하기 위해 사용한다. Jürgen Habermas, *Legitimation Crisis* (Boston: Beacon Press, 1975); *Communication and the Evolution of Society*, 154ff.를 보라. 게다가 우리는 어떤 특정 구성체에서는 법과 도덕 모델이 그 구성체의 조직원리의 구조를 가리킨다는 것이 설득력이 있음을 발견한다. *TCA*, vol. 2, 173-175를 보라. 시민사회의 사회구성체에서(하버마스는 이 맥락에서만 국가/경제의 구분에 대해 말한다), 우리는 이 원리가 형식적 법(하버마스)이나 법의 실정성(루만)의 제도화가 아니라 기본권의 제도화와 연계되어 있음을 발견한다. 이것은 하버마스 역시 근대 국가와 사회의 관계의 유형학을 이러한 관점에서 탐구하고 있음을 보여준다.

시민사회의 부정적 차원

문화적 근대성의 형태들은 시민사회의 출현에서 중요한 역할을 수행해왔다. 그럼에도 불구하고 우리는 그러한 형태들의 풍부한 잠재력이 어디에서도 결코 실현된 적이 없었다고 주장할 것이다. 그와는 반대로 서구에서 근대화는 시민사회 제도와 근대화된 생활세계의 잠재력을 왜곡시키는 유형들을 따라 진행되어왔다. 하버마스는 체계와 생활세계 사이의 분화과정이 어떻게 그 부정적인 차원으로 인해 고통 받는 근대성을 산출해왔는지를 보여주는 역사적 유형학을 제시한다.[55] 우리는 이 유형학이 비판적으로 수정되고 재구성된다면 특히 유용해질 것이라고 생각한다.

하버마스의 논의에서 법제화(Verrechtlichung)의 주요 단계들은 국가-시민사회-경제 관계의 진정한 조합으로 이루어져 있는 것으로 판명된다.[56] 그러한 분석은 부분적으로 폴라니의 『거대한 변환』이나 니스벳(Nisbet)의 『공동체를 찾아서』(*In Search of Community*)와 같은 저작에서 발견되는 논지와 유사하지만, 그것은 국가에 대한 폴라니의 순진한 기대와 자본주의 시장경제에 대한 니스벳의 순진함을 피한다. 실제로 역사적 유형학은 국가에 대항하는 사회라는 보다 단순한 논쟁적인 개념에 비해 삼분 모델이 갖는 장점을 보여준다. 그것은 경제와 사회, 경제권력과 국가권력 또는 사회의 이익과 국가의 이익을 동일시하는 것을 피함으로써 그렇게 한다. 이 모든 동일시는 결국 이행기의 역사적 배열태를

---

55) 하버마스는 그렇게 하면서 그의 생활세계 분석과 시민사회 개념의 가장 분명한 관계를 제시한다. 특히 하버마스가 경제-국가-생활세계의 병치 또는 그의 모든 역사적 유형들의 병치에 의존하는 것은 그가 자신이 근대 시기의 조직원리를 이따금 국가와 경제사회(또는 시민사회)의 구분과 관련하여 논의하던 것을 수정하지 않을 수 없었다는 것을 보여준다. 예컨대 *Communication and the Evolution of Society*, 154; *TCA*, vol. 2, 178을 보라.

56) *TCA*, vol. 2, 357ff.

반영하는 것으로 판명된다. 특히 시민사회의 자율성은 두 하위체계에 맞서서 자신을 보호하는 능력에 달려 있다.

하버마스는 생활세계와 근대 국가와 경제 간의 관계의 발전과정과 관련하여 네 가지 단계를 구분한다. 부르주아 국가, 부르주아 입헌국가(bürgerliche Rechtsstaat), 민주적 입헌국가, 사회(복지)민주적 입헌국가가 그것이다.[57] 첫 번째 것은 절대주의 국가에 대한 오해를 불러일으키기 쉬운 용어이다. 이 분석에서 분명 오해되고 있는 절대주의 국가는 홉스식의 정치 모델을 이 시대에 다소 몰역사적으로 투영한 것이다.[58] 법제화의 물결과 관련하여, 하버마스는 사유재산, 안전, 법 앞에서의 평등——이것들 모두는 소송을 제기할 수 있는 주관적 권리라기보다는 객관적 법의 형태를 취한다——을 보장하는 법질서의 확립이라는 측면에서 절대주의 국가를 정의한다. 그러한 점의 목적은 생활세계에 대한 어떠한 관심도 없는, 단지 여전히 전통적인 저항의 자원으로만 간주되는 새로운 매체를 제도화하는 것이다. 하지만 기껏해야 이 투영은 근대 주권국가와 자본주의 경제가 공생적으로 각자의 자유로운 활동을 뒷받침하는 반면 (전통적인) 생활세계로부터는 모든 보호를 박탈하는 발전추세에 초점을 맞추고 있는, 하나의 정형화된 분석의 출발점을 상징할 뿐이다. 심지어 (의회제적) 절대주의 시대의 영국에서조차 그러한 것들은 사실이 아

---

57) Ibid.

58) 하버마스가 이 유형학을 만들면서 관심을 기울인 것은 주로 경제의 자본주의적 성격과 그것의 과잉확대 그리고 나중에는 복지체계가 지닌 국가주의적 함의에서 비롯되는 왜곡이었다. 우리는 이러한 역사가 문화적으로 이용 가능한 잠재력의 또 다른 심각한 곡해라는 관점에서, 즉 근대적 지형 위에서 가족을 재구성함으로써 재기술될 수 있다는 점을 지적할 필요가 있다. 여성을 아내와 어머니의 역할로 퇴장시킨 것은 그 성원들의 주체성 및 개성의 발전과 관련한 친밀한 영역의 기능과 구조를 불구로 만들고, 또한 일과 정치적 역할의 체계적 분화와 관련하여 가정 내 젠더 위계질서가 갖는 의미를 왜곡한다(이를테면 그러한 역할을 남성만을 위한 것으로 해석하는 것).

니었다. 당시의 절대주의는 많은 온정주의적인 보호와 '도덕경제'의 구조를 특징으로 했다. 이 모델은 엄격한 의미의 대륙의 절대주의에는 적용시키기 어렵다. 대륙의 절대주의는 부분적으로는 근대 관료제적 국가의 요소들과 신분사회(탈정치화된 신분제국가의 질서)를 결합한 새로운 역사적 창조물이다. 계몽된 전제정치의 프로젝트와 특히 18세기 말과 19세기 초의 법의 성문화에 이르기까지 이러한 이중체계 역시 법의 구조에 뿌리를 두고 있었다. 실제로 권리가 존재하지 않는 동안에 절대주의적 법체계는 하버마스의 개념 속에서처럼 위계적으로 질서 지어진 특권에 의해 전통적 생활세계를 보호했다.[59]

이러한 그릇된 절대주의 국가 모델이 갖는 문제점은 그것이 오해하기 쉬운 방식으로 다음 단계에 대한 평가를 준비한다는 것이다. 하버마스는 자신이 설정한 단계들 대부분이 보장하는 자유의 성격에 대해 서로 다른 의문을 제기하지만, 입헌국가의 경우에서는 그렇게 하는 것을 빠뜨리고 있다. 그는 또한 그것의 자유주의적·관료권위주의적 변형태들을 제시하지도 않는다. 하버마스가 주관적인 시민적 권리(대 정치적 권리)나 소송을 청구할 자유(Freiheitsrechte)의 최초의 제도화를 강조한 것은 전적으로 옳다. 하지만 그는 이 단계가 지닌 생활세계를 위협하는 성격을 평가하는 데서는 유리한 위치에 있지 못하다. 그는 문화적·사회적 관계를 황폐화시키는 온갖 결과를 초래하는 근대 국가와 경제라는 하위체계의 확립을 절대주의 하에 위치시키고 나서, 법치국가(Rechtsstaat)의 업무를 그러한 하위체계 중의 하나—국가—의 위협을 제한하는 것과 관련해서만 파악한다. 생활세계의 관점에서 볼 때, 그것이 실제로 수반한 것은 이율배반이었다. 즉 국가의 제한은 역사상 처음으로 경제사회가 확립된 대가로 획득되었다. 절대주의 국가와 신분사회 모두에 대한 ('위로

---

59) 따라서 토머스 홉스보다는 장 보댕을 이 시기의 대의제 이론가로 보아야만 한다.

부터의') 개혁주의적·혁명적 반대만이 그러한 결과를 설명할 수 있다. 그러나 자본주의 경제에 더하여 법치국가의 확립은 분명 '자유의 확보'라는 관점에서는 매우 모호한 것으로 묘사될 수밖에 없다. 이러한 모호함은 모든 곳에서 재산권을 그것의 중심적·전형적 특징으로 하는, 기존의 특수한 주관적 권리 모델에서 분명하게 드러난다.

동일한 지적이 절대주의를 넘어선 다른 발전노선, 즉 민주적 입헌국가의 (급속한 또는 궁극적) 수립으로 이어지는 혁명적 민주주의 운동노선에 대해서도 일정 정도 타당하다. 여기서는 보다 광범위한 일단의 시민적·정치적 권리들이 (근대화 중에 있는) 생활세계를 제약하고 그것을 사회적 통제수단 하에 놓으려고 시도하는 국가에 맞서 생활세계를 보호한다. 법치국가가 단지 근대 국가에 맞서 사적인 친밀성의 영역만을 보호했다면, 민주적 입헌국가는 또한 거기에 공론장의 제도화된 보호를 추가했다. 하지만 여기서 또한 지적해야만 하는 것은, 하버마스와는 반대로 그리고 폴라니가 설득력 있게 보여준 것처럼 (이전의 절대주의 단계가 아니라) 바로 이 단계에서 사회의 생활세계를 희생하는 것을 대가로 하여 경제의 강화가 발생한다는 것이다. 따라서 국가로부터 생활세계 또는 시민사회를 보호하는 것은 또다시 똑같이 위협적인 또 다른 하위체계를 강화하는 것을 대가로 하여 이룩된다. 이러한 결과는 비록 재산권이 전(前)민주적 법치국가의 조건 하에서보다는 덜 중심적이기는 하지만, 권리목록에서 재산권이 차지하는 우위에 의해 또다시 입증되었다.

민주적 입헌국가의 경우에서 하버마스는 생활세계의 관점에서 법제화 구조의 모호성을 지적한다. 그는 이것을 시민적 권리(Freiheitsrechte)라는 한편과 성원의 권리(Teilhaberrechte)로 이해된 정치적 권리라는 다른 한편 간의 부분적으로 그릇된 대비를 통해 설명하고자 한다. 후자는 자발적인 의견형성과 담론적 의지형성 가능성들을 제한하는 방식으로 조직화된다.[60] 비난받는 것은 권리들(투표, 집회, 결사, 언론 등의 권리) 자체가 아니라 오히려 엘리트민주주의적인 관료제화된 정당과 문화적으로 조작되는 권리들의 조직형태이다. 정치적 권리에 대한 루만의 보다 협소한 개념화──이것은 자율적인 정치체계로 이어진다──와는 달리, 여기서 성원의 권리는 본질적으로 정치적 관료제에 대한 통제형태, 즉 참여의 권리(Teilnehmerrechte)를 가리킨다. 그 결과 왜 루만의 묘사가 결국에는 옳은 것으로 판명 나는지는 여전히 분명하지 않다. 왜냐하면 정치적 권리가 그것 자체의 목적론에도 불구하고 자율적으로 조직되기보다는 관료제적으로 조직되기 때문이다. 부르주아의 형식적 법 속에 권리가 확립되어 있음을 지적하는 식으로 이러한 모순을 설명하는 것은 완전히 틀린 것은 아니지만 오해를 불러일으키기 쉽다. 형식적 법은 사실 공론장에의 참여라는 의미에서 적극적으로 포함(inclusion)을 보장하기보다는 소극적으로 사적 자율성의 한계를 설정하는 데 더 적합하다.[61] 그러나 이것은 이야기의 단지 일부일 뿐이다. 게다가 우리는 바로 이 단계의 법제화에서는 하나의 경제사회로 조직화된 시민사회가 형식적인 정치적 권리가 열어놓은 적극적 통로를 이용할 수 있는 능력 면에서 상당히 취약하다는 점을 강조해야만 한다.[62]

시민사회와 근대 생활세계는 민주적 복지국가를 확립한 산업노동계급 운동이 선봉을 맡은, 자기조절적 시장에 대한 대항운동에 의해 강화되었다. 그러나 그 이득은 또다시 모호하다. 어떤 의미에서 이 상황은 이전의 두 단계와 정반대이다. 즉 새로운 형태의 제한을 받는 하위체계는

---

60) *TCA*, vol. 2, 364.

61) Ibid.

62) 물론 주권자의 무능력을 지적하는, 그러한 소극적인 보호적 성격의 정치적 권리나마 없다면, 그것들은 여전히 권리로 남아 있을 수도 없을 것이다. H. L. A. Hart, "Rights," *Essays on Bentham: Studies in Jurisprudence and Political Theory* (Oxford: Oxford University Press, 1982)를 보라.

경제라는 하위체계이고, 그것은 개입주의적 행정국가를 강화하는 이율배반을 낳는다.[63] 하버마스는 또다시 자유 모델과 성원의 권리 모델에 입각하여 인식된 사회적 권리의 측면에서 그 차이를 지적하고자 한다. 노동입법은 통제받지 않는 경제적 힘에 맞서 분명 생활세계를 보호한다. 그러나 일단의 포괄적인 복지국가 권리들은 자율성을 증진하고 사회통합을 재건하고자 애쓰지만, 그것의 관료제적인 국가주의적 수행방식 때문에 정반대의 결과를 낳는다. 하지만 마셜(T. H. Marshall)이 (비록 정반대의 결론을 내리지만) 인식했던 것처럼, 그러한 복지국가의 권리들은 노동의 권리라기보다는 복지국가의 고전적인 사회적 '권리들'이다. 다른 관점에서 볼 때, 사람들은 기본적으로 복지수혜자의 자유로운 행동에 의존하지 않는 급부들이 대체 권리이기는 한가라는 의문을 제기하기에 충분한 이유를 가지고 있다.[64] 급부의 구조는 정치적 참여의 구조와 달리 관료제적 수행과 선택적 친화성을 가진다. 마셜과는 대조적으로 이러한 자격형태의 사회적 권리는 시민이라기보다는 복지수혜자로서의 개인들의 성원자격으로부터 급부를 획득한다. 따라서 노동의 권리와 달리 그러한 권리는 현재의 형태로는 시민사회가 아니라 행정국가를 강화한다.[65]

---

63) *TCA*, vol. 2, 361.

64) Hart, "Rights"를 보라. 일부 급부는 권리의 구조를 취할 수도 있다고 생각할 수도 있다. 그러나 하나의 급부가 어떤 정책의 결과이기보다는 하나의 권리이기 위해서는, 그것은 기본권의 구조를 취해야만 할 것이다. 즉 그것은 전적으로 소송을 제기할 수 있어야 하고, 다른 권리에 의해서만 제한될 수 있어야 하고, 보편적으로 적용되어야만 할 것이다(즉 특정 집단의 특성과 관련된 것이 아니라 개인 그 자체와 관련되어 있어야만 한다). 이러한 고찰은 롤스로 하여금 이른바 사회적 권리를 진정한 권리 또는 자유의 전제조건으로만 간주하게 했다. John Rawls, *A Theory of Justice* (Cambridge: Harvard University Press, 1971), 204-205를 보라. 그리고 또한 Dworkin, *Taking Rights Seriously*도 보라.

65) 따라서 성원의 권리라는 의미에서의 Teilhaberrechte와 자유 또는 자유의 권리라는 의미의 Freiheitsrechte 간의 대비는 여기서는 타당할 수 있다. 그러나 논점이

수급권이라는 의미에서의 사회적 '권리'가 가능하고, 그것은 그 어떤 권리의 구조 없이도 사회에 실제로 존재한다. 이러한 맥락에서 우리는 우리의 유형학에 권위주의적 국가사회주의를 덧붙여야만 한다. 이것은 절대주의의 혁명적 계승자들의 특징과 자본주의 시장경제에 대한 국가주의적 대응을 결합시킨 독특한 구성체이지만, 그중 어느 형태와도 동일시될 수 없다. 법제화의 관점에서 볼 때, 이 사회는 국가사회주의 이데올로기를 따라 두 가지 하위체계 중 단지 하나, 즉 경제적 하위체계로부터의 보호를 추구한다. 이 점에서 국가사회주의는 민주적 복지국가와 다르다. '민주적 복지국가'의 법 구조는 국가에 대한 자유주의적·민주적 제한을 유지한다. '권위주의적인 사회주의' 하의 생활세계는 권리의 구조에 의해서가 아니라 포괄적인 온정주의적 국가체계에 의해 보호되는 것으로 가정된다. 따라서 당-국가가 생활세계의 가족, 결사체 그리고 심지어는 운동의 특성으로 자신을 감싸고 있기 때문에, 이 생활세계는 사실 아무런 자기제한도 없는 개입주의로부터 전혀 보호받지 못한다. 이 구성체의 사법적 특성은 재량적 판결 관행과 규범적 관행 간의 계속해서 변화하는 경계가 재량적 판결 자체에 의해 결정되는 이중적 법 구조 속에서 특권적 국가가 우위를 차지한다는 데 있다.[66] 권리 또는 입헌제도가 존재하지 않는 구성체인 권위주의적 국가사회주의는 경제가 생활세계에 가하는 위협에 대한 하나의 대응이다. 그러나 그것은 부르주아 사회

Teilnehmerrechte, 즉 참여의 권리로 불려야만 하는 것으로 바뀌어서는 안 된다. 하지만 두 경우 모두에서 우리는 모순으로 이어지는 관료제적 수행에 대해 이야기할 수 있다. 성원의 권리의 경우에 그 급부구조의 정식화에는 이미 관료제적 수행경향이 전제되어 있다. 하지만 참여의 권리는 적극적 차원뿐만 아니라 소극적 차원을 통합하고 있고, 따라서 진정한 권리이다.

66) Andrew Arato, "Critical Sociology and Authoritarian State Socialism," in David Held and John Thompson, eds., *Habermas: Critical Debates* (Cambridge: MIT Press, 1982); E. Fraenkel, *The Dual State* (Oxford: Oxford University Press, 1941).

(시민사회와 동일시되는)와 함께 시민사회를 억압하는 형태를 취한다. 따라서 그것은 생활세계의 근대성, 정치화된 경제의 작동, 정치체계 그 자체의 합리성에 하나의 커다란 위험이 된다.

하버마스는 국가사회주의를 근대화 이론에 끼워 맞추기가 어렵고 또 (파슨스가 그랬던 것처럼) 소비에트 모델이 근대화의 하나의 종점을 구성한다고 선언하는 것도 내키지 않았기 때문에, 그의 유형학에서 국가사회주의를 빠뜨렸을지도 모른다. 하지만 법제화의 물결과 관련한 전체 논의는 개방적인 근대화 이론의 전통 속에서 이루어진다. 사회공동체의 분화와 근대화에 관한 파슨스의 후기 논의와의 차이점은 시사하는 바가 크다. 첫째, 하버마스는 생활세계(즉 사회공동체/시민사회)의 자율성이라는 관점에서 현대 시기를 매우 모호한 시대로 취급한다. 그는 『정당화 위기』(*Legitimation Crisis*) 이후 복지국가 비판을 통해 이를 입증해왔다. 둘째, 파슨스가 사회운동을 사회공동체의 발전과정에서 새로운 단계에 대응하는 각 시대의 헛된 근본주의로 간주한 반면, 하버마스는 '부르주아'의 해방운동과 노동계급운동 모두를 적합한 제도적 변형을 촉진하면서도 생활세계를 방어하는 핵심적 동력으로 보았다. 따라서 이들 운동은 문화적 근대성의 잠재력을 실현하는 데 주요한 역할을 수행한다. 하지만 마지막 발전단계의 모호성(그리고 우리가 보기에는 국가사회주의라는 분명히 부정적인 경험을 포함하는 마지막 네 단계의 모호성)은 (하버마스가 그 결과의 자유보장 측면과 운동행위만을 연계시키는 것과는 무관하게) 사회의 방어자들의 행위가 낳은 의도하지 않은 결과이다. 우리는 각각의 경우에서 생활세계를 위협하는 하위체계들 모두에 대한 성찰의 부재가 생활세계를 방어한다는 명목 하에 하나 또는 다른 하나를 강화하는 결과를 가져온다고 말할 수 있을지도 모른다.

방금 묘사한 단계 모델은 체계/생활세계의 이중성의 측면에서 이루어지는 시민사회 이론의 재구성이 푸코나 여타 학자들이 부각시킨 시민사회의 부정적 측면을 제시하는 것을 목적으로 하고 있음을 보여준다. 하지만 단계 모델에서 부정적 차원은 주로 외부로부터 시민사회에 가해지는 위협으로 등장한다. 근대화와 연관된 '의미의 상실'과 '자유의 상실'에 대한 베버의 테제와 관련한 하버마스의 복잡한 논의(하버마스의 용어로 문화적 빈곤과 생활세계의 식민화)는 그러한 차원들이 근대 시민사회 그 자체 내에서 발견된다는 것을 보여준다.

잠재적으로 비선택적인 유형의 근대화와 실제로 선택적인 유형의 근대화 간의 개념적 대비는 하버마스가 현대 시민사회에 대한 정반대의 평가들—여기서는 근대성 내의 대안들로 파슨스의 입장과 푸코의 입장으로 양식화된—을 결합시킬 수 있게 해준다. 게다가 하버마스의 생활세계 개념에 근거하여 재구성된 우리의 시민사회 개념은 시민사회의 모든 제도를 그것의 일방적 발전과 등치시키지 않고 근대성의 부정적 측면을 정확히 지적하는 이점을 가지고 있다. 요컨대 문화적 근대성의 잠재력을 선택적으로 제도화해온 현재의 시민사회 모델은 그것의 논리적으로 가능한 길들 중의 단지 하나일 뿐이다.[67] 그것은 전적으로 부정적이지는 않지만, 그 부정적 측면은 설명되어야만 한다. 좀 더 구체적으로 표현하면, 하버마스는 심미적·도덕적/실천적 영역에 구현된 문화적 잠재력의 실현과 관련한 생활세계의 합리화가 상당 정도 봉쇄되어왔다고 주장한다. 경제적 하위체계와 행정적 하위체계의 합리화와 그것들의 재생산 정명에 부여된 압도적 중요성은 시민사회의 합리화를 희생하여 진행되어왔다. 그로 인해 과학적 지식, 예술, 도덕이라는 가치영역의 분화와 관련된 전문가 문화와 일반 공중의 문화 간의 간극은 그 전통적 내용을 부식당해온 생활세계의 문화적 빈곤으로 이어진다. 하지만 베버식 테제[68]와는 반대로, 문화적 빈곤을 초래하는 것은 문화적 근대성 자체가

---

67) *TCA*, vol. 1, 221-223, 233.

아니라 그것의 선택적 제도화이다.

더욱이 문화적 합리화의 인지적-도구적 잠재력의 (과학의 제도와 두 하위체계에서의) 일방적 제도화는 돈과 권력이라는 매체가 (의사소통 과정을 통한 통합이 요구되는) 시민사회의 재생산 영역으로 침투할 수 있는 근거를 마련한다. 행동하는 주체들은 자율적이 되어 의사소통적 상호작용을 대체하는 장치들의 정명에 복종하게 된다. 그러나 체계와 생활세계 간의 구분, 즉 국가, 경제, 시민사회의 구분은 우리가 '자유의 상실'을 낳는 것은 분화된 정치적 하위체계와 경제적 하위체계의 출현 및 체계통합을 통한 그것들의 내부 조정 때문이 아니라 오히려 그것들의 논리가 선택적인 제도화 유형에 의해 자극되어 이미 근대화된 생활세계에 침투한 결과라는 것을 보여줄 수 있게 해준다. 하버마스는 이 침투를 생활세계의 물화 또는 식민화라고 부른다. 생활세계는 이것을 통해 루카치의 핵심범주를 보유하면서도 수정한다.

선택적으로 합리화되고 부분적으로 식민화된, 그리하여 충분히 근대적이지 못한 시민사회의 부정적 측면에 관한 논의는 현존 형태의 시민사회가 문화적 근대성의 잠재력을 제도화하는 논리적으로 가능한 길들 중 단지 하나일 뿐이라는 점을 시사한다. 문제가 되는 것은 분화라는 사실, 그리고 또한 체계/생활세계 모델의 용어들 간의 관계이다. 사회의 근대화는 항상 체계통합이 사회통합의 일부 측면들을 대체하는 것을 수반한다.[69] 그러나 우리는 전통적으로 구조화된 생활세계로부터 하위체계가 분화하는 것이 초래하는 결과와 이미 근대화하기 시작한 생활세계로

---

68) 하버마스는 베버를 따라 문화적 근대성을 실제적 이성의 몰락과 예술, 과학, 도덕이라는 가치영역의 분화를 포함하는 것으로 정의한다. 베버는 의미의 상실과 자유의 상실 현상을 문화적 근대성과 세속화에서 기인하는 것으로 파악한다. 호르크하이머와 아도르노는 이 테제를 재생산한다. *TCA*, vol. 1, 346-352에서의 논의를 보라.

69) *TCA*, vol. 2, 153ff.

조종 메커니즘이 침투하는 것이 초래하는 결과를 구분해야만 한다. 첫 번째 경우, 그것으로부터 발생하는 비용은 지배를 통해 널리 확산된 정치제도와 경제제도의 발전과 전통적 형태의 삶의 파괴이다. 그러나 이익은 상대적인 경제적·행정적 효율성 이외에도 그것이 생활세계의 근대화를 개시하고 시민사회의 탈전통적인 문화의 잠재력을 창조한다는 것이다. 두 번째 경우(식민화), 비용은 이미 (부분적으로) 근대화된 생활세계의 의사소통적 관행이 침식당하고 시민사회가 더욱 근대화하는 것을 가로막는다는 것이다. 사람들이 계속해서 이러한 맥락에서 (국가가 보장한 안전과 같은) 이익을 명확한 것으로 간주할 수 있을지는 하나의 실제적인 문제이다. 사회화, 사회통합, 문화전파 속에서 전문화된 제도가 끊임없이 확장하는 통제할 수 없는 하위체계의 정명에 봉사하도록 점점 더 기능화됨에 따라, 그리고 관련 영역에서 행위의 의사소통적 조정이 돈과 권력이라는 매체에 의해 대체됨에 따라, 더욱더 병리적인 결과가 발생할 것이다.[70]

이것은 시민사회의 공론장과 사적 영역, 그리고 복지국가체계에서의 경제와 국가 간의 관계와 관련하여 명료화될 수 있다. 하위체계들이 가족이라는 사적 영역에 침투하여 가족을 그것들의 정명에 복종시킬 때, (경제적 요구와 관련한) 소비자의 역할이 노동자의 역할과 자율적인 연대적 가족성원의 역할을 지배하게 된다. 소비주의에 경도된 일방적 생활양식은 1960년대 문화비평의 주요한 테마였다. 만약 체계의 정명이 (충성이라는 행정적 요구와 관련하여) 공론장에 침투한다면, 시민의 역할은 파편화되고 무력화될 것이다. 그리고 그 결과 탈정치화의 부담을 지는 것은 사적 영역에 뿌리를 두고 있는 지나치게 부풀려진 복지수혜자의 역할이 되고 말 것임이 틀림없다.

---

70) Ibid., 330-331.

하버마스는 시민사회의 공론장과 사적 영역에서 일어나는 이러한 변형과 그것이 동반하는 물화적·병리적 측면들을 식민화 테제와 관련하여 해석한다. 따라서 그는 근대 시민사회의 부정적 차원을 전체에 대한 부정적 측면과 혼동함이 없이 설명할 수 있다. 그는 시민사회 영역의 (법제화를 통한) 행정적 침투—시민사회는 이전에는 그러한 형태의 간섭으로부터 자유로웠다—를 수반하는 복지국가의 사회정책에 대한 논의 속에서 현대 발전의 이러한 측면을 구체화시킨다.[71] 앞서 지적했듯이, 시민사회의 사회적 관계의 금전화와 관료제화는 매우 양면적인 과정이다. 즉 그것들은 일련의 새로운 의존을 만들어내고 자조와 의사소통적 문제해결을 위한 기존의 연대와 행위자의 능력을 파괴하는 대가로 사회적 이익과 안전을 창출한다. 이를테면 노인 돌봄, 가족 간의 관계, 그리고 학교교육을 둘러싼 갈등의 행정적 조정은, 복지수혜자를 일대일 관계에 기초해서 다룰 수 있는 특정한 사적 이해관계를 가진 하나의 전략적 행위자로 규정하는 관료제화와 개인화 과정을 포함한다. 그러나 그러한 과정은 현존하는 사회적 상황으로부터 개인을 폭력적으로 그리고 고통스럽게 분리시키고 자존감을 손상시키고 관련 제도들을 구성하는 대인관계를 손상시킨다. 이러한 생활영역들의 금전화 역시 부정적 결과를 초래한다. 퇴직금은 나이 때문에 일자리로부터 배제된 나이 든 개인의 목적의식과 자존감의 상실을 보상하지 못한다. 마지막으로, 사회 서비스 기관이 촉진한 일상생활의 치료요법화(therapeutization)는 바로 그 치료요법의 목적—환자의 자율성을 확보하고 환자에게 권한을 부여하는 것—과 모순된다. 행정에 기초한 전문가들이 전문지식을 역설하고 그들의 주장을 뒷받침할 법적 권력을 가질 때, 복지수혜자가 되어버린 환자와 치료기관 사이에 의존성의 순환이 발생한다.

---

71) Ibid., 361-364.

각각의 경우의 딜레마는 시민사회의 욕구를 충족시킨다는 명분으로 행해지는 복지국가 개입이 시민사회의 분열을 촉진하고 그것이 더 이상 합리화되지 못하게 한다는 것이다. 이처럼 감시기술, 개인주의, 규율, 통제에 관한 푸코의 묘사가 하버마스의 분석에 분명하게 수용되고 있다.

그럼에도 불구하고 외양과는 달리 하버마스는 복지국가에 대한 푸코식 (또는 그 문제에 관한 한 신보수주의적) 비판에 합류하지 않는다. 하버마스에서 합법성, 규범성, 공공성, 정당성은 단지 규율 메커니즘의 담지자 또는 베일이 아니다. 유토피아의 종말이 상정된 시대에조차 하버마스는 우리에게 시민사회의 자유주의적·민주적 규범이 제시하는 유토피아적 약속을 시야에서 놓치지 말 것을 요구한다. 그에게서 그러한 유토피아적 약속은 단지 정반대의 사태를 '정당화'하는 것으로 전락하지 않는다.

시민사회의 유토피아

전체주의화하는 혁명적 유토피아가 불신을 받아온 시대에, 우리가 재구성해온 이원론적 시민사회 모델은, 우리가 자기성찰적·자기제한적 시민사회의 유토피아를 주제화할 수 있게 해줌으로써 '영혼 없는' 개혁주의를 피한다. 우리는 그것을 통해 '복수의 민주주의'라는 우리의 관념[72]과 관련하여 재해석된 급진민주주의 프로젝트를 근대 세계의 몇몇 핵심적인 제도적 전제와 연결시킬 수 있다.

"국가에 대항하는 사회"라는 슬로건은 자주 참여민주주의적 의사결정을 국가와 경제를 포함한 사회적 삶의 모든 영역에 일반화하기 위한 하나의 근본주의적 요청으로, 즉 하나의 조정원리로 이해되어왔다. 실제로 민주적으로 구조화되고 의사소통적으로 조정된 자유로운 자발적 결사체라는 이상은 아리스토텔레스로부터 1843년의 젊은 마르크스에 이

---

72) 제8장을 보라.

르기까지 언제나 시민(정치)사회의 유토피아를 이끌어왔다. 하지만 그러한 '민주적' 유토피아가 전적으로 일반화될 경우, 그것은 근대 세계의 토대를 형성하는 사회의 분화를 위협한다. 게다가 규범적인 관점에서 볼 때, 어떠한 탈분화 프로젝트도 모순적이다. 왜냐하면 그것은 민주적 과정의 과잉부담을 수반하여, 민주주의를 정치적 분열과 결합시키거나 규제되지 않는 은밀한 전략적 행위를 통해 민주주의를 전복하기 시작함으로써, 민주주의를 불신하게 할 수도 있기 때문이다.

이와는 반대로 이원론적 시민사회 모델에 기초한 급진민주주의의 자기제한적 유토피아는 "시민사회의 유토피아적 지평"을 열 수 있다. 하버마스의 말을 인용하면, "생활세계의 합리화는 한편에서 독자적인 하위체계들의 분화를 가능하게 하고, 다른 한편으로는 시민사회의 유토피아적 지평을 열어준다. 그러한 시민사회 속에서 공식적으로 조직화된 부르주아의 행위영역들(경제와 국가장치)은 인간(l'homme; 사적 영역)과 시민(citoyen; 공론장)이라는 탈전통적 생활세계를 위한 토대를 구성한다."[73]

이러한 유토피아는 통합의 유토피아라기보다는 분화의 유토피아이다. 물론 분화의 관념은 그 자체로는 유토피아적 관념이 아니다. 그것은 규범적으로 바람직한 대안적 사회 모델을 포함한다. 이 모델은 오직 다른 관념(근대 생활세계의 의사소통적 재생산의 잠재력을 완전히 실현할 수 있는 제도의 창조)과의 연계를 통해서만 비판적 사고(따라서 '유토피아적' 사고)를 '규제'할 수 있다.[74] 특히 탈전통적 문화구조의 발전

---

73) *TCA*, vol. 2, 328. 우리는 bürgerlichen을 'civil'로 번역했다. 그것을 'bourgeois'로 번역하는 것은 명백한 잘못이다. 부르주아(bourgeois), 시민(citoyen), 인간 (homme)은 한 사회의 세 가지 수준을 지적하는 것이다. (물론 여기서 l'homme는 남자[men]가 아니라 인간[humanity]을 의미한다.)

74) 제8장과 Jürgen Habermas, "The New Obscurity: The Crisis of the Welfare State and the Exhaustion of Utopian Energies," *The New Conservatism: Cultural Criticism and the Historians' Debate* (Cambridge: MIT Press, 1989)를 보라.

은 친밀성과 공공성이라는 서로 연결된 제도들을 고안할 수 있게 해줄 것이다. 이들 제도는 그간 고찰되지 않은 전통적 지배관계들을 자유로운 자발적 상호작용을 통해 생산되고 재생산되는 구속받지 않는 형태의 연대들로 대체할 수도 있다. 이 두 번째의 진정한 유토피아적 관념은 자기성찰과 자기제한 과정을 수반하는 분화이론과 연계되어 있다.

한편으로 자기조절적 시장이라는 자유주의적 유토피아의 경험, 그리고 다른 한편으로 자유로운 생산자들(또는 창조적인 노동하는 개인들)의 합리적으로 조직화된 (계획된) 사회라는 종합적 유토피아를 가진 사회주의의 경험을 감안할 때, 오직 비판적 자기성찰이 그 안에 내장될 수 있을 때에만, 유토피아적 사고가 보존될 수 있다는 것은 명백하다. 이 두 실패한 유토피아가 공통으로 가지고 있는 한 가지 요소는 그것들이 하나 또는 두 개의 하위체계—각각은 하나의 가치, 즉 한쪽은 소극적 자유, 그리고 다른 쪽은 실질적 평등과 연계되어 있다—에 뿌리를 두고 있는 단일한 '합리적' 사회 모델을 전체주의화하고자 한다는 것이다. 오늘날 우리는 이들 유토피아 자체의 그럴듯함과 그것들을 역사 자체의 논리와 연결시키는 것이 어떤 경우에는 경제중심적인 도구적 이성, 그리고 다른 경우에는 국가중심적인 기능주의적 이성을 동력으로 하고 있다는 것을 알고 있다.[75] 우리는 이제 어느 한쪽 유형에 포섭되는 것이 초래하는 부정적 결과를 인식해야만 한다. 이들 유토피아 각각이 민주적 사회조직 모델을 더 많이 또는 더 적게 인정하기는 하지만, 전적으로 자율적인 시장 합리성을 강조한다거나 비시장 근대 경제를 조정할 수 있는 특정 형태의 권력을 강조하는 것으로는 행위를 민주적으로 조정하는 생활세계의 하위층위를 재생산하지 못한다. 시장 유토피아와 계획 유토피아 모두에 권위주의적 형태가 존재한다는 사실은 그러한 결함이 두 모

---

75) Ibid.

델 중 어느 하나의 근본적인 내적 딜레마가 아니라는 것을 보여준다.[76] 이 두 유토피아는 비참한 결과가 실제로 현재화되기도 전에 민주적 정치의 관점으로부터 의심받을 수밖에 없었고 또 의심받았다.

서구 마르크스주의 전통은 1919년경에 출현한 이후로 고전 사회주의의 생산중심주의적 유토피아가 지닌 위험을 항상 인식하고 있었다. 즉 루카치, 블로크, 마르쿠제의 대안들은 노동사회와 별 관계가 없었다. 대신에 이들 사상가는 심미적 문화(젊은 루카치, 블로크)와 퍼스낼리티(후기 마르쿠제)라는 근대 영역에 내재하는 일부 목적론을 유토피아적 방향으로 그리고 전체주의화하는 방향으로 전개했다. 하지만 그들과 레닌주의적 전위주의(Leninist avant-gardism)와의 친화성──루카치와 블로크에서는 분명하게, 그리고 마르쿠제에서는 암묵적으로 나타나는──은 그들이 권력 유토피아로부터 진정으로 자유롭지 못했다는 것을 보여준다. 기본적으로 문화적인 유토피아들이 근본주의적이고 혁명적인 한, 그것들이 자신들의 사회변혁의 전제를 권력매체의 역동적 잠재력에 암묵적으로 기초하고 있다는 것은 분명 사실인 것으로 보인다. 마르크스주의적 전통 내에서는 오직 아도르노와 호르크하이머만이 연대의 유토피아를 발전시킨 대가로 권력의 마력에서 벗어날 수 있었지만, 그들의 용어는 어떠한 정치와 연계될 수 없었고 심지어는 그것을 명시적으로 표현

76) 우리는 하버마스가 「새로운 불투명성」(The New Obscurity)에서 그렇게 한 것처럼 개혁주의의 절정기에서조차 노동소외를 보상하는 복지국가 모델을 유토피아적인 것으로 묘사해야 하는 이유를 거의 알지 못한다. 실제로 우리는 노동자 단체의 합리적 조직을 초기 사회주의적 유토피아의 기본적 특성으로 파악하지 않는다. 그 이유는 특히 이 유토피아의 많은 형태들이 노동의 인간화가 아니라 노동시간의 극적인 최소화──사실 노동의 폐지──를 포함하기 때문이다. 경제적인 자유주의적 유토피아가 시장 유토피아인 것처럼, 사회주의적 유토피아는 기본적으로 (생산만이 아니라 사회 전체를 조직화하는) 권력 유토피아이다. 노동조직이 사회주의적 유토피아의 한 요소가 되는 것은 바로 그것이 생산의 증대와 관련한 자유주의적 꿈을 끌어 들였을 때였다.

할 수도 없었다.[77]

연대의 자원에 의존하고 의사소통적 의지형성 과정을 크게 확장하고자 하는 민주적 유토피아는 전체주의화될 수 있거나 자주 전체주의화되어 왔다. 이러한 민주적 근본주의의 특징들은 그것이 출현할 때마다 무정부주의적 유토피아를 권력 프로젝트의 투명한 겉표지로 만들거나 또는 사회의 원시주의적 탈분화를 위한 프로젝트로 만드는 경향이 있었다. 시장 유토피아와 권력의 유토피아의 경우 전체주의화가 민주주의의 파괴를 가져왔다면, 초기 형태의 의사소통의 유토피아의 경우 그 결과는 자기파괴였다. 이러한 차이가 발생하는 이유는 의사소통의 유토피아의 경우 전체주의화가 원칙적으로 하나의 모순을 의미하기 때문이다. 생활세계는 돈과 권력과는 다르다. 심지어 결사체적으로 조직된 제도들조차 분화된 하위체계에 쉽게 또는 자발적으로 침입하여 그것을 포섭할 수는 없다. 훨씬 더 중요한 것은 생활세계의 근대화가 근대 경제와 국가의 분화에 의존한다는 것이다. 국가와 경제의 탈분화는 시민사회에서 민주주의적 심의와 의사결정을 위한 시간자원을 박탈할 수 있다. 따라서 민주적 결사체 (의사소통) 논리의 전체주의화는 단지 단기적·장기적인 역기능적 부작용과 병리에 기여하는 것만이 아니다. 즉 그것은 원칙적으로 자기모순적이다. 따라서 유토피아 사상의 자기성찰이 권력과 돈의 논리의 제한이라는 관념—그것들의 역동성에 "사이드 브레이크를 거는"—과 급진민주주의의 자기제한이라는 관념 모두로 이어진다는 것은 분명하다. 이러한 이중의 제한상황은 분화를 요구한다.

민주적 유토피아주의의 자기제한에는 또 다른 이유가 있다. 그리고 그것이 바로 많은 역사적 유토피아들과 혁명적 파괴라는 관념 간에 존재

---

77) 특히 T. W. Adorno, *Negative Dialectics* (New York: Seabury Press, 1973)를 보라. 이 저작은 그의 가장 유토피아적인 저술이다.

하는 널리 인정되고 있는 우연적 연관성이다. 근대적 의미에서의 혁명은 그 프로젝트와는 무관하게 권력조직에 의해 수행되거나 또는 적어도 성취된다. 그리고 그러한 권력조직들은 종래 사회의 철저한 파괴 속에서 그리고 그것이 초래하는 피할 수 없는 혼돈과 권력공백 속에서 군주의 권력을 제한하기보다 증가시킨다.[78] 이를테면 미국 헌법과 권리장전 그리고 프랑스의 인권선언 사이에서 정신의 차이를 낳은 것은 바로 그러한 배열태이다.[79] 권력의 유토피아가 전면적 파괴와 선택적 친화성을 가진다면, 민주적 의사소통의 유토피아는 그 자신이 지닌 혁명적 원천에도 불구하고 혁명에 의해서 위협받는다.[80] 어떤 특정 상황에서 혁명이 바람직한가와 관련한 쟁점은 분명 유토피아 프로젝트의 관점만으로는 결정될 수 없다. 억압체계의 전복이 수반될 때에는 특히 더 그렇다. 그러나 혁명적 파괴가 민주주의에 대해 갖는 위험성을 지적하는 것은 의미가 있다. 그리고 민주주의의 정당성에 필수불가결한 전제조건을 지적하는 것도 의미가 있다. 민주주의를 정당화할 수 있는 유일한 방식은 혁명논리와는 반대되는 원칙, 즉 새로운 형태의 권력조차도 권리의 측면에서

---

78) 한나 아렌트의 반증사례, 즉 미국혁명은 이러한 맥락에서 기껏해야 하나의 보수혁명일 뿐이다. 왜냐하면 그것은 제헌권력으로서의 기존 (국가)제도들에 의존할 수 있었기 때문이다. 어떠한 혁명적 유토피아도 이 모델에서는 영감을 발견하지 못했다. 우리는 부분적으로 이 모델에 기초하고 있는 아렌트 자신의 유토피아는 분명 하나의 자기제한적 의사소통 모델이라는 점을 지적해야만 한다. 그녀는 민주적 권력을 전체주의화하는 것을 거부하고 법과 전통을 통해 그것을 제한하고자 한다. 『혁명론』에서 그녀가 지배를 제한하는 전통과 민주적 참여의 고갈을 연계시키는 것은 또 다른 문제이다. Hannah Arendt, *On Revolution* (New York: Penguin Books, 1977).

79) M. Gauchet, "The Rights of Man," in F. Furet and M. Ozouf, eds., *A Critical Dictionary of the French Revolution* (Cambridge: Harvard University Press, 1989)을 보라.

80) François Furet, *Interpreting the French Revolution* (Cambridge, England: Cambridge University Press, 1971)을 보라.

제한하는 것을 수반하는, 새로운 권력의 지속적인 제도화에 있다.[81]

심지어 민주주의혁명조차도 권리에 의해 제한되어야만 한다. 그것은 분화의 유토피아의 결과이다. 이것은 민주주의혁명이 근대 세계에서 여전히 민주적으로 남아 있을 수 있는 것은 오직 그것이 시민사회를 제도화할 때뿐이라고 말하는 것과 동일하다. 그것은 실제로 비록 불완전한 시민사회 모델일지라도 그것을 폐기하는 것에 기초해서는 결코 가능하지 않다. 하지만 의사소통의 유토피아, 즉 복수의 민주주의가 단지 모종의 시민사회 또는 어떤 권리 모델을 확립하는 프로젝트일 수는 없다. 우리가 염두에 두고 있는 시민사회의 유토피아는 지금까지 논의한 시민사회 모델과 동일하지 않다. 그리고 그것이 함축하는 권리구조는 오늘날 헌법에서 발견되는 어떤 구조와도 동등하지 않다. 민주주의와 권리를 정당화하는 원리는 오직 다양한 공중의 민주적 의사소통을 제도화하고 친밀성의 영역을 근대적 형태의 불평등과 부자유뿐만 아니라 모든 전통으로부터 해방시킴으로써 개인의 자율성의 조건을 방어하는 시민사회 모델과만 양립할 수 있다.[82] 우리가 필요로 하는 권리 모델은 의사소통의 권리(공론장)와 친밀한 (또는 '사적') 영역의 권리를 헌법상의 자유의 목록의 중심에 올려놓을 것이다. 그러한 권리들이 단지 그것들의 필요조건을 구성할 뿐인 모든 정치적·경제적·사회적 권리에 대해 우선권을 가질 것이다. 그러한 목록의 확립은 실제로 새로운 시민사회 모델의 제도화를 의미하는 것일 수도 있다.

우리는 모든 유토피아 사상에서 나타나는 도덕적-실천적 정당화와 감정지향적 동기부여 간의 연관성에 대해 알고 있다. 어떤 사람에게는 여기서 전개한 시민사회의 유토피아가 동기부여 능력이라는 면에서 결

---

81) 제1장을 보라.
82) 제10장을 보라.

함이 있는 것으로 보일 수도 있다. 왜냐하면 그것이 실제적인 문화적 목표와 구체적인 삶의 형태와는 너무 멀리 떨어져 있기 때문이다. 그러나 법적-정치적 강조에도 불구하고, 근대 생활세계의 분화의 측면에서 이해되는 시민사회의 유토피아가 모든 문화변동 개념과 단절할 필요는 없다. 우리의 분석에서 생활세계의 식민화('자유의 상실')와 근대의 분화된 문화가 지닌 잠재력의 선택적 제도화('의미의 상실') 간에는 하나의 근본적인 연관성이 존재한다. 민주적 시민사회 프로젝트, 즉 그것의 분화 모델은 분명 생활세계의 탈식민화 프로젝트이다. 오늘날 문화적 잠재력의 선택적, 즉 기본적으로 인지적-도구적 유형의 피드백을 조장하는 것은 돈과 권력의 논리에 의한 생활세계의 식민화 또는 침투이다. 시민사회 내에서 민주적 제도와 새로운 형태의 대인관계의 조직화는 심미적인 문화적 자원뿐만 아니라 도덕적 자원을 통해 풍부한 일상적 의사소통의 관행을 바람직하고 가능한 것으로 만들 것이다. 물론 그러한 피드백이 상당한 규모로 발생하기 위해서는 이들 영역 속의 전문가 문화와 일상적 의사소통 간에 새로운 관계가 확립되어야만 할 것이다. 만약 그것이 성공한다면, 그러한 변동은 생활세계 자체의 가장 심층적인 수준에 영향을 미칠 것이다. 이와 동시에 그러한 유토피아 모델에서 문화변동은 미시적 수준에서 그것이 기여한 바를, 자기제한 관념을 자신들의 일상의 관행 속에 구축한 결사체와 집단의 삶의 수준으로 전환함으로써, 그것의 전체주의화하는 잠재력과 결별할 수도 있다.

요약하면, 여기서 우리가 구상한 "시민사회의 유토피아적 지평"은 서로 다른 하위체계들과 생활세계 간의 경계를 보존하는 것—그리고 우리가 앞으로 살펴보듯이, 또한 생활세계의 재생산 정명에 근거한 규범적 고찰이 공식적으로 조직화된 행위영역에 영향을 미치는 것—에 기초한다. 체계의 정명으로부터 해방된 생활세계의 상황은 적절한 시기에 전통적으로 확립된 규범을 의사소통적으로 이룩한 규범으로 대체하는 것을 가능하게 해줄 수 있다. 이 과정은 이미 시작되었지만, '근대' 가족 속에서 여성과 아이들이 처한 상황이 입증하듯이, 결코 완결된 것은 아니다. 유토피아의 자기제한적 측면은 이러한 조직원리를 사회의 모든 것에 강요하고 따라서 조종 메커니즘을 탈분화시키고 그리하여 전체로서의 사회를 탈분화시키는 대신에, 의사소통적 행위조정을 시민사회 자체의 제도적 핵심에 한정하는 것을 말한다.

현존 시민사회의 제도적 이차원성

유토피아, 특히 혁명적 파괴의 관념과 연결되어 있는 유토피아를 전체주의화하는 것은 정치와 규제적 관계라기보다는 구성적 관계를 맺는 것을 목적으로 한다. 합리적으로 구성된 모델은 그것을 실제로 실현하기 위한 것이다. 그러한 유토피아는 기존 구조를 철폐하고 완전히 새로운 구조를 창조하는, 일종의 절박한 상황의 해결책(deus ex machina)으로서의 혁명운동과 함께 기존 현실에 대한 초월적 비판에 전적으로 의존할 수 있다. 혁명적 유토피아는 반사실적인 규범과 실제 제도 간의 모순에 의존하여 진정한 내재적 형태의 비판을 단지 일관성 없이 이용할 수 있다. 왜냐하면 파괴라는 관념은 어떤 것은 본질적으로 구제할 가치가 있다는 관념을 배제하기 때문이다.[83] 하지만 그러한 관점에서 볼 때, 사회의 규범은 단지 전략적 행동을 위한 명백한 구실에 지나지 않게 되고, 이것은 내재적 비판과 양립할 수 없다.

자기제한적 유토피아와 현실 간의 적절한 관계는 규제적 관계이어야

---

83) 내재적 비판과 초월적 비판 간의 관계에 대한 최고의 논의는 여전히 아도르노의 논의이다. T. W. Adorno, "Cultural Criticism and Society," *Prisms* (Cambridge: MIT Press, 1981). 또한 Cohen, *Class and Civil Society*; Andrew Arato, "Introduction to Sociology of Culture," in Andrew Arato and Eike Gebhardt, eds., *The Essential Frankfurt School Reader* (New York: Urizen Press, 1979)를 보라.

만 한다. 재구성 프로젝트는 새로운 제도적 삶의 실제 내용이 아니라 단지 정당한 절차만을 규정하는 규범적 원리에 의해 인도되어야만 한다. 무엇보다도 그러한 유토피아는 모든 갈등을 넘어서는 단일한 형태의 삶을 강요하는 것을 목적으로 하지 않는다. 모든 유토피아처럼 우리가 염두에 두고 있는 유토피아는 현존하는 실재와 관련하여 초월적 요소를 가지고 있다. 그러나 자기제한적 유토피아주의는 내재적 비판과 하나의 본질적 관계를 가지고 있다. 왜냐하면 그것은 심지어는 이론적으로조차 자신의 내용으로부터 새로운 사회를 구성할 수 없으며 또 구성해서도 안 되기 때문이다. 따라서 아도르노가 예견했듯이, 우리가 제창하는 유토피아는 초월적 형태의 사회비판과 내재적 형태의 사회비판을 결합해야만 한다.

게다가 더욱더 심각한 것은 아도르노가 지니고 있던, 그리고 마르쿠제에서 되풀이되었던 의구심이다. 그것은 바로 서구와 동구 모두에서 삶의 모든 영역의 물화를 특징으로 하는, 전적으로 관리되는 일차원적인 사회가 지배적이 되었다는 것이다. 그러한 사회에서 진정한 의미에서의 이데올로기가 사라지고, 그와 함께 내재적 비판의 유일하게 가능한 대상도 사라진다.[84] 자본주의적 자유민주주의 사회와 전체주의 사회를 동일시하는 것—사실 받아들이기 어려운—에 근거하는 것으로 보이는 이 급진적 평가는 사실 경제, 정치, 문화, 가족, 퍼스낼리티에 대한 프랑크푸르트학파의 전반적 분석전통에 의해 뒷받침되었다.

---

84) T. W. Adorno, "Ideology," in Frankfurt Institute for Social Research, *Aspects of Sociology* (Boston: Beacon Press, 1972); Herbert Marcuse, *One-Dimensional Man* (Boston: Beacon Press, 1972). 마르쿠제는 『소비에트 마르크스주의』에서 그때까지는 자신이 소비에트 마르크스주의가 진정한 정통마르크스주의 이데올로기를 지니고 있다고 가정한 까닭에 일차원성 주장을 소비에트 사회에까지 확장하지 않았다. Marcuse, *Soviet Marxism* (New York: Vintage, 1961). 하지만 그는 얼마 가지 않아 그러한 유보조항을 포기했다.

시민사회의 유토피아는 매우 설득력 있는 반대 테제로부터 시작한다. 그 테제에 따르면, 소비에트 유형의 사회와는 달리 서구 자유민주주의 사회는 시민사회—하지만 불완전한—이다. 만약 이것이 사실이라면, 이러한 주장은 이 유토피아의 자기제한적·규제적 지위를 정당화하고 또 일신된 내재적 비판을 통해 그것과 정치와의 잠재적 연계관계를 설정할 것이다. 학제적 연구에 의해서 뒷받침되었던 일차원성 테제와는 달리, 시민사회에 대한 내재적 비판의 관념은 현재로서는 그것의 배후에 상대적으로 그리 비판적이지 않은 사회과학을 가지고 있다. 설상가상으로 기존 사회학의 가장 엄밀한 모델들 중 일부—특히 루만의 체계이론—는 특히 정치사회학의 일차원성 테제의 많은 세부항목들뿐만 아니라 시민사회의 종말 관념을 지지하고 있다.

그럼에도 불구하고 우리는 우리의 재구성된 시민사회 개념이 이런 방식으로 현존 사회 전체를 해석하도록 강요하지 않으면서도, 물화현상을 진지하게 받아들일 수 있게 해준다고 믿는다. 이제 우리는 (루카치가 암묵적으로 규명한) 돈과 권력이라는 매체의 형성과 물화를 구분할 수 있다. 일상적 상호작용의 조정에서 매체가 일상언어를 대체하는 것은 새로운 비인격적인 형식적 체계의 발흥과 관련된 근대적 형태의 부자유가 전통적 형태의 타율성을 대체하는 것과 같지 않다. 매체에 의해 조종되는 상호작용의 발전은 의사소통 가능성을 엄청나게 확장하고, 그리하여 말하자면 새로운 근대적 형태의 의사소통적 행위조정과 매체의 동시적 발전을 포함하는 포지티브섬 게임을 구성할 수 있게 해준다. 따라서 물화는 하위체계의 출현과도 그리고 근대 생활세계 구조에 의한 전통적 생활세계 구조의 대체와도 같지 않다. 오히려 그것은 돈과 권력에 의한 근대 생활세계 구조의 포섭과 침식을 의미한다. 이러한 이론적 관점에서 볼 때, 생활세계 제도의 근대화는 이중의 측면에서, 즉 물화와 의사소통적 합리화라는 측면에서 탐구될 수 있다.

이 이중적 측면은 근대 하위체계에서 매우 중요한 합법성의 영역뿐만 아니라 가족, 문화, 결사체의 제도적 영역을 탐구하는 최고의 관점을 상징한다. 시민사회의 자율성과 그것의 더 많은 합리화에 기여하는 현대 제도의 이러한 측면들은 현대 제도의 긍정적 측면을 구성한다. 반면 식민화를 조장하는 물화된 구조는 그것의 부정적 측면을 구성한다. 여기서 우리는 단지 현대 시민사회의 제도적 동학에 관한 이론을 위해 발전되어야만 하는 개념의 윤곽을 지적할 수 있을 뿐이다. 이 단계에서 우리의 증거는 단지 일차원성과 체계통합이라는 서로 대립하는 테제에 이의를 제기하고자 하는 사회·정치 이론의 전통에 의해서만 구성된다. 이러한 예비적인 관점에서조차 우리는 근대 가족, 정치적·문화적 공론장, 결사체의 제도적 발전 모두가 유사하게 이원론적이라고 주장하는 것이 가능하다고 믿는다.

1. 가족과 관련하여, 우리는 학교와 매스미디어의 사회화 장악과 중간계급 가부장제적 가족의 재산기반 상실이 아버지 권위의 폐지와 함께 자아자율성(ego autonomy)의 종말을 수반한다는 (하버마스가 공유하곤 했던) 옛 프랑크푸르트학파의 테제에 대한 하버마스의 도전을 지지한다. 체계/생활세계 구분의 관점에서 볼 때, 그 모습은 다소 달라 보인다. 많은 경제적 기능으로부터의 가족의 해방과 사회화 기관의 다양화는 가족 간의 평등주의적 관계와 자유화된 사회화 과정이 성립할 수 있는 잠재력을 만들어낸다. 그것을 통해 이 영역에서 의사소통적 상호작용이 지닌 합리성 잠재력이 해방된다. 물론 이러한 잠재력이 봉쇄될 때, 그리고 공식적으로 조직화된 하위체계—성인이라면 참여해야만 하는—의 요구들이 그러한 해방적 사회화 과정을 경험한 사람들의 능력과 기대와 상충될 때, 새로운 형태의 갈등 그리고 심지어는 병리가 발생한다.[85]

---

85) 이 테제를 지지하는 흥미로운 역사적 분석으로는 Carl Degler, *At Odds: Women*

2. 민주적 정당성과 대의제도의 원리들은 제도화된 공론장(의회) 내에서 이루어지는 모든 이해관계에 대한 자유로운 토론과 두 하위체계에 대한 생활세계의 우위를 함의한다. 하지만 우리가 루만에서 살펴보았듯이, 중앙집중화된 공론장과 진정한 참여를 분리하는 것은 매우 광범위한 이해관계와 쟁점들이 전반적 토론의 대상이 되는 것을 차단하는 것으로 이어진다. 정당과 선거과정의 역할은 사회적으로 배열된 특정한 중요한 이해관계를 결집하고, 보다 일반적인 사회에서 정치에 투입하는 시간과 공간을 사사화되고 비정치화된 가장 협소한 개인적 통로로 제한하는 것이다. 시민사회와 정치를 매개하기 위한 정치조직들은 정치체계 그 자체의 관료제적 조직이 되었고, 그것들은 민주적 참여를 실현시키기보다는 오히려 제거한다. 이러한 관점에서 의회는 의사결정의 쇼를 전문으로 한다. 즉 그것은 모든 공적 토론의 밖에서 이루어진 결정을 위장하기 위한 연막이다. 마지막으로, 정치적 공론장은 단지 상업화된 대량문화의 확장일 뿐이며 마찬가지로 조작된다.

그러나 이것이 이야기의 전부가 아니다. 이를테면 루만은 엘리트민주주의가 어떻게 정치체계 외부 영역에서 일어나는 재정치화와 재공공화 모두를 피하고 또 정치와 관련된 무관심이 초래하는 역기능이 확산되는 것을 막을 수 있는지를 결코 보여줄 수 없다. 또한 그는 왜 엘리트민주주의가 고전 민주주의 이론의 공식적 개념을 전파할 수밖에 없을 뿐만 아

and the Family in America from the Revolution to the Present (Oxford: Oxford University Press, 1980)를 보라. 데글러는 별개의 영역이라는 교의 및 어린 시절이라는 새로운 개념과 함께 가족이라는 친밀한 영역의 발전이, 비록 그것이 아내와 어머니의 역할과 결부되어 있었다는 사실에도 불구하고, 여성들이 자아의식의 개막을 경험할 수 있는 영역을 열었다고 주장한다. 여성들을 '공적' 영역에 투영하고 여성들이 궁극적으로는 삶의 모든 영역에서 자율성과 개성을 주장할 수 있게 하고 그리하여 초기 형태의 자비로운 가정이 갖는 가부장제적 성격, 그리고 궁극적으로는 별개의 영역이라는 교의 자체에 도전하게 한 것도 바로 이 새로운 개념이었다. 제10장을 보라.

니라 그에 따라 정치과정 연출법의 중요한 부분을 구조화할 수밖에 없는지를 만족스럽게 설명하지 못한다. 그는 그러한 연출법이 산출한 권력관계가 '실제로' 쉽게 전도될 수도 있음을 고려하지 않는다. 지배적인 정치적 의사소통이 거의 전적으로 아래로 침투해 들어가는 과정에 대한 경험적 주장은 설득력이 없다. 복지국가의 수립과 같은 커다란 구조적 변화(그러나 또한 현재의 신자유주의적 전환까지도)는 많은 풀뿌리 행동에 대한 응답으로 보인다. 게다가 엘리트이론가들이 예견했던 관료제적 형태의 포괄정당은 사회적 동일시를 위한 충분한 중심축을 제공하는 것으로 보이지 않으며, 또한 매우 긴급한 새로운 쟁점의 출현에 잘 대응할 수도 없다. 따라서 일부 국가들은 운동과 새로운 형태의 관계를 맺는 의회 외부의 반대세력이나 정당의 출현을 경험해왔다. 이러한 현상은 정치적 공론장의 구조에도 영향을 미쳐왔다. 의회와 주요 매체에 의해 구성된 중앙의 정치적 공론장이 여전히 상당 부분 (그러나 모든 곳에서 동일하지는 않다!) 폐쇄되어 있고 접근하기 어렵기는 하지만, 분화되어 있으나 상호관련된 대안적인 복수의 공중들이 정치적 의사소통 과정을 거듭해서 부활시키고 그 질을 높이고 있다. 새로운 유형의 정치조직의 출현과 함께, 의회와 당대회에서의 공적 토론은 서독의 경우가 그랬던 것처럼 그러한 정치조직에 영향을 받는 경향이 있다. 따라서 정치적인 공적 삶을 고갈시키는 엘리트민주주의의 과두제적 경향과 나란히 우리는 생활세계의 새로운 문화적 (실천적 · 심미적 · 인지적) 잠재력에 기초한 재민주화라는 정반대의 경향—비록 약하기는 하지만—을 가정해야만 한다.

3. 우리는 매스미디어의 발전을 의사소통의 상업화로도, 그리고 의사소통의 행정적 왜곡이라는 순전히 부정적 징후로도 해석할 수 없다. 이 지적은 특히 중요하다. 왜냐하면 하버마스의 공론장에 대한 초기 테제에서 국가와 시민사회 간의 가교를 제거하는 것을 함의하는 융합 주장은,

단시 매개의 문화석 내용이 '상업화'되고 '산업화'될 때에만 작동하기 때문이다. 우리 사회에서 위에서 아래로, 중심에서 주변으로 확산되는 대량 의사소통 모델이 수행하는 엄청난 역할을 부정할 수 있는 근거는 거의 없다. 하지만 일반화된 형태의 의사소통 또한 탈지방화되고 확장되어 새로운 공중을 창조한다. 일반적인 의사소통 영역에서는 정치적 공중의 분화 및 다원화와 관련하여 우리가 언급한 것이 훨씬 더 사실이다. 하위문화에서 거대한 교육제도까지, 정치적 공중에서 과학적 공중까지, 사회운동에서 미시제도까지 중요한 비판적 의사소통을 위한 공간은 상업화되고 조작된 홍보·광고·산업문화의 틀이 성장하면서 엄청나게 확대되어왔다. 계몽된 공론장 프로젝트가 처음 제기된 이래로, 우리는 단일한 쇠퇴의 역사(대중문화의 발생)도 그리고 '민주화' 과정도 겪지 않았다. 그러나 민주화에 의해 두 가지의 동시적 역사가 가능해졌다. 하나는 돈과 권력을 통한 문화침투의 역사이고, 다른 하나는 생활세계의 근대화에 의해 가능해진 공적 삶의 부활의 역사이다. 그것은 공적 삶을 보다 보편적이고 더 많은 것을 포함하고 보다 다원적이게 만들었다. 첫 번째 과정이 자주 지배적인 것으로 보이지만, 그것은 의사소통의 기술적 수단에 잠재하는 불가피성에서 기인하는 것이 아니다. 전자매체의 기술적 발전이 반드시 집중화로 이어지지는 않는다. 즉 그것은 수평적·창조적·자율적 형태의 다원주의를 수반할 수도 있다.[86]

    4. 하버마스의 분석에서 배제되어 있는 결사체의 문제[87]는 문화의 문

---

86) 발터 벤야민에서 한스-마그누스 엔첸스베르거(Hans-Magnus Enzensberger)에 이르는 해석자들은 아도르노의 정반대 견해에 맞서 이 점을 강조해왔다.

87) 하버마스가 그것들을 배제한 까닭은 모든 조합주의와 특수주의에 대한 과장된 공포 때문이었다. "The New Obscurity"를 보라. 이러한 맥락에서 그것이 암시하고 있는 처방—보편적인 규범적 정당화와 다원주의적 하위문화의 결합—이 정당화된다. 하지만 이들 하위문화가 단지 "신조합주의적 회색지대의 거울 이미지"를 구성할 뿐이라는 공포는 결사체가 회색형태의 대안적 공중 이외의 다른 모든 것

제와 병행한다. 결사체의 문제와 문화는 공론장의 구조를 통해 연관된다. 뒤르켐과 그람시가 인식했던 것처럼, 조합체와 결사체에 대한 근대국가와 경제의 적대감이 그것들의 재출현과 근대화를 막을 수는 없었다. 이러한 맥락에서 결사체의 관료제화와 의사다원주의적·조합주의적 형태의 이익대표제도와 집합체—즉 융합 주장의 하나의 핵심적 차원—는 현대 결사체적 삶의 유일한 경향으로 간주될 수 없다. 모든 자유민주주의 사회에 존재하는 엄청난 수의 자발적 결사체,[88] 조합주의적 교섭의 맥락에서 출현하는 새로운 결사체들, 그리고 시민행동과 사회운동에서 그것들이 수행하는 역할[89]이 우리 시대가 관료제의 시대가 아니라 결사체의 시대라는 파슨스식의 다소 일방적 논지를 입증해주지는 않을 것이다. 그러나 다원주의적 테제에 대한 좌파의 정당한 비판—다양한 형태의 결사체들이 정치체계에 매우 다른 방식으로 접근하는 것을 막는다는—이 우리 사회에서의 온갖 원자화와 대량화 요구에 대항하는 이 테제의 타당성에 대해 우리가 눈감게 하지는 않을 것은 분명하다. 결사체의 탄력과 그것의 역동성의 주기적 회복은 생활세계의 근대화를 통해 그리고 연대라는 희소한 자원에 대해 그것이 규범적으로 기여하는 바를 통해 설명될 수 있다.

5. 마지막으로, 현대 민주적 복지국가에 이르기까지 이루어진 합법성의 발전은 시민사회의 근대화와 행정기관의 시민사회 침투 모두를 수반한다. 게다가 우리가 사회의 현대적 법제화의 양면적 성격을 위치시켜야만 하는 곳도 바로 법 자체의 이중적 성격이다. 하버마스에 따르면, 하나

과 맺는 관계를 전제할 때 정당화되지 않는다.

88) 이에 대한 알몬드와 버바의 논의는 여전히 이상적이다. 그리고 그들의 책이 출간된 이후에 발생한 새로운 운동들은 그들이 옳았다는 것을 입증해주었다. Gabriel A. Almond and Sidney Verba, *Civic Culture: Political Attitudes and Democracy in Five Nations* (Princeton: Princeton University Press, 1963).

89) 제10장을 보라.

의 '매체'로서의 법은 돈 그리고/또는 권력과 함께 경제와 행정의 구조를 구성하는 하나의 조직수단으로 기능한다. 그러한 방식 속에서 경제와 행정은 직접적인 의사소통과 무관하게 조정될 수 있다. 반면 '제도'로서의 법은 "생활세계의 사회적 구성요소로, ……광범한 정치적·문화적·사회적 맥락에 착근되어 있으며…… 도덕적 규범과 연장선상에 있으며, 의사소통적으로 구조화된 행위영역 위에 포개진다."[90] 이러한 의미에서 법제화는 구성적 역할보다는 규제적 역할을 수행하며, 의사소통적으로 조정된 행위영역(의 윤리적 원리)으로까지 확장되어 그것에 하나의 구속력 있는 형식을 부여한다. 적어도 일부 형태의 법적 규제의 이러한 권한부여 차원은 법제화 자체에 의해 육성되었다. 이 점과 관련한 푸코의 오류——이것은 모든 무정부주의적 태도에서 일반적으로 나타난다——는 그가 매체로서의 법의 역할에만 배타적으로 초점을 맞추어온 반면, 자유를 확보하고 권한을 부여하는 제도적 요소들은 단지 단순한 쇼로 기각해버렸다는 것이다. 이 두 차원이 루만에서 등장하기는 하지만 정의상 그것들은 항상 존재하며, 따라서 두 개의 선택지 간의 긴장과 그것들 사이에서의 선택 가능성은 제기될 수 없다. 체계와 생활세계의 구분은 우리가 두 가지 형태의 법적 규제——이 중 하나만이 시민사회의 제도적 삶의 자율성과 양립할 수 있다——를 대비시키고 (적어도 삶의 일부 영역에서) 선택할 수 있게 해준다.[91]

---

90) *TCA*, vol. 2, ch. 8.

91) 매체로서의 법 관념은 우리가 법을 돈과 권력처럼 하나의 의사소통 매체로 생각한다는 것이 아니라 오히려 우리가 그것의 일부 능력(즉 현대 사회에서의 주요한 능력)과 관련하여 법을 행정국가와 시장경제 매체의 작동을 촉진하는 기능을 한다고 이해한다는 것을 의미한다. 이러한 견해에서 볼 때, 루만의 표현을 사용하면 법은 진정한 권력매체가 작동할 수 있게 해주는 부호다. 제도로서의 법과 매체로서의 법의 구분은 두 가지 서로 다른 방식으로 작동하는 동일한 법의 부호를 지칭하는 것일 수도 있다. 이를테면 동일한 법령이 행정법원에 의해 적용될 수도 있고, 또한 예심(배심)법원에 의해 적용될 수도 있다. 물론 우리가 법의 완전한 정치

언뜻 보기에 제도로서의 법은 매체로서의 법의 약한 경쟁자인 것처럼 보인다. 왜냐하면 후자가 주로 복지국가 행정의 합목적적-규제적 활동이 확장된 것을 나타내기 때문이다. 이러한 활동들이 생활세계의 재생산을 방해한다는 사실은 하나의 부적절한 외부 효과로 보일 수도 있다. 하지만 법을 전적으로 하나의 매체로 축소시키는 것——근대 법의 정치적 도구화에서 가장 철저한——은 경제를 포함하여 삶의 많은 영역에 법이 비효율적으로 개입하게 할 뿐만 아니라, 한때 루만이 법의 실정화 기능으로 간주했던 법의 규범적 측면을 약화시킬 수도 있다.[92] 이러한 결과

적 도구화를 법이 하나의 매체로 축소된 것으로 간주할 수도 있지만, 이것은 권력매체와 동일시될 수도 있다. 그런데 그러한 권력매체가 작동하기 위해서는, 그것이 더 이상 진정으로 법적이지 않다면 아마도 도덕적이거나 역사철학적인 또는 종교적인 부호로 제시되어야만 한다. 불행하게도 오늘날에는 이러한 선택지 각각을 보여주는 실례들이 많이 있다.

현대 법적 과정 속에 대안들이 존재한다는 우리의 관념은 매체로서의 법과 제도로서의 법의 구분이 아닌 다른 수단에 의해 이끌어내질 수 있다. 특히 웅거의 형식적·실제적·절차적 법의 구분은 하나의 유익한 대안적 출발점을 제공한다. 파슨스는 처음으로 형식적 법과 경제사회, 실제적 법과 국가행정, 절차적 법과 시민사회 간의 선택적 친화성을 지적했다. 사실 자유주의 국가의 법제화와 복지국가의 법제화와 유추하여, 형식적 법과 실제적 법 자체를 시민사회의 관점에서 양면적인 것으로, 즉 집단과 개인에게 권한을 부여하면서도 또한 새로운 형식의 종속과 부자유를 조장하는 것으로 간주하는 것이 더 나을지도 모른다. 성찰적 법의 한 형태로서의 절차적 법(즉 다른 절차에 적용된 절차)은 다른 유형의 근대 법을 대신할 수 없다. 메타수준은 그것이 적용되어야만 하는 수준들, 이 경우에는 성찰적 방식으로 적용되어야만 하는 수준들을 전제로 한다. 하지만 절차적 법의 사용의 증대는 실제적 법과 형식적 법의 권한부여 차원을 강화할 수도 있다. 물론 이것은 또한 제도로서의 법의 차원, 측면 또는 적용을 강화하는 것으로 인식될 수도 있다. 우리가 나중에 성찰적 법이 국가와 경제의 새로운 형태의 탈규제적 규제를 도입하는 데 도움을 준다고 주장할 것이지만, 그것은 또한 법적 부호를 통해 작동하는 식민화에 맞서는 시민사회의 하나의 중요한 방벽을 의미할 수도 있다.

92) R. M. Unger, *Law in Modern Society* (New York: Free Press, 1976), 192-200; F. Ewald, "A Concept of Social Law"; G. Teubner, "After Legal Instrumentalism? Strategic Models of Post-regulatory Law," both in Teubner, ed., *Dilemmas of Law*

는 법이 그것을 통해 작동해야만 하는 옳고-그름의 이원적 부호에 악영향을 끼칠 수 있고, 또 전체 법체계의 정당성을 약화시킬 수도 있다. 제도로서의 법을 대체하는 경향에도 불구하고, 매체로서의 법이 가능한 것은 법이 또한 제도일 때뿐이다. 적어도 제도로서의 법을 부분적으로나마 선택하는 것이 필요한 것은 법의 조종기능이 보호되어야 할 때이다.

매체로서의 법과 제도로서의 법 사이에서의 선택은 또 다른 절박한 문제(하위체계 그 자체의 법적 규제)에 도움이 되지 않는다. 하버마스가 『의사소통행위이론』에서 현존 시민사회의 구조 내에 존재하는 다른 대안들을 분석한 것처럼, 제도로서의 법의 관념은 우리에게 단지 우리가 식민화에 맞서 무엇을 방어해야 하는지만을 말해준다. 새로운 사회운동을 기본적으로 식민화에 대한 방어적 반응으로, 전혀 정치를 구성하지 않는 것으로 보는 그의 성향——후에 파기된——도 바로 여기서 비롯된다. 시민사회의 제도적 분석과 사회운동의 동학과 관련한 제도적 분석 모두에서 나타나는 결사체 개념의 부재가 하버마스로 하여금 운동을 단지 규범적 해체에 대한 반응이나 근대화가 수반하는 다른 형태의 탈구로 이해하는 고전적인 붕괴 테제를 부활시키게 한 것은 어쩌면 당연할 것이다.[93] 우리의 과업은 결사체 개념이 회복되어 새로운 공중관념 및 법

---

in the Welfare State를 보라. 이제 루만조차 이 역사화된 입장을 받아들여 복지국가에서 법의 정치화를 지적하는 경향을 더 드러내는 것으로 보인다. "The Self-Reproduction of Law and Its Limits," Dilemmas of Law in the Welfare State를 보라. 하지만 루만은 '성찰적 법' 프로젝트를 도구화보다는 규범에 훨씬 더 파괴적인 것으로 간주하는 실수를 범한다. 때때로 웅거도 미분화된 상태의 실제적 법과 절차적 법을 합목적적인 법적 추론을 표현하는 것이자 법의 지배를 파괴하는 것으로 다루는 등 유사한 실수를 범하는 것으로 보인다. 이를테면 Law in Modern Society, 195를 보라. 하지만 다른 곳에서 루만은 절차적 법 속에 형식성이 통합되어 있고, 그리하여 그것이 형식적 법과 실제적 법 사이에서 하나의 절충안이 된다고 옳게 지적한다. 이를테면 Law in Modern Society, 212를 보라.

93) 제10장을 보라.

적 규제와 연계될 때, 그것이 새로운 시민사회의 정치에 대한 정식화를 가능하게 할 것이라는 점을 입증하는 것이다.

시민사회의 정치

우리는 서구와 동구 모두에서 현대 민주주의 프로젝트에 기여할 수 있는 정치이론을 발전시키기 위해 체계와 생활세계의 범주와 관련하여 시민사회 개념을 재구성해왔다. 우리는 시민사회의 재구성과 관련하여 줄잡아 말해 점점 더 지배적이 되어왔다고 할 수 있는 세 가지 해석들의 출현에 관심을 기울이고 있다. 시민사회와 부르주아 사회를 동일시하는 신자유주의 모델, 사회를 국가에 엄격하게 병치시키는 반(反)정치적 모델, 덜 분화된 사회 속으로 근대 경제를 병합하고자 하는 반(反)근대적 해석이 바로 그것들이다. 이들 접근방식들 모두는 비록 그 형태는 다르지만, 시민사회와 국가라는 이분법적 모델을 공유하고 있다. 동구의 국가사회주의와 서구의 복지국가에 반대하여 신자유주의자, 반정치론자, 반근대론자들은 서로 다른 방식으로 시장사회, 이익집단과 정당정치로부터 벗어난 문화운동이나 사회운동들에 의해서 활성화된 사회, 또는 사회적으로 착근된 비분화된 경제를 재건하고자 한다.

오직 국가와 경제로부터 시민사회를 구분하고, 그것들 사이의 매개체를 분석하는 모델만이 시민사회 재구성 프로젝트들에 대한 그러한 잘못된 해석을 피할 수 있다. 게다가 우리는 그러한 삼분 모델에 대한 우리의 독특한 해석이 반정치적 또는 반경제적 근본주의의 환상에 빠지지 않으면서도 신자유주의적 함정과 신보수주의적 함정 모두를 피하는 방식으로, 복지국가에 대해 비판적으로 평가할 수 있게 해줄 것이라고 생각한다.[94] 이러한 비판들로부터 발전된 정치적 프로젝트는 서구에서뿐만 아니라, '유럽 재가입'을 추구하는 민주세력들이 서유럽의 과거의 모델(경제적 자유주의)과 현재의 모델(복지국가 개입주의)이 만들어낸 딜레마에 갑자기 빠지게 된 동구에서도 또한 의미 있을 것임이 틀림없다.

복지국가 비판

'계급타협'의 거부에 기초하는 전통적 좌파의 복지국가 비판은 이제 부적절하다. 현재의 사회주의 사회와의 급진적 단절을 통해 그리고 노동계급으로 구성된 혁명기구를 통해 이룩된 사회주의 사회에 대한 어떤 의미 있는 관념을 가지고 있지 않다고 해서, 노동자와 여타 세력들이 경제적·정치적 압력에 기초한 전략들을 통해서 뿐만 아니라 타협을 통해서 자신들의 이해관계를 대변하기 위해 노력하지 말아야 할 이유는 전혀 없다.[95] 오늘날 보다 새로운 좌파적 비판은 (이제 복지수혜자의 역할

---

94) 우리가 보기에 신보수주의는 신자유주의의 시장의 마술에 대한 숭배에 전통적인 권위주의적 시민사회의 방어를 덧붙이고 있다. 이것은 우리가 이들 접근방식 중 어느 것이 정치적으로 생존할 수 있는지를 결정하는 것을 더욱 어렵게 할 수도 있다. 왜냐하면 특히 우리는 두 접근방식 모두가 사회통합 없는 사회를 상상하고자 하는 신자유주의적 시도와 전통과 권위를 완전히 자유로운 시장의 합리성과 양립하게 만들고자 하는 신보수주의적 욕망과 관련된 내적 모순에 시달리고 있다고 믿기 때문이다. 그럼에도 불구하고 신자유주의와 신보수주의는 여전히 근대 국가와 근대 경제 모두에 대한 근본주의적 거부보다는 정치적으로 더 생존 가능하다.

95) A. Przeworski, *Capitalism and Social Democracy* (Cambridge, England: Cambridge University Press, 1985)를 보라. 또한 Claus Offe, "Bindung, Fessel, Bremse," in Axel Honneth et al., eds., *Zwischenbetrachtungen im Prozess der Aufklärung* (Frankfurt: Suhrkamp, 1989)도 보라. 클라우스 오페는 이렇게 말한다. "우리는 사회주의의 정치적·경제적 제도들이 무엇으로 구성되어 있는지를 알지 못한다. 우리가 그것을 알더라도, 우리는 그것들에 이르는 길을 알지 못할 것이다. 우리가 그 길을 알더라도, 관련된 사람들은 그 길로 기꺼이 나아갈 준비가 되어 있지 않을 것이다. 그들이 준비가 되어 있더라도, 기존 조건들이 작동하고 퇴보가 발생하지 않을 것이라는 어떠한 보장도 없다. 이 모든 것이 보장된다고 하더라도, 오늘날 정치적으로 주제화된 사회문제의 많은 부분이 여전히 해결되지 않은 채 남아 있을 것이다."(746쪽, 각주 9)

로 축소된) 시민의 역할에 대해서 뿐만 아니라 퍼스낼리티, 사회적 연대, 문화, 생태학에 대한 (계급경계를 넘나드는) 행정개입이 초래하는 파괴적 부작용에 초점을 맞추고 있다. 우리는 프랑스의 제2의 좌파와 독일의 '현실주의적' 녹색당의 관점을 전유함으로써,[96] 그리고 푸코와 하버마스가 묘사했던 것처럼 식민화된 생활세계로서의 시민사회의 '부정적 측면'을 탐구함으로써,[97] 그러한 비판노선을 평가하고 대응해왔다.

그럼에도 우리 앞에는 여전히 우리가 다루어야만 하는 신자유주의적 (그리고 신보수주의적) 비판들이 남아 있다. 이 비판들은 예기된 것이었으며, 좌파비판가들—사실 복지국가 개입주의의 합리성 결핍(rationality deficits)을 '위기관리의 위기'(crisis of crisis management)로 처음으로 해석한 것은 이들이었다[98]—에 의해 일부 재전유되었다. 이 분석노선에 따르면, 개입주의적·재분배적 정책은 다음과 같은 결함이 있다. (1) 그러한 정책들은 공적 재정에 감당하기 어려운 부담을 지우며, (관료 자신을 포함하여) 상이한 유권자들이 과도하고 상충하는 요구들을 하게 함으로써 행정을 혼란시키고, 조세와 규제의 중압으로 인해 자본가들의 투자와 축적을 방해한다. (2) 그러한 정책들은 노동과 자본의 이동과 동기를 감소시키고, 생산성 증대를 초과하는 임금인상을 촉진하고, 불가능하고 바람직하지 않은 성장 수준에 의존하여 현재의 사회적 지출을 유지하게 만든다. (3) 그러한 성장이 이루어지지 않는 상황에서, 그러한 정책은 감당할 수 없는 수준의 인플레이션을 초래한다. 실제로 복지국가의 보상정책은 그것이 지속적인 견실한 성장에 성공하는 것에

---

96) 서론과 제1장을 보라.

97) 푸코를 다룬 제6장을 보라.

98) 우리는 다음의 글을 염두에 두고 있다. James O'Connor, *Fiscal Crisis of the State* (New York: St. Martin's Press, 1973); Claus Offe, *Strukturprobleme des kapitalistischen Staates* (Frankfurt: Suhrkamp, 1982); Claus Offe, *Contradictions of the Welfare State*; Habermas, *Legitimation Crisis*.

달려 있지만, 복지국가는 바로 그 자신의 활동들을 통해 바로 그러한 성장의 가능성을 저해했다. 복지국가의 경제적 역기능들은 직접 또는 간접적으로 자본주의 경제의 메커니즘을 방해할 뿐만 아니라 재분배 정책을 통해 지원하고자 하는 많은 계층들에게도 해롭다. 이것이 사실인 까닭은 비생산적인 공공부문의 확장이 자본축적에 하나의 방해물이 되고, 이것이 다시 공적 지출에 이용될 재정자원을 제한하기 때문이다.

신보수주의의 규범적 전제나 정치적 결론을 받아들이지 않더라도, 신보수주의적 설명의 많은 것은 수용할 만하다. 클라우스 오페는 비록 자유민주주의에서 급진적 형태의 신자유주의적 시장지향 시나리오―어쨌든 대부분의 자본주의 사회를 "폭발적인 갈등과 무정부 상태"로 방치할 수도 있는―를 실행하기 위한 정치연합을 만들어낸다는 것이 불가능하기는 하지만, 우파의 진단은 경험적 타당성을 지닌다고 설득력 있게 주장한 바 있다.[99] 하지만 우리가 복지국가에 대한 좌파와 우파의 비판들을 결합시킬 경우, 우리는 소수의 선진 자본주의 민주주의 국가들과 관련된 일단의 특수한 전략들만이 아니라 '사회주의'라는 용어와 관련된 통제된 사회변동 모델 전체 역시 진부해졌다는 것을 분명하게 깨닫게 될 것이다.[100]

하버마스는 이 문제를 명확하게 파악해왔다. 하버마스는 복지국가의 수립은 자본주의 경제에 대항한 생활세계의 방어이자 행정국가에 의한 생활세계의 침투라고 주장했다. 이 두 번째 결과는 의도하지 않은 것이

---

99) Offe, *Contradictions of the Welfare State*, 149-154.

100) 결국 국가사회주의의 비참한 경험을 논외로 하면, 복지국가는 비록 그것이 자본주의 경제의 틀 내에서 이루어지기는 했지만, 사회주의 운동의 중요한 희망들의 일부를 제도적으로 실현시킨 유일한 것이었다. 사회주의 실험의 한 유형으로서의 사회민주주의적 개혁주의는 다양한 바트 고데스베르크 강령(Bad Godesberg program)이 아니라 케인스적 팽창주의 전략에서 기존 복지국가의 위기관리로의 이행과 함께 종식된다. Przeworski, *Capitalism and Social Democracy*.

었다. 복지국가의 목적은 연대를 증진하고 발전시키는 것이지 그것을 해체하는 것이 아니었다. 이 점에서 복지국가가 실패한 원인은 '사회주의'와 동일시되었던 하나의 특수한 민주주의 모델에 있다. 포괄적으로 말하면, 이 모델은 이른바 중립적 정치권력의 매체를 통해 스스로에게 영향을 미칠 수 있는 '사회'가 가능하다고 본다.[101] 하지만 역설적으로 (생활세계의 공통의 배경지식에 의지하여 서로 맞물려 있는 공론장들에 기반을 둔) 사회의 자기인식이 약하게나마 존재하지만 집합행위를 할 수 있는 포괄적 주체가 부재할 수밖에 없는 상황에서는, 사회 자체에 영향력을 행사하는 포괄적 사회행위가 불가능하다는 것이 입증되었다. 복지국가 개입이 산출한 역기능과 파괴적 부작용도 여기서 나왔다. 루만이 살펴보아왔듯이, 시민들의 단체도 그리고 국가도 전체로서의 사회를 위해 행위할 수 없다. 시민들은 집합행위가 아니라 기껏해야 집합적 성찰에 참여할 수 있을 뿐이다. 정치체계는 조직상으로 단지 사회의 하나의 하위체계일 뿐이며, 그것의 선택성에도 불구하고 내적 갈등과 긴장에 노출되어 있다. 설상가상으로 행위를 할 수 있는 국가는 실제로 (루만과 여타 학자들이 보여주었듯이) 선거민주주의의 절차에도 불구하고 또는 그것 때문에 사회에 관한 성찰이라는 공적 과정으로부터 크게 벗어나 있다. 게다가 법제화(Verrechtlichung) 현상의 이중성이 (원자화, 통제, 정상화, 관료제화, 규율, 그리고 일상생활의 감시를) 증명하듯이, 권력은 중립적인 매체가 아니다. 즉 국가의 침투는 더 많은 '식민화'를 대가로 해서만 돈이라는 매체로부터 생활세계와 연대를 지킨다.[102] 하버마스가 적절히 표현했듯이, 권력은 의미와 연대를 만들어낼 수 없다. 즉 권력은 행정이 한번 소모한 그러한 자원들을 대신할 수 없다.

---

101) Jürgen Habermas, *The Philosophical Discourse of Modernity* (Cambridge: MIT Press, 1987), 358ff.를 보라.

102) ibid. 또한 Habermas, "The New Obscurity"도 보라.

입증되고 있는 바와 같이, 하나의 전체로서의 사회가 근대 경제적 하위체계에 영향을 미친다는 생각 역시 심각한 결과를 낳는 하나의 국가주의적 환상이다. 루만의 자기생성체계 개념에 집중함으로써 우리는 이제 생활세계를 위한 것으로 상정되는 국가의 경제개입에 무엇이 잘못되었는지에 대한 일반적 해석을 제시할 수 있다. 경제관계에 권력매체를 도입하는 것은, 우리가 국가사회주의의 경험을 통해 알고 있듯이, 경제의 자기조절에 필요한 경성 예산제약(hard budgetary constraint)을 관료제적 의사결정과 협상의 메커니즘으로 대체한다.[103] 그러한 환경에서 초래되는 결과는 행위자들의 의도와도 그리고 (효율적·혁신적·생산적인 사람들에게는 보상하고 그렇지 못한 사람들에게는 처벌을 가하는) 경제논리와도 사실 결코 부합하지 않는 체계논리를 가진다.[104] 자본주의 복지국가에서 주요 국내적·국제적 경쟁과 (비록 불완전하기는 하지만) 자본시장의 존재는 계속해서 예산제약을 상대적으로 경성으로 유지하게 한다. 그럼에도 불구하고 그 어떤 요인보다도 독과점적인 '마크업 방식'의 가격결정 환경, 국가 (특히 군사적인) 조달의 '원가가산' 원칙, (때때로 시대에 뒤진) 국내 산업의 국가보호, 국가의 신용기관 보증, 생산을 자극하기 위한 신용요건의 연성화, 조합주의적 협상과 로비, 그

---

103) 몇몇 연구에서 야노스 코르나이는 '부족'이나 '자원제약'과는 달리 자본주의 경제에 적용할 수 있는 연성 예산제약(soft budgetary constraint)이라는 개념을 발전시킨다. 특히 다음의 글들을 보라. Janos Kornai, *The Economics of Shortage* (Amsterdam: North-Holland, 1980); "The Reproduction of Shortage," "Hard and Soft Budget Constraints," "Degrees of Paternalism", *Contradictions and Dilemmas* (Cambridge: MIT Press, 1986); "A puha költségvetési korlát," *Tervgazdasági fórum*, no. 3 (Budapest, 1986).

104) 이 논리는 바우어(T. Bauer)와 소스(K.A. Sós)와 같은 경제학자들의 순환이론 속에서 국가사회주의를 위해 재구성되었다. 국가사회주의 하에서의 투자순환은 권력매체의 체계구성 능력을 보여주는 최고의 증거이다. 왜냐하면 우리는 그러한 순환의 근간을 이루는 기대와 협상의 구조가 경제적 효율성이 아닌 권력의 소유가 결과를 결정하는 정치적 구조라는 점을 알고 있기 때문이다.

리고 완전고용과 사회 서비스를 유지하기 위한 조세와 보조금 정책들은 예산제약들을 어떻게 해서든 다양한 정도로 (그러나 때때로 상당한 정도로) 연성화한다.[105]

물론 그러한 현상의 근원과 정당화는 구분되어야 한다. 그중 일부는 주로 독과점적 집중과 '불완전한 경쟁'에서 기인하거나 복지지출보다는 군사적 지출에 원인이 있다. 그러나 복지국가는 선진자본주의의 예산연성화 경향을 더욱 가중시키고, 대중들은 오랫동안 그렇게 하도록 위임해 왔다. 복지국가에 대한 사회적 압력과 그것의 온정주의적 이데올로기 때문에, 예산제약을 연성화하는 개입들과 그렇지 않은 개입을 구분하기는 어려워 보인다. 시장의 영향력에서 벗어나야만 하는 삶의 영역과 경제의 자기조절이 상업적 역동성과 기술적 혁신을 보장하는 영역을 구분하기도 마찬가지로 어렵다.[106] 이러한 조건 하에서 우리는 생활세계가 경제적 합리성의 침투에 맞서 불충분하게 보호되는 반면, 경제의 자기조절은 적절하게 기능하지 않는 역설적 상황에 처한다. 동시에 이제 보장장치(세금공제, 감가상각 준비금 등)가 마련되어 있을 때에만 투자하는 기업들이 국가의 일상적 개입과 지원을 예상할 수 있게 됨에 따라, 외적 규제 자체는 시간이 지나면서 점점 더 제대로 작동하지 않게 된다.[107] 투자를 증진시키기 위한 규제적 개입의 양은 효율적인 재정·통화 정책의 기술적 요구치 이상으로 증가한다. 그러한 맥락은 성공을 시장징후, 비용삭감 또는 혁신이 아니라 로비, 협상, 정치권력 네트워크에의 참여와 결부

---

105) Kornai, "A puha költségvetési korlát," 11ff.

106) 따라서 일부 중요한 영역들은 과소규제되는 반면, 다른 영역들은 과잉규제된다.

107) Offe, "Competitive Party Democracy and the Keynesian Welfare State," 200. 예산 제약을 연성화하고 기업들이 경제적인 수평적 경쟁보다는 정치적인 위계적 경쟁을 지향하게 하는 것이 바로 국가개입 자체뿐만 아니라 일상적인 개입을 기대하게 만드는 구조라는 지적은 코르나이 개념의 또 다른 흥미로운 측면이다. Kornai, "The Reproduction of Shortage," 14를 보라.

시키는 본질적으로 비경제적인 기대를 산출한다.

거시적 수준에서 코르나이가 경성 예산제약과 연성 예산제약을 구분한 것은 경제와 그 환경 간의 두 가지 관계를 보여준다. 하나의 관계에서 환경은 경제적 실패에 대한 보상을 거부하고, 다른 하나의 관계에서는 경제 외적 이유들에 대한 보상을 거부한다. 우리의 목적에서 훨씬 더 중요한 것은 경성 예산제약이 높은 수준의 분화를 보여준다는 것이다. 그리고 이러한 분화 수준은 성공과 실패가 다른 **경제적 단위들**(units)과의 **경제적 형태의 경쟁**에 달려 있는 기대의 구조에 기초한다. 연성 예산제약은 정치와 경제 간의 낮은 수준의 분화를 의미한다. 그리고 이러한 분화 수준에서 경제단위들은 경제 외적인 정치제도들과의 위계적 관계에 의지하고, 성공은 경제단위들이 창출할 수 있는 권력 그리고/또는 국가온 정주의의 정도에 달려 있다. 비록 서구에서도 부족현상을 낳을 정도로 예산의 연성화가 일어난 곳은 어디에도 없지만, 권력——자신의 권력이든 또는 국가의 권력이든——에 의지한다는 것은 본질적으로 경제적 합리성이 고통을 겪을 것이라는 점을 의미한다.[108] 이와 반대로 경성 예산제약 관념은, 비록 절대적 경성이 아니라 상대적으로 높은 정도의 경성으로 해석되기는 하지만, 우리가 상당한 수준의 자기조절을 하는 분화된 경제를 유지할 필요성에 관심을 기울일 것을 요구한다.

---

108) 비록 부족과 인플레이션이 과잉수요에서 기인할 수도 있지만, 부족과 관련한 현상과 인플레이션과 관련한 현상을 구분할 필요가 있다. 적어도 서구에서 인플레이션은 과잉수요가 가용한 재화의 높은 가격으로 이어지는 수요제약적 경제현상이다. 소비에트 유형의 자원제약적 경제(희소성이라는 일반적인 경제적 범주와 동일한 것으로 간주되지는 않는)에서의 부족은 인플레이션된 가격으로조차 재화를 구입할 수 없는 상황을 의미한다. 수요제약적 경제와 자원제약적 경제의 구분에 대해서는 Kornai, "The Reproduction of Shortage"를 보라.

복지국가와 자유민주주의의 성찰적 지속

　복지국가의 위기는 우리에게 어려운 정치적 선택을 제시한다. 비록 우리가 몇몇 신보수주의적·신자유주의적 경제진단의 일부 측면들에 동의하기는 하지만, 우리는 민영화와 탈규제 전략, 또는 전통과 권위에 대한 신보수주의적 강조를 수용할 수 없다. 체계적으로 말하면, 그러한 처방은 근대 시민사회의 많은 제도들과 문화적 잠재력의 금전관계화를 통해 (그리고 때로는 정치적 억압을 통해) 사회의 재경제화와 파괴를 초래한다. 그러나 우리는 유럽 복지국가의 충성스러운 (일반적으로 사회민주주의적인) 방어자와도 그리고 그에 상응하는 미국의 방어자들과도 공감할 수 없다. 왜냐하면 그들은 권력에 의한 식민화 현상과 국가개입주의의 장기적인 경제적 실패에 무감각하기 때문이다. 사회민주주의는 역사적으로 자유와 연대의 영역을 확장하는 데 관심을 기울여왔다. 그러나 아담 셰보르스키(Adam Przeworski)가 옳게 지적했듯이, 케인스식 복지국가는 사회민주주의적 개혁주의가 낳은 유일하게 진정으로 정치적인 프로젝트, 즉 좌파의 유일하게 성공적인 민주적 전략이었다. 이제 위기에 처해 있는 그 모델과 함께 개혁주의는 위기관리의 한 형태로, 즉 자유와 연대와 관련하여 그 자신의 모호성을 주제화할 수 없는 하나의 기본적으로 보수적인 전략으로 쇠퇴했다.[109]

　마지막으로, 모든 정치를 의심하는 시민사회의 이름으로 국가에 대항하든 아니면 상호성, 호혜성, 직접협력에 기초한 사회적으로 재착근된 비시장경제의 이름으로 근대 경제에 대항하든 간에, 우리는 '위대한 거부'(great refusal) 프로그램이 많은 지지자들의 자기인식에도 불구하고 근대성과 양립할 수 없고 또 민주주의의 전제조건과도 양립할

---

109) Przeworski, *Capitalism and Social Democracy*를 보라. 하버마스는 적어도 유럽에서 복지국가의 충성스러운 지지자들은 보수주의자들이었다고 지적한다. "The New Obscurity"를 보라.

수 없다고 믿는다.[110] 우리의 삼분 모델의 관점에서 볼 때, 돈 그리고/또는 권력에 의한 식민화에 대한 매우 민감하고 당연한 반응은 운동근본주의자들(movement fundamentalists)로 하여금 경제 그리고/또는 국가와 관련하여 시민사회를 탈분화시키게 해왔다. 이 문제는 운동활동가들의 자기인식을 넘어서서 시민사회의 몇몇 이론에도 영향을 미치고 있다. 이를테면 국가-시민사회라는 이분 모델을 가지고 연구하는 사람들은 국가에 대한 근본주의적 반대가 갖는 단점을 파악할 수는 있지만, 그들은 경제와 관련한 유사한 문제를 파악할 수 없다. 따라서 신보수주의를 피하기 위해 그들은 결국 일종의 유토피아적 사회주의를 채택한다.[111]

우리는 근본주의가 새로운 사회운동의 한쪽 측면만을 보여준다고 믿는다. 실제로 녹색당에서 폴란드 자유노조에 이르기까지 많은 현대의 급진적 운동들의 주목할 만한 특징은 자신들의 원칙에 입각한 자기제한이다. 게다가 우리는 제도화된 정치적 행위자들에 의존하는 갱신된 개혁주의의 필요성을 확인하면서, 분화된 운동과 정당형태를 결합하는 이원론적 정치전략이 시민사회의 민주화를 위한 최고의 희망이라고 오랫동안 주장해왔다.[112] 여기서 소개하는 틀은 우리가 이 입장을 이전의 견해를 넘어 발전시킬 수 있게 해준다.

복지국가의 성찰적 지속이라는 하버마스의 관념은, 비록 일방적이고 아직 미발전 상태에 있지만, 무엇을 할 필요가 있는지에 대한 하나의 중

---

110) Habermas, "The New Obscurity"; Arato, "Civil Society, History and Socialism," 140-144를 보라.

111) Arato, "Civil Society, History and Socialism"을 보라.

112) 이를테면 Jean L. Cohen, "Rethinking Social Movements," *Berkeley Journal of Sociology* 28 (1983): 97-113; Andrew Arato and Jean L. Cohen, "Social Movements, Civil Society and the Problem of Sovereignty," *Praxis International* 4, no. 3 (1984): 266-283을 보라.

요한 실마리를 제공한다.[113] 이 관념이 중요한 까닭은 가장 분명하게 복지국가가 실체로서도 (서유럽에서) 그리고 열망으로서도 (미국과 동유럽에서) 포기되어서는 결코 안 되는 많은 형태의 사회적 보호를 상징하기 때문이다. 게다가 역사적으로 복지국가가 자본주의 경제와 관련하여 "권력과 자제력을 매우 혁신적으로 결합"[114]해왔다는 것도 사실이다. 그리고 이것은 탈분화를 촉진하지 않으면서도 연대를 증진시켰다. 이 전략이 부분적으로 실패한 까닭은 국가에 대항하여 사회를 방어해야 할 시기가 되었을 때 정치권력의 중립성에 대한 믿음이 발전을 방해했기 때문이다. 연대라는 그 자신의 가치를 명분으로 하는 복지국가의 '성찰적' 지속이라는 관념은 국가가 한때 시장경제에 적용했던 것과 동일한 권력과 자기제한의 혁신적 결합을, 이번에는 행정국가 및 자본주의 경제와 등거리를 유지하는 관점에서 복지국가 자체에 적용하는 것을 의미한다. "정치적 공론장은…… 앞서 경제체계와의 관계에서 그랬던 것처럼 정치체계로부터도 비슷한 거리를 확보한다."[115]

조직노동자들의 운동과 오늘날 다른 주체들의 운동 프로젝트는 그것들이 그것들의 이전의 성취, 즉 복지국가 그 자체를 새로운 방향으로 돌리게 한다는 점에서 계속되어야만 한다. 그러나 그러한 성찰적·자기제한적 프로젝트는 다른 프로젝트—근대 시민사회를 창출한 민주주의혁명에 그 결과를 적용하는 것—에 의해 보완되지 않는 한, 성공할 수 없다. 따라서 자유민주주의의 '성찰적 지속'은 자유민주주의에 그 자신의 가치인 자유의 이름으로 자기제한적 민주화 전략을 적용하는 것을 의미

---

113) Habermas, "The New Obscurity," 64.

114) Ibid.

115) Habermas, *Philosophical Discourse of Modernity*, 363-364. 루만에게서 채택한 '성찰적'이라는 용어는 하나의 과정 또는 전략을 그 자체에 (절차를 절차에, 결정을 결정에 등등) 적용하는 것을 의미한다. Luhmann, "Reflexive Mechanismen," *Soziologische Aufklärung*, vol. 1 (Opladen: Westdeutscher Verlag, 1970), 92-112.

한다. 우리가 살펴보았듯이, 오늘날 적극적인 운동들을 포함하여 자유주의적 · 민주주의적 운동들은 근대 국가를 통제 하에 두고 싶어 하지만, 폐지하고자 하지는 않는다. 그러한 전략은 또한 권력과 자제력의 혁신적 결합에 의해 구분되지만, 그것은 다른 매체에 의해 조종되는 하위체계, 즉 경제의 파괴적인 사회적 결과를 충분히 성찰하는 데에는 실패했다. 오늘날의 자유민주주의는 이전의 결과들을 단순히 반복하는 것을 피하기 위해 세계의 경제적 식민화에 기여하는, 그 자신에 내장된 경향을 제한하는 것을 학습해야만 한다.

두 하위체계와 관련한 생활세계의 방어 프로그램은 사회민주주의에서처럼 자유민주주의에서도 똑같이 이루어질 수 있다. 이를테면 아직 근대 복지국가가 수립되지 않은 곳에서 사회민주주의적 우회로는 전혀 필요하지 않다.[116) 보다 일반적으로 말하면 생활세계와 관련하여 그저 다른 것을 강화시키기만 할 수도 있는, 자본주의 경제나 행정국가에 대항하는 프로젝트를 발전시킬 필요는 없다. 우리는 대신에 두 하위체계들을 제한할 혁신적 형태를 찾아야 한다. 권리에 대한 우리의 태도는 그러한 새로운 자세를 반영해야 한다. 이를테면 자유민주주의의 제도 그리고 특히 그것의 권리구조가 복지국가의 보호나 사회적 권리들보다 새로운 모델에 덜 본질적일 것이라고 생각하는 것은 잘못일 것이다. 이런 이유 때문에 이 새로운 프로젝트를 명백하게 자유민주주의의 지속으로 간주하

---

116) 여기서의 논점은 시장의 힘에 맞서 최소한의 보장만을 하는 미국과 같은 나라들—이를테면 보편적 의료보험과 직업훈련 프로그램을 결여하고 있는—이 사회주의 국가들보다 어쨌거나 앞서 있을 것이라는 것이 아니다. 오히려 그것은 먼저 유럽의 사회민주주의 국가들이 설계한 길을 따르고, 그 다음에야 연대의 이름으로 수립된 비용이 많이 들고 억압적이고 관료제적이고 온정주의주의적인 구조를 원상태로 돌리는 방법을 찾고자 할 필요는 없다는 것이다. 하지만 우리는 여전히 보다 선진적인 복지국가의 성과물—이를테면 어떤 경우에는 '자산조사'에 기초한 급부를 보편주의적 급부로 대체하는 것—을 선택적으로 도입할 수 있다.

는 것 또한 중요하다. 그런 다음에만 우리는 온정주의 없이 서구의 새로운 사회운동뿐만 아니라 오늘날의 동구와 남부의 민주주의 운동들을 제대로 인식할 수 있다.

생활세계의 방어

자기성찰적·자기제한적 민주주의의 정치 프로젝트를 정식화하는 일은 이제 막 시작단계에 있을 뿐이다.[117] 그러나 이것은 단지 문제의 일부일 뿐이다. 하버마스의 예비적 진술은 정치적 하위체계와 경제적 하위체계를 통제하고 방향을 바꾸는 프로젝트보다는 생활세계를 보호하는 것—이 둘은 똑같이 중요하다—에 여전히 더 많은 비중을 두고 있다. 분명 그는 생활세계 속에 그리고 생활세계에 의해 돈과 권력이라는 매체가 침투하는 것을 제한하기 위한 '한계역'(thresholds of limitation)을 확립할 필요성뿐만 아니라 조종매체 자체의 작동에 간접적으로 영향을 미칠 수 있는 '감지장치'를 만들 필요성에 대해서도 언급한다.[118] 두 가지 조치는 서로를 전제로 한다. 오직 적절하게 방어되고 분화되고 조직화된 시민사회만이 조종과정의 결과를 감시하고 그것에 영향을 미칠 수 있다. 그러나 오직 국가와 경제에 영향을 미칠 수 있는 시민사회만이 매체의 팽창성향—이것은 역설적이게도 분화과정에 의해 약화되기보다는 강화된다—을 제한하거나 그것의 방향을 바꾸는 데 일조할 수 있다. 그렇기는 하지만 현재 상태의 체계와 생활세계 이론은 명백하게 폐쇄적이고 자기조절적인 자기생성적 하위체계들 내에 감지장치를 만들어내는 프로젝트를 정식화하기에는 어려움이 있다.

---

117) Habermas, 사적인 서신, 1986.
118) Habermas, *Philosophical Discourse of Modernity*, 364. 그런데 이 번역은 부적절하다. 독일어판 *Der philosophische Diskurs der Moderne* (Frankfurt: Suhrkamp, 1985), 422-433을 보라.

보호 '역' 또는 보호 '방벽'과 영향력 '감지장치'의 확립이라는 두 가지 차원을 검토해보자. 무엇보다도 방벽이 보호해야만 하는 것은 연대라는 자원이다. 여기서 연대는 동일한 양의 지지를 교환함이 없이, 개인적 이익을 계산함이 없이, 그리고 무엇보다도 강요 없이 상호성과 호혜성에 기초하여 개인들이 서로에게 반응하고 서로 동일시하는 것을 일컫는다. 연대는 자신이 속한 어떤 범주의 전형으로서가 아니라 유일하고 독특한 하나의 인간으로서의 타자의 운명을 기꺼이 공유하려는 것을 포함한다. 이러한 '차이'에 대한 지향에도 불구하고, 연대라는 자원은 어떤 실제적인 또는 이상적인 집단에 대한 공통의 성원의식, 그리고 또한 그것을 넘어서는 어떤 공동의 규범, 상징, 기억들에 대한 공통의 성원의식을 전제로 한다. 연대적 개인은 의식적으로 동일한 또는 크게 중첩되는 생활세계에 뿌리박고 있으며, 이것은 심지어 생활세계의 내용들이 토의되고 도전받을 수 있는 근대 생활세계에서조차도 중요한 문제에 대한 합의를 보장한다.

연대는 돈 또는 권력과 같은 하나의 조종자원이 아니다.[119] 연대는 스스로 자기폐쇄와 자기보호를 이루어낼 수 없다. 연대는 다른 매체들을 자신의 통제 하에 놓을 수 있는 능력이 훨씬 적다. 연대를 보호하는 일은 결사와 의사소통의 권리를 전제로 하는 시민사회의 제도, 결사체, 공중

---

119) 파슨스는 정반대의 주장을 하는 것으로 보인다. 특히 Talcott Parsons and Neil Smelser, *Economy and Society* (New York: Free Press, 1956)를 보라. 하버마스는 아주 잠깐 동안 그러한 입장에 빠진 것으로 보였다. "The New Obscurity," 65를 보라. 하버마스가 루만의 일부 추종자들은 의사소통행위이론이 아니라면 해결할 수 없는 문제 때문에 뒷문으로 자기생성체계 이론을 의사소통행위이론에 들여올 수밖에 없다고 주장하는 것과 마찬가지로, 그 자신도 때때로 자기생성체계 이론과 관련하여 유사한 유혹을 받았던 것처럼 보인다. 하지만 이 경우에도 하버마스는 곧 또 다른 새로운 하위체계의 새로운 조종매체가 자기생성체계를 자기제한적 형태의 통제 하에서 놓을 수 있을 것이라는 관념을 거부한다. *Philosophical Discourse of Modernity*, 363을 보라.

을 서로 맞물려 돌아가게 하는 것이며, 이는 다시 결사와 의사소통의 권리를 전제로 한다.[120] 결사체는 연대를 전제로 하는 것처럼 보인다. 왜냐하면 그렇지 않을 경우, 그것은 '무임승차'의 문제에 빠지기 쉽기 때문이다. 그러나 결사체는 공적 자유라는 동기뿐만 아니라 선택적 유인과 제약을 통해서도 이루어질 수 있다.[121] 특히 공적 자유라는 동기를 통해 결사체가 형성될 경우, 그 결사체는 충분한 시간이 주어진다면 공동의 정체성과 연대를 만들어낼 수 있다. 직접적 참여와 권력과 금전관계의 상대적 투명성─비록 제거는 아니지만─을 허용하는 자발적 결사체 내의 소규모 공론장은 이 희소하고 불확실한 자원을 보존하고 갱신하는 데 결정적이다.

공론장의 구조변동, 문화산업의 발전, (정치적 공론장을 우회하는) 조합주의적 제도들의 등장은 오늘날 결사체와 공론장과 관련한 어떠한 순진한 낙관주의도 배제한다. 그럼에도 불구하고 공적이고 그 구조상 평등주의적이고 그리고 다른 유사한 공중에 매우 민감하게 반응하는 복수의 결사체가 재등장하는 것을 통해 연대가 갱신될 가능성은, 비록 제한적인 관점에서 나온 것이기는 하지만, 다원주의적 정치이론의 전통에 의해 입증되어왔다. 다원주의적 대중사회 개념을 논박하는 것을 목적으로 하는 사회운동에 관한 최근 연구들은 또 다른 관점에서 그러한 주장을 확증해왔다.[122] 그러나 공론장의 미시구조의 재구축이 연대의 유지에 미

---

120) 따라서 연대와 권리를 대치시키는 것은 심각한 잘못이다. 웅거 역시 그것들을 대치시키지만 않았더라도 연대 개념에 대한 정교화된 분석을 할 수 있었을 것이다 (*Law in Modern Society*, 206-213).

121) Mancur Olson, *The Logic of Collective Action* (Cambridge: Harvard University Press, 1973); Albert Hirschman, *Shifting Involvements* (Princeton: Princeton University Press, 1982), ch. 5.

122) 사회운동에 대해서는 제10장에서 논의한다. 우리는 하버마스가 현재 『공론장의 구조변동』의 일반적인 비관적 테제를 수정해왔으며, 그가 원래 주저하던 제안으로 되돌아갔다는 점을 지적해야만 한다. 그의 원래 제안에 따르면, 고전 공론장

치는 영향은 분명하지만, 하버마스가 수장했던 것처럼, 그러한 정식이 어떻게 자기준거적으로 폐쇄되고 그리하여 **"직접적 개입에서 벗어나 있는"** 정치적·경제적·기능적 체계에 대해 **간접적으로** 영향을 미치는지는 그리 분명하지 않다. 공론장을 결사체들—이것들 대부분은 의사소통을 촉진하는 것 이상의 목적을 가지고 있다—과 연계시키는 것은 생활세계의 보호역이 경제와 국가에 영향을 미치는 방향으로 나아갈 때 하나의 문제가 된다.

비록 누군가는 자기조직화를 영향력—(하나의 포괄적인) 사회가 이른바 중립적인 권력매체를 통해 스스로에게 영향을 미치는 프로젝트보다 훨씬 덜 직접적이고 덜 전체적으로 영향을 미치는—의 측면에서 개념화하기도 하지만, 그러한 새로운 형태의 자기조직화가 어느 정도나 그러한 경계를 넘어서서 작동할 수 있을지는 분명하지 않다. 계몽을 확산시킬 수 있는 새로운 풀뿌리 결사체들이 경계를 넘어 복잡성을 줄일 수 있는 공식적 복합조직이 될 때, 그것들은 생활세계 속에서 자신의 뿌리를 상실한다. 달리 말해 그러한 결사체들이 정치체계와 경제체계에 영향을 미칠 수 있는 것은 사회의 자기조직화가 관료제(즉 권력매체)의 논리에 의해 침투당한 대가인 것으로 보인다. 동시에 비록 사회의 자기조직화가 단호하게 그 경계의 생활세계 쪽에 머무를지라도, 그것이 어떻게 '정치문화' 또는 '새로운 정체성'의 발전에 기여하는 것 이상을 할 수 있는지를 알기는 어렵다.

문제는 운동이 로베르토 미켈스의 과두제의 철칙을 어떻게 극복할 수

이 지닌 해방의 전제가 현대 세계에서 부활하는 것은 그 조직상 내적으로 공적이고 사회의 모든 수준에 공적 토론을 재구축하는 것을 목적으로 하는 복수의 결사체들에 의해서만 가능하다. 이러한 조처와 함께 하버마스는 자신의 사회운동 이론을 새로운 토대 위에 구축하고, (경험적으로 그릇된) 붕괴이론을 사회의 미시적 수준에서 작동하는 결사체 이론으로 대체한다.

있느냐 하는 것이다. 혹시 운동이 국가와 경제라는 하위체계에 영향을 미치고자 하는 순간에, 그것이 스스로 권력과 돈에 의해 결정된 조직구조를 재생산하지는 않을까? 운동형태가 생활세계의 경계를 넘어서서도 생존하여, 자기도구화의 압력에 굴복하지 않으면서도 규범적 또는 의사소통적 상호작용 그 이상의 수단에 의해 조정되는 구조에 영향을 미칠 수 있는가? 요컨대 우리는 가장 강력한 영역을 체계합리성에 양도하는 것처럼 보이는 생활세계/체계 구분을 포기하지 않고서도 앞으로 나아갈 수 있는가? 우리는 다음 장에서 이 문제를 다시 논의할 것이다.

이원론적 해결책?

우리가 볼 때, 결사체, 공중, 권리의 결합이 특정한 정치문화, 즉 독자적인 시민행동과 운동들이 계속해서 갱신 가능하고 정당한 정치적 선택지의 하나를 이루는 정치문화에 의해 뒷받침될 때, 그것들의 결합은 시민사회를 둘러싸고 있는 일단의 유효한 방벽이 된다. 그리고 이 시민사회의 경계 내에서 많은 급진민주주의 프로그램들이 재정식화될 수 있다. 하지만 그러한 조합조차도 엘리트민주주의적·자본주의적 제도 속에서 시민사회와 분리되어 있는 정치적 하위체계와 경제적 하위체계를 사회적 통제 하에 놓을 수 있는 효과적인 '감지장치' 체계를 산출하지는 않는다. 하지만 내적으로는 시민사회, 생활세계, '자유의 영역'(realm of freedom)을 지향하고 '필요의 영역'(realm of necessity)을 일련의 자유로운 조직 밖에 남겨두는 정치적 변화과정과 관련하여 그러한 결과를 양식화하는 것은 가능할 것이다. 앙드레 고르(André Gorz)는 1970년대 후반의 저술들에서 두 가지 사회경제적 영역의 창출을 수반했던 경제변혁이 초래한 문제에 대한 해결책을 제시했다.[123) 첫 번째 영역은 마르크스

---

123) André Gorz, *Farewell to the Working Class* (Boston: South End Press, 1982).

의『자본론』제3권을 따라 노농과 고용에 의해 구조화된 **필요의 영역**으로 정의되었다. 그리고 이 영역은 필수품의 생산에 대한 국가의 중앙계획에 의해 조정되고, "최대한의 효율성과 최소한의 노력과 자원의 지출을 통해" 달성된다. 그리고 이 영역은 (기업 수준의 민주화보다는) 작업장의 민주화를 통해서 단지 부분적으로만 인간화될 수 있다.[124] 고르의 프로젝트는 무엇보다도 그러한 영역의 범위, 특히 그 영역에 충당되는 시간 자원을 줄이고, 자율적인 행동에 의해 정의되고 협동, 호혜성, 창조성에 의해 조정되는 **자유의 영역**으로 나아가는 것이다. 더욱이 고르는 비록 그가 그의 경직된 이원론적 모델 안에서 그것이 어떻게 가능한지를 우리에게 결코 말해줄 수조차 없지만, 필요 또는 타율성의 영역이 자유의 영역에 종속되어야만 한다고 역설했다.[125]

---

124) Ibid., 97-100.
125) Ibid., 97. 존 킨은『민주주의와 시민사회』에서 필요의 영역에서의 국가계획에 대한 고르의 편견을 반복한다. 그리고 그는 국가소유 또는 국유화된 재산과 사회화된 재산을 동일시하는 것으로 보이며, 또 시장을 협동, 상호성, 물물교환과 함께 자유의 영역 또는 시민사회에 고착시킴으로써 시장을 구원하고 싶어 한다. John Keane, *Democracy and Civil Society* (London: Verso, 1988). 이러한 작동방식은 한편에서는 시장 그리고 다른 한편에서는 결사체와 공중이 전혀 다른 논리를 상징하고 '필요'와 서로 다른 관계를 맺는다는 관념을 불필요하게 한다. 이러한 요술은 하나의 작용이 다른 하나의 작용을 흡수하는 것—경제적 원시주의 또는 생활세계의 식민화로 이어지는—에 직면하며 이론적 무기력을 야기한다. 여기서 문제가 되는 것은 상보성, 협동, 상호성에 의해 조정되는, 그리고 시민사회의 자율성과 연대의 물질적 토대로서의 서로 다른 형태의 재산과 연관되어 있는 물질적 활동의 가능성 또는 심지어 필요성이 아니다. 거기에는 시민사회의 재생산을 위한 '경제활동'—폴라니가 말하는 그 용어의 '실제적' 의미에서의—에 이의를 제기할 이유가 전혀 없다. 하지만 우리가 역설하고 킨이 무시하는 것은 어떤 진정한 근대 사회, 특히 시민사회에 대해 모든 형태의 사회통합과 구분되는 경제적 메커니즘이 갖는 중요성—달리 말해 폴라니가 말하는 '형식적' 의미에서의 경제의 중요성—이다. 이 차원은 고르에서 다시 등장하는 근대 경제의 국가주의적 조정이라는 환상에 다시 빠지지 않고서는 국가와 시민사회라는 이분법적 틀 속에 수용될 수 없다.

고르의 분석은 국가, 경제, 시민사회를 구분하는 삼분 틀과 필요의 영역을 국가와만 동일시하는 이분 틀 간의 모순으로 고통 받고 있다. 한쪽에서 그는 필요의 영역의 두 가지 이질적인 활동유형에 대해 언급한다. 그중 하나는 필수품의 사회적 생산에 상응하고, 다른 하나는 사회 전체의 (물질적) 행정에 상응한다.[126] 다른 한쪽에서 이 두 가지 유형은 그저 국가의 서로 다른 기능들이 된다. 그는 시장이 단지 불평등과 계급지배만을 낳을 뿐이라고 생각하기 때문에, 자신의 제안 속에 시장이 사회적 생산을 조정할 여지를 남겨놓지 않는다.[127] 이 이분 틀 속에서는 오직 자유의 영역만을, 즉 시장과 국가 어느 것에 의해서도 조정되지 않는 시민사회만을 지향함으로써 국가 경제조직의 확산을 피할 수 있다. 놀랍게도 우리는 어떻게 "노력과 자원에서의 최대한의 효율과 최소한의 지출"이 혼합경제 하에서 시장의 작동 없이 이루어질 수 있는지에 대해서는 들은 적이 없다.

고르의 국가소유와 계획에 대한 과도한 강조와 관련된 문제는 "사회적으로 필요한 생산에 대한 미래의 국가계획이 작업장 민주주의 없이 합리적으로 작동할 수 없다"는 것이 아니다.[128] 오히려 요점은 진정한 따라서 불가피하게 제한적인 경제적 의미에서의 계획도 그리고 (기업 수준과 작업장의) 산업민주주의도 시장 없이는 합리적으로 작동할 수 없다는 것이다. 따라서 고르를 따르는 사람들은 부분적으로는 우리가 얼마나 많은 시간과 활동을 필요의 영역과 자유의 영역 각각에 할당

---

126) Gorz, *Farewell to the Working Class*, 104.
127) 고르는 적어도 시장경제와 국가행정의 상대적 상호독립을 포함하여 자본주의의 현재를 묘사하는 데 삼분 틀이 불가결하다고 생각하고 있는지도 모르며, 또 시민사회와 구분되는 모든 경제적 삶의 국가화를 포함하는 이분 모델을 단지 미래를 위해서만 제안하고 있는지도 모른다. 심지어는 그러한 모델이 그의 개념이 정통 마르크스주의적임을 증명하는 것일 수도 있다.
128) Keane, *Democracy and Civil Society*, 87.

하고자 하는시에 달려 있는 문제를 남겨놓고 있다. 만약 누군가가 전통적인 사회주의적 국가주의로 되돌아가는 것을 피하고자 한다면(고르는 이에 별 관심을 가지지 않는다), 그는 (국가가 통제하는) 노동시간의 엄청난 감축과 (시민사회에서의) 자율적 활동의 증대를 제안해야만 한다. 하지만 이 경우에 시민사회와 전근대적인 전제적 공동체를 동일시하는 것에 대한 고르의 비판은 그 나름의 역할을 한다. 말할 필요도 없이 그러한 동일시는 또한 경제적 복잡성과 효율성을 심각하게 그리고 받아들일 수 없는 수준으로 축소할 것이다. 그러나 만약 누군가가 이러한 비판을 진지하게 받아들인다면, 고르의 틀은 오직 경제활동의 훨씬 더 큰 부분이 필요의 영역—효율성의 기준이 지배할 것임이 틀림없는—에 할당될 때에만 의미를 지닌다. 그리고 이분 모델에서 이것은 국가에 대한 의존과 (서구 사회에서) 국가의 계획활동과 조정활동의 엄청난 증가를 의미한다. 국가주의와 유토피아적 사회주의 사이에서 매력적이지 않은 선택을 하는 것으로부터 벗어나는 유일한 방법은, 첫째는 경제적으로 효율적인 시장지향적 생산 및 배분과 엄밀한 의미의 경제적 성격을 지니지 않는 사회적으로 착근된 복수의 물질적 활동 간에는 원칙적으로 차이가 있다는 점을 인식하는 것이고, 둘째는 국가와 시민사회 모두와의 새로운 조합 또는 상호관계 속에서 전자에 대한 몇몇 견해를 확인하는 것이다.

이를 달리 표현하면, 경제적 합리성과 사회의 연대 모두의 필요성은 국가로부터 시민사회를 해방시키는 하나의 단일한 프로그램 속에서는 효과적으로 다루어질 수 없다. 왜냐하면 그것들은 개념적으로 두 개의 서로 다른 쟁점이기 때문이다. 훨씬 더 중요한 것은 경제적 합리성과 사회의 연대가 서로 각축하는 주장을 대변한다는 것이다. 따라서 국가로부터 이것들 각각이 해방되기 위해서는 상대방의 희생을 필요로 한다. 즉 연대가 경제적 자유주의 프로그램에 희생될 수 있는 반면, 경제적 합리성은 재착근된 도덕경제의 유토피아에 희생될 수 있다. 하나의 프로그램이 자본주의적 형태의 근대성에 대한 변명으로 이어진다면, 다른 하나는 근대성 자체의 본질적 필수조건에 대한 포기로 이어진다.

자유의 영역과 필요의 영역을 구분하는 것과 맞물려 있는 하나의 대안적 프로젝트도 그러한 전제로부터 출발한다. 클라우스 오페와 그의 동료들은 '교환되지만' 돈이라는 매체를 통해 교환되지 않는 일련의 서비스 및 물질적 활동과 함께 오늘날 공식부문의 위세 있고 높은 급료를 받는 일자리와 위세 없고 낮은 급료를 받는 일자리(서비스 경제의 낮은 쪽 끝) 간에 존재하는 사실상의 노동시장 분할을 인정하는 것에서 시작한다.[129] 그 다음에 그들은 시장지향적 형태의 생산활동과 비시장지향적 형태의 생산활동 모두에서 경제적 결과와 지위결과를 균등하게 배분할 수 있는 형태의 이중화를 제안한다. 고르의 모델과는 달리 이러한 접근방식은 덜 규제된 시장경제의 생산성에 의존한다. 그러한 시장경제는 노동시간을 축소할 수 있고, 이 단축된 노동시간은 다시 비공식적이기는 하지만 사회적으로 조직화된 토대에 기초하여 지금은 감당할 수 없게 된 일부 복지국가 서비스를 부분적으로 대신하는 데 이용될 수도 있다. 하지만 고르의 모델처럼 이러한 접근방식도 필요의 영역에 대해 몇 가지 간접적인 통제형태들을 확립하는 것에 별 관심을 보이지 않는다. 이 경우에 문제가 되는 것은 시장경제의 조종 메커니즘이다. 왜냐하면 시장경제의 논리는 오늘날 자유로운 활동으로 이루어지는 비공식 '경제'—비록 이것이 매력적으로 인식되기는 하지만—의 확립 및 존속과 양립할 수 없기 때문이다.[130]

---

129) 특히 Claus Offe, *Disorganized Capitalism* (Cambridge: MIT Press, 1985), chs. 2, 3 을 보라.

130) 보장소득을 포함하여 현재 제시된 형태의 제도가 어떤 순수한 노동시장의 존재와도 양립할 수 있다는 주장과 임금차이에 대한 어떤 세련된 조율이 2차 부문에서의 활동형태의 위세와 1차 부문에서의 노동의 상대적인 경제적 이익을 동시에 유지할 수 있다는 주장이 전적으로 설득력을 지니는 것은 아니다. 우리는 전

오페는 또한 1차 경제에서 고용의 '입헌화' 가능성을 노동의 권리('산업시민의 권리')의 확장이라는 관점에서 언급한다. 그는 복지국가 개입주의와 법제화의 측면에서 이 "매우 양면적인" 전략을 해석하는 가운데 다음과 같은 딜레마를 발견한다. 그것은 바로 위계적으로 열등한 시장의존적인 노동자의 지위는 단지 공식적일 뿐인 권리에 의해서는 영향을 받지 않을 것이며, 투자성향에 대한 심각한 방해를 대가로 해서만 영향을 받을 것이라는 것이다. 따라서 노동자들은 그들의 새로운 권리에도 불구하고 어느 쪽이든 손해를 본다.[131] 이러한 분석은 의심할 바 없이 어느 정도까지는 옳지만, 그러한 권리를 수립하는 것이 갖는 실제적 중요성을 과소평가한다. 왜냐하면 그러한 권리는 복지국가의 법적 도구주의를 넘어선 틀에서, 즉 탈규제적 규제라는 새롭고 상이한 모델 내에서 더욱더 중요해질 것이기 때문이다.

매개체의 귀환

비록 추상적인 수준에서이기는 하지만, '권리'의 범주는 이원론적 재조직화 프로그램을 넘어선다. 우리는 이미 매체에 맞서 생활세계를 방어하기 위한 경계를 확립하는 데서 권리가 중요하다는 점을 강조해왔다. 따라서 운동에게 권리는 자기관료제화 없이 달성할 수 있는 중요한 목표이다.[132] 그러나 또한 권리는 지금까지 주로 정치적 하위체계 속에서 이루어진, 자기성찰과 자기제한 형태들의 제도화를 의미하기도 한다. 우

반적 모델의 실행 가능성을 평가할 수 있는 위치에 있지 않다. 하지만 현재의 상황에서 우리는 공식화된 노동시간을 축소하고자 하는 정치전략뿐만 아니라 오늘날 대부분의 여성들의 활동영역을 구성하고 있는 협력적·호혜적 활동형태를 양성(兩性)이 보다 폭넓게 평가하고 보다 광범위하게 활용하자는 제안 역시 지지한다.

131) Offe, *Disorganized Capitalism*, 70-71.
132) 제11장을 보라.

리가 사회적 규범의 창출과 제도적 압력의 관점에서 권리를 바라볼 때 조차도 여전히 놀랄 만한 일은 권리의 법적 제정, 적용, 집행이 헌법적 권리에 의해 자격이 없다고 입증된 국가기관에 맡겨져 있다는 것이다. 국가행위자의 동기는 이해하기 어렵지 않다. 즉 그들은 국가 역시 이익을 얻는 포지티브섬 게임을 확립하라는 압력 하에서 또는 그것의 영향 하에서 행위하고 있을 수 있다. 오히려 주목할 만한 것은 권리가 (대규모라기보다는 소규모로) 계속해서 재도구화되지 않으면서도 상대적으로 지속적으로 작동하는 '과정'이다. 이 현상은 오직 국가제도 내에서 일어나는 높은 수준의 학습과 성찰의 제도화를 통해서만 설명될 수 있다. 게다가 권리가 시민사회의 제도에 의한 국가의 규제를 의미하는 한, 이러한 규제는 자기조절(autoregulation)의 한 형태이다. 권리는 제도로서의 법의 전형적인 실례이지만, 그것은 또한 보다 일반적인 의미에서 탈규제적인 법적 규제의 예이기도 하다.

하지만 권리는 정치체계의 자기조절의 한 형태이며, 그것의 결과는 오직 생활세계를 방어하는 방벽을 강화하는 것이다. 권리는 그 자체로는 '방벽'과 '감지장치' 프로그램의 첫 번째 단계를 넘어서지 않는다. 그럼에도 불구하고 권리의 특별한 이중적 지위, 즉 시민사회의 제도로서의 지위와 국가의 자기제한으로서의 지위는 고전적 시민사회 이론에서 제시되는 일련의 모든 제도를 매개하는 그것의 본래의 역할을 상기시킨다.

사회의 자기조직화, 결사체, 그리고 당연히 공론장은 우리가 물려받아 발전시킨 시민사회의 범주들이다. 처음에는 하버마스가 이들 범주들을 서로에게 (그리고 추측컨대 법제도들에) 연계시킨 것은 오직 수평적 수준에서만, 그리고 그때조차도 명백한 시민사회 이론이 아니라 축적된 의미, 연대, 능력을 제도화하는 생활세계 이론에 기초해서만 전적으로 받아들일 수 있는 것처럼 보였다. 하지만 생활세계 개념과는 달리 시민사회 개념은 또한 수직적 연계장치들을 포함한다. 이 수직적 연계장치는 개인과 집단, 집단과 사회제도, 사회제도와 포괄적인 정치제도(그리고 어쩌면 경제제도) 사이에 존재하는 매개체로 인식될 수 있다. 또는 맨 마지막 것의 경우에 그러한 연계장치는 분석적으로는 분리되지만 상호보완적인 하나의 정치사회(그리고 경제사회)로 인식될 수도 있다. 헤겔식의 체계에서 그러한 역할은 가족, 조합, 신분집단, 신분제의회에 의해 수행된다. 공론장에 대한 하버마스의 저작에서 그러한 역할은 가족, 문학적 공론장과 정치적 공론장에 의해 수행된다. 그리고 토크빌의 분석에서는 그러한 매개체들 중 많은 것이 정치사회라는 별개의 분석 수준에 위치되었다. 그리고 이 정치사회는 삼분 모델 속에서 논리적으로 경제사회에 의해 보완될 필요가 있다.

우리가 두 기본적인 이형(異形), 즉 헤겔식 형태와 토크빌식 형태 중 어떤 것을 선택하든 간에, 우리가 가장 추상적인 수준에서 방어하고자 하는 하버마스의 현재의 체계와 생활세계 이론은 우리가 보기에 사회와 하위체계 사이의 매개제도 그리고 그와 유사한 역할을 수행하는 분석적으로 구분되는 경제사회와 정치사회라는 영역도 쉽게 허용하지 않는 것으로 보인다. 그럼에도 불구하고 우리는 하버마스의 분석틀을 그가 했던 것과는 다른 방식으로 사용할 수 있다.[133]

체계와 생활세계라는 추상적인 범주는 주어진 제도적 틀 속에서 **조정의 책임**이 어디에 있는지만을 말해줄 뿐이다. 문화적, 사회적 그리고 퍼스낼리티 재생산 제도들은 의사소통적/규범적 형태의 행위조정 속에 그것들의 무게중심을 두고 있다. 그럼에도 불구하고 그것들이 여전히 의사소통적 조정 및 목표설정에 종속되어 있는 한, 그리고 그것들이 자신들만의 논리를 발전시키는 것이 허용되지 않는 한(이것이 식민화의 본래

---

133) 하버마스는 그 자신의 분석틀을 때때로 믿을 수 없게도 고르의 이원론적 도식과 가까운 방식으로 사용한다. 그렇기는 하지만 하버마스는 보다 구체적인 정치적 수준에서는 그러한 도식을 거부한다.

의 의미이다), 병리적 결과를 초래함이 없이 생활세계 제도 속에 행정과 금전화의 형태들뿐만 아니라 전략적 차원을 위치시키는 것이 가능하다 (이것은 악셀 호네트와 낸시 프레이저와 같은 비판가들을 몹시 혼란스럽게 해왔다). 규범적으로 말하면, 이 틀은 이 문제와 관련될 경우 언제나 (하버마스뿐만 아니라) 우리가 그러한 생활세계 제도들에 내재하는 가능성에 기초하여 탈식민화를 말할 수 있게 해준다. 그러나 우리는 더 나아가 정치제도와 경제제도의 민주화 가능성을 주장한다. 이때 (근대 사회에서) 조정 메커니즘의 무게중심은 돈과 권력 매체를 통해, 즉 체계 합리성을 통해 이루어지는 **조종수행**의 수준에 위치하며 또 위치할 수밖에 없다. 그러나 이것이 제도화된 형태의 의사소통행위가 국가 또는 경제제도에 도입될 수 있다는 것을 배제하지는 않는다. 모든 유형의 행위는 사회의 제도들 속에서 발생할 수 있고 또 발생한다. 심지어 시장경제조차도 전적으로 도구적 또는 전략적 계산의 측면에서만 이해될 수 없다. 경제민주주의—다양한 수준의 작업장과 기업에서 서로 다른 형태의 가능한 참여를 수반하는—의 도입이라는 규범적으로 바람직한 프로젝트는 조종체계의 자기조절을 그대로 유지할 필요성에 의해 완화될 수밖에 없다. 그러나 단지 의회와 작업장 형태의 자주관리, 노동자의 경영참여, 단체협상이 존재—하지만 불충분하게—한다는 것만으로도, 그것들은 기본적으로 체계가 조종하는 제도 내에서조차 공중이 구성될 수 있다는 것을 말해준다. 그것들은 말하자면 고래의 배 안에 사회의 영향력 수신장치들을 만들 수 있고 또 몇몇 경우에는 만든다. 그리하여 〈그림 3〉에서 의사소통적으로 **조정되어야만** 하는 제도들은 '시민사회'라는 표제 하에 등장하는 반면, 돈 그리고/또는 권력에 의해 조종되어야만 하는 제도들은 체계의 제도적 수준 아래에 등장한다. 어떤 차원도 "자기준거적으로 폐쇄된" 것으로 인식되어서는 안 된다. 왜냐하면 둘 모두가 (비록 그 정도는 다르지만) 민주화에 노출되어 있기 때문이다.

생활세계

생활세계 제도들―시민사회

정치사회와 경제사회
(정치적 · 경제적 매개체 제도들)

정치적 · 경제적 조종 메커니즘들

이 대략적인 그림은 정치적 쟁점이 어떻게 공론장, 결사체, 사회운동으로 구성되는 사회의 의사소통 네트워크와 연속성을 구축함으로써 공적 공간을 (조종 메커니즘 또는 전략적/도구적 행위를 폐지하지 않으면서도) 국가와 경제제도에 도입하는지를 보여준다. 여기서 사람들은 이를테면 사회의 공중들 속에서 표출되는 욕구들을 염두에 두고서 경제적 선택과 정치적 선택 사이에서 선호의 결정을 놓고 논쟁을 벌일 수도 있다. 하지만 자기제한이 의미하는 것은 경제제도와 국가제도에서 얼마만큼의 그리고 어떤 형태의 민주화가 바람직한가를 둘러싼 논쟁은 각각의 경우에서 체계유지의 필요성을 인정할 수밖에 없다는 것이다. 이것이 바로 하버마스의 탈식민화 관념을 보완하는 민주화의 의미다. 이에 상응하여 정치참여와 경제참여의 제거 또는 순수한 도구화는 모든 제도의 식민화에 대한 하나의 대응물인 부자유의 한 형태를 구성한다.[134]

---

134) 우리의 개념 속에서 정치적 결사체, 정당, 의회는 정치사회의 핵심제도들을 상징한다. 이것들 모두는 공공성의 차원에 통합될 수 있다. 하지만 그러한 통합은 전략적 이성의 요구와 양립할 수 있게 만들어져야 한다. 따라서 시민사회의 공중과 달리 정치사회의 공중들은 열려 있는, 즉 완전히 자유로운 의사소통을 보장받을 수 없으며, 단지 공식적인 절차의 규칙에 의해서만 접근과 참여에 대한 상대적 평등을 획득할 수 있다. 이러한 제약에도 불구하고, 정치적 공론장은 그것이 일반적인 사회적 의사소통에 침투할 수 있기 때문에 하나의 열려 있는 구조이다. 우리는 동일한 개념을 공공성의 조건(그리하여 민주화의 가능성)이 훨씬 더 제

성찰적 법과 탈규제적 규제

제도가 하위체계—말하자면 '정치'사회와 '경제'사회—에 침투하는 방향으로 생활세계와 체계이론을 확장하고자 하는 제안은 오직 생활세계의 관점에서만 나온다. 비록 민주화가 체계가 조종을 수행하는 것을 제약해서는 안 되고 또 실제로 제약할 수도 없는 것으로 인식되지만, 불행하게도 그러한 제안은 그러한 도식과 체계작동의 양립 가능성을 보장하지 못한다. 이를테면 국가와 경제에 민주적 과정을 도입하는 것이 어떤 유의미한 방식으로 그것들을 제한하지는 않을 것이다. 만약 그러한 일이 발생한다면, 그것은 자기조절을 심각하게 손상시키는 것을 그 대가로 치를 수밖에 없다. 따라서 여기서 문제가 되는 것은 체계의 관점에서의 탈규제적인 규제의 가능성이다.

바로 이 쟁점을 다루고 있는 것이 사회비판적 방향에서 자기생성체계 이론을 확장하고자 하는 법학자들이다. 토이브너(G. Teubner)는 '제도로서의 법'을 증진시키고자 하는 관념에 공감하면서도, 생활세계의 방어에 초점을 맞추는 전략은 불충분하다고 생각한다.[135] 복지국가의 위기가 보여주듯이, 매체에 의해 조종되는 하위체계들은 그들 스스로 과잉규제로 인해 고통 받을 수 있으며, 과잉규제는 규제를 위해 사용하는 법적 매체에 해로운 것으로 입증될 수도 있다. 주어진 영역의 자율성을 보장하는, 제도로서의 법의 관념은 하위체계를 새로운 형태로 보다 성공

한되는 경제사회에 적용하기 어렵다는 것을 인정해야만 한다. 우리는 현재 재산과 참여를 경제사회의 매개체의 핵심범주들로 강조하는 쪽으로 기울어 있다. 어쩌면 이 영역에서의 낮은 정도의 참여는 서로 다른 형태의 재산에 의해 보완될 수 있을지도 모른다. 시민사회와 그 제도들은 원칙적으로 그러한 재산들을 통해 경제사회에서 그 발판을 획득할 수 있다. 실제로 공동체, 비영리 조직, 그리고 심지어 복지기관이 생산적 재산의 소유에 참여하는 것이, 원칙적으로 복지국가 형태의 규제를 대신할 수도 있다. 실제로 단체협상, 기업의 이사회에서의 노동자의 대표권, 고충처리 절차와 같은 제도들은 모두 '경제사회'의 일부이다.

135) Teubner, "After Legal Instrumentalism?," 315.

적으로 규제하기 위한 필요조건이지만 충분조건은 아니다. 특히 토이브너는 규제되지 않는 정치적 하위체계와 경제적 하위체계들의 사회적 환경이 처하는 위험, 즉 그러한 체계들의 자율성이 자기조절 형태—자기제한을 수반하는—를 통해 행사될 때에만 제거될 수 있는 위험을 지적한다.[136]

이 주장은 루만을 따라 퇴행적 탈분화 없이 하나의 단일한 통제중심이 사회를 조종하는 것은 불가능하다고 역설한다. 그것의 주된 이유는 그러한 통제중심이 주로 그러한 체계 외부에 존재하는 하위체계들에 대한 적절한 지식을 가지고 있지 못하기 때문이다.[137] 유일한 대안은 하위체계의 자기조절에 의지하는 것, 또는 보다 정확히 말하면 자기조절 과정을 법적으로 규제하는 것이다. 이러한 자기조절적 규제의 목적은 자기제한을 산출하는 형태의 성찰성을 증진시켜, 부정적인 부수효과와 조종의 내적 모순 모두에 대처하기 위한 것이다.

흥미롭게도 하위체계 속에서 성찰성을 증진시키는 새로운 형태의 간접적인 법적 규제가 법 자체의 성찰적 구조를 실현하는 것으로 언급된다. 사회적 목적에 의해 인도되지만 규제받는 사회적 영역들의 자율성을 보호하는, 새롭고 보다 추상적이고 덜 직접적이고 실제로 자기제한적인 형태의 규제적 법이 출현할 경우, 법은 하위체계들을 규제하는 데서 자기자신이 갖는 한계를 고려할 수 있다. 사회적 목적에 의해 인도된다는 측면에서 성찰적 법이 실제적인 개입주의적 법과 유사하다면, 사회적 영역의 자율성을 보호한다는 측면에서 그것은 형식적 법과 유사하다.

---

136) G. Teubner, "Corporate Fiduciary Duties and their Beneficiaries," in K. J. Hopt and G. Teubner, eds., *Corporate Governance and Directors Liabilities* (Berlin: de Gruyter, 1985), 162; "After Legal Instrumentalism?," 315-316.

137) G. Teubner, "Substantive and Reflexive Elements in Modern Law," *Law and Society Review* 17, no. 2 (1983): 272; "After Legal Instrumentalism?," 312.

오늘날 성찰적 법 프로그램은 비록 하나의 매우 독창적인 프로그램이기는 하지만, 단지 하나의 프로그램에 불과한 것으로 보인다. 하지만 그 프로그램의 잠재력을 보여주는 것은 오늘날 형식적 법체계 또는 특히 실제적 법체계 내의 모순적인 요소들을 표현하는 것처럼 보이는, 현존하는 법의 형태와 관행들이다. 성찰적인 법은 하버마스가 '외부 헌법'(external constitution)이라고 부르는 것에 의지함으로써 정치적 재량권과 대립하는 것으로서의 법의 지배를 회복한다. 바로 이 외부 헌법이 일반적인 법적 원칙들이 위반될 때마다 직접적인 개입을 이미 규정되어 있는 제한된 수의 법적 원칙의 집행에 한정시킨다.[138] 그러나 성찰적인 법은 제도로서의 법과는 달리 이러한 차원에서 멈출 수 없다. 성찰적 법은 규제되는 영역에서 달성되는 특정한 목적을 직접적으로 주장하고 강화하는 대신에, 의사결정을 바꾸고 서로 다른 정당과 당원들의 비중을 변경하고 전반적인 의사결정 과정을 부작용과 외부 효과에 민감하게 만들 수 있는 절차, 조직, 성원자격, 권한과 관련한 규범을 확립하고자 노력한다.[139] 이 모든 장치들에 공통적인 것은 절차의 변경을 통해, 즉 형식적 법 또는 실제적 법보다는 절차적 법을 통해 새로운 결과를 달성하고자 하는 바람이다.[140]

토이브너에 따르면, 단체협상과 노동자의 경영참여는 현존하는 노동법 속에서 성찰성을 보여주는 실례들이다.[141] 그의 목적은 헌법적 원리들을 경제제도와 행정제도에 도입하는 프로그램을 통해 얻은 교훈을 일

---

138) *TCA*, vol. 2, 371; Teubner, "After Legal Instrumentalism?," 317.

139) Teubner, "Substantive and Reflexive Elements in Modern Law," 275.

140) Ibid., 257, 267, 275.

141) Teubner, "After Legal Instrumentalism?," 317. 토이브너는 또한 재산법(ibid., 317), 계약법("Substantive and Reflexive Elements in Modern Law," 256), 회사법("Corporate Fiduciary Duties and their Beneficiaries," 166ff.) 속에서 서로 다른 정도로 발전된 사례들에 대해 언급한다.

반화하는 것이다. 일반적으로 말해서 (다른 전거들 가운데서도) 하버마스의 초기 저작에서 도출된 이 프로그램은 이 책에서 주장한 민주화 프로젝트와 상응한다. 하지만 초기 하버마스와는 달리, 토이브너는 하위체계와 관련하여 민주화에 새로운 의미를 부여한다. 민주화의 목적은 그 자체로 하나의 목적으로서의 참여를 증대시키는 것도 아니며, 어떤 결과들이 이 기준에 따라 판단되어야만 한다는 것도 아니다. 그 대신에 성찰적 법은 제도들로 하여금 "그것들의 내적 시도가 초래하는 외부 효과에 민감하게" 만듦으로써 "내부 합리성을 최대화"할 수 있는 수준의 그리고 그러한 형태의 참여를 목적으로 한다.[142] 성찰적 법이 두 가지 유형의 합리성의 필요조건, 즉 실천적 합리성과 기능적 합리성을 중재할 수 있는 기회를 가지는 것은 참여 프로젝트의 이 같은 자기제한 때문이다.

담론형태들과 관련하여 하위체계들 속에 감지장치를 수립하는 작업이 내적 합리성과 양립할 수 있어야만 한다는 점을 강조하는 것이 중요하다. 이를테면 경제체계의 경우에 새로운 의사결정 절차의 수립은 기능적으로 등가를 이루는 조직의 해결책의 범위 내에서 수익과 투자 수준을 산출함으로써 경제적 합리성—특히 수익성—의 한계를 유지해야만 한다. 그것이 원칙적으로 가능하다는 토이브너의 확신은, 만약 내적 합리성의 추구가 규제되지 않고 무제한적으로 이루어질 경우, 그것은 조직의 관점과 모순될 것이라는 가정에 기초하고 있다. 수익의 추구는 조직의 지도자들이 수익을 정할 때조차도 자주 장기적인 투자와 축적목적들과 양립하지 않을 수 있다. 유사하게 정치체계의 경우에서는 구속력 있는 결정을 내리는 기능과 권력을 산출하고 유지하는 성과측면들이 상충한다. 왜냐하면 정치적 의사결정을 과도하게 확장하고자 하는 거의 피할 수 없는 경향은 권력을 낭비하는 경향이 있기 때문이다. 자기제한으로

---

142) Teubner, "Substantive and Reflexive Elements in Modern Law," 278.

이어지는 성찰성은 이 두 차원을 조화시키는 데 일조한다.[143] 요약하면, 성찰적인 법은 외부 환경의 요구를 고려함으로써 성과와 기능 간에 최적의 균형을 이끌어내는 조직구조를 확립하는 것을 목적으로 한다.[144]

　이 분석에서 정치적 하위체계와 여타 하위체계들 간에는 일정한 비대칭이 존재한다. 모든 하위체계의 성찰적 자기제한이 역설되고 있기 때문에 정치체계도 예외일 수 없다. 만약 토이브너가 외부의 사회적 필요(권리, 담론적 형태의 절차)와 관련하여 정치체계의 자기제한과 그것의 자기조절을 가능하게 해주는 헌법과 관련한 특징들을 주제화하지 않는다면, 그것은 성찰적 법의 논의를 지배하는 복지국가 문제가 경제적 규제와 자기조절에 주로 초점을 맞추고 있는 것으로 보이기 때문일 수도 있다. 하지만 자유주의 국가 또는 복지국가 속에 형성되어 있는 정치체계의 현존 절차들이 적절한 수준의 성찰성을 이미 얼마나 제도화하고 있는지는 여전히 미해결의 문제이다. 이것이 중요한 까닭은 정치는 자신을 성찰적으로 통제함으로써만 경제의 성찰적 자기통제를 촉진할 수 있기 때문이다. 하지만 이 정식화는 우리가 염두에 두고 있는 비대칭을 이미 지적하고 있다. 즉 비록 정치권력이 실제적-합목적적 법체계 내에서보다는 여기서 더욱 '경제적으로' 취급되기는 하지만, 정치권력은 여전히 다른 체계들의 자기조절에 불가피한 외부 압력의 하나의 원천으로 남아 있는 것으로 보인다.[145]

　정치의 이러한 특권적 지위는 이해할 수는 있지만, 몇 가지 의문을 제기하게 한다. 문제는 정치체계가 강제의 하나의 원천이라는 것이 아니라, 정치의 특별한 지위가 다양한 형태의 자기조절을 통해 보호되는 공통의 욕구와 이해관계의 규정과 관련하여 일정한 조정역할을 수반하는

143) Ibid., 272-273.
144) Teubner, "Corporate Fiduciary Duties and their Beneficiaries," 165.
145) Teubner, "After Legal Instrumentalism?," 316-317.

섯처럼 보인다는 것이다. 따라서 도구주의적 규제와 탈규제적 규제 간의 유일한 차이는, 후자의 경우에서 정치체계는 규제가 보다 성공적이기 위해서는 그것이 자기조절을 자극하려고 노력해야 한다는 것을 학습했을 것이라는 점이다. 토이브너는 자신의 주장을 탈규범화하고 탈중심화시킴으로써 이러한 함의를 피하는 경향이 있다. 이를테면 토이브너는 제도로서의 법의 관점을 성찰적 법의 관점으로 일반화하는 것은 생활세계에 뿌리를 두고 있는 하버마스의 규범적 관심을 뒤에 남겨두게 되는 경향이 있다고 지적한다.[146] 게다가 토이브너의 주장 속에서 생활세계는 중심적인 준거점을 대신하지도 않는다. 즉 관련 하위체계들은 완전히 탈중심화되고 전적으로 분리된다.

이러한 전략은 두 가지 이유에서 역설적이다. 첫째, 토이브너는 자기조절이 탈중심화된 도덕적 자기통제의 형태를 취한다고 지적하는 것으로 보인다.[147] 둘째, 네오하버마스식 성향 속에서 토이브너는 (비록 법의 모든 영역에서 시종일관 그러지는 않지만) 하위체계 내의 성찰성은 오직 담론적 구조의 확립을 통해서만 가능하다고 상정한다.[148] 하지만 토이브너는 하나의 일관된 체계이론적 관점에서 관련된 도덕의 근원과 관련하여 또는 성찰성을 확립하는 어떤 부분적 담론의 보편적 잠재성과 관련하여 어떠한 주장도 할 수 없어 보인다. 조정기능의 요구, 성과, 부작용이 그 자체로 보편적인 규범과 양립할 수 있는 조직절차 또는 심지어 상이한 하위체계들의 작동과 양립할 수 있는 조직절차조차도 낳지 않는다. 요컨대 다양한 하위체계들 속에 제도화되어 있는 담론구조들이 그 하위체계들에게 또는 전문관리자에게 단지 소음으로 보일 수도 있는 환경적 문제들에 실제로 민감할 것이라는 보장은 어디에도 없다.

---

146) Ibid., 316.
147) Teubner, "Corporate Fiduciary Duties and their Beneficiaries," 159.
148) Teubner, "Substantive and Reflexive Elements in Modern Law," 273.

성찰적 법 프로그램(관계적 프로그램)에 대한 빌케(H. Willke)의 정식화는 체계이론적 틀과 일부 단절함으로써 그러한 결함을 다루고 있다. 빌케는 법이 '입법지침'(legislative guidance) 없이 수립될 수 없다고 지적하지만, 그의 강조는 두 가지 수준에서 국가를 추방한다. 토이브너처럼 빌케는 '입법자제'(legislative self-restraint) 형태의 외적 규제가 성찰적 자기제한을 할 수 있는 절차의 확립을 통해 매우 간접적인 자기조절을 자극하는 것에 국한되어야만 한다고 주장한다. 따라서 국가는 권력을 사용하고 활성화하는 것에 의존하여 정보를 처리하고 관련 행위자들의 문제를 해결한다. 게다가 토이브너보다 더욱 분명하게 빌케는 그 자체로 하나의 하위체계인 국가가 다양한 형태의 자기조절을 위해 목표와 목적을 독단적으로 설정할 수는 없다고 주장한다. 이 문제는 상이한 하위체계들의 자기조절 형태들의 조정―이것이 빌케의 주요 관심사이다―이라는 관점에서 볼 때 특히 심각하다. 빌케는 토이브너의 모델뿐만 아니라 일원론적인 자기생성체계 패러다임 전체와도 단절한 모델을 제시한다. 빌케는 당시 하버마스의 다소 후기 저작(특히 1973년의 『정당성 문제』[*Legitimationsprobleme*])에 의지하여 모든 규제받는 체계―이 체계 속에서는 "중앙으로부터 영향을 받는 이해관계자들의 대표자들이 절차적으로 인도되어 그들의 공동의 대의, 그들의 '공통의 의견', 그들의 '일반화할 수 있는 이해관계'를 찾아 나선다"―외부에 존재하는 하나의 담론적 틀을 제시한다.[149] 토이브너가 하위체계의 절차적 자기조절 형태와 담론구조의 확립을 동일시하고 그것이 메타체계적 담론과정에 대해 수행하는 어떠한 역할(그리고 어쩌면 어떠한 시간!)도 고찰하지 않지만, 빌케는 그것과 정확히 반대로 한다. 빌케는 담론윤리라는 반사실적 용어

---

149) H. Willke, "Three Types of Legal Structure: The Conditional, the Purposive and the Relational Program," in Teubner, ed., *Dilemmas of Law in the Welfare State*, 290-291.

로 하위체계들 내에 수립되는 경험적 '담론들'을 규명하는 것이 아니라, 체계이론적 틀을 의사소통이론으로 보완하면서 담론윤리를 제도화하고 자 한다.[150]

생활세계의 관점에서 볼 때, 이러한 형태의 성찰적 법 모델의 우월성 은 분명하다. 하나의 일관된 자기생성체계 이론에 기초하는 대안적 모 델은 규제된 자기조절이라는 불가사의한 조정을 가정하거나[151] 하나의 하위체계가 자신의 중요한 유리한 지위를 여전히 유지한다고 제안해야 만 한다. 하지만 후자의 경우에 그 하위체계(이를테면 정치 또는 법)나 그것의 매체가, 규제받는 하위체계와 정확하게 동일한 의미로 자기제한 적일 수 있는 가능성을 주제화하기가 어려워진다. 이를테면 무엇이 필요 한 외적 규제의 원천일 수 있는가? 빌케가 암묵적으로 채택하고 있는 이 원론적 개념은 보다 설득력 있는 해결책들을 만들어내고 있다. 생활세계 는 복잡성의 수준이 낮기 때문에 훨씬 더 부드러운 강제를 행사하여 하위 체계들에 간접적으로만 영향을 미칠 수 있다. 생활세계의 우월한 규범적

---

150) 여기서 빌케의 경험적 사례—1967년 사회민주당원들의 대연합에 의해 확립된 신조합주의적 협력행동(Konzertierte Aktion)—가 중앙으로부터 영향을 받는 모든 이해관계자가 참여할 수 없는 근본적으로 비(非)공적 담론이라는 점에 관 심을 둘 필요는 없다. 이 약점은 빌케의 전반적 개념에서 비롯되는 것일지도 모 른다. 빌케는 담론 모델에 입각한 자신의 분석의 일부가 갖는 제도적 함의를 개 념화하기가 어렵다는 것을 발견하는 경우에는, 선택된 맥락에서 조정역할을 하 는 것으로 보이는 담론, 즉 정부, 노동, 기업의 협상담론에 의지한다. 하지만 신조 합주의적 선택은 두 번째 문제, 즉 모든 관련 하위체계에 대한 목표와 목적의 정 당한 설정에는 아무런 도움이 되지 않는다.

151) 이 문제는 루만이 다루기에 그리 어렵지 않을 수도 있다. 왜냐하면 회복된 자기 생성에 대한 그의 제안은 덜 침입적이고 덜 개입주의적이기 때문이다. 루만은 단 지 자기조절에만 찬성하지 자기조절의 간접적 규제에는 찬성하지 않는다. 토이 브너에게 의문을 던지게 하는 것은 규범적 규제라는 잔여적 관념이다. 그러한 공 통의 규제의 근원은 무엇이고 어떻게 그러한 공통의 근원이 자기조절과 화해할 수 있는가?

지위가 우월한 통제지위 —국가규제의 위험— 로 발전할 수는 없다.[152]

여기서 영향력 메커니즘과 돈과 권력 메커니즘의 차이를 살펴볼 필요가 있다. 그 차이는 영향력을 하나의 매체로 취급하고자 했던 파슨스에서조차 분명히 드러난다.[153] 하버마스가 동기의 전략적 근원과 합의적 근원 간의 이러한 차이가 원칙적으로 하나의 차이를 만들어낸다고 주장한 것은 옳다.[154] 돈과 권력과는 달리, 영향력은 (어떤 긍정적 또는 부정적 제재보다는) 어떤 바람직한 행위가 지닌 규범적 가치를 그 자체의 보상으로 제시함으로써 행위자의 상황보다는 의도에 영향을 미친다. 영향력의 경우에 행위자는 성공 또는 일반적 결과가 아니라 서로를 이해하는 것을 지향한다. 원칙적으로 설득에 의존하는 영향력의 배후에 있는 '내재적인 설득수단'은 정보가 지니는 사실이나 항목이라기보다는 논거(이유와 정당화)이다. 따라서 이와 관련된 형태의 압력은 권력의 경우와는 전적으로 다른 수준에 가해진다. 이것은 시간과 장소의 제약 때문에 영향력이 일상적인 언어 의사소통의 실제적인 세부과정에 의존할 수 없을 때조차 사실이다. 파슨스와 하버마스 모두는 하나의 매체 또는 준(準)매체로서의 영향력을 창출할 가능성에 관심을 갖게 한다. 하지만 하버마스가 옳게 주장하듯이, 이러한 가능성이 생활세계의 물화로 이어지지는 않는다. 그는 실제의 논증과 분리되어 있는 영향력과 퍼스낼리티 및 문화 자원의 연계관계를 강조하면서, 영향력의 잠재력을 규범적·인지적·미학적 논증의 문화적 자원을 활용할 수 있는 개인과 제도들에 귀속시킨다. 우리의 목적을 위해 다소 더 유용한 것은 결사체를 통한 통합이라는 자신의 중심범주에 대한 파슨스의 주장이다. 이 주장에 따르면,

---

152) Habermas, *Philosophical Discourse of Modernity*, 364-365.
153) Talcott Parsons, "On the Concept of Political Power"; "On the Concept of Influence," *Politics and Social Structure*, 363ff., 410-418, 432-436을 보라.
154) *TCA*, vol. 2, 182ff., 278-282.

영향력의 일반화는 집합적 정체성 구성에 의존하는 동시에 정체성을 강화하는 확산된 연대를 배경으로 한다.[155] 영향력 있는 개인들은 오직 공통의 견해, 규범 또는 참여형태—집단형성과 정체성의 모든 가능한 토대—덕분에 함께 소속되어 있는 사람들이라는 의미에서 그들과 함께 '우리'를 구성하는 사람들에게만 영향을 미칠 수 있다. 따라서 영향력을 가지는 것은 문화적 엘리트 성원들에게만 국한되지 않는다. 집단과 결사체의 견해와 프로젝트를 형성하는 사람들도 영향력이 있을 수 있지만, 그들은 영향에 노출되어 있는 사람들에게만 주장을 통해 영향력을 미칠 수 있다.

우리가 '영향력'이라는 범주를 사용하는 방식은 우리가 개관하고 있는 이론이 토이브너와 빌케 모두의 관심사에 민감하다는 것을 말해준다. 우리는 목표와 목적을 설정하는 문제는 체계이론적 틀 내에서 해결될 수 없으며 오직 담론의 제도화라는 관념만이 이러한 맥락에서 우리에게 도움을 줄 수 있다는 빌케의 주장에 동의한다. 따라서 '영향력' 범주는 담론을 제도화하고 있는 형태의 압력이 하위체계들의 자기조절을 손상시키지 않고서도 영향력을 행사할 수 있다는 것을 말해준다. 그러나 우리는 또한 하나의 중심적인 담론적 공론장이 하위체계들 간의 조정문제를 해결하기 위해 부활될 수는 없다는 토이브너의 암묵적 주장에도 동의한다. 게다가 우리는 다른 이유들 가운데서도 시간과 정보의 부족 때문에 보다 제한된 형태의 참여를 포함하여 담론이 하위체계들 자체의 자기조절 절차의 일부로 확립될 수밖에 없다는 점에도 동의한다. 또한 우리는 경제와 국가 내에 그러한 감지장치들이 없이는 그것들 외부의 담론과정들이 하위체계에 전혀 영향을 미칠 수 없다고 믿는다. 이러한 의미에서 하위체계들 속의 담론형태들에 관한 논점은 참여 자체를

---

155) Parsons, "On the Concept of Influence," 416-418.

증가시키는 것이 아니라 참여의 결과에 민감한 구조를 구축하는 것이다. 그러므로 복수의 민주주의를 하위체계와 연계된 제도들과 시민사회의 제도들 속에서 두 가지 유형의 담론형태 모두와 관련하여 설명하는 것이 중요하다.[156]

동구에 대한 또 다른 일견

복지국가의 성찰적 지속과 성찰적 법이라는 관념들이 시사하는 것으로 보이는 것처럼, 시민사회 범주에 대한 우리의 재구성과 그것으로부터 도출된 시민사회 정치는 단지 후기 자본주의 복지국가에만 적절한가? 이 범주를 이론과 행위 속에서 부활시킨 세계사적 추동력이 국가사회주의 국가들에서 맨 먼저 나왔기 때문에 이는 역설적일 수도 있다. 실제로 더욱 공통적인 (이를테면 티모시 가턴-애시[Timothy Garton-Ash]의) 의구심은 시민사회 정치가 현대 서구의 정치에 부적절하다는 것이다. 실천적 지식(phronesis)을 거의 가지지 않은 누군가는 동구가 이제 막 "서구에 합류"하려 하고 있으니, 시민사회의 범주와 모든 자기제한의 정치가 모든 곳에서 부적절해질 것이라고 덧붙임으로써 그러한 논점을 어리석은 것으로 격하시킬지도 모른다.[157]

자유제도 창설의 구성단계와 구성된 단계를 구분하는 것—이는 알랭 투렌(Alain Touraine)이 역사적 운동과 사회운동을 구분한 것과 상응한다[158]—은 이 맥락에서 도움이 된다. 시민사회의 재구성은 우리가 폴란드 자유노조의 등장에서부터 현재—오늘날 소련의 민주화 프로젝트를

---

156) 우리는 제10장과 제11장에서 조종과 관련될 수 있는 사회의 담론과정의 성격을 탐구할 것이다.

157) M. Gonzales (P. Piccone), "Exorcising Perestroika," *Telos*, no. 81 (Fall 1989)을 보라.

158) Alain Touraine, *The Voice and the Eye* (Cambridge, England: Cambridge University Press, 1981), chs. 5, 6.

포함하여——까지 목도해온 거대한 이행과정의 하나의 특징이다. 본질적으로 민주적인 운동과 본질적으로 국가적인 운동을 구분해주는 자기제한과 자기규율의 극적인 형태들은 공중, 결사체, 시민사회의 문화적 규범 속에서 학습한 경험에 뿌리를 두고 있다.

구성단계에서 이행과정은 시민사회(폴란드) 또는 정치사회(헝가리)에 그 중심을 두고 있을 수 있다. 이것을 양자택일적 명제로 보지 않는 것이 중요하다. 이분법적인 방어적 국면을 제외하면, 이를테면 동구의 모든 곳에 편재한 원탁협상이 보여주듯이, 어떠한 이행도 적어도 정치사회로의 부분적 전환 없이는 완결될 수 없다. 심지어 지배체제의 명백한 붕괴과정조차도 대안적인 정치적 행위자들을 요구한다. 그러한 정치적 행위자는 운동이 정치적 행위자로 전환되는 것(시민 포럼)에서 나오거나 또는 외부의 원천(서독 정부의 정당들이 동독으로 이주한 것에서처럼)으로부터 나온다. 그러나 고도로 동원된 비제도적 형태 속에서이건(동독에서처럼) 아니면 보다 제도화된 형태 속에서이건(1989년 헝가리 국민투표에서처럼) 간에, 시민사회의 참여가 없다면, 이 과정들은 위로부터의 엘리트민주주의적 이행에 의지해야만 하고, 이는 전체 과정의 정당성을 심각한 위험에 빠뜨릴 수도 있다.[159]

경제사회와 시민사회 간의 관계와 관련해서는 상황이 다소 다르다. 신자유주의자들은 이행과정 동안에조차 경제사회의 해방과 시민사회의 해방을 식별하는 경향이 있다. 만약 그 과정의 역동성의 배후에 존재하는 행위자들이 정치적이기보다는 시민적일 경우, 그것은 덜 해롭다. 왜

---

159) 서독에 완전히 통합된 동독만이 탈정당화 없이 엘리트민주주의적 방향으로 완전히 전환할 수 있었다. 그로 인해 분명한 시민사회 조직인 신포럼(Neues Forum)이 쇠퇴했다. 다른 나라들에서는 유사하게 구성된 조직들이 여전히 중요한 지위를 차지하고 있으며, 신포럼보다 다소 더 확고하게 정치사회의 방향으로 전환해가고 있다.

냐하면 이 경우에 경제를 해방시키는 데 필요한 프로젝트가 비경제적 영역들의 자기조직화과 함께 나란히 발생할 것이기 때문이다. 폴란드 경제재편의 첫 단계는 이것이 가능하다는 것, 즉 민주적 행위자들이 시장의 수립과 양립할 수 있다는 것을 보여준다. 그러나 그러한 행위자들이 자유주의적 경제정책을 과도기적인 것 이상의 어떤 것으로 받아들일 수는 없을 것이다. 왜냐하면 완전히 자율적인 시장은 사회조직, 즉 사회적 연대에 파괴적이 될 것이기 때문이다. 특히 칼 폴라니의 고국에서 그의 교훈을 잊어서는 안 될 것이며, 실제로 시민사회의 행위자들은 분명히 그것을 다시 학습하게 될 것이다.

하지만 정치적 행위자들에게 그 책임이 맡겨질 경우, 엘리트들이 시민사회의 재구성을 시장경제의 자기조절에 적합한 환경의 범위에 한정하고자 할 가능성은 여전히 존속한다. 그러한 환경을 창출하는 것은 정치적 이행을 훨씬 넘어선 시기에 심각한 문제가 될 수도 있다. 이 '최소한의 시민사회' 프로그램이 '개혁독재'의 형태 속에서 이미 실패해왔지만, 그것은 얼마 동안은 엘리트민주주의 형태 속에서 하나의 선택지로 남아 있을 수도 있다.

시민사회 정치를 민주주의혁명과 복지국가 모두의 성찰적 지속으로 재구성하기 위한 우리의 제안이 동구와 서구에서, 특히 민주주의로의 이행의 '정신'을 지키고자 하는 행위자들에게 중요해지는 것은 바로 이러한 맥락에서이다.[160] 우리의 첫 번째 테제는 새로운 민주주의를 유지하고 권위주의와 포퓰리즘 간의 파괴적 순환을 피하기 위해 필요한 정치문화는 가능한 한 가장 넓은 의미에서의 시민사회를 제도화하지 않고는 발전될 수 없다는 것이다. 이러한 제도화는 구성단계에 속하며, 이행에

---

160) 한나 아렌트에 따르면, 이것이 제헌권력의 일부를 구성하는 모든 정치적 행위자에게 제시된 과업이다.

서 사회적 동원이 하나의 중요한 역할을 수행하는 곳에서조차 의식적인 제도구축을 요구한다.

우리의 두 번째 테제는 서구 시민사회의 정치에 대한 우리의 규범적 분석에서 도출된 것으로, 새로운 민주주의의 '구성된' 단계와 관련된다. 민주적인 정치문화를 재생산하는 데 필요한 시민사회는 행정국가와 시장경제의 식민화 경향을 제한하고 그러한 하위체계들에 대한 새로운 형태의 사회적 통제를 확립하는 이중의 과정을 통해서만 발전되고 방어될 수 있다. 우리는 먼저 분화된 하위체계들, 즉 전문행정과 자기조절적인 시장경제를 먼저 구축할 필요가 있다는 점을 인정한다. 이러한 의미에서 거기에는 자유가격, 즉 탈독점화에 기초한 경성 예산제약 경제체계를 확립하고 보조금과 단체교섭이라는 온정주의적 후원체계를 폐지하는 것을 대신할 어떠한 대체물도 존재하지 않는다.[161] 그러나 자유주의적 이행 프로그램을 장기적인 모델의 지위로 끌어올리는 것은 비효율적인 형태의 기업과 함께 잠재적으로 생산적인 기업을 파괴하는 것과 같은 부정적인 경제적 결과를 초래할 수 있으며, 또한 극히 부정적인 사회적 결과를 초래할 수도 있다. 소비에트 형태의 자원제약적 경제가 시장경제보

---

161) 따라서 비록 우리가 야노스 코르나이가 왜 (국가의 예산지원과 보조금의 매우 가망 없는 축소를 제외하고는) 국가소유 부문을 현재의 형태로 남겨놓을 것을 제안하는지를 이해하기 어렵지만, 우리는 코르나이의 '자유주의적인 보수주의적' 프로그램—이를테면 『자유경제로의 길』에서 표명한—을 받아들인다. Janos Kornai, *Road to a Free Economy* (New York: Norton, 1990). 어쩌면 코르나이는 정당한 사적 구매자와 '운영자본'(노동자 소유권과 공적 주식배분 제도와 같은)이 부재하는 상황에서 제시된 다른 해결책들은 정당한 형태들 속에 비공식적인 관료제화를 낳을 수도 있는, 단지 시장사회주의라는 환상의 새로운 화신일 뿐이라고 간주할지도 모른다. 따라서 그가 보기에 그러한 제도들도 현재의 불신받는 제도들과 마찬가지로 '관료제적 부문'에 대한 보조금을 축소할 수 없을 것으로 보인다. 우리가 보기에, 옛 관리자는 접근하지만 새로운 노동자평의회나 시민소유자들은 접근할 수 없는 기존의 비공식적인 '후견주의적' 네트워크의 맥락에서는 그 정반대가 사실인 것으로 보인다.

다 환경에 훨씬 더 파괴적이지만, 급진적인 시장지향적 전략은 황폐화된 환경들에 대한 어떠한 치유책도 제시하지 않는다. 국가사회주의적 형태 속에서 온정주의가 복지와 사회보호 제도들을 붕괴시킬 수밖에 없었다면, 주변화된 주민들의 최소한의 삶을 회복하기 위해서는 시장의 마술 이상의 것이 필요할 것이다. 마지막으로, 국가사회주의의 마지막 단계에서 희생당한 사람들에게 어쨌든 처음에는 커다란 희생을 요구하는 시장 경제를 오늘날 정당하게 확립할 수 있는 것은 민주적 운동과 민주적 행위자들뿐이지만, 그들의 정당성이 유지될 수 있는 것은 오직 그들의 목표가 자유주의 경제와 엘리트민주주의의 조합이 제공할 수 없는 가시적인 경제적 향상과 정치적 상쇄효과를 수반할 때뿐이다. 이러한 조합을 장기간 밀어붙여온 사람들은 사회적 갈등의 위험에 처해 있으며, 우리가 라틴아메리카의 경험에서 알고 있듯이 포퓰리즘과 권위주의 사이에서 파괴적인 순환을 겪고 있다.

게다가 불행하게도 서구식 복지국가의 창출은 아마 동독이라는 특별한 경우를 제외한다면, 역시 하나의 선택지가 아니다. 그러한 전략은 이행의 시기—이 시기는 경제적 삶의 영역에서 연장될 수도 있다—에 현존 형태의 온정주의와 연성 예산제약을 강화할 수도 있다. 게다가 서구 자체에서도 점점 더 그러한 제도의 비용을 감당할 수 없을 때, 오늘의 파산한 국가사회주의적 경제 또는 내일의 종속적인 자본주의 경제가 어떠한 재정적 토대에 기초해서 그러한 제도에 자금을 공급할 수 있을지도 분명하지 않다. 게다가 오늘날 혼합자본주의 경제를 확립하고자 하는 사람들조차도 어제의 규제되지 않은 형태의 자본주의 경제를 장기간 동안 촉진해야만 한다는 코르나이의 주장을 우리는 받아들일 수 없다.[162] 우

---

162) 그는 그러한 정책이 반드시 저축이나 투자를 증진시키지 않는다는 것을 보여주는 서구의 많은 증거에도 불구하고 오늘날의 기업가를 위해 중요한 소득세들조차 반대하기까지 한다.

신, 고전 자유주의적 경제체계가 전통적인 형태의 복지국가로 이어질 것이라는 보장은 전혀 없다. 둘째, 그것이 경제적 의미에서도 또는 사회적·정치적 의미에서도 하나의 발전 모델로 실제로 작동할 것이라는 점은 전혀 분명하지 않다. 새로운 민주주의 국가들은 서구의 과거와 현재의 해결책들을 복사하는 대신에, 왜 자유주의 모델과 복지국가 모델 모두가 오늘날 새로운 문제들을 경험하고 있는지에 대한 이유를 이해하는 것이 더욱 현명할 것이다. 이것은 사람들이 시장사회주의나 다양한 네오포퓰리즘과 같은 식으로 자본주의와 사회주의, 동구와 서구 사이에서 가상의 제3의 길을 찾아야만 한다는 것을 의미하는 것이 아니다. 만약 현재 어떤 해결책이 있다면, 그것은 서구의 과거와 현재가 아니라 서구의 미래를 보여주는 서구의 경험에 자리하고 있을 것이다. 달리 말해 서구에 동참한다는 것은 과거의 서구 또는 심지어는 현재의 서구가 아니라, 현재의 도전들에 응전해 나아가야 하고 또 응전할 수 있는 서구가 되어야 한다는 것을 의미해야만 한다.

하지만 시민사회의 정치에 대한 우리의 분석은 비록 잠정적이기는 하지만, 적어도 서구에서 가능한 하나의 미래에 초점을 맞추고 있다. 우리의 분석이 제시한 분화된 하위체계들과 잘 방어된 시민사회의 결합—그 속에서 후자가 우위성을 지닌다—은 (지금까지 현대 유럽 역사를 지배해온) 경제적 비용도 그리고 어느 하나의 하위체계의 사회적 지배를 수반하는 모델의 사회적 부작용도 수반하지 않는다. 그것은 경제적 자기조절과 경제로부터 삶의 중요한 영역들의 철수 모두를 약속하고, 어떻게 자기조절이 국가주의와 온정주의 없이 규제될 수 있는가라는 질문을 제기한다. 경제사회와 정치사회에 대한 시민사회의 영향력 정치가 여기서 전면으로 부상한다. 이러한 제안은 그 강령적 성격과 유토피아적 요소에도 불구하고, 그간 잘 알려진 그리고 많은 시련을 겪은 그 어떤 프로그램들—지금까지 다른 곳에서 그 이면을 드러내왔지만, 오늘날의 다소 동원된 새로운 민주주의 국가들에서 효율성의 기준과 대중의 승인을 동시에 만족시키지 못할 프로그램들──보다도 서구와 동구에서 보다 현실주의적인 재구성의 길을 제시하는 것일 수도 있다.

제10장 사회운동과 시민사회

우리의 테제는 사회운동이 근대 시민사회의 긍정적 잠재력을 실현하는 과정에서 역동적 요소를 이루고 있다는 것이다. 우리는 또한 우리가 재구성한 시민사회 이론이 현대 사회운동의 논리, 이해관심, 잠재력을 적절히 이해하는 데 긴요하다고 주장한다. 제1장에서 지적했듯이, 자율적이고 민주적인 시민사회를 위해 투쟁하는 수많은 집합행위자들은 "국가에 대항하는 사회"의 자기방어 (그리고 규제되지 않는 자본주의 시장경제에 대한 사회의 자기방어) 테제를 제기해왔다. 우리 또한 근대 시민사회의 핵심범주들과 그 핵심제도들의 이차원적 성격이 여전히 적실성을 지니고 있음을 예증해왔다. 이제 우리가 보여줘야 하는 것은 (1) (불완전하기는 하지만) 이미 근대 시민사회의 잠재력과 현대 집합행위자들의 프로젝트 간의 체계적 관계, 그리고 (2) 우리가 체계/생활세계 구분과 관련하여 재구성한 시민사회 범주가 그러한 프로젝트들에 대한 (명백히 당파적인) 해석에서 갖는 중요성이다. 우리는 근대 시민사회의 핵심적 특징들이 사회운동 연구의 두 가지 주요한 이론적 패러다임에 대해 갖는 중요성을 입증하는 방식으로 첫 번째 문제를 다룬다. 그 다음에 우리는 페미니즘운동의 예를 사용하여, 정치민주화와 사회민주화를 목적으로 하는 현대 운동의 이중적 전략이 제9장에서 개관한 현대 시민

사회의 구조적 분석의 견지에서 가장 잘 이해될 수 있음을 보여주고자
한다.

새로운 이론적 패러다임과 현대 사회운동

'새로운 사회운동'이라는 용어는 1970년대 중반 이래로 서구에서 크
게 증가한 평화운동, 페미니즘운동, 생태운동, 지방자치운동에 동정적인
이론가들 사이에서 널리 통용되어왔다. 그러나 이들 운동에 유의미하게
새로운 어떤 것이 실제로 존재하는지 그리고 그러한 혁신의 이론적 또
는 정치적 의미는 무엇인지는 여전히 불분명하다. 실제로 이론가들은 정
확히 무엇이 운동인지, 새로운 유형의 운동이 되기 위한 자격은 무엇인
지, 그리고 정당이나 이익집단과 구분되는 것으로서의 사회운동의 의미
는 무엇인지에 대해 어떠한 합의도 보지 못하고 있다.

우리는 그간 다른 곳에서 이러한 문제들 중 많은 것을 다루어왔다.[1]
우리가 여기서 관심을 가지는 것은 사회운동 자체의 정의나 그것의 '새

---

1) 다음을 보라. Jean L. Cohen, "Rethinking Social Movements," *Berkeley Journal of
Sociology* 28 (1983): 97-113; Andrew Arato and Jean L. Cohen, "The German
Green Party," *Dissent* (Summer 1984): 327-333; Andrew Arato and Jean L. Cohen,
"Social Movements, Civil Society and the Problem of Sovereignty," *Praxis
International* 4 (October 1984): 266-283; Jean L. Cohen, "Strategy or Identity:
New Theoretical Paradigms and Contemporary Social Movements," *Social Research*
52, no. 4 (Winter 1985): 663-716.

많은 다른 종류의 현대 운동들도 존재한다. 종교적 권리운동과 생존권운동 같은
일부 운동들은 더 이상의 근대화에 맞서 전통주의적 생활세계를 방어하면서도 시
민사회의 자율성의 이름으로 말한다. 신보수주의 이데올로기에 의해 고무된 운동
들은 국가개입과 평등주의적 개혁에 맞서 경제(재산권)를 방어하고자 한다. 그리
고 노동운동도 여전히 존재한다. 하지만 이 장에서 우리의 논의는 사회제도, 정치
제도 또는 경제제도의 (규범적인 의미에서의) 더 많은 민주화와 근대화를 지향하
는 운동들에만 초점을 맞추고 있다.

로움'이 아니라 현대 집합행위와 시민사회 간의 관계이다. 우리는 이 분야에서 경쟁하는 두 가지 패러다임—'자원동원' 패러다임과 '정체성 지향' 패러다임—속에서 그것이 다루어지는 방식을 고찰함으로써 이 주제에 접근할 것이다.[2] 각 접근방식들은 서로의 주요한 초점을 배제하는 이론적 틀을 포함하고 있다. 우리는 이들 접근방식이 반드시 양립할 수 없는 것은 아니라는 점을 보여주고자 노력할 것이다. 그 까닭은 부분적으로는 두 접근방식 모두가 근대 시민사회의 핵심적 특징에 의지하여 근대 사회운동의 독특성을 지적하기 때문이다. 어떤 패러다임도 시민사회의 긴 여정이 근대 운동의 출현과 변형에 대해 갖는 이론적 의미를 직접 다루고 있지는 않지만, 각각의 관점 내에서 전개된 분석들에 대한 고찰은 시민사회 개념이 그것들 각각에 대해 갖는 중심성을 보여준다.

우리의 전제는 현대 운동이 몇몇 중요한 측면에서 '새롭다'는 것이다. 무엇보다도 우리가 염두에 두고 있는 것은 급진적 개혁—이것은 반드시 그리고 기본적으로 국가를 지향하지는 않는다—을 위해 혁명적 꿈을 포기한 자기인식이다. 우리는 (구조적 분화를 받아들이고 정치체계와 경제체계 본연의 모습을 인정하는) 시민사회를 방어하고 민주화하려는 것을 '자기제한적 급진주의'(self-limiting radicalism) 프로젝트라고 명명할 것이다. 우리는 운동이란 '실제로' 무엇인가(그 실천과 의식형태들이 아무리 이질적일지라도)라는 운동의 '진정한 본질'을 이른바 새로운 역사단계(탈산업사회)와 연계 짓는 역사철학에 기초해서는 운동에서 새로운 것에 대한 이러한 주장을 정당화할 수 없다고 생각한다. 또한 (몇몇 권리운동을 포함하여) 모든 현대 운동이 공유하는 '국가에 대항하는 사회'라는 테마 자체가 과거와의 급진적 단절이라는 의미에서의

---

2) Cohen, "Strategy or Identity"; Bert Klandermans and Sidney Tarrow, "Mobilization into Social Movements: Synthesizing European and American Approaches," *International Social Movement Research* 1 (1988): 1-38을 보라.

어떤 새로운 것을 함의하지도 않는다. 이와는 대조적으로, 이 테마는 현대 시민사회의 제도, 규범, 정치문화 속에는 보존할 만한 가치가 있는 것(비록 그것이 매우 논쟁의 소지가 있다고 하더라도)이 존재한다고 본다는 점에서 연속성을 함의한다. 따라서 문제는 이 테마가 새로운 정체성, 조직형태, 갈등 시나리오와 어떤 방식으로 연결되어왔는가 하는 것이다.

이 질문에 답변하는 방법에는 두 가지가 있다. 하나는 현대 집합행위자의 정체성, 목적, 목표, 전략에 대한 그들의 자기인식에 해석학적으로 접근하는 것이다.[3] 그러나 이론적 형태를 취하고 있는 자기표현을 이해하는 것에 기초하여 현대 운동의 정체성을 심문하는 것이 방법론적으로 절대화되어서는 안 된다. 특히 이 방법과 체계적 사회과학을 대비시켜보는 것은 매우 유익할 것이다. 이를테면 각축하는 사회과학적 패러다임의 공헌을 평가할 때, 각 이론들이 운동을 위해 그리고 운동 내에서 분명하게 표현하고 있는 경험을 각 패러다임이 어느 정도 설명할 수 있는지를 규명하는 것이 중요할 것이다. 만약 우리가 '진리'를 과학체계의 독점적 소유물로 규정하는 객관주의적 오류를 피하고자 한다면, 우리는 운동에 대한 학습뿐만 아니라 운동으로부터의 학습 또한 강조해야만 할 것이다. 그러나 우리는 또한 해석학적 오류를 피하기 위해 신중을 기해야 한다. 해석학적 탐구는 참여자의 관점보다는 관찰자의 관점을 취하는 접근방식에 의해 보충되어야만 한다. 그것은 우리가 시민사회의 맥락과 변형이 집합행위의 출현 및 논리와 관련되는 방식을 평가할 수 있게 해줄 것이다. 여기에는 상이한 분석 수준, 즉 사회과학의 객관화라는 수준이 포함된다. 따라서 현대 운동에 관한 이론들은 다음과 같은 질문들을 제기해야만 한다. 어떤 유형의 사회에서 운동이 발생하는가? 과거와는 어떤 연속성 또는 단절이 존재하는가? 어떤 제도들이 문제가 되고 있는가? 갈등

---

3) Cohen, "Strategy or Identity," 667-668.

에 대한 일반적인 정치적 이해관심은 무엇인가? 어떤 발전 가능성이 집합행위자들에게 유용한가? 우리는 시민사회 범주들이 이에 대한 두 패러다임의 답변에 실마리를 제공한다는 점을 보여줄 것이다. 시민사회 범주들은 또한 보다 새로운 패러다임들과 분명하게 구별되는 사회운동 연구의 '고전적' 접근방식도 구조화한다. 우리는 시민사회와 사회운동의 상호관계에 대한 평가에서 나타나는 변화를 강조하기 위하여 이 고전적 접근방식을 요약하고자 한다. 그러한 변화가 두 현대 패러다임의 출발점으로 작용한다.

1970년대 초반에 이르기까지 고전적인 이론적 패러다임은 시카고학파의 사회심리학적 전통이었다.[4] 현대 이론가들로부터 가장 많은 주목과 비판을 받아온 고전 패러다임의 변형태가 바로 대중사회이론(콘하우저[Kornhauser], 아렌트 등)과 스멜서의 구조기능주의 집합행동 모델이었다.[5] 이들 집합행동이론의 형태들 사이에는 중요한 차이가 있지만, 그

---

4) Ralph H. Turner, ed., *Robert E. Park on Social Control and Collective Behavior: Selected Papers* (Chicago: University of Chicago Press, 1967); Herbert Blumer, "Collective Behavior," in Alfred McClung Lee, ed., *New Outline of the Principles of Sociology* (New York: Barnes & Noble, 1951); Herbert Blumer, "Collective Behavior," in J. B. Gittler, ed., *Review of Sociology: Analysis of a Decade* (New York: Wiley, 1957); R. G. Turner and L. M. Killian, *Collective Behavior* (Englewood Cliffs, NJ: Prentice-Hall, 1957). 집합행동이론들을 요약하고 있는 것으로는 Gary T. Marx and James L. Wood, "Strands of Theory and Research in Collective Behavior," *Annual Review of Sociology* 1 (1975): 368-428을 보라.

5) W. Kornhauser, *The Politics of Mass Society* (New York. Free Press, 1959); Hannah Arendt, *The Origins of Totalitarianism* (New York: Harcourt Brace Jovanovich, 1951); Neil Smelser, *The Theory of Collective Behavior* (New York: Free Press, 1962). 우리가 제4장에서 논의한 아렌트의 저작을 제외하고는, 대중사회이론과 대중운동 이론들은 엘리트민주주의 이론과 다원주의적 민주주의 이론을 종합하고 있다. 그러한 설명에 입각할 때, 민주주의는 자유선거, 경쟁, 정권교체를 특징으로 하는 정치체계를 포함하며, 시민적 사생활주의에다가 이익집단과 정당을 통한 적극적 소수집단의 참여를 더한 것을 특징으로 하는 시민사회 모델에 기초하고 있다. 여기서

것들 모두는 다음과 같은 가정을 공유하고 있다.

1. 두 가지 서로 다른 종류의 행위, 즉 제도적 · 관례적 행위와 비제도적 집합행위가 존재한다.
2. 비제도적 집합행위는 기존의 사회적 규범에 의해 인도되지는 않지만, 규정되어 있지 않거나 비구조화된 상황에 대처하기 위해 형성된다.
3. 그러한 상황은 구조적 변화에 따라 사회통제 기관이나 규범적 통합의 적절성이 붕괴되는 것과 관련하여 이해된다.
4. 그로부터 초래되는 긴장, 불만, 좌절, 공격이 개인들로 하여금 집합행동에 참여하게 한다.
5. 비제도적 집합행동은 자발적인 군중행위에서 공중의 형성과 사회운동으로 나아가는 '생애주기'를 따른다. 그리고 그 생애주기는 인과적으로 분석할 수 있다.
6. 조야한 커뮤니케이션 과정─전염, 루머, 순환적 반작용, 확산 등─을 통해 발생하는 그러한 주기 내에서 사회운동이 출현하고 성장한다.

집합행동 이론가들은 개인들의 사회운동 참여를 설명하는 데 초점을

강력한 이데올로기적 신념을 동기로 하는 '제도 외적' 집합행위는 반민주적이고, 시민사회 제도의 근간을 이루는 합의를 위협하는 것으로 등장한다. 달리 말해 집합행위는 '대중사회'의 습격을 알리는 것으로 인식되며, 대중사회는 파시즘운동과 공산주의운동이 창출한 유형의 사회로 취급된다. 아이러니하게도 대중사회 개념은 프랑크푸르트학파의 이론가들(아도르노, 호르크하이머, 마르쿠제)이 다원주의자들이 (특히 그것의 가장 완벽한 화신인 것으로 보이는 미국에서) 찬미한 시민사회 모델을 분석하기 위해 사용한 것이었다. 누군가는 이 후자의 이론가들이 엘리트-다원주의자들이나 집합행동 학파들보다도 더 평등주의적이고 정치적으로 적극적인 시민사회 모델을 옹호했다고 결론 내리라는 유혹을 받을지도 모른다. 그러나 사실은 그들의 네오마르크스주의적 지향이 그들로 하여금 적절한 시민사회 이론도 그리고 사회운동 이론도 발전시키지 못하게 했다.

맞추어왔고, 불만과 가치를 급속한 사회변동(긴장)과 사회해체에 대한 반응으로 바라보았다. 물론 이 전통에 속하는 이론가들 모두가 집합행동을 서로 무관한 개인들이 변화에 대해 보이는 비정상적 또는 비합리적 반응으로 간주하는 것은 아니다. 그렇기는 하지만 그들 모두는 집합행동을 해부하면서 군중을 가장 단순한 원자로 바라본다. 모든 집합행동 이론가는 붕괴에 대한 심리적 반응, 조야한 의사소통 양식, 변덕스런 목표를 강조한다. 이것은 집합행동을 변화에 대한 무합리적 또는 비합리적 반응으로 간주하는 것과 관련한 하나의 암묵적인 편견을 보여준다. 현대 이론가들의 비판을 촉발시킨 이러한 편견은 대중사회 접근방식과 스멜서식 접근방식에서 가장 분명하게 드러난다. 집합행위와 시민사회의 근대화 간의 관계에 대한 어떠한 고찰도 미리 배제하게 하는 것도 바로 이러한 편견이다. 왜냐하면 그것은 처음부터 집합행동이 시민사회의 (규범적·제도적) 붕괴에서 파생한다고 전제하기 때문이다.

고전적 전통의 부적절성은 미국과 유럽에서 대규모 사회운동이 출현했던 1960년대와 1970년대에 분명해졌다. 다원주의자들이 민주적인 것으로 성격규정한 정체들에서 그리고 다양한 자발적 결사체와 활력 있는 공론장과 사적 영역을 갖춘 시민사회들에서 발생한 운동의 발전은 대중사회적 형태의 집합행동 패러다임이 그릇된 것이라는 점을 보여주었다. 이것은 또한 좌파활동가, 민권운동가, 페미니즘운동 활동가들이 아노미적이고 파편화된 비합리적 일탈자의 이미지와는 좀처럼 부합하지 않는다는 사실에 의해서도 입증되었다. 스멜서식 모델(구조적 긴장/일반화된 신념/단락) 역시 타이밍, 인지적 성격, 조직형태, 행동 또는 운동행위자들의 목적을 설명하는 데 적합하지 않았다. 1960년대와 1970년대의 운동은 경제적 위기나 규범의 붕괴에 대한 반응이 아니었다. 그 운동들은 구체적인 목적, 분명하게 표현된 일반적 가치와 이해관계, 합리적인 전략적 계산을 포함하고 있었다. 분명 그 운동들은 새로운 이론적 접근방식을 요구했다. 미국에서 나온 반응이 '자원동원' 패러다임이었다면, 서유럽에서 나온 것이 '새로운 사회운동' 패러다임이었다.

두 패러다임은 결정적 차이에도 불구하고, 사회운동이 자율적인 결사체들과 정교한 의사소통 형태(네트워크, 공중)를 지닌 조직화된 집단들 간의 갈등에 기초한다고 가정한다. 두 패러다임은 서로 싸우는 집합행위는 정상적인 것이고, 참여자들은 보통 잘 통합된 조직의 합리적 성원이라고 주장한다. 요컨대 집합행위는 현대 다원주의적 시민사회의 상황에 맞는 형태의 결사체와 전략들을 가지고 있다. 그러한 상황은 공적 공간, 사회제도(매스미디어, 언론), 권리(집회 · 결사 · 표현의 권리), 대의제적 정치제도, 자율적인 법제도를 포함하고 있으며, 이 모든 것들은 정책에 영향력을 행사하고 변화를 추동하고자 하는 사회운동의 목표들이다. 두 접근방식은 또한 두 가지 수준의 집합행위를 구분한다. 하나는 대규모 동원이 이루어지는 현재적(顯在的) 차원(파업, 집회, 시위, 연좌농성, 보이콧)이고, 다른 하나는 일상생활을 하는 집단들 가운데서 조직되어 의사소통을 하며 행위자들이 연속해서 참여하는 형태를 하고 있는 덜 가시적이고 잠재적인 수준이다. 이들 접근방식은 사회적 행위자들에 선행하는 조직과 집합적 갈등의 합리성을 역설한다. 이것은 고전적인 사회운동 이론들에 직접적으로 이의를 제기하는 것이다. 왜냐하면 그것은 이전에 '관례적인' 집합행위에서 독특한 것으로 간주되던 특징들이 비관례적인 형태의 집합행동에도 역시 사실이라는 것을 함의하기 때문이다. 달리 말하면, 저주받던 사회운동이 출현하는 영역을 형성하는 것은 다원주의자들이 가지고 있던 대중사회라는 악몽의 이미지가 아니라 그들이 그렇게도 소중하게 생각했던 매개적이고 자율적인 결사체들로 이루어진 시민사회이다!

자원동원 패러다임

자원동원 이론가들은 집합행동 접근방식의 특징인 감정과 불만에 대한 강조, 심리학화된 범주들의 사용, 붕괴에 초점 맞추기를 거부하는 것에서 시작했다. 게다가 그들은 사회적 긴장에 자극받은 서로 무관한 개인들이 사회운동의 주요 행위자들이라는 관념을 논박하는 풍부한 증거들을 열거했다.[6] 그들의 관점에서 볼 때 가장 중요한 것은 자원동원 이론가들이 고전문헌들 속에서 기술된 바 있는 조야한 메커니즘을 훨씬 넘어서는 정교한 조직형태와 의사소통 양식이 집합행위를 동원하는 데 필요하다는 점을 입증했다는 점이었다.

자원동원 이론가들은 경제학자(올슨[Olson]), 정치학자(솔즈베리 [Salisbury]), 역사가(루데[Rudé], 홉스봄[Hobsbawm], 소불[Soboul], 울프[Wolff])의 저작에 의지하여, 대규모 동원을 설명하기 위해 조직, 이해관계, 자원, 기회, 전략과 같은 '객관적' 변수들을 강조한다. 집합행위자들에게 귀속된 이들 변수들은 신공리주의적 논리의 관점에서 다루어진다. 전략적·도구적 추론을 이용하는 '합리적 행위자'(개인과 집단)가 집합행위 분석에서 중심적 지시대상으로서의 군중을 대체한다. 물론 이 패러다임 내에는 올슨이 제창한 엄격히 개인주의적이고 공리적인 순수한 합리적 행위자 논리 접근방식에서부터 매카시(McCarthy)와 잘드(Zald)의 조직-기업적 접근방식 그리고 틸리(Tilly)가(家), 오버샬(Oberschall), 겜슨(Gamson), 클란더만스(Klandermans), 태로(Tarrow)의 정치과정 모델에 이르기까지 서로 다른 지향들이 존재한다.[7] 맨 마

---

6) 이들 증거에 대한 논평으로는 다음을 보라. J. Craig Jenkins, "Resource Mobilization Theory and the Study of Social Movements," *Annual of Sociology* 9 (1983): 527-553; Anthony Oberschall, *Social Conflict and Social Movements* (Englewood Cliffs, NJ: Prentice-Hall, 1973).

지막 집단의 대부분은 집합적 이해관계를 지니는 연대집단들을 집합행위의 주역으로 상정함으로써, 올슨에게서 전형적으로 드러나는 엄격한 개인주의적 이익계산을 완화한다. 이러한 차이에도 불구하고, 모든 형태의 자원동원 접근방식은 전략적 상호작용과 비용-이익 계산의 측면에서 집합행위를 분석한다.[8]

자원동원 이론가들은 다음과 같은 가정을 공유한다.

1. 사회운동은 갈등이론적 집합행위 이론의 측면에서 이해되어야만 한다.
2. 제도적 집합행위와 비제도적 집합행위 간에는 근본적인 차이가 존재하지 않는다.
3. 두 집합행위는 모두 제도화된 권력관계에 내장된 이해갈등을 불러일

---

7) Mancur Olson, *The Logic of Collective Action* (Cambridge: Harvard University Press, 1965); John D. McCarthy and Mayer N. Zald, "Resource Mobilization and Social Movements: A Partial Theory," *American Journal of Sociology* 82 (May 1977): 212–241; Charles Tilly, Louise Tilly, and Richard Tilly, *The Rebellious Century: 1830–1930* (Cambridge: Harvard University Prss, 1975); William Gamson, *The Strategy of Social Protest* (Homewood, IL: Dorsey, 1975); Oberschall, *Social Conflict and Social Movements*; Sidney Tarrow, "Struggling to Reform: Social Movements and Policy Change during Cycles of Protest," Western Societies Paper no. 15, Cornell University, 1983; B. Klandermans, H. Kriesl, and S. Tarrow, "From Structure to Action: Comparing Social Movement Research across Cultures," *International Social Movement Research* 1 (1988).

8) Charles Perrow, "The Sixties Observed," in Mayer N. Zald and John D. McCarthy, eds., *The Dynamics of Social Movements* (Cambridge: Winthrop, 1979), 199. 페로는 정치과정론적 형태의 자원동원 이론을 '클라우제비츠적'이라고 특징짓는다. 왜냐하면 그 이론이 저항을 다른 (무질서한) 수단에 의한 질서 있는 정치의 확장으로 (즉 다른 방법으로는 획득할 수 없는 이해관계의 추구로부터 성장하는 것으로) 바라보기 때문이다. 그러나 그는 단지 조직적-기업적 모델만이 집합행위자에게 비용-이익 계산을 귀속시킨다는 점에서 경제학주의적이라고 주장하는 잘못을 범하고 있다. 틸리의 모델도 유사한 어려움들로 고통 받는다.

으킨다.

4. 집합행위는 집단에 의한 합리적 이익추구를 포함한다.

5. 목표와 불만은 권력관계의 항시적 산물이고, 따라서 운동형성을 설명할 수 없다.

6. 운동은 집합행위의 자원, 조직, 기회의 변화 때문에 형성된다.

7. 성공은 그 집단을 하나의 정치적 행위자로 인정하는 것 또는 물질적 이익의 증대를 수반한다.

8. 동원은 대규모의 특별한 목적을 지닌 관료제적인 공식조직을 수반한다.[9]

조직과 합리성은 이 접근방식의 슬로건이다. 이 분석은 해석학적 관계로부터 집합행위자의 이데올로기나 자기인식으로 나아가지 않는다. 물론 자원동원 접근방식은 해석학적 관점에서 볼 때, 그러한 분석관점이 동원명령에 관심을 가지는 운동조직자의 관점에 가깝다는 논박을 받을 수도 있다. 그러나 그러한 분석을 지배하는 것은 조직자에게 유용할 수도 있는 정치적 환경에 대해 관찰자가 가지고 있는 포괄적 견해라고 말하는 것이 더 공정하다.

그럼에도 불구하고 우리는 놀랍게도 "여전히 생명력이 있는 또는 부분적으로 생명력이 있는 공동체"나 "반대가 아닌 다른 목적을 위해 조직된 결사체적 단체"(오버샬), '집합적 이익'의 존재(틸리), '사회적 유인'(파이어맨[Fireman], 겜슨) 또는 자원을 기부하는 '양식 있는 지지자들'(매카시, 잘드)에 대한 언급들이 문헌에서 넘쳐나고, 그것들이 합리적이

---

9) 자원동원 학파의 일부 성원들은 근대 운동들에서 다양한 조직형태들을 인정하지만, 전반적으로는 공식조직을 강조한다. 이 학파는 이익집단과 사회운동 결사체를 구분하지 못한다는 이유로 비난받아왔다. Jenkins, "Resource Mobilization Theory," 541-543을 보라.

고 조직화된 근대 집합행위의 '대중'사회적 토대라기보다는 '시민'사회적 토대로 인식된다는 것을 발견한다.[10] 전체 접근방식에서 여전히 문제로 남아 있는 것은 그것이 전제로 하고 있는 조직형태들을 적절히 설명하는 것이다. 그러한 설명을 하기 위해서는 근대 운동의 출현과 성공 가능성을 규정하는 조건들을 형성하는 사회적·정치적 지형을 탐구할 것이 요구된다.

지역적 권력구조가 전국적 권력구조로 전환하는 것이 조직형태와 집합행위의 유형에 미치는 영향에 관한 찰스 틸리의 재구성은 이러한 방향으로 나아가는 하나의 중요한 조치를 취하고 있다. 게다가 그의 근대화 이론은 자원동원 이론이 전제로 하는 행위 레퍼토리의 출현과 결사체 유형을 묘사한다. 이렇듯 그의 비교역사적 분석은 그의 틀을 자리매김하는 동시에 초월한다. 그리고 새로운 형태의 집단생활과 관련한 그의 매우 중요한 발견들 중 많은 것은 그의 자원동원 접근방식의 분석적 범주로 환원할 수 없는 시민사회의 핵심적 차원들의 발전에 대해 여러 함의를 지닌다.[11] 하지만 찰스 틸리는 포함이나 경제적 이익을 위해 경제 또는 국가를 표적으로 하는 것만이 아닌, 새로운 형태의 조직 또는 현대 운동의 프로젝트들을 설명할 수 있는 적절한 수단들을 제시하지 않는다. 실제로 자원동원 모델에 대한 틸리의 교정책이 갖는 한계는 그것이 (국가와 경제로부터 분화된) 시민사회가 집합행위의 표적이 아니라 영역으로 등장하게 한다는 것이다. 그럼에도 불구하고 그의 교정책이 근대 운동의 이해에서 시민사회가 갖는 중요성을 가장 강력하게 주장하기 때문에, 틸리의 모델은 좀 더 면밀히 살펴볼 가치가 있다.

---

10) Bruce Fireman and W. A. Gamson, "Utilitarian Logic in the Resource Mobilization Perspective," in Zald and McCarthy, eds., *Dynamics of Social Movements*, 1–44를 보라.
11) Ibid.

틸리가 스멜서와 뒤르켐식의 집합행동의 '붕괴' 모델을 노골적으로 논박하기는 하지만, 그는 대규모의 구조적 변동('근대화')이 집합행위에 영향을 미친다는 테제를 견지한다.[12] 그는 도시화와 산업화의 타이밍과 속도가 집합행위의 템포를 좌우하지 않으며 곤경, 아노미, 위기를 직접적으로 갈등과 연계시키는 것도 가능하지 않다는 것을 보여줌으로써 표준적인 붕괴이론의 그릇됨을 증명한다. 그러나 그의 구조적 변동에 대한 분석은 '공동체'에서 '사회'로의 이행에서 나타나는 분화라는 사실을 문제 삼지 않는다. 그 대신에 그는 경제적 변화, 도시화, 국가형성이 어떻게 집합행위의 성격과 참여인물을 장기적으로 변화시키는지를 보여준다. 그러한 과정은 (매스미디어의 발전과 함께) 새로운 유형의 동원과 조직의 출현을 용이하게 하면서도 다른 것들을 훼손한다. 근대화 이론에 대한 틸리의 해석에서 새로운 것은 그것이 관련 행위자들의 일상생활에 영향을 미치는 구조적 변동과 특정한 행위 레퍼토리를 연계시킨다는 점이다. 틸리에 따르면, "일상생활의 재조직화는 갈등의 성격을 변화시켰고, ……스트레스와 긴장의 즉각적 생산보다는 오히려 장기적인 연대의 재형성이 정치적 갈등에 가장 중요한 영향을 미치는 구조적 변동을 이끌어냈다."[13]

틸리는 주민들의 일상적 삶의 과정——노동의 장소와 양식, 거주지역에서의 삶의 구조, 시골에서 도시로의 인구이동, 권력장소의 변화——에서 일어나는 변화를 분석함으로써, 집합행위자들이 발전시킨 행위 레퍼토리들이 그들의 결사체의 형성과 어떻게 상호관련되고 새로운 형태들이 왜 출현하는지를 보여준다. 그러한 장기적 발전은 공동체적 연대를 자발적 결사체로 대체시킨다. 이것은 집합행위가 공동체적 집단과 지역

---

12) Tilly, Tilly, and Tilly, *The Rebellious Century*, 6을 보라.
13) Ibid., 86(강조 첨가).

시장, 축제를 통한 일상의 모임으로부터 벗어나 공식적으로 조직화된 집단에 의해 의도적으로 집회라고 불리는 공식적으로 재가된 모임으로 전환하게 한다.[14] 따라서 집합행위의 주요 형태도 변화한다. 즉 '18세기 행위 레퍼토리'에 전형적이었던 식량폭동, 조세반란, 온정주의적 당국에 대한 호소가 '19세기 행위 레퍼토리'에 전형적인 시위와 파업으로 대체된다.

　집합행위 유형에 대한 틸리의 분석범주들은 그러한 전반적인 전환을 포착하고 있다. 18세기 행위 레퍼토리는 '경쟁적' 주장과 '반발적' 주장을 포함하고 있다. '경쟁적' 집합행위는 경쟁자들이 주장하는 자원을 둘러싸고 지역 수준에서 기존의 공동체적 집단들 사이에서 벌어지는 갈등을 수반한다. '반발적' 집합행위는 일반 주민과 그들의 자원에 대한 통제권을 획득하고자 하는 국가형성자의 노력에 의해 위협받는 공동체적 집단들을 포함한다. 그것은 또한 전국 시장의 성장에 대해 저항하고 지역적 요구와 전통의 우선권을 주장하는 것을 포함한다. 이 경우에 하나의 집단은 현재 통제권을 가지고 있는 자원에 대한 다른 집단의 권한주장에 반발한다. 두 경우 모두에서 집합행위는 이미 존재하는 연대의식을 지닌 공동체들에 의해 수행된다. 그것은 풍부한 상징적 · 표출적 행위를 포함한다. 이러한 행위들에 대한 자신의 훌륭한 묘사에도 불구하고, 틸리는 이러한 유형의 갈등에서조차 전반적으로는 전략적 합리성을 강조한다.[15]

　다른 한편 '사전행동적' 집합행위는 이전에는 존재하지 않았던 권력,

---

14) Charles Tilly, "European Violence and Collective Action since 1700," revised version of a paper presented at the Conference on Political Violence and Terrorism, Instituto Carlo Cattaneo, Bologna, June 1982.

15) 이들 행위유형에 대한 논의로는 다음을 보라. Tilly, Tilly, and Tilly, *Rebellious Century*, 48-55, 249-252; Charles Tilly, *From Mobilization to Revolution* (Reading, MA: Addison-Wesley, 1978), 143-151.

특권 또는 사원에 대한 집난의 권리를 주상한다. 여기서는 국가+조의 구성요소들에 저항하기보다는 그것들을 통제하려는 시도가 공동체적 집단을 대신하는 특별한 목적을 지닌 복잡한 조직들을 형성하게 한다.

나중의 두 유형의 주장에 부합하는 동원유형은 각기 '방어적' 동원과 '공격적' 동원이다. 반발적 투쟁은 외부로부터의 위협에 맞서는 방어적 동원을 수반한다. 분명 여기서 문제가 되는 것은 '근대화'에 대항하여 공동체적으로 구조화된 전통적인 생활세계를 방어하는 것이다. 사전행동적 주장자들에게 전형적인 공격적 동원은 인정 또는 더 많은 권력의 몫을 위해 자원을 공동관리하는 것을 포함한다.

틸리는 계속해서 경쟁적·반발적·사전행동적 집합행위를 진화론적 과정의 단계들로 보는 것을 경계한다. 게다가 그는 특정 행위 레퍼토리의 요소들이 다양한 주장을 하기 위해 사용될 수 있다고 주장한다. 즉 어떤 시위는 정의상 사전행동적이지도 그리고 공격적이지도 않다. 그럼에도 불구하고 틸리는 장기적 변화를 추적하여, 19세기 중반까지는 앞의 두 유형이 지배적이었고, 그 후에는 세 번째 유형이 지배적이었다고 지적한다. 그러한 전환이 발생한 까닭은 이전에는 가족, 공동체 또는 다른 소규모 집단에 의해 지배되던 자원에 대한 통제권을 '거대 구조'가 장악했기 때문이다. 게다가 도시화와 매스미디어는 공식적으로 조직화된 결사체들에게 대규모 동원을 하는 데 들어가는 비용을 줄여주었다. 권력의 새로운 소재지와 일상생활의 새로운 구조는 새로운 행위 레퍼토리를 선택하고 새로운 결사체 형태가 출현하는 것을 촉진했다. 사회적 갈등은 전국 수준의 자원을 통제하는 구조 속에 포함되기 위한 점점 더 사전행동적·공격적 투쟁의 형태를 띠었다. 마지막으로(그러나 결코 가장 하찮은 것은 아니다), 대중선거정치의 발전은 자발적 결사체와 대규모 동원에 유리한 환경을 창출했다.

실제로 틸리는 국가정치에서 선거의 발전과 대중참여의 시작은 집합행위의 하나의 핵심적 형태로서의 시위의 확산을 가져왔다고 주장한다. 왜냐하면 그것은 더 큰 집단과 집회형태로 확대할 수 있는 법적 우산을 포함하고 있었기 때문이다. 틸리에 따르면, "선거결사체나 선거집회에 합법성을 부여한 것은 전혀 선거와 관련 없는, 오직 선거와 관련된 것만은 아닌, 또는 이제 선거와는 관련이 없는 결사체와 집회에 합법성을 주장할 수 있게 해준다."[16] 물론 조직, 충원, 공개적 표현, 집회, 청원, 선전, 시위의 권리—이것들은 근대 시민사회의 핵심적인 제도적 구성요소들이다—는 보통선거권의 맥락에서 작동하는 다당제에도 필수적이다. 그리고 수용 가능한 정치활동을 폭넓게 정의하는 데 커다란 관심을 가진 엘리트들이 생겨나면서, 시간이 지남에 따라 정부가 다른 사회적 행위자들에게 그러한 권리를 주지 않기란 점점 더 어려워진다. 이렇듯 선거정치는 사회적 행위자들에게 시위, 공개집회, 파업을 집합행위의 양식으로 선택하게 유인한다. 왜냐하면 "그러한 집단들이 대체로 더욱 성공을 거두어 최고로 많은 성원을 만들어내고, 헌신을 이끌어내고 주장을 분명하게 표현할 수 있게 되기 때문이다."[17]

이것은 비록 사회적 행위자들의 표적이 경제와 국가이기는 하지만, 시민사회가 그들이 회합하고 조직되고 동원되는 불가결한 영역이 되었다는 것을 의미한다. 이렇듯 틸리의 연구는 푸코의 결론에 이의를 제기한다. 푸코는 효과적인 자율적 연대를 이룩하는 모든 수단들이 현대 권력형태와 함께 발생한 '개인화' 기술과 '정상화' 기술에 의해 폐기되었다고 주장한다. 틸리는 구체제의 유명한 매개조직들의 공동체적 연대가 '전근대적' (18세기적) 조건의 일상생활 구조에 특유했던 토론모임의 형태 및 장소와 함께 결국은 사라졌다는 것을 보여준다. 그러나 그의 논점

---

16) Tilly, *From Mobilization to Revolution*, 167.
17) Tilly, "European Violence," 11.

은 그리한 매개조직들이 근대 시민사회의 영역에 기초하는 새로운 형태의 연대, 결사체, 권력자원, 갈등양식으로 대체되었다는 것이다. 실제로 틸리는 그러한 형태의 조직과 저항을 (푸코가 그렇게 애정을 담아 기술했던) 18세기 행위 레퍼토리에 전형적이었던 '자발적' 모임보다 더 **자율적이라고 본다!**

우리의 관점에서 볼 때, 틸리의 연구는 근대 집합행위가 권리에 의해 보장되고 또 '공식적인' 대의제 정치제도의 근간을 이루는 민주적 정치문화에 의해 뒷받침되는 시민사회와 정치사회 내에 자율적인 사회적 · 정치적 공간이 발전하는 것을 전제로 한다는 것을 보여준다. 그러나 그는 정치적 기회와 그것이 19세기 행위 레퍼토리의 출현에 대해 갖는 전략적 함의를 주로 강조한다. 요컨대 그는 그러한 과정 중에서 권력과 경쟁하는 조직화된 집단의 동원에 적합한 차원들만을 고찰한다. 틸리의 역사적 연구는 권력소재지의 변화와 그에 상응하는 집합행위 형태의 변화가 새로운 의미, 새로운 조직, 새로운 정체성, 그리고 그러한 것들이 출현할 수 있는 사회적 공간(즉 시민사회)의 창출을 전제로 한다는 것을 함의한다. 그러나 틸리가 신봉하는 자원동원 관점은 그로 하여금 후자를 단지 효과적 집합행위의 명백한 전제조건으로만 취급하게 한다. 정체와 동원을 결합한 모델[18]은 억압/촉진, 권력, 기회/위협이라는 한편과 이해관계, 조직, 역량의 동원이라는 다른 한편의 상호작용에 주의를 집중하고 있다. 그것은 집합행위가 비용을 수반하고 집합재(포함을 포함하여)의 형태로 이익을 가져다준다는 것을 전제로 하고 있다. 투쟁은 정체에의 포함(권력에의 접근)과 그것이 가져다줄 수 있는 물질적 보상을 놓고 성원과 경쟁자 간에 이루어지는 것으로 해석된다. 요컨대 시민사회의 제도와 정치적 공론장의 형태 속에서 그리고 그것들을 둘러싸고 발생하

---

18) Tilly, *From Mobilization to Revolution*, 52-97.

는 사회적 갈등은 단지 하나의 측면에서만, 즉 권력관계를 변화시키기 위한 방어적 또는 공격적 반발로서만 파악된다.

이렇게 협소하게 초점을 맞추는 것에는 몇 가지 결함이 존재한다. 첫째로, 그것은 집단정체성의 토대가 공동체에서 결사체로 이행할 때 문제가 되고 또 설명을 필요로 하는 것을 사전에 전제한다. 달리 말해 틸리의 역사적 연구는 집단들 내에서 그리고 집단들 간에서 이루어지는 집단정체성의 구성, 공유된 이해관계의 인식, 연대의 창출이 근대 시민사회의 출현과 함께 더 이상 주어진 것으로 간주되지 않는다는 것을 보여준다. 그것들은 점점 더 그러한 과정에 관여하는 행위자들에 의해 그 자신들이 거둔 성과들로 여겨진다. 정체성과 현실의 사회적 구성과 관련된 증대된 자기성찰은 비전략적인 차원과 나란히 학습을 수반한다. 이러한 문제들은 우리가 포함이나 이익증대를 위해 그저 국가나 경제를 표적으로 삼지는 않는, 그리고 자신들의 정체성을 그러한 하위체계로부터 끌어낼 수 없는 집합행위자들을 고려할 때 훨씬 더 심각해진다. 요컨대 틸리의 접근방식은 현대 집합행위자의 '정체성의 정치'를 분석할 여지를 배제한다.

둘째로, 틸리는 시민사회와 정치사회의 제도가 어떻게 배제된 집단과 상대적으로 무력한 집단들에게 그들이 정체에 진입하기 위해 권력(그리고 돈)을 가진 사람들에게 압력을 행사할 수 있는 수단을 제공하는지를 분석할 수 있는 도구를 제공한다. 하지만 그는 포함이라는 목적과 권력획득에 초점을 맞춤으로써, 정치사회를 겨냥하고 있는 '영향력 정치'가 갖는 함의를 모호하게 한다. 우리가 이미 살펴보았듯이, 영향력은 근대 시민사회에 특히 적합한 독특한 '매체'이다. 근대 시민사회의 공론장, 권리, 대의제적 민주주의 제도들은 적어도 원칙적으로 사회규범과 정치문화를 인도하고 주제화하고 잠재적으로는 변화시키는 담론과정들에 개방되어 있다. 시민사회의 집합행위자들은 시민사회의 자율성을 확보하고 시민사회의 제도와 사회적 관계를 근대화(민주화·자유화)하기 위해 정치사회의 행위자들에게 영향력을 행사할 수 있다. 즉 그들은 권력과 돈을 획득하는 데뿐만 아니라 권력과 돈이 생활세계에서 수행하는 역할을 제한하는 데 공적 담화를 이용할 수 있다. 틸리는 '권력'과 '영향력'을 암묵적으로 일체화함으로써 시민사회의 원리를 시민사회 그 자체에 적용시키고 그것을 사회제도 내에 더욱 완전하게 실현시키고자 하는 집합행위의 논리를 보지 못하고 있다. 현대 사회운동에서 시민사회와 정체(또는 정치사회) 모두를 겨냥하는 정체성과 영향력의 이원론적 정치가 틸리가 강조한 일원론적 집합행위 논리를 대체한다는 것이 우리의 테제이다.

게다가 틸리는 현대 집합행위에서 일어나는 전술(연좌파업, 대중 피켓시위, 연좌농성), 쟁점(지방자치, 젠더 평등, 생태학, 독특한 생활양식을 누릴 권리) 또는 행위자의 변화(신중간계급의 지배)가 새로운 행위 레퍼토리를 구성한다는 생각을 분명하게 거부했다. 그에 따르면, "하지만 면밀하게 살펴보면, 이들 관련 사례들 거의 모두는 이미 그들 나름의 역사를 가지고 있는 행위형태들을 포함하고 있다."[19] 몇몇 혁신에도 불구하고, 현대 집합행위자들은 계속해서 모임, 시위, 파업 등 틀에 박힌 것들을 사용한다. 그렇기에 틸리가 볼 때 비록 이슈와 배열이 변화했지만, 근본적인 사실은 연속성을 지니고 있다. 즉 행위의 수단은 여전히 동일했다. 그렇다면 그것들은 동일한 의미를 지니는가? 새로운 운동들의 시위, 집회 등등은 실제로 사전행동적이고 공격적이기만 한가? 페미니스트, 게이, 생태학, 평화, 지방자치 운동들의 새로운 차원들의 경우에 그것은 분명 그렇지 않다. 그리고 틸리 자신도 어떠한 행위도 본질적으로

---

19) Tilly, "European Violence," 24. 또한 다음도 보라. Tilly, "Fights and Festivals in 20th Century Ile de France," Working Paper no. 305, Center for Research on Social Organization, University of Michigan, December 1983, 63-68.

사전행동적이거나 반발적 또는 공격적이거나 방어적인 것은 아니라고 주장했다. 실제로 현대 운동들은 틸리의 주요 유형의 두 가지 특징 모두를 가지고 있다. 그것들은 자주 방어적이고 반발적이지만, 외부의 침입으로부터 기존의 전통적인 공동체를 보호하지는 않는다. 오히려 그것들은 새로운 정체성과 연대를 창출할 공간을 방어하고, 시민사회 제도 내의 사회적 관계들을 더 평등주의적·민주적으로 만들려고 노력한다. 그것들은 결사체처럼 조직되지만, 결사체는 이익집단으로서가 아니라 그것 자체가 목적으로 간주된다. 그리고 확장된 공적 공간, 문학과 미디어에 기초한 대항공론장, 담론적 갈등해결 형태, 민주적 참여도 이익집단들이 권력에 접근하거나 행사하는 것에서처럼 오직 물질적 이익의 증대라는 목적을 달성하기 위한 수단으로만 해석되지는 않는다. 마지막으로, 새로운 운동들은 또한 정체에 포함되기 위한 투쟁 그리고 정체 속에서의 권력투쟁을 전개한다는 점에서뿐만 아니라 그것들이 정치사회에서 정책을 결정하는 행위자들에게 영향력을 행사하고 새로운 집합적 정체성에 적합한 개혁을 시작하려는 노력을 포함한다는 점에서 '공격적인' 측면을 지니기도 한다.

많은 자원동원 이론가들은 현대 운동의 독특한 측면들을 인식해왔다. 실제로 이 패러다임은 초기에는 신좌파에 가담하거나 직접 영향 받은 이론가들에 의해 정교화되었다. 이들 이론가들은 1960년대와 1970년대 초 운동의 조직, 동원과정, 전략, 목표에서의 혁신을 분명하게 다루었다.[20] 가장 중요한 분석 중의 하나에 따르면, 이들 운동은 바로 그것들이

---

20) 물론 몇몇 이론가들은 탈집중화된 구조의 의도적 선택, 풀뿌리 참여, 전국적 연합 조직과 같은 조직과 동원과정에서의 혁신을 강조했다. 그들은 또한 정치적 행위에의 직접적인 개인적 참여, 자조, 개인적 변화, 새로운 정체성과 연대의 창출과 같은 목적을 강조했다. 하지만 자원동원 전통에 속하는 대부분의 분석가들은 이러한 '새로운' 지향이 그 자체로 전략적 효과를 상실한다고 결론지었다. 잘드와 애시(Ash)가 초기에 상이한 목적에 상이한 조직구조가 효과적이라고 주장했음에도 불

(토착지도자라기보다는 외부에서) '전문적인 사회운동 조직'에 의해 동원된다는 점에서 새로웠다. 이들 조직은 운동목적을 미디어가 보도하게 하고 그 목적에 대한 공중의 공감을 확보하기 위해 신중하게 집합행위를 계산하고 조종했으며 그것을 통해 자금과 지지를 제공하는 양식 있는 엘리트지지자들에게 영향을 미치고자 했다. 바로 이것들이 가시적인 이익집단을 통해 대변되지 않은 사람들의 대표권을 확보한다는 의미에서 사회적 불만과 성공을 더욱 전문화(관료제화)했을 수도 있다.[21] 이 이론의 목적은 분명 정당이나 참호를 구축한 이익집단에 의해 정치체계 내에서 직접 대변되지 않는 배제된 사람들의 편에서 집합행위의 가능성과 성공을 설명하는 것이다. 전문적인 사회운동 조직의 입장에서 이루어지는 이 특별한 영향력 전략에 대한 분석은 현대 집합행위가 단지 '경쟁자'와 당국 간의 직접적인 권력투쟁을 포함하는 것만이 아니라는 것을 보여준다. 그 대신에 시민사회의 탈중심화된 다원주의적인 공적 구조는 여론부문, 이 경우에는 외부의 '양식 있는 지지자들', 즉 사회적 엘리트들의 의견에 영향을 미치고자 노력할 것을 촉구한다.

이러한 분석은 어린이, 빈민 또는 소비자와 같은, 다른 방법으로는 대변되지 않았을 탈조직화되고 무력한 집단과 관련하여 매우 설득력이 있다. 하지만 틸리의 경우와 마찬가지로, 정치적 대표권과 이익을 획득하는 전략에 배타적으로 초점을 맞추는 것은 우리로 하여금 영향력이라는 독특한 '힘'을 일방적으로 이해하게 만들고, 사회운동과 이익집단 간의 구분을 모호한 채로 남겨둔다. 그리고 운동은 정치적-도구적 이유에서

구하고, 이것은 사실이다. M. N. Zald and R. Ash, "Social Movement Organizations: Growth, Decay, and Change," *Social Forces* 44, no. 3 (1966): 327-341.

21) John McCarthy and Mayer Zald, *The Trend of Social Movements* (Morristown, NJ: General Learning, 1973); "Organizational intellectuals and the Criticism of Society," *Social Science Review* 49 (1975): 344-362; "Resource Mobilization and Social Movements," *American Journal of Sociology* 82 (1977): 1212-1241.

거대한 집합행위를 동원하는 전문조직으로 축소된다. 이러한 분석에 입각할 때, 집합행위자들은 돈과 권력 없이는 동원되지도 않고 또 영향력을 행사할 수도 없으며, 영향력을 획득하는 것은 돈과 권력(그리고 조직 자원)을 획득하는 것과 동일한 어떤 것이 되고 만다. 하지만 영향력 정치는 상대적으로 무력한 정치적 아웃사이더들과 경제적 영향력이 없는 사람들의 중요한 의지처이다. '전문적인 사회운동 조직'의 중요성도 여기서 나온다. 하지만 이 논리가 이론적으로 아무리 설득력이 있다고 하더라도, 매카시와 잘드의 이론의 경우에서처럼, 영향력을 돈과 권력이라는 매체에 합체시키는 것은 가장 중요한 현대 사회운동의 동학과 논리를 잘못 해석하는 불행한 결과를 초래하고 만다.

다른 누구보다도 젱킨스(Jenkins)와 에케르트(Eckert)가 입증하듯이 새로운 사회운동은 '고통 받는' 주민출신의 지역 지도자에 의해 조직된 자생적 도전으로, 집합행위에 동원하기 위해 지역 결사체, 풀뿌리 집단, 사회적 클럽, (민권운동을 위한) 교회 등의 자율적인 네트워크에 의지했다.[22] 그것들은 '고전적 사회운동 조직', 즉 직접수혜자의 자발적 노동에 의존하는 결사체로 조직되었고, 전문화가 일어나기 이전에 놀라운 성공을 거두었던 혁신적인 전술들을 사용했다. 그들의 전략은 후원 또는 심지어 우선 먼저 정치권력을 획득하기 위해서가 아니라 자신들의 대의의 정당성을 다른 사람들에게 납득시키기 위해 여론에 그리고 그것을 통해 엘리트에게 간접적으로 영향을 미치는 것을 목적으로 했다.[23] 실제로 1980년대에 그랬던 것처럼, 일단 전문적인 사회운동 조직들이 중요해지자 그것들은 저항주기와 집합행위의 운동적 성격의 쇠퇴를 (피브

22) J. Craig Jenkins and Craig M. Eckert, "Channelling Black Insurgency: Elite Patronage and Professional Social Movement Organizations in the Development of the Black Movement," *American Sociological Review* 51 (1986): 812–829를 보라.
23) Ibid.

[Piven]과 클로워드[Cloward]에게는 유감스럽게도, 그것들이 유발하지는 않았지만) 알리는 것이었다. 따라서 우리는 우리의 테제 속에서 공적 담론과 담론의 공론장을 이용하고 확장하는 시민사회 내의 자율적이고 자발적이고 자생적인 결사체들이 현대 사회운동의 종적 차이라고 확신한다.

'성공'이 자원동원이론의 표준적 용어들에 의해 이전에는 배제되었던 집단의 정치적 포함으로 정의되거나 또는 물질적 이익의 증대로 정의될 때조차도, 만약 영향력이 권력과 혼동된다면, 그리고 영향력의 대상이 잠재적 후원자나 정치적 반대자로 축소된다면, 민권운동의 성공을 이해하는 것은 불가능할 것이다. 연좌농성, 보이콧, 프리덤 라이드(freedom ride)는 여론에 영향을 미치고 그것을 통해 법원(연방법원과 대법원)이 연방법을 집행하고, 인종차별을 제도화하고 있는 지역 조례들을 위헌조치하게 하는 것을 목적으로 하는 것이었다. 거기서 작동하고 있던 것은 돈이나 권력이 아니라 영향력이었다. 분명 영향력 전략은 또한 의회의 정치 엘리트들을 설득하여 법안을 통과시키는 것을 지향하는 것이기도 했다. 유리한 '정치적 기회구조'의 상황에서 이러한 집합행위의 영향력 지향 전략들이 1964년과 1965년의 민권행동을 이끌었고, 1970년대 초기 동안의 성과를 제도화하게 했다.[24] 이것들은 모두 자생적 조직화와 대중운동이 거둔 성공이었다.[25]

---

24) Ibid., 816. 이 저자들은 흑인 유권자들의 참여증대, 유권자 블록으로서의 흑인의 중요성, 흑인 공무원 수의 증가, 그리고 가장 공개적인 형태로 이루어졌던 교육 및 고용에서의 차별축소를 거론한다.

25) Ibid., 820. 비록 정치적 기회의 증대(이를테면 우호적인 대법원 판결, 연방민권 법안)가 운동의 발생을 촉진했지만, 그것들은 직접적인 후원이 아니라 기회였다. 배제된 집단은 지속적인 자생적 동원 없이는 강력한 반대자들에 맞서 자신의 이해관계를 보호하고 증진시키기 위해 전문적인 사회운동 조직과 엘리트의 후원에 의지할 수 없다. 이것은 민권운동의 성공에서 전문적인 사회운동 조직의 역할을 부정하는 것이 아니라 단지 풀뿌리의 정체성과 영향력 정치와 개혁과 포함의 정치

후원과 전문화가 실제로 민권운동 및 여타 새로운 운동들에서 일어났지만, 이 과정이 운동을 촉발하고 통제하고 억압하거나 매수하지는 않았다. 오히려 그것들은 그러한 운동이 승리하는 데 하나의 중요한 역할을 수행했다. "여성운동과 환경운동이 증명해주었듯이, 소송, 정부기관의 면밀한 감시, 전문화된 로비활동은 자생적 운동과 제휴할 때 그리고 이행을 위한 분명한 법적·행정적 토대가 존재할 때 매우 효과적일 수 있다.[26] 게다가 운동의 쇠퇴는 매카시와 잘드에 대한 일부 비판가들이 주장했듯이, 매수나 전문화가 아니라 운동의 성공과 그 내적 발전논리에 기인한 것이었다. 그리고 후자 중 어느 것도 정치적 편입을 대가로 하여 그 목적과 전략을 변화시키지도 않았다.[27]

젠킨스와 에케르트의 분석은 자원동원 패러다임에 대한 하나의 대안이라기보다는 하나의 교정책으로 간주되어야만 한다. 그들이 성공적인 집합행위는 이제 자생적 대중운동(자율적인 지역 결사체에 기초한)과 전문적인 이익집단 모두를 포함하고 있음이 틀림없다는 점을 증명하기는 하지만, 그들은 여전히 성공을 "배제된 집단을 정체 내로 들어오게 하는 것"으로 정의한다. 비록 그들이 영향력 행사의 대상을 확대시켜 정치적 반대자나 잠재적 후원자뿐만 아니라 여론 일반까지를 포함시키기는 하지만, 거기에는 토론에 대한 매우 강력한 정치적 편견이 여전히 존재한다. 이것은 현대 운동에 대한 일방적 해석으로 이어진다. 따라서 현대 집합행위의 이원론적 성격은 조직(풀뿌리 결사체 + 이익집단)의 측면에서만 인식된다. 그리고 이러한 조직과 집합행위 일반의 궁극적 목표는

모두가 중요했다는 점을 강조하는 것일 뿐이다.

26) Ibid., 827. 이것은 민권운동의 경우에도 사실이다.

27) Alessandro Pizzorno, "Political Exchange and Collective Identity in Industrial Conflict," in C. Crouch and A. Pizzorno, eds., *The Resurgence of Class Conflict in Western Europe since 1968*, vol. 2 (London: Macmillan, 1978), 277-298을 보라.

여전히 일원론적으로 해석된다. 시민사회의 방어와 변혁이 아니라 완전한 인정과 정체 내로의 포함이 그러한 해석에서 쟁점이 되고 있다. 하지만 민권운동의 목적은 민권을 획득하는 것만이 아니라 인종적·계급적 편견에 기초하고 있는 사회제도, 규범, 집합적 정체성, 문화적 가치 속에 뿌리박고 있는 전통적인 지배, 배제, 불평등 구조를 폐기한다는 의미에서 시민사회를 근대화하는 것이기도 했다. 그리고 다른 예를 들면, 페미니즘운동은 시민사회의 가부장제적 제도들을 분명한 표적으로 삼고 있으며, 정치적·경제적 권력만큼이나 문화적·규범적 변화를 위해서도 활동한다. 실제로 모든 현대 집합행위자들의 자율성, 정체성, 담론, 사회적 규범, 문화적 의미에 대한 광범위한 관심이 이 이론에 의해서는 여전히 설명되지 않고 있다.[28]

---

28) 이 정치적 편견은 자원동원이론을 확장시켜 최근 시드니 태로가 「개혁을 위한 투쟁」(Struggling to Reform)에서 '정치적 기회구조'라고 부른 것에 대한 고찰까지를 포함시킬 경우, 특히 분명해진다. 태로는 윌슨, 립스키(Lipsky), 틸리 등의 연구에서 그 함의를 끌어내며, 이 개념을 운동의 성공을 설명하는 데 중요한 '외부' 변수와 '내부'의 자원동원을 구분하기 위해 사용한다. 물론 태로 역시 성공을 정치적 측면에서 정치체계가 저항자들이 제기한 요구를 처리하는 정책혁신 과정을 진척시키는 것으로 정의한다. 그러나 정치적 기회구조에 대한 그의 분석과 저항과 개혁의 주기에 관한 그의 개념은 초기 자원동원이론이 협소하게 다루던 영향력에 대한 논의를 확장한다. 동시에 그의 연구는 현대 사회운동의 목적과 수신자를 분석하기 위해 정치체계에 배타적으로 초점을 맞추는 접근방식의 한계를 지적한다.

정치적 기회구조는 운동의 성공에 중요한, 정치체계의 세 가지 특징을 구체화한다. 공식 정치제도의 개방성 정도, 정치체계 내의 정치적 배열의 안정성 정도, 그리고 지지집단의 이용 가능성과 전략적 태도가 그것이다. 첫 번째 것이 정치체계의 공식적·구조적·국면적 요소들을 반영한다면, 두 번째와 세 번째 것은 집합행위의 영향력의 대상들을 제시한다. 태로는 광범위한 운동수신자들을 구체화한다. 거기에는 운동 자체에는 외재하지만 시민사회 내에 존재하는 지지집단, 공유된 목적을 강요하는 운동활동에 의해 에너지를 부여받고 대담해질 수 있는 제도적 접근수단을 가지고 있는 이익집단, 정치체계의 모든 부문의 정치적·행정적 엘리트(집합행위로부터 초래되는 이들의 통일성 정도와 선거에 의한 재편 가능성의 인식 정도가 운동목적에 대한 그들의 개방성에 영향을 미친다), 자율적인 운동활동에 대해 운동쟁점을 채택하거나 흡수하는 방식으로 대응할 수 있는 정당 등이 포함된다. 하지만 유리한 정치적 기회구조도 그리고 효율적인 내부 조직도 운동의 성공을 충분히 설명하지는 못한다. 게다가 저항이 개혁에 미치는 영향은 "전체 사회체계의 전반적 동원의 시기를 특징짓는 자원과 제약의 결합"과 관련하여 분석되어야만 한다. 그러한 시기에 저항주기는 하나의 사회부문 이상을 포함하고 새로운 저항기법과 새로운 조직형태의 출현을 수반하는 전국 도처로 확산된 높은 수준의 갈등이 존재할 때 발생한다(Tarrow, "Struggling to Reform," 37-39). 비록 개혁주기와 사회적 저항의 물결 간의 인과관계가 여전히 문제가 되기는 하지만(일부 저항주기는 그것에 선행하는 개혁에 의해 쇠퇴하고 말지만, 다른 저항주기들은 그러한 개혁에 의해 촉발되기도 한다), 그것들은 자주 동시에 발생하고, 개별 운동의 성공은 자주 그러한 주기 동안에 운동이 발생하는지 그리고 언제 발생하는지에 달려 있다. 달리 말해 정치적 기회구조, 그리고 정치 엘리트와 지지집단의 사회운동의 영향력 행사전략의 수용 여부 모두는 부분적으로는 저항주기의 동학에 달려 있다. 이는 일정 정도 설득력이 있지만, 영향력 행사대상에 대한 확장된 분석은 여전히 전체 접근방식의 한계에 의해 심하게 제약받고 있다. 영향력 분석을 지향하는 하나의 이론적 틀이 여론의 변화, 미디어의 역할, 정치적 담론 세계의 변화와 같은 분명한 관련 관심사들을 다루지 않거나 그냥 지나쳐버린다는 것은 놀라운 일이다. 이러한 쟁점들이 다루어지거나 무시되는 방식은 그 자체로 폭로적이다. '대중의 의견'의 변화—태로는 이를 통해 가치변화를 이해한다—는 (잉글하트[Inglehart]처럼) 사회적 저항의 하나의 가능한 원인으로 취해졌다가(Tarrow, "Struggling to Reform," 39), 그 다음에 반증된 것으로 기각된다. 그렇다면 여론이나 문화변동이 집합행위의 목적과 영향력 행사대상 중 하나를 형성한다는 것은 사실이 아니지 않는가? 미디어의 보도 역시 순전히 도구적인 방식에서 운동활동을 촉진하거나 방해하는 것으로 간주된다(여기서 그는 다음의 논의를 따르고 있다. Oberschall, "Social Conflict"; Todd Gitlin, *The Whole World Is Watching* [Berkeley: University of California Press, 1980]). 그렇다면 문화적 공론장의 쟁점과 규범 그리고 민주화에 대한 공적 논의의 시작과 확대 또한 가능한 운동목표인 것 아닌가? 분명 근대 운동들의 가장 현저한 특징들 중의 하나는 공론장을 확대하는 대안적 의사소통 네트워크—신문, 보도기관, 서점, 연구소, 연구 프로그램, 모든 종류의 출판물—를 만드는 것이지만, 우선은 엘리트가 아니라 잠재적 참여자와 '양식 있는 지지자들'에게 영향을 미치는 것을 목적으로 한다. 대안적인 공론장들은 그것들이 성찰을 촉발하는 정도만큼 '성공'하여, 의사소통의 장으로 살아남거나 제도화된 공론장의 일부가 된다. 마지막으로, 비록 태로가 비공식적 견해나 엘리트 견해의 전반적인 점진적 변화가 운동성공과 관련되어 있다는 것을 인정하기는 하지만, 그는 정치적 '담론 세계'의 변화는 정치적 기회구조

자원동원 이론 일반은 권력에 초점을 맞춤으로써 영향력의 전략적 사용을 주제화하는 데 그치고 있다. 달리 말해 이 접근방식은 새로운 행위자를 끌어들이거나 종래의 행위자들의 권력을 증대시키기 위해 '정치사회'를 확장시키는 것에 초점을 맞추고 있다. 성공이 정체에 포함되는 것과 이익증대라는 측면에서 정의되기도 하지만, 분명 이것도 현대 집합행위의 한 가지 중요한 차원이다. 그러나 이것이 이야기의 전부인 것은 결코 아니다. 시민사회 지향적 접근방식이라면, 아마도 현대 집합행위의 두 가지 추가적 차원을 강조할 것이다. 그 하나가 (시민사회가 정치사회에 행사하는) 영향력 정치이고, 다른 하나는 (정체 외부의 사회관계들의 자율성, 정체성, 민주화에 초점을 맞추는) 정체성 정치이다.

이러한 한계에도 불구하고 자원동원 접근방식의 일부 핵심개념들을 현대 운동에 적용하는 것이 가능할 것이다. 틸리의 연구정신을 따라 우리는 20세기 행위 레퍼토리가 형성 중에 있는지를 질문할 수도 있다. 우리는 집합행위의 조직형태, 표적, 전술의 변화(자원동원의 내적 관심사)를 권력, 자원, 정치적 기회의 소재지와 기술(정체 모델의 '외적' 쟁점), 국가-경제-사회 간의 관계의 변화, 그리고 일상생활의 경험과 구조에서의 변화를 서로 연관 지우고자 시도할 수도 있다. 달리 말해 자원동원 접근방식의 추상적 요소들은 현대 집합행위의 측면에서 모든 사람이 인식하고 있는 변화를 이론적으로 설명하기 위해 사용될 수도 있다. 틸리 자

에 영향을 미칠 수 있지만 '조작될' 수는 없는 하나의 '안개'지대를 구성한다고 진술한다(Tarrow, "Struggling to Reform," 34). 그러나 어쩌면 이 안개지대가 공교롭게도 현대 집합행위의 중심표적 중 하나일 수도 있다. 실제로 정치적 담론의 세계는 사회적 규범, 그 규범이 규제하는 사회적 역할, 그리고 엘리트뿐만 아니라 집합행위자의 의식 모두와 함께 현대 사회운동의 영향력 전략의 '수신자들'이다. 그러나 오직 사람들이 시민사회—그것의 제도적 구조, 사회적 관계, 규범적 표현—가 새로운 사회운동의 영역일 뿐만 아니라 표적이기도 하다는 점을 인식할 경우에만, 사람들은 그러한 전략의 중요성을 평가할 수 있다.

신도 그러한 탐구의 정당성을 인정한다.[29]

하지만 이러한 탐구는 자원동원 이론의 협소한 틀과 초점을 넘어설 것을 요구한다. 현대 집합행위자들은 새로운 정체성을 구성하기 위해, 시민사회와 정체 모두 내에 자율적인 사회적 행위를 위한 민주적 공간을 창출하기 위해, 그리고 규범을 재해석하고 제도를 새롭게 고치기 위해 의식적으로 권력투쟁을 한다. 그러므로 집합행위자들이 자신들이 방어하는 정체성과 연대를 창출하는 과정을 탐구하고, 사회적 반대자들 간의 관계와 그들의 갈등의 이해관심을 평가하고, 시민사회의 행위자들이 정치사회의 행위자들에게 행사하는 영향력의 정치를 분석하고, 행위자들의 자기성찰의 고양에 기여하는 구조적·문화적 발전을 분석하는 것이 시민사회를 집합행위의 영역뿐만 아니라 표적으로 보는 이론가들의 의무가 된다.

새로운 사회운동 패러다임

새로운 사회운동 패러다임은 이 모든 것을 행하고자 한다. 하지만 유럽의 현대 운동 이론가들은 뒤르켐식 붕괴 테제의 취지나 스멜서식 집합행동 모델을 재생산하지 않으면서 집합행위의 사회통합 차원에 눈을 돌렸다. 이들 이론가들은 또한 집합행위에 대해 의식, 이데올로기, 사회적 투쟁, 연대가 갖는 중요성을 강조하는 네오마르크스주의의 분석 차원에 공감함에도 불구하고, 마르크스주의적인 사회운동 분석의 부적절성을 인식하고 있다. 이들 '포스트마르크스주의적' 사상가들은 집합적 정체성을 결정하는 데서 구조적 모순, 경제적 계급, 위기를 강조하는 이론들이 현대 집합행위자들에게는 적합하지 않다고 주장한다. 그들은 또한

---

29) Tilly, "Fights and Festivals in 20th Century in Ile de France."

현대 집합행위가 적대자들 간의 정치적 교환, 협상, 전략적 계산에 한정되지 않기 때문에 신공리주의적인 합리적 행위자 모델을 (자원동원 이론의 방식으로) 현대 갈등에 적용하는 것에 만족할 수 없다고 주장한다. 오늘날 집합행위자들은 주로 사회적 규범과 집합적 정체성에 초점을 맞추고 있다. 이것은 집합적 상호작용의 논리가 전략적 또는 도구적 합리성 이상의 것을 수반한다는 것을 의미한다.

하지만 새로운 패러다임이 피조르노(Pizzorno)가 제안한 것과 같은 순수한 정체성 모델을 축으로 하여 형성되었다고 암시하는 것은 오해를 불러일으킬 수 있다.[30] 실제로 이 모델은 심각한 난점을 지니고 있고, 알랭 투렌과 그의 학파들이 제시한 좀 더 복잡한 이론적 접근방식 속에서 비판받아왔다.[31]

투렌은 사회운동을 하나의 공유하는 문화적 장에 대한 상충하는 해석 및 대립하는 사회적 모델을 가진 적대자들 간의 규범적으로 지향된 상호작용으로 정의한다.[32] 하지만 그는 사회운동이 순수하게 정체성을 지향한다는 식의 사회운동 분석을 분명하게 거부한다. 그리고 그는 그러한 분석은 행위자들의 이데올로기적 자기인식을 재생산하거나, 아니면 상호작용에 대한 사회심리학적 설명으로 빠져 투쟁에 대한 진정한 사회학적 분석을 희생시키는 경향이 있다고 주장한다. 이것은 현대 집합행위자의 경우에 특히 위험하다. 그들의 개인적·공동체적 정체성 추구, (전

---

30) Pizzorno, "Political Exchange," 293; "On the Rationality of Democratic Choice," *Telos*, no. 63 (Spring 1985): 41-69. 피조르노의 접근방식에 대한 논의로는 Cohen, "Strategy or Identity," 691-695을 보라.

31) 여기서 상황은 자원동원 패러다임의 그것과 정반대이다. 이 경우에 하나의 실제 학파가 '단순한 정체성 모델'을 축으로 해서라기보다는 투렌의 확대된 모델을 축으로 하여 출현했다.

32) Alain Touraine, *The Voice and the Eye* (Cambridge, England: Cambridge University Press, 1981), 31-32.

략적 행위에 반대되는 것으로서의) 표출적 행위의 옹호, 직접참여에 대한 강조는 '자율성으로 후퇴하는' (즉 사회적-정치적 투쟁의 장을 포기하고 공동체주의적 또는 분파주의적 집단의 양식으로 빠져드는) 경향을 수반한다. 따라서 정체성 창조에만 배타적으로 이론적 초점을 맞추는 것은 일부 현대 행위자들이 (직접적·민주적·공동체적) 사회관계에 대한 자신들의 이데올로기적 표현을 사회의 모든 사람을 조직하는 유토피아적 원리로 해석하고 또 자신들의 표출적 정체성의 발전을 투쟁의 문화적 이해관심과 등치시키는 경향에 비견될 수 있을 뿐이다. 비록 투렌이 문화적 지향은 사회적 갈등과 분리될 수 없다고 주장하기는 하지만, 그럼에도 불구하고 그는 반대자들과 공유하는 공통의 문화적 장의 객관성을 주장한다. 단지 특정 집단의 특정한 정체성이 아니라 공유된 문화적 장이 지닌 다양한 제도적 잠재력이 투쟁의 이해관심들을 구성한다. 그러므로 정체성 형성의 동학에만 배타적으로 초점을 맞추는 행위자와 분석가들은 사회운동의 지도를 이탈하는 경향이 있다.

하지만 누군가는 새로운 사회운동의 두드러진 특징은 그러한 운동들이 표출적 행위를 한다거나 그들의 정체성을 주장한다는 것이 아니라 그 운동들이 정체성을 창출할 수 있는 자신들의 능력과 그러한 정체성의 사회적 구성과 관련된 권력관계를 인식하게 된 행위자들을 포함하고 있다는 것이라고 주장할 수도 있다. 현대 행위자들은 특정한 정체의 내용을 확인하는 것만이 아니라 정체성 형성과 관련된 형식적 요소들에도 관심을 기울인다. 그들은 모든 사람이 정체성이 형성되는 집단과정에 똑같이 참여하는 형식적인 평등기회의 원칙을 분명하게 주장해왔다. 그리고 그들은 정체성 형성의 사회적 과정과 관련하여 자기성찰적이 되었다.[33] 이러한 증대된 자기성찰은 또한 현존하는 사회규범들과 그것들의

---

33) Alberto Melucci, "The New Social Movements: A Theoretical Approach," *Social*

유지에 관여하는 지배구조에도 적용된다. 달리 말해 현대 집합행위자들은 정체성의 창조가 규범의 재해석, 새로운 의미의 창출, 공적·사적·정치적 행위영역 간의 경계 자체의 사회적 재구성에 대한 도전을 둘러싼 사회적 갈등을 수반한다고 인식한다.

이에 기초하여 누군가는 집합행위자들이 하나의 일반적인 사회적 정체성—그들은 그것에 대한 자신들의 해석을 놓고 각축한다—내에 하나의 집단정체성을 창출하려고 분투한다고 말할 수도 있다. 하지만 정체성 문제와 관련한 사회운동들의 새로운 자기성찰에 대한 강조조차도 그것만으로는 적대자들 간의 갈등을 적재한 사회적 관계의 차원을 도입하지 못한다. 심지어는 현존하는 또는 새롭게 창출된 정체성의 자기성찰적 방어조차도 일반화할 수 있는 정치적 목적을 포함하지 않는다. 따라서 여기서 필요한 것이 갈등의 정치적 측면을 고찰하는 그리고 왜 정체성이 오늘날 하나의 중요한 초점이 되었는지를 말할 수 있는 접근방식이다.

그렇기는 하지만 전략에 배타적으로 초점을 맞추는 분석 역시 사회운동의 지도를 이탈하는 경향이 있다. 전략적 행위는 가까스로 사회적이고 관계적일 뿐이다. 물론 그것은 게임의 규칙 내에서 다른 사람들이 했음직한 계산을 검토해보고, 이러한 최소한의 의미에서 상호작용을 개시한다. 그러나 전략적 계산은 하나의 공통의 문화적 장이나 행위자들 간의 구조화된 사회적 관계에 대해서는 명시적으로 언급하지 않는다.

전략적 변화 개념은 특정 사회체계에 대해 어떠한 언급도 하지 않은 채 사회를 행위자들 간의 관계로 그리고 특히 권력관계로 환원한다. ……사회적 관계에는 아무런 이해관심도 없고, 관계 그 자체 이외에는

Science Information 19, no. 2 (1980): 199-226.

어떤 다른 장(場)도 존재하지 않는다.[34]

이렇듯 전략적 상호작용에 배타적으로 초점을 맞추는 분석틀은 문화적 지향과 갈등의 구조적 차원 모두를 놓치고 있으며, 그리하여 사회운동 특유의 것을 무시한다.

투렌은 정체성에 대한 배타적 지향과 전략에 대한 배타적 지향을 동일한 동전의 양면으로 바라본다. 두 지향은 모두 사회구조의 관계적 측면에서라기보다는 장기적 변화(근대화)에 대한 반응이라는 측면에서 사회적 갈등을 고찰한다.[35] 게다가 두 지향은 모두 경영-기업 엘리트들이나 국가가 이끄는 기술적 혁신과 구조적 변동의 영원한 나선형에 종속되는 하나의 느슨한 앙상블로서의 현대 사회 이미지에 부합한다. 이러한 관점에서 '사회'는 행위자가 변화에 성공적으로 적응할 수 있음(엘리트), 행위자가 변화로부터 자신을 보호하는 데 성공함(숙련공), 그리고 행위자가 변화에 의해 희생당함(주변화된 대중)과 관련하여 층화된다.[36]

집합행위에 대한 이 두 '비사회적' 설명은 그러한 세 가지 측면들 중 하나에 속하는 것으로 인식되는 '행위자'의 갈등행동에 대해 이론화한다. 순수한 정체성 모델은 자신들이 변화의 무기력한 종속적 소비자의 지위로 전락하는 것에 저항하여, 반문화 속으로 도피하거나 아니면 현재의 특권 또는 집단 본래의 문화적 모습을 위협하는 혁신을 거부하는 행위자들의 방어적 행동과 부합한다. 역으로 순수한 전략적 분석은 그것이 '일반인'의 역할을 취하여 아래로부터의 견해를 제시하고 있을 때조차

---

34) Touraine, *The Voice and the Eye*, 56.

35) Alain Touraine, "An Introduction to the Study of Social Movements," *Social Research* 52, no. 4 (1985): 749-787.

36) Alain Touraine, "Triumph or Downfall of Civil Society?," *Humanities in Review*, vol. 1 (Cambridge, England: Cambridge University Press, 1983), 223.

경영 엘리트나 국가 엘리트의 관점과 부합한다.[37] 집합행위의 이해관심이 발전자원을 통제하는 엘리트의 성원자격 획득으로 해석될 때, 집합행위는 발전 또는 근대화에 의해 개방된 영역에서 권력과 특권을 놓고 경쟁하는 이익집단들의 공격적·사전행동적 투쟁으로 등장한다. 여기서 노력은 그것에 저항하는 것이 아니라 적응하는 것이다. 이 접근방식의 문제는 행위자들이 서로와 관계를 맺기보다는 오히려 변화하는 환경과 관계를 맺고 있기 때문에 변화의 방향도 그리고 그것이 수반하는 구조적 지배관계도 논쟁의 대상으로 등장하지 않는다는 점이다. 요컨대 이러한 집합행위이론들은 조직발전 또는 국가와 정치체계의 구조적 위기에 부합하는 갈등행동의 차원들만을 분명하게 설명한다.[38]

투렌 자신의 접근방식은 현대 운동의 자기인식과 이데올로기에 대한 해석학적 인식에서 출발한다. 그러나 그는 이러한 정체성 형성의 수준을 넘어 사회적 갈등의 역사적·구조적 맥락 및 투쟁의 새로운 이해관심과 특징들—정체성과 규범의 창출과 관련한 자기성찰, 시민사회의 민주화에 대한 강조, 자기제한, 그리고 문화적 쟁점에 초점 맞추기—에 대한 설명으로 나아간다. 투렌의 연구는 두 가지 분석적 수준에서 움직인다. 하나는 현대 사회의 구조적·문화적 차원에 대한 이론을 정교화하는 것이고, 다른 하나는 집합행위자들의 갈등을 적재한 정체성 구성과정과 정치적 프로젝트의 형성과정을 행위이론적으로 분석하는 것이다. 게다가 그는 부분적으로는 시민사회 개념을 부활시킴으로써 집합행위의 사회적 차원에 초점을 맞추고 있다. 사실 투렌의 이론적 틀은 우리에게 왜 시민사회가 현대 사회운동의 소재지이자 표적이고 이것이 왜 이미 활력 있는 시민사회를 가지고 있는 나라들에서도 특히 사실인지를 인식할 수

---

37) Ibid., 221-227.
38) 투렌이 「사회운동 연구 입문」(Introduction to the Study of Social Movements)에서 제기하는 자원동원 패러다임에 대한 철저한 비판도 여기서 비롯된다.

있게 해준다.

투렌은 앞서 묘사한 갈등행동 양식과 사회운동 개념 간의 차이를 명료화하기 위해 사회의 '발전유형'(통시적 축)과 그것의 기능양식(공시적 축) 간의 분석적 구분을 도입한다. 국가, 체계위기, 변화, 엘리트와 대중 간의 갈등행동은 통시적 축에 위치 지어진다. 사회적 관계와 '역사적 행위체계'—즉 규범, 제도, 문화적 유형들이 창조되고 사회적 행위자들이 각축을 벌이는 갈등을 적재한 과정—는 공시적 축에 위치 지어진다. 투렌이 관심을 기울이는 그리고 그가 사회운동이라는 용어를 위해 유보해 둔 집합행위는 특정한 사회형태의 문화적 유형이 지닌 제도적 잠재력을 둘러싼 투쟁이다.

따라서 투렌은 집합행동주의자들이 강조한 집합행위의 많은 차원들을 다시 도입한다. 왜냐하면 그는 행위자들 간의 사회적 갈등을 문화적·규범적 측면에서 이해해야만 한다고 주장하기 때문이다. 그러나 투렌의 접근방식과 고전적 전통 간에는 세 가지 차이가 있다. 첫째, 투렌은 모든 형태의 붕괴 테제를 거부한다. 그의 모델에서 붕괴와 발전은 변화의 통시적 축 위에서 갈등행동을 지배한다. 둘째, 그는 사회운동을 비정상적인 사건이 아니라 사회적 관행, 규범, 제도의 생산과 논쟁을 통한 사회적 삶의 창조자로 인식한다. 셋째, 파슨스와 달리 그는 특정 사회의 문화적 지향(그것의 지식유형, 투자형태, 인간-자연 관계의 이미지)을 사회적 규범과 사회제도들로 완벽하게 전치되는, 논의의 여지가 없는 주어진 것으로 보지 않는다. 그 대신에 투렌은 사회가 그것의 문화적 지향을 제도화하는 방식은 사회적 갈등과 사회적 지배관계 모두를 포함한다고 주장한다. 사회 그 자체는 사회적 관계, 문화적 혁신, 정치과정의 산물로, 불안정하고 변화하는 느슨하게 엮어 있는 것으로 이해된다.[39] 하

---

39) Touraine, "Triumph or Downfall," 220. 달리 말해 사회운동이 제도화되는 시민사

지만 전략적 행위 이론가들의 사회 모델과는 달리, 이 유동적인 견해는 사회를 일단의 행위체계 또는 행위자들 간의 구조화된 사회적 관계들의 체계로 보는 관념을 포함하고 있다. 그 결과 자원동원 이론이 무시한 사회적 행위의 차원들이 분석의 중심으로 이동한다. 초점은 발전, 국가 또는 시장보다는 오히려 바뀔 수 있지만 구조화되어 있는 사회적 관계들의 장으로 방향을 전환한다. 여기서는 정치사회보다는 오히려 시민사회가 전면으로 부상하고, 시민사회의 문화적 차원이 더 많은 중요성을 떠맡게 된다.

따라서 집합행위의 의미가 재규정된다. 행위는 이제 그 자신의 지향을 발전시키고 변화시키는 (즉 그 자신의 규범성과 목적을 산출하는) 인간 사회의 능력을 지칭한다.[40] 행위는 오직 그것이 규범적으로 지향될 때에만, 그리고 공유된 문화적 지향과 권력을 포함하는 관계의 장에 위치할 때에만 사회적이다. 사회운동은 문화적 지향과 사회관계, 즉 대립하는 사회적 프로젝트들과 각축하는 지배구조들에 대한 이중적 언급을 포함한다. 따라서 사회운동이 이의를 제기하는 사회적 장은 군사적 행위(전략) 모델에 적합한 전장(戰場)으로 인식될 수 없다.

그렇다면 국가도 그리고 시장 메커니즘도 아닌 이 각축하는 사회적 영역은 무엇인가? 물론 그것은 시민사회이다. 투렌에 따르면, 시민사회는 집합행위——사회운동——의 '밝은 측면'이 자리하는 곳이다. 실제로 시민사회와 집합행위는 함께 성쇠한다. 이 둘은 존재하기 위해서는 국가로부터의 일정한 자율성을 필요로 하며, 그 둘은 전체주의적 국가에 의해 분쇄될 수도 있다. 하지만 사회운동은 국가를 표적으로 하지 않는다. 즉 사회운동은 시민사회 제도 내의 그리고 그것을 둘러싼 사회적·시민적 적

회의 유형을 둘러싸고 투쟁한다면, 통시적 축 위에 위치하는 '역사적 운동'은 시민사회와 대의제적 정치사회의 확립을 위해 투쟁한다.

40) Touraine, *The Voice and the Eye*, 61.

대자들 간의 대결이다. 따라서 시민사회는 행위측면에서 투쟁, 공적 공간, 정치과정의 영역으로 인식된다. 그것은 규범, 정체성, 제도, 사회적 지배관계와 저항이 위치하는 사회적 영역을 구성한다.

투렌은 '시민사회'와 현대 사회체계의 관련성을 암묵적 또는 명시적으로 부정하는 이론들을 인식하고 있다. 실제로 그는 현대 사회가 절대 국가의 권력과 사회질서의 메타사회적 보장장치를 희생시킨 채 스스로에게 영향을 미칠 수 있는 능력을 증대시킨 것이 사회적·문화적 삶에서 국가의 역할이 확대되는 길을 열어준다는 점을 인정한다.[41] 그럼에도 불구하고 그는 사회의 자기성찰 능력의 증대는 시민사회와 공적 영역의 확장을 수반한다고 주장한다. 이러한 이중적 전망은 적어도 기술적 수준에서 현대 운동의 새로운 이해관심을 폭로한다. 시민사회의 '확장'에 대한 투렌의 관념은 현재 점점 더 증가하고 있는 사회적 활동의 범위—이전에는 전통, 엄격하게 정의된 사적 영역 또는 메타사회적 보장장치들에 의해 공적 감시로부터 보호받고 있던—의 통제권을 놓고 각축을 벌이는 현대 운동과 직접적으로 관련되어 있다.

> 부르주아 사회에서 엄격하게 제한되어 있던 공적 공간—공론장(Öffentlichkeit)—이 산업사회에서 노동문제로 확장되었고, 지금은 모든 경험의 영역으로 확산되고 있다. ……오늘날 주요 정치문제들은 사적 삶, 즉 수정과 출산, 생식과 섹슈얼리티, 질병과 죽음, 그리고 상이한 방식으로 가정용 매스미디어를 직접적으로 다룬다. ……시민사회와 국가 간의 거리가 멀어지면서, 사적 삶과 공적 삶의 구분이 희미해지고 있다.[42]

---

41) Ibid., 115. 여기서 투렌이 말하는 사회질서의 '메타사회적 보장장치'는 종교, 역사철학, 경제적 법칙, 진화적 진보이론을 의미한다.

42) Touraine, "Introduction to the Study of Social Movements"를 보라.

따라서 페미니즘운동, 생태운동, 평화운동, 지방자치운동이 제기한 쟁점들은 모두 공적·사적·사회적 삶들 간의 변화하는 경계와 관련되어 있고, 이들 영역에서의 종래의 지배형태와 새로운 지배형태에 대한 투쟁을 포함한다.

시민사회의 활력 있는 제도들을 이미 권리를 통해 확보한 나라들에서 이 새로 개방된 영역은 국가의 침투와 통제에 취약하다. 이것이 바로 경제규제를 하는 근대화 중에 있는 국가와 경제질서만큼이나 사회적·문화적 조직에 개입하는 행정국가가 국가에 대항하여 인권신장과 사회의 자율성을 강조하는, 부활된 자유주의적 흐름의 표적이 되어온 이유이다. 하지만 투렌은 자신의 가장 중요한 통찰 중 하나에서 사회운동으로서의 현대 갈등이 단지 국가에 대항하는 시민사회의 방어와 자율성만을 자신들의 이해관심으로 삼는 것은 아니라고 주장한다. 오히려 쟁점은 무엇보다도 어떠한 종류의 시민사회를 방어할 것인가 하는 것이다. 국가에 대항하는 시민사회의 자율성 또는 심지어 우위성을 확보하는 것만으로는 충분하지 않다. 왜냐하면 영국과 미국의 자유자본주의의 실례가 보여주듯이, 이것은 단지 행정 엘리트에 대한 사회경제적 엘리트의 우위를 의미하는 것뿐일 수도 있기 때문이다.[43] 오히려 사회운동은 차별, 불평등, 지배가 가시화되고 각축을 벌이고 있는 시민사회의 모든 제도를 방어하고 민주화하려고 분투해야만 한다. 만약 우리가 통시적 축 위에만 머무른다면, 국가에 대항하는 사회를 방어하는 자유주의적 프로젝트는 실제로 시대에 뒤지거나 기껏해야 비국가 제도를 지배하는 엘리트들의 이해관계에 주로 봉사하는 현상유지적 행위에 불과한 것으로 보일 수도 있다. 그러나 만약 우리가 여전히 공시적 축에만 배타적으로 초점을 맞춘다면, 우리는 근대 국가가 항상 사회운동의 장에 개입하여 사회운동과 투쟁을

---

43) Touraine, "Triumph or Downfall," 106-107.

가능하게 하는 조건들을 결정적으로 수정하거나 심지어는 폐지할 수 있다는 사실을 놓칠 수도 있다. 따라서 투렌이 제시하는 이중의 관점은 왜 가장 시민적인 사회들인 서구에서 현대 시민사회 제도의 자율성과 민주화가 여전히 현대 사회갈등에서 핵심을 이루는지를 이해하는 데서 매우 중요하다.

그러나 점점 더 증대하는 시민사회 속에서도 여러 세기 동안 살아남아 있는 특권들이 존재하기 때문에, 우리의 임무는 국가에 대항하는 해방 투쟁과 그러한 투쟁이 단지 시민사회의 지도자들의 이익을 위해 수행되는 것을 막고자 하는 사회적 갈등 간의 위대한 동맹을 추구하는 것이 아니다.[44]

요컨대 단지 국가에 대항하는 사회를 방어하는 자유주의적 프로젝트만을 신봉하는 것은 엄청난 실수일 것이다. 왜냐하면 그것은 시민사회 내의 지배관계와 불평등을 그대로 남겨둘 것이기 때문이다.

하지만 투렌은 이러한 시사적인 탐구노선을 추구하고 명료화하는 대신에 상이한 분석수준으로 방향을 전환하여, 현대 운동의 이해관심을 구체화하고 그것이 이전의 운동과 근본적으로 비연속적이라는 주장의 근거를 확립하기 위해 우리의 현대 사회유형에 관한 하나의 모델, 즉 그가 '탈산업적' 또는 '프로그램화된'(programmed)이라고 부르는 사회유형을 구성한다. 이 이론적 모델은 갈등에 열려 있는 새로운 장의 위치를 분명하게 지적할 수 있지만, 시민사회 개념의 중요성을 모호하게 만드는 단점이 있다. 즉 시민사회 개념은 투렌의 현대 사회운동 이해에 매우 중요하면서도 동시에 사회운동에 대한 일방적 견해를 이끈다.

---

44) Ibid., 138.

탈산업사회는 새로운 권력소재지, 새로운 지배형태, 새로운 투자양식 그리고 '자기성찰적' 문화 모델에 의해 특징지어지는, 이른바 하나의 새로운 사회유형이다. 권력, 투자, 지배는 문화적 생산 자체의 수준에 위치 지어진다. 지식생산에서의 혁신(미디어, 컴퓨터, 데이터뱅크)은 인간의 본성과 외부 세계에 대한 우리의 표현을 변화시킨다. "이러한 이유들 때문에 연구와 개발, 정보처리, 생명의학과 기술, 그리고 매스미디어는 탈산업사회의 주요한 네 가지 구성요소이다."[45] 사회적 삶의 점점 더 많은 영역들이 기술관료제적 통제 프로그램 또는 (새로운 각축장의 자율성을 유지하고 그 내부의 민주적 구조를 확보하는) 대안적 프로젝트들에 개방된다. 요컨대 탈산업사회는 그 자체로 그 나름의 지식, 규범적 지침, 사회문화적 형태를 생산할 수 있는 것으로 제시된다. 사회적 갈등의 이해관심—즉 자율적이고 자치적이고 평등주의적인 제도 대(對) 엘리트에 의해 통제되고 기술관료제적으로 관리되는, 지배관계가 침투된 구조—은 이러한 문화적 모델의 제도화를 축으로 하여 전개된다.

이러한 발전이 수반한 자기성찰의 증대가 집합행위의 정체성 변화와 그것이 전개하는 형태의 운동들을 지배한다. 현대 집합행위자들의 자율적이고 민주적인 사회제도를 위한 투쟁과 참여적 형태의 결사체에 대한 관심은 사회적 생산의 수단과 목적 모두가 사회적 산물이라는 인식에서 기인한다. 이것이 바로 집합행위자들이 일상생활의 문화적·규범적 차원에 초점을 맞추고 또 주민들이 그 자신의 삶과 정체성을 선택할 권리의 측면에서 자신들의 투쟁을 인식하는 이유이다. 따라서 현대 행위자들의 정체성이 갖는 이러한 새로운 차원들과 그들을 이전의 운동과 근본적으로 단절시키는 것은 그들의 행위 레퍼토리가 아니라 새로운 사회유형의 출현에 부합하는 자기성찰의 수준 및 투쟁의 변화된 중심지와 이

---

45) Touraine, "Introduction to the Study of Social Movements"를 보라.

해관심들이다.[46)]

이러한 논증양식이 순환적이라는 점은 분명하다. 현대 집합행위가 새로운 까닭은 그것이 탈산업사회에 의해 개방된 영역을 둘러싼 투쟁을 포함하기 때문이지만, 탈산업사회가 새로운 사회유형인 까닭은 그것이 새로운 형태의 집합행위를 촉발하기 때문이다. 하지만 투렌의 이론적 모델은 중립적이고자 하지 않는다. 실제로 그는 자신의 당파적인 사회학적 개입방법을 통해 이론적 논증의 순환성을 피하고자 한다. 그의 목적은 현존하는 갈등행동에서 사회운동의 차원(우리의 용어로 새로운 자기제한적인 집합적 정체성)을 추출해내는 것이다.

> 우리와 같은 종류의 나라들에서 우리가 이제 발견해야만 하는 것은 항시적인 변화에 저항하는 방어적 반발이 어떻게 사회적 갈등과 반(反)기술관료제적 행위로 변화될 수 있고 또 그러한 투쟁이 어떻게 정치활동의 영역을 확장하고 우리가 새로운 공론장이라고 부를 수 있는 것을 창출하는가 하는 것이다. ……주요한 문제는 방어적인 것에서 반격적인 것으로, 정체성의 추구에서 집합행위로 나아가는 것, 즉 변화과정을 통제하는 것이다.[47)]

이러한 방법이 현대 집합행위자의 자기해석에 매력적인 자료를 제공하기는 하지만, 즉 그것이 일부 경우들에서는 새로운 자기성찰적 정체성의 출현을 보여주지만, 그것이 순환성으로부터 이론을 구출하지는 못한다.

우리는 다른 곳에서 투렌의 방법론에 대해 그리고 그가 그의 이론에

---

46) 다른 사회유형에 대한 논의로는 Alain Touraine, *The Self-Production of Society* (Chicago: University of Chicago Press, 1977), 92-109를 보라.

47) Touraine, "Triumph or Downfall," 229, 강조 첨가.

부합하는 형태의 사회적 투쟁들의 위계를 만들어낸 것에 대해 비판해왔다.[48] 우리는 또한 사회유형과 사회운동 간의 근본적 단절에 관한 그의 주장이 시민사회 개념의 용법과 정반대라고 비판해왔다. 투렌은 "우리와 같은 종류의 나라들"이라는 표현을 통해 시민사회를 가진 적이 있었고 지금도 가지고 있고 또 시민사회를 보전하고 확대하려는 투쟁에 의해 활성화되고 있는 나라들을 지칭하고자 한다. 그러나 17세기 이래로 적어도 서구에 시민사회가 존재했다는 관념은 우리 자신의 과거와의 문화적·제도적 연속성──근본적으로 단절된 사회유형, 문화적 모델, 사회운동 테제와는 어긋나는 관념──을 함의한다. 공시적 축과 통시적 축 간의 구분이 현대 투쟁의 혁신을 분명히 해주기는 하지만, 즉 그것이 시민사회를 분석할 수 있는 여지를 제공하기는 하지만, 사회유형에 관한 암묵적인 진화론적 이론은 과거와 현재의 연속성을 은폐한다. 따라서 그것은 과거 운동, 제도적 형태, 사회의 프로젝트와 관련하여 집합행위자 측에서 이루어진 학습과정을 설명할 수 없게 한다. '사회유형' 개념은 시민사회에 대한 제도적 분석을 하기에는 너무나도 추상적이다. 게다가 다소 합리화된 탈산업사회 개념은 우리에게 새로운 자기성찰적인 집합적 정체성을 포함하지 않는 투쟁의 측면들을 퇴행적이거나 시대에 뒤진 것으로 해석하도록 강요한다.

동시에 지배, 투자, 권력, 저항의 새로운 소재지 테제는 현대 집합행위자의 새로운 차원이 갖는 이중적 성격──방어적이자 공격적인──을 설명해주는 것처럼 보인다. 그것의 방어적 성격이 정체성과 자율성에 대한 방어적 몰두를 의미한다면, 공격적인 성격은 반격적인 형태를 취하고 사회제도의 통제와 민주화를 위한 투쟁에 참여하는 경향을 말한다. 틸리와는 달리 투렌에게서 '공격적인' 행위는 특정 정체에서 일어나는 포함과

---

48) Cohen, *Class and Civil Society*, 214-228.

권력을 위한 경쟁적인 전략지향적 전투를 지칭하는 것이 아니라, 국가통제와 관료제적 사회 모델을 희생하여 정치활동의 장을 확대하고 새로운 그리고 현존하는 공적 공간을 민주화하려는 투쟁을 지칭한다. 항시적인 변화에 대한 방어적 반발과 사회제도와 문화적 혁신에 대한 통제권을 독점하고 재사사화하려는 기술관료제적 프로젝트에 대항하는 공격적 투쟁 모두는 현대 집합행위의 요소들이다. 그럼에도 불구하고 행위의 동시적 축과 통시적 축의 구분은 하나의 중요한 결점을 지닌다. 즉 그것은 투렌으로 하여금 집합행위의 한 가지 중요한 차원, 즉 정치체계와 경제 속에서 그리고 그것들에 대해 민주적 제도의 영향력을 확보하기 위해 사회적 행위자 측면에서 벌이는 투쟁에 눈을 감게 한다. 이러한 차원이 없다면, 시민사회는 정치권력과 경제권력에 여전히 취약할 것이며, 집합행위의 초점도 하나의 단일한 차원으로 축소될 것이다. 투렌의 이론적 틀은 그가 자원동원이론의 탁월한 부분들을 통합한 모델을 구성할 수 있으리만큼 충분히 복합적이지 못하다.

게다가 비록 투렌이 현대 운동의 새로운 특징에 대한 행위사회학을 제시하고 있기는 하지만, 그는 자기성찰의 증대 테제를 전제로 하는 행위유형이론을 발전시키지 못하고 있다. 물론 그는 새로운 정체성과 사회 프로젝트를 분명하게 드러내고 있는 현대 집합행위자들이 참여하는 의사소통 과정을 분석하고 있다. 그러나 하버마스가 제시하는 유형의 의사소통행위의 이론적 자기성찰만이 그러한 과정의 구체성을 드러내고, 그것의 한계지점을 정확히 지적하고, 집합적 갈등에서 나타나는 모든 행위유형들 간의 관계를 이해하는 길을 열어놓을 수 있다. 투렌은 그의 이론에서 이러한 분석 수준을 놓치고 있기 때문에, 사회운동 개념으로부터 그리고 그의 모호한 시민사회 이미지로부터 전략적 상호작용을 배제하는 그릇된 조치를 취한다. 그가 전략에 일방적으로 초점을 맞추는 것은 새로운 집합적 정체성의 출현에 중요한 현대 투쟁의 사회적 · 규범지향적 차원을 놓치게 한다고 주장한 것은 옳다. 그러나 그가 전략적 상호작용을 낮은 수준의 갈등 또는 변화의 공시적 축으로 한정시킨 것은 잘못이다. 왜냐하면 자원동원이론이 분명하게 증명하듯이, 사회운동과 시민사회 모두가 전략적 상호작용을 포함하기 때문이다.

최근 하버마스가 재정식화한 의사소통행위이론은 우리에게 앞서 논의한 집합행위 패러다임이 어떻게 보완될 수 있는지를 인식할 수 있게 해준다. 그의 행위유형학은 집합행위의 다양한 논리와 아주 잘 부합한다.[49] '목적론적' 행위 개념은 목적을 실현하기 위해 대안적인 행위경로들(수단들) 사이에서 선택하는 행위자를 전제로 한다. 이것은 합목적적 개입에 의해 획득한 현 상태의 또는 획득할 수 있는 세계와 행위자 간의 관계를 포함한다. 행위의 합리성 정도는 성공과 '진리'—즉 행위자의 인식과 실제 사례 간의 적합성—와 관련하여 제3자에 의해 평가될 수 있다.[50] 따라서 목적론적 행위는 자원동원이론의 중심을 차지하고 있는 합리적 행위 개념에 부합한다.

틸리, 태로 등의 '정치과정' 모델은 합리적 행위이론을 합리적 상호작용이론으로 전환한 것이며, 이는 목적론적 모델을 전략적 모델—이 모델에서 성공의 계산은 적어도 다른 한 행위자가 내린 결정을 예견하는 것을 포함한다—로 확장한 것과 상응한다. 이러한 유형의 행위는 여전히 '객관적 세계'만을 전제로 하고 있지만, 이제는 그것 내에 다른 사람의 의사결정이 포함된다. 그렇지만 정치과정 모델에서 다른 행위자들은 여전히 사람들이 그와 인식을 공유하는 주체로서가 아니라 계산에 넣어야 하는 외부 요인으로 간주된다.

순수한 정체성 모델이 주장하는 새로운 사회운동에 독특한 행위의 합

---

49) Jürgen Habermas, *The Theory of Communicative Action*, vol. 1 (Boston: Beacon Press, 1984), 86.
50) Ibid., 85-101.

리성은 하버마스식의 연극론적 행위 개념에 부합한다. 이러한 행위유형은 어떤 사람의 주관성(감정, 욕망, 경험, 정체성)을 합목적적 · 표출적으로 조작하고 그것을 공중을 구성하는 일단의 사람들에게 노출시키는 것을 포함한다. 여기서 적어도 두 가지 '세계관계'가 전제된다. 하나는 행위자의 주관적 세계에 대한 지향이고, 다른 하나는 외부 세계에 대한 지향이다. '자아표현'은 자신의 주관성과 정체성을 인정받고자 하는 노력을 수반한다. 그러나 행위자의 관점에서 볼 때, 규범적으로 규제된 대인관계는 단지 사회적 사실로서만 인식된다. 따라서 연극적 행위는 잠재적으로 전략적인 속성을 지니고 있으며, 그리하여 냉소적인 인상관리가 될 수 있다. 따라서 정체성의 표출적 주장을 포함하는 집합행위의 차원은 자발적 표출성의 문제가 아니라 인정 또는 영향력을 획득하기 위해 누군가의 정체성을 양식화되고 계획된 방식으로 실행하는 것을 포함한다.

스멜서의 규범적으로 지향된 사회운동 개념은 규범적 행위 개념에 부합한다. 하버마스에 따르면, 규범적으로 규제된 행위라는 개념은 집단의 성원들이 자신들의 행위를 대인관계에 대해 일반적인 구속력을 갖는 공통의 (제도화된) 가치를 지향하는 것을 지칭한다. 각자는 다른 모든 사람이 공유된 규범을 따를 것으로 기대할 자격을 부여받는다. 따라서 규범적 행위는 외부 세계를 전제로 하는 것에 더하여 사회세계와 사회적 정체성—즉 정당한 대인관계의 총체를 나타내는 맥락—과의 관계를 포함한다. 이것은 인지적 · 동기적 차원이 규범적 행위의 타당성 평가와 관련되어 있고 학습이 이 두 수준 모두에서 발생할 수 있다는 것을 의미한다. 행위는 주어진 규범에 순응하는지와 관련하여 평가될 수 있다. 즉 규범은 그것이 승인된 기준에 기초하여 인정될 가치가 있는가라는 측면에서 평가될 수 있다. 스멜서에서는 궁극적으로 타당한 규범들의 질서라는 이름으로 행위하지 않는 운동은 비합리적이 된다는 점을 지적할 필요가 있다.

의사소통적 상호작용은 규범에 대한 두 번째 수준의 질문을 한 단계 더 진척시킨다. 이 개념은 파슨스와 스멜서의 행위이론의 한계를 넘어선다. 그것은 언어를 통해 매개된 상호주관적 과정을 지칭한다. 행위자들은 이 과정을 통해 대인관계를 확립하고, 상황정의(규범)를 협의하고 합의를 이루는 것을 포함하여 자신들의 행위를 조정한다. 규범적 행위가 단지 해석적 행위와 함께 재생산되는 합의를 전제로 한다면, 의사소통행위는 처음으로 합의를 산출해야만 하는 사람들 사이에서 일어나는 축약되지 않은 의사소통을 포함한다. 이것은 세 가지 세계—객관적 세계, 주관적 세계, 사회적 세계—모두와의 자기성찰적 관계를 수반한다. 여기에서 우리의 문화에 깊이 스며든, 그간 문제가 되어온 지식의 특정 측면이 주제로 설정되어 그것의 타당성 주장을 심문함으로써 검증될 수 있다. 투렌의 사회운동 개념은 이 의사소통행위 개념을 이용한다.

우리가 이 추상적 행위 분석을 앞서 묘사한 개념적 전략에 적용시킬 경우, 비록 각각이 다른 것에 의해 분석된 행위형태들을 차단하는 경향이 있기는 하지만, 그것들 모두가 집합행위 연구에 영향을 미칠 수 있다는 것은 분명하다. 왜냐하면 어떤 구체적인 사회운동이 이 모든 행위형태를 포함할 수도 있다는 것은 전적으로 가능한 일이기 때문이다. 이것은 현대 집합행위의 경우에 분명하다. 페미니즘운동에서 생태운동에 이르기까지 새로운 운동의 핵심부문들은, 그것들이 개인적·사회적 쟁점을 주제화하고 현존하는 규범들을 방어하고 규범에 대한 사회적 해석을 놓고 각축하고 의사소통적으로 새로운 규범을 창출하고 환경과 관계를 맺는 대안적 방식을 제안할 경우, 객관적 세계, 주관적 세계, 사회적 세계와 자기성찰적 관계를 가진다. 앞서 지적했듯이, 모든 집합행위는 또한 전략적·도구적·규범지향적 활동들을 포함한다. 따라서 다양한 집합행위의 논리들이 집합행위의 유일한 형태의 합리성으로 해석되어 다른 논리들을 배제하지 않는 한, 그러한 논리들에 대한 분석이 양립할 수 없는 것으로 인식되어야 할 이유는 전혀 없다. 게다가 이러한 분석에 기초하여, 사람들은 운동이 시민사회의 방어와 민주화를 위해 투쟁하는 동시에 정치사회 내로의 포함과 그것의 확장을 위해 투쟁할 수도 있다는 점을 알 수 있다.

행위유형이 다양한 집합행위의 논리를 따라 분석되지만, 그러한 분석이 어떤 특정 운동 내의 특수한 배열태를 설명하지 못할 수도 있으며, 또 그 유형들을 하나의 일관된 이론적 틀에 통합시키지 못할 수도 있다. 이러한 이유에서 우리는 시민사회 분석으로 방향을 전환할 필요가 있다. 투렌의 연구는 우리에게 올바른 방향을 지적해주지만, 그는 시민사회 이론을 제시하지는 않는다. 도리어 투렌은 시민사회의 내적 접합을 설명하지 않은 채 그 범주를 사용한다. 그리고 그는 어떤 메커니즘이 다양한 영역들을 서로 그리고 국가 및 경제와 연결시키는지도 설명하지 않는다. 그 결과 현대 운동의 이원론적 논리가 시민사회만을 다루는 대안들로 잘못 해석된다. 자원동원 접근방식은 정반대의 것에 눈을 감음으로써 고통 받고 있다. 즉 그 접근방식은 정치적·경제적 구조를 겨냥한 전략들만을 강조한다. 따라서 경쟁하는 사회운동 연구 패러다임들은 우리에게 불만스런 선택을 떠넘기고 있다. 따라서 사람들은 운동을 국가와 경제의 '거대 구조'에 압력을 가하는 것을 포함하여 조직의 전략적 논리와 관련하여 해석하거나, 아니면 정체성, 규범, 문화적 모델, 그리고 시민사회의 제도들을 겨냥하는 가장 혁신적인 행위자들이 결성한 결사체 형태들을 강조하는 쪽을 선택한다. 우리에게 필요한 것은 이 두 접근방식에 부합하고 현대 운동의 이중적 논리를 설명할 수 있는 하나의 이론적 틀이다.

이원론적 사회이론과 현대 사회운동

우리는 새로운 사회운동이 문화적 모델, 규범, 시민사회의 제도들을 사회적 갈등의 주된 이해관심으로 해석한다는 주장으로 시작했다. 분명 경제구조와 국가정책에 영향력을 행사하려는 시도 또한 새로운 사회운동들에서 중요한 역할을 수행한다. 이를테면 생태학자들은 국가에 의지하여 경제적 행위자들의 환경약탈을 제한해온 반면, 민권활동가와 페미니스트들은 다양한 조직적 전략을 통해 국가가 경제, 시민사회, 정체에서 소수집단과 여성의 권리를 확보하는 법안을 제정하고 집행하도록 압력을 가하고자 했다. 새로운 운동의 일부 분파는 정당으로 조직화된 반면(가장 유명한 실례가 서독 녹색당이다), 다른 분파들은 정치체계 외부의 운동활동가 및 결사체와의 연계관계를 결코 포기하지 않은 채 기존 정당 내에서 활동하거나 로비활동을 통해 정치사회에 압력을 가하고자 했다. 이렇듯 현대 운동은 이중의 얼굴과 이중의 조직논리를 가지고 있다. 제9장에서 우리는 이러한 주장의 사회이론적 전제를 개관하며, 하버마스가 전개한 체계/생활세계 구분과 관련하여 시민사회 범주를 재정식화한 바 있다. 이제 우리는 이원론적 사회이론과 사회운동 간의 연계관계를 보다 분명히 하고자 한다. 우리는 시민사회와 정치사회의 범주와 관련한 체계/생활세계 구분의 재구성이 우리가 현대 운동의 방어적 측면과 공격적 측면 모두를 설명하는 데 필요한 도구를 산출한다고 주장할 것이다.

하버마스가 현대 운동이론에 가장 중요하게 기여한 것은 세 가지 테제이다. 이들 테제는 하나로 합쳐질 경우 현대 집합행위의 이해관심을 통찰할 수 있게 해준다.[51] 첫 번째 테제는 문화적 근대성—그것들 나름의 내적 타당성 주장을 축으로 하여 조직된 과학, 예술, 도덕 등의 분화된 영역들—의 출현이 그것과 함께 행위와 세계관계의 모든 차원과 관련

---

51) Jürgen Habermas, *The Theory of Communicative Action*, vol. 2 (Boston: Beacon Press, 1985), 332-403을 보라. 하버마스의 사회운동에 대한 접근방식을 비판적으로 논의한 것으로는 Cohen, "Strategy or Identity," 708-716을 보라.

하여 자기성찰(과 탈중심화된 주체성)을 증진시킬 수 있는 잠재력을 동반한다고 진술한다. 이것은 사회적·정치적·문화적 삶의 핵심차원들과 탈전통적·탈관례적 관계를 맺고 자율적인 의사소통적 상호작용 과정을 통해 그러한 차원들을 조정할 수 있는 길을 열어준다. 이것은 성취된 문화적 근대성의 잠재력을 일상생활에 끌어들이는 것을 통해 게마인샤프트적인 조정을 잠재적인 자기성찰 형태로 대체하는 것을 포함하여 생활세계를 더욱 근대화하는 토대를 형성할 수 있다.

두 번째 테제는 근대성의 잠재력(자기성찰, 자율성, 자유, 평등, 의미)의 '선택적 제도화'(selective institutionalization)를 포함한다. 이원론적 사회 모델, 즉 체계와 생활세계를 구분하는 모델이 이 테제의 중심에 자리하고 있다. 이 모델에서 경제와 국가의 근대화와 관련된 과정은 생활세계의 '합리화'와 관련된 과정과 구분된다. 한편에서는 매체가 조종하는 구조가 발전하고, 그곳에서 전략적·도구적 합리성이 해방되고 확장된다. 그리고 다른 한편에서는 새로운 형태의 탈집중화된 주관성에 적합한 의사소통적으로 조정된 평등주의적인 문화적·사회적 제도와 사회화 제도가 문화적 근대화에 의해 발전된다. 하지만 사회의 합리화는 하위체계의 정명에 의해 지배되어왔다. 즉 자본주의적 성장과 행정적 조종의 필요조건들이 생활세계의 관심을 지배해왔다. 이런 식으로 근대성이 지닌 잠재력의 '선택적 제도화'는 체계의 측면에는 과잉복잡성과 새로운 형태의 권력을 산출하고, 생활세계의 제도적 약속의 빈곤화와 저발전을 초래했다. 자본주의적 발전 및 행정 엘리트의 기술관료제적 프로젝트와 관련된 '생활세계의 식민화'는 이러한 잠재력을 봉쇄했고 계속해서 봉쇄하고 있다.

세 번째 테제는 우리의 현대 생활세계 제도들의 양면적 성격, 즉 사회의 합리화가 지배뿐만 아니라 해방의 토대를 포함하는 시민사회의 제도적 발전을 수반했다는 관념을 역설한다. 따라서 이원론적 사회이론에서는 시민사회의 핵심요소들—합법성, 공공성, 시민결사체, 대중문화, 가족—이 논의의 중심을 차지한다. 바로 여기에 투렌의 사회유형 이론이 놓치고 있는 제도적 분석의 차원이 자리한다. 우리에게 중요한 점은 (비록 불완전하지만) 이미 근대적인 시민사회 내에서 일어난 발전에 관한 하버마스의 개요가 현대 운동의 이중적 성격은 물론 그것과 과거와의 연속성과 단절을 이해할 수 있는 방법을 제공한다는 것이다. 시민사회의 제도적 구성의 이중적 성격에 관한 관념이 실제로 이득이 되는 까닭은 그것이 소외나 지배에 대한 일방적 강조(마르크스, 푸코)와 통합에 대한 마찬가지의 일방적 집중(뒤르켐, 파슨스)을 넘어서기 때문이다. 우리는 이것을 통해 변증론(apologetics)과 전면적 혁명 간의 경직된 양자택일을 피할 수 있는 이론적 수단을 제공받는다. 만약 근대 시민사회가 전적으로 물화되지 않았다면, 만약 우리의 제도들에 불평등주의적인 권력관계들이 철저하게 스며들지 않았다면, 급진적이지만 자기제한적인 정치를 통해 방어하고 확장할 가치가 있는 근대성의 긍정적 잠재력의 측면에서 사고하는 것이 가능해진다. 식민화 테제와 함께 고려할 때, 이것은 우리에게 왜 시민사회가 현대 집합행위의 영역일 뿐만 아니라 표적인지를 설명할 수 있게 해준다.

이 세 가지 테제는 하나로 합쳐져서, 시민사회의 탈전통화와 민주화를 둘러싸고 투쟁하는 현대 운동의 이해관심을 밝혀준다. 문화적 규범, 개인적·집합적 정체성, 적절한 사회적 역할, 해석양식, 담론의 형태와 내용(우리가 '정체성의 정치'라고 불러온 것)을 재규정하는 것은 이 프로젝트의 일부이다. 하지만 권위주의적 제도들이 자주 돈과 권력의 불평등한 통제에 의해 강화되기 때문에, 그리고 그러한 매체에 의한 시민사회 제도들의 식민화가 더 많은 근대화를 가로막기 때문에, 현대 집합행위자들은 또한 정치사회도 다루어야만 한다. '포함의 정치'는 새로운 정치적 행위자들이 정치사회의 성원으로 인정받기 위해 그리고 그것이 '대변하는' 사람들의 이익을 획득하기 위해 정치제도를 표적으로 삼는다. 새로운 욕구해석, 새로운 정체성, 새로운 규범을 조정하기 위해 정치적 담론의 세계를 변경시키는 것을 목적으로 하는 '영향력의 정치' 역시 불가피하다. 그러한 노력들을 결합하는 것만으로도, 사회적 지배관계를 동결하고 새로운 종속을 만들어내는 경향이 있는 시민사회의 행정적 · 경제적 식민화를 제한하고 통제할 수 있다. 마지막으로, 정치제도와 경제제도의 더 많은 민주화('개혁의 정치') 역시 이 프로젝트에서 중심적이다. 이러한 노력 없이는 시민사회 내의 어떠한 성과도 실제로 보잘것없을 것이다. 우리가 시민사회의 민주화와 경제적 또는 행정적 '식민화'로부터 시민사회의 자율성 방어를 새로운 운동의 목적으로 인식할 수 있다면, 정치적 · 경제적 제도 내에 '감지장치'를 만드는 것(제도개혁)과 정치사회의 민주화(영향력 정치와 포함의 정치)—그러한 제도들을 시민사회의 영역에서 표현되는 새로운 정체성과 평등주의적 규범에 열어놓을 수도 있는—는 그러한 목적을 달성하는 수단들이다.[52]

우리가 하버마스 자신이 사회운동—그의 틀이 가능하게 만드는—에 대한 종합적인 이론적 패러다임을 제시했다고 주장하고 있는 것은 아니다. 현재 활용할 수 있는 여러 운동이론이 그 틀로부터 배울 것이 많이 있기는 하지만, 하버마스 자신의 사회이론도 다른 현대 분석들의 결과를 통합하는 것으로부터 이익을 얻을 수 있을 것이다. 실제로 새로운 사회운동에 대한 그의 가장 최근의 논의는 오해를 불러일으킬 수도 있다. 왜냐하면 그것이 그 자신이 도입한 이원론적 사회 개념에 대한 일방적 해석에 기초하고 있기 때문이다.

사회운동에 대한 하버마스의 접근방식은 시간이 경과하면서 진화해

---

52) 현대 운동의 이중적 논리의 네 가지 구성요소를 보다 철저하게 논의한 것으로는 이 장의 결론 부분을 보라.

왔다. 하버마스의 초기 분석은 알랭 투렌의 분석에 가까웠다.[53] 투렌과 같이, 하버마스는 신좌파 그리고 특히 학생운동을 사회제도와 기존의 공론장을 기능적으로 만드는 기술관료제적 프로젝트에 맞서는 사회민주화의 대행자로 보았다. 이들 운동이 대학에서 정체에 이르기까지 공적 공간을 확대하고 민주화하고자 하는 한, 그것들은 새로운 합리적인 사회적 정체성의 약속과 부활된 민주적 정치문화를 견지하는 것으로 보였다.

　보다 이론적인 측면에서 하버마스는 두 가지 서로 관련된 역할을 사회운동에 귀속시켰다. 첫째, 운동은 사회적 학습과정과 정체성 형성의 역동적 요소로 파악되었다. 사회운동은 문화적 전통과 새로운 사회화 형태에 내재한 잠재력에 의지하여, 잠재적으로 유용한 합리성 구조를 (새로운 정체성과 규범 속에서 그 구현물들을 발견할 수 있는) 사회적 관행 속으로 옮겨놓는다. 둘째, 민주주의 프로젝트를 담고 있는 운동들은 광범위한 사회제도 내에서 공론장이 부활되고 담론들이 제도화될 수 있는 과정을 개시할 잠재력을 지니고 있다. 하지만 이러한 역할들은 현대 제도의 발전 속에 단지 매우 추상적으로만 자리 매겨졌다. 왜냐하면 옛 프랑크푸르트학파의 '일차원성' 테제가 여전히 현존하는 사회적 · 경제적 · 정치적 제도들에 대한 하버마스의 평가에서 출몰하기 때문이다. 따라서 하버마스가 (투렌과 같이) 1960년대 운동들의 혁명적 수사가 정치적 · 사회적 제도의 민주화 프로젝트에 대한 관심을 그러한 제도들의 전면적 전복으로 전환시키고 있다고 비판했지만, 그는 근대 사회에 대한 그 운동들의 총체적 비판에 대해 어떠한 대안도 제시할 수 없었다.[54] 우

53) Alain Touraine, *The May Movement* (New York: Random House, 1971); Jürgen Habermas, *Student und Politik* (Frankfurt: Suhrkamp, 1961), *Protestbewegung und Hochschulreform* (Frankfurt: Suhrkamp, 1969), and *Towards a Rational Society* (Boston: Beacon Press, 1970).

54) Jürgen Habermas, *Die neue Unübersittlichkeit* (Frankfurt: Suhrkamp, 1985), 81-82. 여기서 하버마스는 신좌파에 대한 자신의 초기의 정치적 평가를 재평가한다.

리는 하버마스의 초기 형태의 이론을 그것의 '제도적 결함'을 들어, 즉 해방의 잠재력을 추상적 수준의 문화적 근대성 위에 그리고 시민사회의 제도적 접합이 아니라 사회화 과정에 위치시킨다는 점을 들어 비판한 바 있다.[55]

하버마스는 이원론적 사회 개념을 현대 제도의 양면적 성격을 분석하기 위한 토대로 도입함으로써, 이러한 난점을 해소했다.[56] 그는 우리의 사회제도가 지니고 있는 양가적인 잠재성을 독자적인 의사소통 구조를 지닌 체계정명들 간의 충돌이라는 측면에서 해석한다. 그 함의상 이들 제도는 일상생활의 의사소통적 하부구조를 보호하고 민주화하려는 방어적 투쟁과 급진적 제도개혁이라는 공격적 프로젝트 모두에게 노출되어 있다. 이러한 최근의 연구 또한 우리가 새로운 사회운동에 대한 극히 일방적인 해석이라고 간주하는 것을 산출해왔다. 왜냐하면 이 개념 속에서 이들 운동은 주로 생활세계의 식민화에 대한 방어적 반발로 등장하기 때문이다.[57]

하버마스는 새로운 형태의 저항과 갈등에서 문제가 되는 것은 전통적인 (공동체적 · 귀속적 · 확산적인) 사회문화적 생활세계가 아니라 이미 부분적으로 근대화된 생활세계의 방어라고 주장한다. 그는 또한 근대화된 생활세계의 지형 위에서 획득 재산과 지위를 방어하는 것과 새로운 형태의 협동과 공동체에서의 실험을 포함하는 '방어적' 행위 간을 구분한다. 후자가 새로운 갈등잠재력의 핵심을 형성한다. 그럼에도 불구하고

---

55) Cohen, *Class and Civil Society*, 194-228; Jean L. Cohen, "Why More Political Theory?," *Telos*, no. 40 (Summer 1979): 70-94를 보라.

56) 다음에서 하버마스가 전개하는 논의를 보라. Habermas, *The Theory of Communicative Action*, vol. 2, 301-403.

57) 하버마스가 새로운 것으로 언급하는 운동들로는 페미니즘운동, 생태운동, 청년운동, 소수집단운동, 반핵운동, 시민발의운동 등이 있다(*The Theory of Communicative Action*, vol. 2, 393).

새로운 운동들은 단지 의사소통 구조를 지키기 위해, 공식적으로 조직화된 행위체계의 흐름을 저지하고자 하는 저항과 은둔의 형태들로 인식된다. 비록 새로운 운동들이 물화에 저항하는 생활세계의 계속되는 능력을 의미하고 그리하여 긍정적 의미를 부여받지만, 하버마스는 그 운동들의 '해방적 잠재력'에 회의적이고 그것들의 명백한 반제도적·방어적·반개혁주의적 성격을 의심한다. 요컨대 그는 새로운 운동을 새로운 (합리적인) 사회적 정체성의 담지자가 아니라 특수주의의 수렁에 빠진 것으로 인식한다. 그는 그것들을 근대성의 긍정적 잠재력의 제도화를 지향하거나 또는 그것을 촉진할 수 있는 것으로 보지도 않으며, 또 표출적 퇴각의 정치를 넘어서는 것으로 보지도 않는다.

그럼에도 불구하고 하버마스가 새로운 갈등이 "체계와 생활세계 간의 틈새"에서 (바로 돈과 권력이라는 매체를 제도화하고 공론장과 사적 영역 그리고 경제적 하위체계와 행정적 하위체계를 매개하는 역할을 둘러싸고) 발생한다고 주장할 때, 그는 무언가를 알아채고 있다. 피고용자와 소비자, 시민과 복지수혜자의 기능화된 역할에 대한 저항은 분명 현대 집합행위의 많은 것을 특징짓는다.

이것이 바로 저항의 표적이 되는 역할들이다. 대안적인 실천은…… 시장의존적인 노동력 동원, 초등학교까지 확장된 경쟁과 성적 압박에 반대한다. 그것은 또한 서비스, 관계, 시간을 금전화하는 것과 사적 영역과 개인적 생활양식을 소비주의적으로 재정의하는 것을 겨냥한다. 게다가 그것은 복지수혜자와 공공 서비스의 관계를 개방화하고 참여적 방식으로 재조직하고자 한다. ……마지막으로, 특정 형태의 저항은 시민의 역할규정을 부정한다.[58]

---

58) Habermas, *The Theory of Communicative Action*, vol. 2, 395.

하지만 하버마스가 보기에, 그러한 역할에 도전하는 운동은 순전히 방어적이다. 그는 집합행위자가 경제체계와 정치행정체계의 내부 동학을 제한하기 위해 생활세계 내에 대항제도를 구축하고자 하는 시도를 단지 '반발적'일 뿐만 아니라 반근대적 경향이 있는 공동체주의적 탈분화와 퇴각 프로젝트로 해석한다.[59] 그가 관찰하는 유일한 예외가 바로 페미니즘운동이다. 이중의 논리와 분명한 해방잠재력을 가지는 것은 이것뿐이다. 페미니즘운동은 정치적 포함 및 평등한 권리와 관련된 공격적인 보편주의적 측면과 함께, 남성의 독점과 일방적으로 합리화된 일상적 관행에 의해 특징지어지는 구체적인 삶의 형태의 전복에, 그리고 정체성과 대안적 가치에 초점을 맞추는 방어적이고 특수주의적 측면을 지닌다.[60] 전자의 차원은 페미니즘을 부르주아 사회주의적 해방운동의 전통 및 보편주의적 도덕원리와 이어준다. 후자는 그것을 새로운 사회운동과 이어준다. 하지만 앞서 지적했듯이, 페미니즘의 후자의 차원을 포함하여 새로운 저항운동들은 식민화에 대한 전적으로 방어적인 반발을 포함한다. 이로부터 정체성, 규범, 대안적 가치와 관련하여 '특수주의적'이라는 꼬리표가 따라붙고, 그리하여 귀속적 또는 생물학주의적 젠더 범주로의 '퇴각'이라는 비난을 받게 된다. 하버마스에 따르면, 그러므로 페미니즘의 해방적 차원은 아무런 새로운 것도 포함하지 않는 반면, 페미니즘의 새로운 차원은 다른 새로운 운동과 동일한 약점으로 고통 받는다.

우리는 새로운 운동 일반, 그리고 특히 페미니즘에 대한 이러한 분석은 오해를 불러일으킬 수 있다고 생각한다. 실제로 하버마스가 돈과 권력 매체의 생활세계 침투에 대한 특수주의적·방어적 반발을 이들 운동에서 새로운 것으로 해석하는 것은 고전 붕괴 테제의 부활을 수반한

---

59) Ibid., 396.
60) 하버마스는 이런 식으로 틸리의 '반발적' 유형의 집합행위와 '사전행동적' 유형의 집합행위를 재발견한다.

다.[61] 이것은 다시 그 자신의 이원론적 사회이론의 일방적 해석에서 비롯된다. 따라서 하버마스의 운동분석은 두 가지 이유에서 그의 이론이 지닌 잠재력의 진가를 보여주지 못하고 있다. 첫째는 생활세계 범주를 시민사회와 정치사회의 개념으로 제대로 전환시키지 못한다는 것과 관련되어 있다. 생활세계의 공적 제도와 사적 제도에 대한 암시적인 구절들은 그로 하여금 붕괴 테제를 피할 수 있게 해줄 수 있었던 하나의 핵심적 차원, 즉 결사체의 차원을 소홀히 하고 있다. 하버마스가 현대 투쟁들이 문화적 재생산, 사회통합, 사회화의 차원을 축으로 하여 위치 지어지고 있다는 점을 인정하고 있음에도 불구하고, 그는 그것들을 시민사회와 정치사회 내에 존재하는 제도들의 적극적 측면과 연계시키지 않고 있다.[62] 새로운 운동이 이들 영역의 근대화의 진전에서 하나의 역할을 수행한다는 것을 인정하는 대신에, 그는 조종 메커니즘의 확장에 대항하는 그것들의 방어적 성격만을 인식한다. 기껏해야 그는 새로운 운동을 시민사회 내의 제도적 변화에 기여하는 것이 아니라 문화전달과 사회화의 차원을 따라 학습에 기여할 수 있는 잠재력을 지니는 것으로 인식한다.

하버마스가 전통과 정체성의 재해석에 초점을 맞추고서, 새로운 운동에 관련된 것들은 단지 반제도적 문화정치일 뿐이라고 결론 내린 것은 잘못이다. 운동은 또한 새로운 연대를 창출하고, 시민사회의 결사체 구조를 변화시키고, 복수의 새로운 공적 공간을 만들어내며, 게다가 이미 제도화되어 있는 공간을 확장하고 활성화하기도 한다. 이것은 체계와 생활세계를 매개하는 역할에 도전하는 것을 포함한다. 하지만 현대 집합행위의 또 다른 측면은 사회통합의 차원을 따라 제도적 변화를 수반한다.

---

61) 이 점에서 하버마스의 분석은 투렌의 분석보다 통찰력이 덜하다. 투렌은 시민사회의 규범과 정체성을 표적으로 하는 사회운동은 사회적 적대자와의 투쟁을 포함하고 그 투쟁의 이해관심은 앞으로 시민사회 제도를 형성하는 것이라고 보았다.

62) Habermas, *The Theory of Communicative Action*, vol. 2, 392.

그것은 가족에서 공론장에 이르는 시민제도들 속의 사회관계를 둘러싼 갈등을 포함한다.

하버마스가 하위체계를 '자기준거적으로 폐쇄된' 것으로 보는 경향은 그로 하여금 그러한 영역에서의 제도적 개혁의 가능성을 보지 못하게 한다. 그의 과도하게 엄격한 체계와 생활세계의 구분은 그로 하여금 하위체계 내에 수신기관을 만들어내고 민주화하는 것을 목적으로 하는 현대 운동의 공격적 전략들에 눈을 감게 한다. 왜냐하면 그것은 성공을 동어반복적으로 불가능하게 만들기 때문이다. 그 결과 운동에 대한 그의 설명은 앞서 언급한 제도적 이중성 테제—즉 운동의 이중적 논리를 다루는 것—의 진가를 보여주지 못한다. 따라서 그는 생태운동, 시민발의운동, 녹색운동, 청년운동을 축소시켜 분석하고, 페미니즘의 경우에서처럼 이중적 논리를 인식했을 때에도 그것을 잘못 해석한다.

우리가 시민사회 이론의 노선을 따라 체계/생활세계 구분을 재구성한 것은 이 두 가지 맹점을 바로잡아준다. 한편에서 우리는 생활세계 개념을 권리에 의해 확보한 시민사회의 제도적 접합으로 번역한다. 다른 한편 우리는 정치사회(와 경제사회) 내에는 시민사회의 영향을 수용하는 수신기관이 존재하며 그것들이 어느 정도까지는 추가되고 민주화될 수 있다고 주장한다. 그 결과 이원론적 사회 개념에 관한 우리의 견해에 입각할 때, 모든 새로운 운동의 이중적 논리가 시야에 들어올 수 있다. 우리의 접근방식은 우리에게 운동이 체계/생활세계 분할의 양 측면에서 작동하고 있음을 볼 수 있게 해주고, 따라서 우리는 집합행위의 두 패러다임의 공헌을 조화시킬 수 있다.

우리의 분석틀은 또한 앞서 논의한 접근방식 중 어떤 것에서 발견할 수 있는 것보다도 '방어적' 집합행위와 '공격적' 집합행위의 의미에 대해 더 종합적인 해석을 산출한다. 이러한 설명에 입각할 때, 운동의 '방어적' 측면은 생활세계의 의사소통적 하부구조를 보전하고 발전시키는 것을 포함한다. 이 정식화는 운동은 문화적 근대성이 지닌 잠재력의 담지자일 수 있다는 하버마스의 통찰뿐만 아니라 투렌이 논의한 운동의 이중적 측면을 포착한다. 이것은 정체성을 재정의하고 규범을 재해석하고 평등주의적인 민주적 결사체 형태들을 발전시키기 위한 성공적 노력의 필수조건이다. 집합행위의 표출적·규범적·의사소통적 양식은 여기서 적절한 자리를 차지한다. 그러나 집합행위의 이러한 차원은 또한 그것이 창출하는 새로운 의미, 정체성, 규범에 부합하는 시민사회 내의 제도적 변화를 확보하고자 하는 노력들을 포함한다.

집합행위의 '공격적' 측면은 정치사회와 경제사회 ── 행정국가와 경제라는 하위체계들과 시민사회 간의 '매개'영역들 ── 를 표적으로 한다. 분명 그것은 이들 영역 내부로 포함되기 위한 압력을 행사하고 그것으로부터 이익을 얻어낼 수 있는 조직의 발전을 포함한다. 집합행위의 전략적/도구적 양식들은 그러한 프로젝트에 필수불가결하다. 그러나 새로운 운동의 공격적 정치는 돈 또는 정치적 인정을 위한 투쟁뿐만 아니라 정치적 (그리고 어쩌면 경제적) 내부자를 표적으로 하는 영향력의 정치와 (자기제한적인) 제도적 개혁 프로젝트 또한 포함한다. 그 밖의 어떤 방법으로 우리가 하위체계들이 새로운 쟁점과 관심사에 더 민감해지고, 시민사회의 행위자들의 욕구와 자기인식에 더 반응하게 하고, 그리고 이들 체계들을 현재보다 더 내적으로 민주적이게 하고자 하는 시도들을 이해하겠는가? 달리 말해 정치사회를 표적으로 하는 (그리고 어쩌면 언젠가는 경제사회 역시 표적으로 할) 새로운 운동의 요소들은 이미 그러한 영역에 존재하는 담론과 타협의 구조를 확대하고 민주화하는 것을 목적으로 하는 자기제한적인 민주적 제도개혁의 프로젝트를 분명하게 드러내고 있다.

이원론적 사회이론 비판: 페미니즘의 경우

우리는 모든 현대 사회운동이 이러한 측면에서 분석될 수 있다고 믿지만, 여기서는 페미니즘운동에 초점을 맞추어 우리의 논지를 분명히 하고자 한다. 하버마스의 이원론적 사회이론이 현대 여성운동에 대해 갖는 적합성과 관련한 몇몇 흥미로운 논의들이 이미 제시된 바 있다.[63] 낸시 프레이저(Nancy Fraser)는 이 주제에 대한 가장 포괄적인 논문에서, 하버마스의 이원론적 사회이론 그리고 특히 체계와 생활세계의 구분이 페미니즘에 대한 이해를 촉진하기는커녕 '몰젠더적'(gender-blind)일 뿐만 아니라 "중요한 측면에서 남성중심적이고 이데올로기적이기"까지 하다고 주장한다.[64] 프레이저는 우리가 앞서 개관한 것보다도 훨씬 더 급진적으로 이원론적 사회이론을 비판한다. 이러한 비판은 우리가 전유하고 수정한 이원론적 사회이론의 개념적 장치 그 자체를 겨냥하고 있기 때문에, 우리는 그것을 다소 상세하게 다룰 필요가 있다. 그것은 다섯 가지 핵심적 주장을 담고 있다.

1. 프레이저는 체계/생활세계 구분이 우리로 하여금 가족을 돈과 권력에 외적이고 부차적인 관계만을 가지는 하나의 사회적으로 통합된 제도로 해석하게 한다고 주장한다.[65] 체계/생활세계 분할의 각각의 반대편에 현대 가족과 공식적인 자본주의 경제를 위치시키는 것은 현대 가족이 경제체계이자 노동, 강제, 교환, 착취, 폭력의 장소라는 점을 폐색하

---

63) Nancy Fraser, "What's Critical about Critical Theory? The Case of Habermas and Gender," *New German Critique*, no. 35 (Spring/Summer 1985): 97-131. 또 다른 견해로는 Linda Nicholson, *Gender and History: The Limits of Social Theory in the Age of the Family* (New York: Columbia University Press, 1986)를 보라.

64) Fraser, "What's Critical about Critical Theory?," 111.

65) Ibid., 107. 프레이저에 따르면, 하버마스는 이러한 구분을 물질적 재생산과 상징적 재생산의 구분과 결합시킨다.

는 것이다. 게다가 이것은 현대 페미니즘이 질색해온 가족과 공식적인
경제, 양육과 지불노동, 공적 영역과 사적 영역 간의 근대적인 제도적 분
리를 정당화한다.[66) 따라서 하버마스는 양육이 적절하게 사회화된 노동
력—가족이 임금과 교환하는—의 생산을 감독하는 부불노동이라는 사
실에 눈을 감고 있다고 주장된다.[67)

  2. 규범적으로 확보된 전통적 형태의 사회통합과 의사소통적으로 확
립된 자기성찰적인 탈전통적 형태의 사회통합을 하버마스가 구분한 것
과 관련해서는 다소 다른 주장이 제기된다. 프레이저는 가족의 규범과
가족의 역할에 대한 '합의'에 의문을 제기함으로써, 즉 그러한 합의가
얼마나 전(前)성찰적인지 그리고 얼마나 불공정, 강제 또는 불평등에 의
해 오염된 대화를 통해 획득된 것인지를 의심하게 만듦으로써, 이 구분
이 가족간 관계를 분석하는 데 중요한 자원을 제공한다는 점을 인정한
다. 하지만 그녀는 가부장제적 핵가족 속에서 규범적으로 확보된 합의에
의해 조정된 행위가 바로 권력에 의해 규제되는 행위라는 사실을 하버
마스가 충분히 강조하지 않는다고 주장한다. 여기서의 결점은 하버마스
가 '권력'이라는 용어의 용도를 관료제적 맥락으로 분명하게 제한한다
는 데에 있다. 은연중에 가족 내의 권력관계는 그것에 가해지는 외부 압
력(고전 자본주의의 경우에는 경제적 압력, 그리고 복지국가의 경우에
는 관료제적 압력)의 결과로 해석된다.[68)

  3. 프레이저에 따르면, 이러한 접근방식은 남성지배가 사회적 관계의
불충분한 근대성을 보여주는 표지라는 것을 함축한다. 그리하여 가부장
제가 자본주의의 우연한 부산물이기보다는 오히려 그것에 본질적이라

---

66) Ibid., 109.
67) Ibid., 115.
68) Ibid., 109.

는 사실은 모호해진다.[69)]

4. 비록 프레이저가 (다소 일관성이 없이) 하버마스가 고전적인 공적인 것/사적인 것의 구분을 (분명 체계/생활세계 구분에 기초하고 있는) 가족, 공론장, 경제, 국가라는 사분도식으로 확장한 것을 칭찬하기는 하지만, 그녀는 이 모델의 비판적 잠재력이 전반적 접근방식의 몰젠더성으로 인해 봉쇄된다고 주장한다. 하버마스는 그 모델의 네 측면 간의 상호교환 관계가 틀 짓는 역할들(노동자, 소비자, 수혜자, 시민)을 젠더중립적인 측면에서 오해를 사기 쉽게 개념화한다. 게다가 그는 이러한 역할이 양육자라는 다섯 번째 결정적 역할에 의해 보충된다는 사실을 전혀 언급하지 않는다.[70)] 여기서 프레이저가 지적하는 것은 공적 영역과 사적 영역이라는 두 영역 간의 연계관계가 돈과 권력이라는 매체만큼이나 젠더라는 매체를 통해서도 그 윤곽을 드러낸다는 것이다.[71)]

5. 마지막으로, 프레이저는 식민화 테제가 하버마스로 하여금 복지자본주의에 대한 페미니즘의 도전의 원인을 잘못 설명하고 그 범위를 잘못 해석하게 한다고 주장한다. 이 테제에 따르면, 시민사회의 사적 영역과 공론장은 경제체계와 행정체계를 일상생활의 규범과 가치에 종속시키는 것을 그만두지만, 대신에 점점 더 그러한 체계들의 정명에 종속된

---

69) Ibid., 124.

70) Ibid., 115.

71) Ibid., I13. 프레이저는 다음과 같이 진술한다. "하버마스는 양육자의 역할에 대한 언급을 빠뜨림으로써, 그리고 노동자와 소비자 역할의 근간을 이루는 젠더라는 하위텍스트를 주제화하지 않음으로써, 자본주의적 작업장이 어떻게 근대의 남성 주도적인 제한된 핵가족과 연계되어 있는지를 이해하는 데 실패하고 있다. 마찬가지로 시민의 역할이라는 남성적 하위텍스트를 주제화하지 않음으로써, 그는 남성 시민-군인-보호자 역할이 국가와 공론장을 서로뿐만 아니라 가족과 지불작업장에까지 연계시키는 방식을…… 놓치고 있다. 그리고 마지막으로, 그는 남성과 여성으로 젠더화된 주체의 구성이 고전 자본주의에서 모든 역할을 수행하는 데 필요하다는 점을 얼핏 살펴봄으로써, 여성의 양육자라는 역할이 네 제도 모두를 서로 연결시키는 방식을 놓치고 있다."(ibid., 117)

다. 하지만 프레이저는 노동력의 계속되는 분절화와 사회복지체계의 구조가 보여주듯이, 가부장제적 규범은 계속해서 국가가 규제하는 자본주의 경제와 국가행정을 구조화한다고 지적한다. 따라서 체계와 생활세계 간의 영향력 통로들은 다방향적(multidirectional)이다. 하지만 복지국가 개혁의 양면성에 대한 하버마스의 분석은 이러한 발전의 젠더화된 하위 텍스트를 지적하는 데 실패한다. 하버마스는 여성이 바로 그러한 복지체계의 '양면적' 개혁의 압도적인 새로운 수혜자라는 점을 간과하고 있다. 따라서 복지국가에 의한 식민화 테제는 체계/생활세계 분할이라는 원래의 이론적 개념화에서 파생하는 오류와 공백을 더욱 크게 만들고 있다. 그것은 몰젠더적이자 남성중심적이다.

　이러한 비판은 특히 누군가가 우리가 재구성해온 것과 같은 이원론적 사회이론이 현대 운동의 이해에 기여한다고 주장하고자 한다면, 무시할 수 없는 쟁점을 제기한다. 하버마스가 젠더에 주의를 기울이지 않았고 그 모델의 몰젠더성이 실제로 그가 설명하고자 하는 제도적 배열의 중요한 특징을 폐색하는 것은 분명 사실이다. 그럼에도 불구하고 체계/생활세계 구분과 식민화 테제가 그러한 관심사와 상반된다는 주장은 설득력이 없다. 우리는 그 이론의 비판적 잠재력과 그것이 페미니즘운동에 갖는 적실성이 입증될 수 있다고 믿는다. 사실 프레이저가 거론한 난점의 대부분은 전반적인 이론적 모델 속에 있는 것이 아니라 그 모델에 대한 하버마스의 해석 속에 있다.[72] 따라서 우리는 그녀의 비판 중 타당한 것들의 대부분이 우리의 수정된 형태의 모델 속에서 조화를 이룰 수 있고, 따라서 우리 모델이 현대 페미니즘에 특수한 지배와 갈등의 일부 형태를 조명해줄 수 있다는 것을 보여줄 것이다.[73]

---

72) 게다가 프레이저는 그녀가 그것을 비판할 때조차도 그리고 그녀가 그것이 주제로 삼지 않은 젠더 하위텍스트를 재구성할 때조차도 하버마스식 근대성 이론의 핵심적 특징들을 전제로 하고 있다.

1. 우리가 살펴보았듯이, 프레이저는 체계/생활세계 구분을 거부하고 거기에는 지불노동의 영역과 부불노동의 영역, 가족과 '공식적인' 경제 간을 범주적으로 구분할 수 있는 어떠한 의미 있는 방식도 존재하지 않는다고 주장한다.[74) 실제로 그녀는 체계에 통합된 양육조직이 어떤 다른 노동조직보다 더 병리적일 것이라고 가정하는 것은 전혀 근거가 없다고 주장한다. 하지만 이러한 반응은 체계통합과 사회통합을 구분하는 것의 진정한 취지를 놓치고 있으며, 또 그 자체로도 설득력이 없다.

좀 더 마르크스주의적인 시기에 하버마스는 상징적 재생산 과정과 물질적 재생산 과정을 구분하고자 노력하지만, 그 이론의 핵심은 행위 그 자체의 실제적 요소들이 아니라 그보다 훨씬 더 중요한, 행위조정 양식들 간의 구분에 의거하고 있다. 요컨대 프레이저가 전혀 논박하지 않은 주장이 바로 조정의 추(錘)가 의사소통적이어야만 하는 (문화적 재생산, 사회통합, 사회화) 과정, 사회관계 그리고 제도와, 시장이나 관료제처럼 왜곡 없이 "매체가 조종할" 수 있는 그러한 것들 간에는 하나의 근본적인 차이가 있다는 것이다. 이것은 노동 또는 창조적/생산적 활동이

---

73) 우리는 결코 이 이론이 모든 페미니즘의 관심사를 다루는 데 충분하다고 주장하고자 하지는 않는다. 그것은 분명 정신분석학적 페미니즘 철학과 탈근대적 페미니즘 철학의 결정적 공헌에 의해 보충되어야만 할 것이다. 그러나 사회이론에 관한 한, 우리는 이원론적 시민사회 이론이 매우 유익하다는 것을 발견한다.

74) Fraser, "What's Critical about Critical Theory?," 99-103. 그녀는 이러한 구분이 생활세계의 상징적 재생산과 물질적 재생산 간의 실제적 구분과 결합되어 있다는 하버마스의 말을 그대로 받아들인다. 그녀는 물질적인 것과 상징적인 것 간의 '자연범주적' 구분에 기초하여 활동들을 구분하는 것은 가능하지 않다고 옳게 주장하면서, 하버마스가 그러한 가정에 의지하고 있다고 비판한다. 이러한 비판은 우리의 다음의 글을 반향하고 있다. Andrew Arato and Jean L Cohen, "Politics and the Reconstruction of the Concept of Civil Society," in Axel Honneth et al., eds., *Zwischenbetracthungen Im Prozess der Aufklärung* (Frankfurt: Suhrkamp, 1989). 하지만 이원론적 사회이론이 상징적인 것과 물질적인 것 간의 물화된 구분과 부침을 함께한다는 것은 사실이 아니다.

두 번째 영역에서만 발생하기 때문이 아니라, 의미, 규범, 정체성이 의사소통적 상호작용의 성과를 조정하는 기능적 대체물을 통해서 유지되고 해석되거나 창조될 수 없기 때문이다. 공식적으로 조직된 일단의 사회관계(하위체계)와 다른 사회관계들 간의 차이의 중심에는 전자가 (타당성 주장과 결합되어 있는) 관습적 또는 도덕적으로 규제되는 비공식적인 행위맥락을 무력화하고 또 실정법과 '매체의 조종'에 의해 산출되는 그러한 상호작용의 맥락을 대신하려는 경향이 자리하고 있다.[75] 후자는 언어적 부호를 통해 작동하는 매체들에 의해 조정된다. 하지만 그러한 부호들은 행위자들을 모든 적절한 상호작용과 관련된 상황정의에 대해 상호동의할 필요성으로부터 해방시키고, 그것을 통해 규범적 타당성 주장에 대한 언급을 우회하게 (또는 불가능하게) 한다. 의미, 규범, 정체성은 그러한 맥락에서 창출되는 것이 아니라 체계의 목적을 위해 사용된다(또는 강화된다).

따라서 가족을 하나의 경제체계로 보는 것은 체계이론을 전면적으로 수용하게 하거나[76](그것을 통해 프레이저가 비판하고자 하는 것과 같은 종류의 규범적 비판에 면죄부를 주거나), 하버마스의 이론에서 체계가 무엇인지(체계는 매체에 의해 조종되는 공식적으로 조직화된 일단의 사회관계를 말한다)를 오해하게 할 수 있다. 만약 누군가가 젠더 불평등을 구성하는 의미, 규범, 정체성에 도전하고자 한다면, 이것은 방향을 잘못 설정한 것이다. 체계이론적 접근방식은 그러한 것들이 창출되고 재생산되는 바로 그 차원의 흔적을 제거한다. 비록 가족이 경제적 기능을 수행하기는 하지만, 비록 가족이 경제적 하위체계나 행정적 하위체계의 정

---

75) Habermas, *The Theory of Communicative Action*, vol. 2, 310. 이 논점에 대한 보다 상세한 논의로는 제9장을 보라.

76) 이러한 설득력 없는 시도로는 Niklas Luhmann, *Love as Passion: The Codification of Intimacy* (Cambridge: Harvard University Press, 1987)를 보라.

명에 의해 기능적이 될 수 있고 또 기능적이 되지만, 비록 가족 내에서 돈 또는 지지를 위해 서비스와 노동의 교환뿐만 아니라 전략적 상호작용도 이루어질 수 있지만, 그리고 비록 이러한 것들이 젠더 경계를 따라 분포될 수도 있지만, 그렇다고 해서 가족이 경제체계는 아니다. 가족은 공식적으로 조직화되지 않으며, 매체에 의해 조종되지도 않는다. 마찬가지로 비록 가족이 분명 권력관계로 물들어 있지만, 가족은 행정체계로 묘사될 수도 없다.[77]

가족 내에서 여성이 수행하는 노동은 인정되지도 보수가 주어지지도 보상되지도 않는다. 그러므로 그것은 '공식적인' 노동시장에서조차 여성을 불리한 처지에 놓이게 한다(그것은 남성 '생계부양자'에 대한 여성의 종속 이미지를 강화한다). 그렇기는 하지만 양육을 나머지 사회적 노동과 똑같은 것으로 묘사하는 것은 도움이 되지 않는다. 양육이 부분적으로 탁아소나 보육원으로 이전될 수 있고 이전되어왔고 보수를 받았다는 사실이 그것이 다른 노동들처럼 공식적으로 조직화될 수 있다거나 양육이 체계에 통합된 제도적 환경으로 완전히 이전되는 것이 바람직하거나 가능하다는 것을 의미하지는 않는다. 모든 부모, 양육노동자 또는 보육원 교사가 알고 있듯이, 상호작용의 의사소통적 조정은 여전히 양육과 보육의 중심에 자리하고 있다. 사람들이 취학전 아동의 전면적 시설

---

77) 하지만 프레이저는 또한 조정 메커니즘의 분석 수준과 다양한 유형의 행위분석 수준을 혼합하는 경향이 있다. 따라서 그녀는 전략적·도구적 행위가 생활세계 제도―가족―에서 발생하고 (가부장제적 규범에 기초한) 의사소통행위는 하위체계들에서 발생한다고 주장한다. 그러나 이것은 체계/생활세계 구분에 대한 진지한 반론이 아니다. 실제로 그것은 하버마스 자신이 자주 주장하는 것이기도 하다. 모든 행위유형은 모든 제도 속에서 등장한다. 체계와 생활세계라는 추상적 범주는 단지 조정의 추가 하나의 특정한 제도적 틀 속에서 어디에 자리하고 있는지를 지적할 뿐이다. 우리 역시 다른 일단의 이유 때문에 가족을 하나의 경제체계로 보는 것을 거부한다. 정체성 형성 일반과 특히 젠더 정체성의 정신역학은 그러한 측면에서는 거의 분석될 수 없다.

수용과 양육의 전면적 상품화를 전업 엄마들이 제기하고 있는 것에 대한 유일한 대안으로 옹호하고 나서지 않는 한, 우리는 어린아이들이 낮 시간 중 얼마간은 집에 머무른다고 가정할 수밖에 없다(이러한 점에서 어린아이들은 돌봄과 양육을 필요로 한다). 게다가 보육원, 탁아소, 학교는 그 자체가 시민사회 내의 제도들이다. 그것들은 물론 경제적 · 관료제적 측면을 지니지만, 조직적 또는 경제적 요구가 양육과 교육이라는 의사소통적 임무를 넘어설 때, 그것들은 그 제도들의 존재이유를 전복하고 병리적인 결과(양육받지 못하고 교육받지 못한 아이들)를 초래한다.

분명 더 많은 가정의 임무가 집에서 시장으로 이전될 수 있다고 생각할 수 있지만, 그것에는 확실히 한계가 있고 또 있을 수밖에 없다. 우리는 모든 창조적, 생산적 또는 재생산적 활동이 반드시 임금노동의 형태를 취해야 한다는 관념에 동의하지 않는다. 그것들이 임금노동의 형태를 취할 때조차도, 그것은 그러한 활동이 일어나는 제도적 틀이 경제체계로 분석될 수 있다는 것을 의미하지 않는다. 모든 '사회적 노동'이 동등하고 따라서 똑같이 사회통합에 순응적이거나 또는 그것에 의해 왜곡된다는 오해를 불러일으키는 가정에 입각할 때에만, 우리는 기초적인 사회화와 양육을 다른 모든 노동과 동일한 견지에서 고찰할 수 있다. 요컨대 우리가 가정을 단지 사회적으로 필요한 부불노동시간의 장소로 해석할 때에만, 가족간 관계와 생산의 사회적 관계의 차이가 시야에서 사라질 수 있다. 그러나 이러한 종류의 가정은 마르크스적 자본주의 비판의 범주들을 그것들이 다루기 위해 구성되지 않았던 쟁점들로 과도하게 확대한다는 이유로 많은 페미니스트들의 비판을 받아왔다.[78]

---

78) Alison M. Jaggar, *Feminist Politics and Human Nature* (Totowa, NJ: Rowman and Littlefield, 1988), 51-83, 207-249를 보라. 또한 이에 대한 고전적 논문으로는 Heidi Hartmann, "The Unhappy Marriage of Marxism and Feminism: Towards a More Progressive Union," in Lydia Sargent. ed., *Women and Revolution* (Boston:

근대 경제가 일정 형태의 노동이 상품화되어 공식적으로 조직되기를 요구한다는 것을 기꺼이 인정할 경우, 비판이론의 중심문제는 시장 메커니즘에 맡겨져야만 하거나 공식적으로 조직화되어야만 하는 종류의 활동과 그렇게 해서는 안 되는 종류의 활동을 어떻게 구분하는가 하는 것이다. 거기에는 두 가지 서로 다른 쟁점이 존재한다. 이를테면 '대리모계약'에 대한 페미니스트의 비판은 아기를 돈과 교환하고(상품화) 임신과 출산을 노동계약 모델에 입각하여 취급하는 것의 적실성에 이의를 제기한다. 그러한 사례들의 시장화는 여성과 그녀의 몸, 그녀 자신, 그리고 그녀의 아이와의 관계를 왜곡하는 것으로 보이며, 자연주의적 또는 본질주의적 주장에 입각하여 이러한 직관을 상술하는 것은 불필요하다.[79] 시민사회 사회관계의 의사소통적 하부구조라는 관념은 그러한 관계들을 시장으로 이전하는 것이 초래하는 왜곡을 설명하기에 충분하다. 그리고 탁아와 학교교육은 지불노동(교사와 양육노동자 서비스의 시장화)을 포함하지만, 이것이 그러한 활동이 공식적으로 조직화될 수 있다거나 되어야만 한다는 것을 의미하지는 않는다. 그것들은 다른 임금노동과 동일한 형태, 목적 또는 의미를 지니지 않는다. 양육 및 교육과 관련된 전문 서비스가 보수를 받는다는 사실에도 불구하고, 그러한 일이 일어나는 공적·사적 제도들은 시민사회의 핵심 구성요소들이다. 요컨대 상품화 또는 공식조직이 현대 사회에서 받아들일 수 없고 또 불필요한 일정한 형태의 활동 또는 상호작용과 관련하여 어떤 함의를 지니는지를 평가하기 위해서는 일정한 기준이 필요하다. 우리의 시민사회 이론은 이러한 방향에서 하나의 훌륭한 출발점을 제공한다.

체계/생활세계 구분에서 시작하는 분석은 양육자의 역할을 노동자의

South End Press, 1981), 1-42를 보라.

79) Barbara Stark, "Constitutional Analysis of the Baby M Decision," *Harvard Women's Law Journal* 11 (1988): 19-53을 보라.

역할에 동화시킴으로써 양자의 역할을 양립할 수 있게 만들고자 시도하기는커녕, 사람들로 하여금 젠더 차이를 주장하면서도 젠더 역할의 하위 텍스트에 이의를 제기할 수 있게 해준다. 근대화는 이미 노동(교육을 포함하여)이 집에서 시장으로 이전하는 것을 수반해왔다. 그러나 분명 노동하는 엄마의 이중부담, 주부역할에 부착된 종속과 불안전, 그리고 노동시장 불평등에 대한 페미니스트들의 구체적인 해결책의 대부분은 작업장에서의 젠더화된 분업에 대항하는 싸움과 함께 양육, 보육, 주부역할의 탈젠더화를 수반할 것임이 틀림없다. 가사노동과 양육에 대한 임금은 단지 그것의 젠더화된 성격을 강화할 것이고, 또 여성을 저임금 서비스 일자리에 훨씬 더 강력하게 묶어놓을 것이다. 가정 내 '분업'은 부분적으로 그러한 임무의 분담에서 여성의 실제적 선택권과 평등한 목소리를 박탈하는 여성의 경제적 종속에 기초한 권력관계를 낳는다. 즉 그것은 노동시장 속에서 여성들의 열등한 지위를 파생시키고 강화한다.[80] 도전해야만 하는 것은 바로 이러한 관계이다.

그러나 이러한 접근방식은 가족과 경제체계 그리고 양육과 다른 생산 노동 간의 부자연스런 유추에 의거하지 않는다. 그 대신에 그것은 가족을 규정하고 젠더를 가정과 여타 역할들에 부착시키는 가부장제적 규범에 도전한다. 실제로 근대 자본주의 경제와 그와 똑같이 근대적인 핵가족이 (젠더화된 역할을 통해) 교차하는 방식을 분명하게 드러내고 그것에 이의를 제기할 수 있다는 것 자체는 그것들의 분화를 전제로 한다. 정체성, 규범적 개념, 그리고 가족의 내부 역할구조에서 일어난 변화들이

---

80) 가정 내 분업에 관한 연구들은 많은 여성들이 더 공평한 가정 내 분업을 원한다고 지적하지만, 그것은 권력과 돈벌이 능력의 차이 때문에 이루어질 수 없다. 변화하는 가족유형과 가정에서 여성들이 평등한 목소리를 박탈당하는 방식에 대한 논의로는 Kathleen Gerson, *Hard Choices* (Berkeley: University of California Press, 1985)를 보라. 그리고 또한 Susan Okin, *Justice, Gender, and the Family* (New York: Basic Books, 1989), 134-170도 보라.

양육을 포함하여 가족 간 관계가 의사소통적으로 조정되어야만 한다는 사실을 바꾸지는 못할 것이다. 사실은 그와는 정반대일 것이다. 만약 우리가 현대 가족의 의사소통적 하부구조를 전제하지 않는다면, 우리는 현대 가족을 부당한 것으로, 즉 돈, 권력, 비대칭적 젠더관계의 불평등한 배분에 의해 불구화된 것으로 비판하는 것조차 가능하지 않을 것이다.[81]

2. 전통적 지향과 탈전통적 지향의 구분은 현존하는 젠더 규범 속에서 하나의 핵심적인 권력 차원을 포착해낸다. 가부장제적 핵가족에서 남성지배가 발생하는 형태와 그것이 일자리 범주(그리고 복지국가에서의 수혜자 관계)와 그것에 상응하는 젠더 정체성을 구조화하는 방식은 기술적·역사적 의미에서 근대적이다.[82] 그러나 그것들은 규범적 의미에서는, 즉 하버마스가 그러한 용어를 사용하는 방식에서는 합리적이지도 근대적이지도 않다. 남성지배를 뒷받침하는 규범들은 특히 전통주의의 한 사례이다. 즉 그것들은 생활세계의 온갖 종류의 병리를 초래하는 권력관계와 불평등이 동결시키고 영속화한 전통적인 규범적 '합의'에 기초해 있다. 그러한 합의에 기초하고 있는 사실상의 규범들에 대한 전통주의적 태도가 관련 규범들이 전근대적 형태의 지위불평등을 질질 끌고 있다는 것을 의미하지는 않는다. 그것은 그러한 규범들이 비판을 차단하고 있다

---

81) 게다가 우리의 견해에 입각할 때, 그것은 바로 가족이 평등주의적 원리가 기업이나 관료제보다 훨씬 더 많이 적용될 수 있는 시민사회 내의 그리고 시민사회의 하나의 핵심조직이기 때문이다(가족은 시민사회의 자연적 전제조건도 아니고 경제적 하위체계의 또 다른 구성요소일 뿐인 것도 아니다).

82) 19세기에 미국에서 출현한 근대적 젠더 역할에 대한 흥미로운 설명으로는 Carl Degler, *At Odds: Women and the Family in America from the Revolution to the Present* (New York: Oxford University Press, 1980)를 보라. 데글러는 또한 19세기 후반 여성이 아내와 어머니의 역할로 좌천된 것을 축으로 하여 형성된 온정적인 가정과 가정생활 숭배가 초래한 결과를 둘러싼 논쟁에 대해서도 탁월한 설명을 하고 있다(특히 210~328을 보라).

는 것, 말하자면 전통화되고 있다는 것을 의미한다. 실제로 그러한 규범들은 선택적으로 합리화된 시민사회에 기초하고 있고, 그것이 바로 하버마스의 이론이 표현하고자 하는 규범적인 의미에서 더 이상의 근대화를 봉쇄한다. 게다가 제9장에서 지적했듯이, 경제와 국가의 하위체계들이 생활세계로부터 분화되는 것은 근대성의 문화적 잠재력을 해방시키고 의사소통적 상호작용을 의례적으로 재생산되는 신성화된 전통적 규범으로부터 해방시키는 전제조건이다. 의사소통적 상호작용이 삶의 모든 영역을 조정하는 임무를 내려놓지 않은 한, 생활세계는 내적으로 분화될 수 없고, 시민사회의 제도는 근대화될 수 없으며, 주관성은 탈중심화될 수 없고, 역할은 도전받을 수 없다.

3. 그럼에도 불구하고 남성지배에는 전통주의라는 근대적 낙인 이상의 것이 존재한다. 프레이저는 하버마스의 권력분석이 놓치고 있는 차원들을 밝히는 식으로 그것을 실제적으로 분석하지만, 그 간극을 메우고자 하지는 않는다. '권력'이라는 용어를 관료제적 상황 속에서 일어나는 위계적으로 구조화된 관계에 국한시키면서 다른 제도들 속에서 나타나는 비대칭적인 사회관계를 표현할 수 있는 다른 용어를 제시하지 않는 것은 오해를 불러일으킬 수 있다. 상이한 유형의 권력들, 보다 구체적으로 말하면 다양한 권력부호와 권력작동 양식을 구분하는 것이 더 나을 것이다. 만약 그렇게 하지 않는다면, 우리는 규범을 강요하고 정체성을 규정하고 여성성, 남성성, 욕구에 대한 대안적 해석을 침묵시키는 차별적 능력을 개념화할 수 있는 수단을 가지지 못할 것이다. 전통주의는 그러한 능력에서 유래하지만, 그것을 설명하지는 못한다. 우리가 다양한 형태의 권력들이 젠더 구성에서 작동하는 방식, 그것들이 사회화 과정에 침투하는 방식, 그리고 시민사회에서 창출된 규범과 정체성이 관료제적 환경 속에서 하나의 매체로 작동하는 권력과 교차하는 방식을 인식하는 것이 중요하다.

이것은 하나의 조정매체로서의 권력 개념과 상반되기보다는 그것을 보완하는 권력관계에 대한 분석을 수반할 것이다. 우리는 공식적 조직이 자율적인 권력 하위체계를 구성하는 하나의 전제조건(그리하여 동일시의 한 가지 표지)이라고 주장해왔다.[83] 그것은 권력이 하나의 조종매체로 가능하기 위한 (그리고 그 자체로 제도화되기 위한) 하나의 필수적인 요건이다. 그러나 그것은 권력이 작동하는 유일한 양식도, 그리고 그것의 유일한 부호도 아니다. 많은 사람들이 지적해왔듯이, 공식적 규칙 바깥에서 발생한 권력이 조직 내에 존재한다. 즉 권력관계는 권력매체의 역사적 출현에 앞서 존재하고, 공식적으로 조직화되지 않은 맥락에서도 작동한다.[84]

이제 권력을 일반적으로 선택성(무엇을 할 수 있고 무엇을 말할 수 있는지를 결정하는 능력)의 전이로 정의해보자. 권력은 적어도 두 사람이 상대적으로 선호하는 대안들과 상대적으로 거부하는 대안들의 조합과 연계되어 있는 기대(그리고 기대의 기대)의 조절을 통해 작동한다.[85] 이러한 전이는 부정적 제재의 이용 가능성과 권력부호(또는 몇 가지 부호들) 모두를 전제로 한다. 모두는 아니지만 많은 권력부호들이 개인들 사이에서 높거나 낮은 것으로, 우위에 있거나 열등한 것으로 구분되는 여러 형태의 불평등을 구체화한다.

공식적으로 조직된 맥락 내에서 권력은 그 여러 모습 중의 하나인 조종

---

83) 제9장 각주 17을 보라.

84) Niklas Luhmann, *Macht* (Stuttgart: Enke Verlag, 1975), 47-48을 보라. 루만은 권력매체의 제도화에 선행한 사례들만을 언급하지만, 그는 정치적 하위체계 바깥에서 권력이 산출되고 이용될 수 있는 가능성을 분명하게 인정한다(91ff.: 그는 가족 내에서의 권력을 분명하게 언급한다). 루만이 일반적으로 근대성과 매체에 의해 조직되는 형태의 상호작용을 동일시하지만, 그는 비(非)매체가 규제하는 형태의 권력에 대항하는 이유에 대해서는 전혀 언급하지 않는다. 예상할 수 있다시피, 푸코의 연구는 비체계적인 다중적 형태의 권력을 분석하는 데서 탁월하다.

85) Luhmann, *Macht*, 7, 11-12, 22-24.

매체로 작동한다. 그런 다음에야 권력은 시민사회의 관계와 제도들—
그 자체로는 공식적으로 조직되어 있지 않고 따라서 행정적 권력을 장
악할 수 없는—을 기능적으로 만들기 위해 외부로 확장할 수 있다.[86]
권력매체는 그 자체로 행위의 조정과 언어적 합의형성을 분리시키고, 상
호작용 참여자들의 책임을 중립화한다.[87] 여기서 중요한 것은 분명한
명령계통이라는 의미에서 엄격한 관료제적 위계서열이나 지배구조가
존재한다는 것이 아니라,[88] 그러한 추상적인 규칙과 비인격적 역할들
(그것들은 직무일 수도 있고 기능일 수도 있다)을 적어도 권력(말할 수
있거나 말할 수 없는 것 또는 할 수 있거나 할 수 없는 것의 선택)이 흘러
나오는 공식적 통로(여럿 중의 하나)로 만드는 행위맥락이 공식화되어
있다는 것이다. 따라서 일단의 공식적인 부호 속에서 일어나는 상호작용
의 이원적 도식화(특히 합법적/불법적)는 행위상황을 객관화하는 태도,
구체적 개인들의 사상화(捨象化), 그리고 어떤 자동적인 속성을 갖는 상
호작용의 연속성을 산출한다.[89]

　권력은 조종매체로서만 작동하는 것이 아니다.[90] 물론 공식적으로 조

---

86) 몇몇 작동부호를 가지고 있는 공식조직에는 비위계적인 권력관계들(모두가 동시
　　에 작동한다)뿐만 아니라 상이한 형태의 불평등들—위계상의 정점으로 수렴될
　　수도 있고 그렇지 않을 수도 있는—이 존재할 수 있다.
87) Habermas, *The Theory of Communicative Action*, vol. 2, 263. "만약 책임이 사람들
　　이 자신의 행위를 비판 가능한 타당성 주장에 적용하게 할 수 있는 것을 의미한다
　　면, 의사소통을 통해 획득된 합의로부터 분리된 행위조정은 더 이상 책임 있는 참
　　여자들을 필요로 하지 않을 것이다."
88) 베버식의 행위이론적 지배 개념에서는 그러할 것이다.
89) Habermas, *The Theory of Communicative Action*, vol. 2, 268-270. 하버마스는 권력
　　이 조종매체로서의 돈과 어떤 점에서 다른지를 설명한다.
90) 권력을 전달하는 부호들은 위협과 결합된 명령의 형태를 취할 수도 있고, 일상적
　　인 언어 의사소통을 포함할 수도 있다. 즉 권력은 행위이론적 의미에서 '지배'로
　　작동할 수도 있다. 권력은 또한 일반적인 의사소통의 형태로 작동할 수도 있다. 아
　　래를 보라.

직화되지 않은, 따라서 권력매체가 닻을 내리는 데 필요한 조건을 결여하고 있는 제도적 상황 내에도 권력관계가 존재한다. 여기서도 역시 권력은 도전받지 않은 한, 선택성을 전달하고 의사소통을 촉진하고 의견불일치의 위험을 피하는 '이원적 부호들'을 통해 작동한다. 그러나 이러한 '부호들'은 공식적으로 조직화된 맥락 속의 조종매체에 부착된 것과는 상이한 구조를 가진다. 가장 중요한 것은 그러한 부호들이 그 조정기능 속에서 일상적 언어를 완전히 대신하지는 않는다는 것이다. 그 대신에 그것들은 언어 속에서 2차적 합의형성 과정을 수반한다. 또한 그 부호들은 탈개인화된 사회적 관계를 수반하지도 않는다. 하버마스는 이러한 방식으로 위세와 도덕적 권위를 분석하고, 그러한 '일반화된 의사소통 형태'와 조종매체를 구분했다. 위세와 도덕적 권위는 행위 또는 순종을 유발할 수 있지만, 그것들의 근간을 이루는 타당성 주장 또한 도전받을 수 있다. 그리고 만약 위세와 권위가 비판에 살아남지 못한다면, 그것들의 규범적 토대와 동기유발 능력은 붕괴된다. 게다가 도덕적 권위와 위세는 여전히 특정 개인과 맥락에 강력하게 부착되어 있다.[91]

'일반화된 의사소통 형태'의 목록이 지위, 권위, 젠더에까지 확장될 수 있다고 가정하는 것은 온당하다.[92] 게다가 하버마스의 규범적 행위와 의사소통행위 간의 구분을 따라, 우리는 의사소통적 주제화를 가능하게 하고 (전통적 권위와 같은) 고정점에 대해서까지 의문을 제기할 수 있게 하는 형태와 원칙적으로 무제한적 주제화, 문제제기, 심지어는 비판

---

91) Habermas, *The Theory of Communicative Action*, vol. 2, 275.

92) 이를테면 루만은 영향력의 일반화라는 유사한 표제 하에서 권위, 평판, 리더십에 대해 논의한다. 이 모든 것은 기능의 수준에서 매체로서의 권력과 직접적 명령 사이에 위치한다. Luhmann, *Macht*, 75-76을 보라. 이것은 일반화된 의사소통 형태들이 권력형태로 작용할 수 있다는 우리의 주장을 확인해준다. 하지만 우리는 부호는 결코 완전히 고정되어 있는 것이 아니라 행위자의 재해석, 도전, 창조적 전유에 열려 있다고 주장한다.

이 가능하도록 구성된 형태들을 구분해야만 한다. 일반화된 의사소통 형태의 구조가 이를테면 전통적 권위에서 민주적 권위로, 신분에서 능력으로, 또는 하나의 젠더 개념에서 또 다른 젠더 개념으로 변화하는 것 또한 가능하다.

우리는 젠더는 일반화된 의사소통 형태, 더 정확히 말하면 그러한 의사소통의 부호라고 주장한다. 현존하는 젠더 부호들은 비록 역사적으로 변화하고 있고 또 그러한 의미에서 전혀 전통적이지 않지만, 의문을 제기하지 못하게 구성되어 있다. 그것들은 '자연적인' 것으로 규정된, 도전할 수 없는 의미복합체로 상정된다. 권력이 일부의 자유로운 선택성은 축소하고 다른 선택성은 확대하는 젠더 부호를 통해 작동한다는 것은 페미니즘적이라는 꼬리표를 붙일 수 있는 모든 이론의 가장 중요하고 전형적인 골자이다. 젠더는 또 다른 조종매체가 아니라 오히려 권력이 작동하는 일단의 부호들이다. 공식조직 바깥에서(그것이 권력매체의 2차적 부호로 기여할 수 있는 곳에서) 젠더는 계속해서 일상적 언어 의사소통을 추방하고 권력의 작동을 촉진한다. 하지만 젠더의 부호화가 공유된 문화적 지식, 타당한 규범, 책임 있는 동기부여라는 생활세계의 맥락과 상호작용을 완전히 분리시키는 것은 아니다. 젠더 규범과 젠더 정체성은 궁극적으로는 인지적·규범적 타당성 주장에 대한 상호주관적 인정에 기반을 두고 있다. 전통적인 젠더 이해가 또한 해석적 에너지의 지출과 위험—이것들은 또한 상호이해를 수반한다—을 축소시키지만, 행위와 순종을 유발하는 그것의 능력은 여전히 동의 아니면 실패한 합의라는 양자택일과 연계되어 있다.[93] 이러한 '완화효과'는 규범, 정체성 또는 의미의 상호주관적 인식과 관련하여 중립적이지 않다.

---

93) 그것들은 생활세계의 복잡성을 경감시켜주지만, 조종매체들과는 달리 생활세계를 기술화하지는 않는다. 이에 대한 하버마스의 논의로는 *The Theory of Communicative Action*, vol. 2, 277을 보라.

물론 이 영역에서 전통적 해석이 갖는 특별한 권력은 문제가 되고 있는 의미와 규범이 (기본적인 사회화를 통해 전승되고 성인들의 삶 도처에서 일어나는 2차적 사회화 과정 속에서 강화되는) 정체성과 긴밀하게 연계되어 있다는 사실에 있다. 젠더 부호 속에서 작동하는 권력은 사람들이 자연적/비자연적, 자연적/문화적, 남자/여자, 남성적/여성적, 매력 있는/매력 없는, 적절한/부적절한 성적 대상과 목적으로 이해하는 것의 범위를 정할 뿐만 아니라 몸의 의미를 구성하고 몸에 영향을 미치기까지 한다. 게다가 젠더 규범과 젠더 정체성은 매체형태를 하고 있는 돈과 권력에 대한 불평등한 접근과 연계되어 있을 수도 있는 (그러나 그럴 필요는 없는) 직접적 또는 간접적, 긍정적 또는 부정적 제재에 의해 강화된다. 그러므로 그것들은 두 개의 전선에서 도전받아야만 한다. 즉 전통적인 젠더 권력부호가 새로운 의미와 새로운 해석의 창조를 책임지고 있는 행위자들에 의해 해체되어야만 하는 한편, 돈과 권력 분배의 불평등 또한 논쟁의 대상이 되어야만 한다.

4. 젠더 정체성이 시민사회의 공론장과 사적 영역을 서로에게 그리고 경제와 국가행정에 연계시킨다는 것은 바로 이러한 의미에서이다.[94] 젠더를 하나의 일반화된 의사소통 형태, 즉 하위체계에서 산출되는 돈과 권력 매체와 구분되나 그것들에 의해 강화되는 하나의 권력부호로 보는 견해는 우리에게 젠더의 측면에서 공적인 것/사적인 것을 구분하는 풍부한 이론적 틀을 제공한다.

---

94) 프레이저는 젠더가 다양한 제도적 영역과 연계되는 방식을 설명하기 위해 젠더를 '교환매체'로 다룰 것을 제안한다. Fraser, "What's Critical about Critical Theory," 113, 117. 물론 프레이저는 젠더를 돈과 권력과 같은 하나의 매체로 해석하기를 원한다. 그녀는 조종매체와 일반화된 의사소통 형태 간의 구분을 놓치고 있고, 따라서 하나의 권력부호로서의 젠더가 다른 매체들과 동일한 방식으로 기능한다는 오해하기 쉬운 견해를 취한다. 그러나 그것은 그 텍스트에서 제시된 이유들 때문에 그럴 수가 없다.

하버마스 저작의 가장 큰 결함은 그가 시장경제와 근대 국가가 생활세계에서 분화됨에 따라 발생하는, 노동자와 시민 역할의 젠더화된 성격을 고려하지 못하고 있다는 점이다. 페미니스트 역사가들은 그와 병행하는 주부와 어머니의 역할구성과 여성의 그러한 역할(양육자로서의)로의 제한을 가족경제가 자본주의적 생산양식으로 전환되고 전제제적/군주제적 형태의 입헌제도가 공화제적/자유주의적 형태의 입헌제도로 대체된 것의 이면이라는 점을 입증해왔다.[95] 임금노동이 지배적이 됨에 따라 임금노동자의 역할은 젠더화된 남성 역할로 이해되게 된 반면, 가족은 어떠한 '실제적인' 노동도 일어나지 않는 사적 영역, 즉 여성의 영역으로 해석되었다. 정의상 여성을 배제하는 공화제적인 시민-군인 개념에서도 마찬가지의 현상이 일어난다.[96] 남성 생계부양자와 남성 시민의 역할이 구체화됨에 따라 가정생활의 숭배가 아내와 어머니의 새로운 역할에 이데올로기적 구성요소들을 제공하기 위해 출현했다는 것은 결코 우연이 아니다. 물론 아버지의 역할도 개진되었지만, 그것은 공허한 역할, 즉 생계부양자의 또 다른 이름이었다. 따라서 하나의 일반화된 의사소통 매체로서의 젠더화된 권력관계는 (선택적으로 합리화된) 근대 사회에서 발전한 모든 역할들 속에 내장되게 되었다.[97]

---

95) 미국에서 발생한 이러한 과정에 대한 개관으로는 다음을 보라. Julie Matthaei, *An Economic History of Women in America* (New York: Schocken Books, 1982); Degler, *At Odds*; Joan B. Landes, *Women and the Public Sphere in the Age of the French Revolution* (Ithaca: Cornell University Press, 1988).

96) Landes, *Women and the Public Sphere*; Judith Shklar, *Men and Citizens* (Cambridge, England: Cambridge University Press, 1969).

97) 하지만 앞서 논의한 분화에 대한 페미니즘적 관점으로부터 근대 시민사회의 제도적 접합이 전적으로 부정적이라고 추론하는 것은 오해를 불러일으킬 수 있다. 그와는 반대로 근대성의 문화적 잠재력이 비록 선택적이기는 하지만 시민사회의 제도적 접합 속으로 들어왔다. 남성 생계부양자, 여성 주부 그리고 그들의 자식들로 구성되는 '온정적인' 가족은 친밀성과 사생활을 낳았고, 아이들의 개성에 새롭게 초점을 맞추게 했다. 그것은 또한 여성이 그들 자신의 자아 개념과 자신들의 몸과

근대 자본주의 사회의 제도적 접합이라는 젠더 하위텍스트를 일단의 공적·사적 관계들로 이렇게 재구성하는 것이 우리가 지금까지 방어해 온 이원론적 사회이론을 훼손하지 않는다는 것은 분명하다. 오히려 그것은 생활세계가 그 자신을 시민사회의 공론장과 사적 영역으로, 그리고 문화전달, 사회통합, 사회화, 개인화를 지향하는 일단의 제도들로 분화시킴으로써 경제적 하위체계와 국가 하위체계의 출현에 "독자적인 방식으로 대응한다"는 주장을 전제로 하고 있다.[98] 우리의 시민사회 분석에서 시민의 소송권 획득은, 비록 그것들이 선택적이고 문제가 있기는 하지만, 시민사회의 공론장과 사적 영역을 제도화하고 경제와 국가를 그 규범에 종속시킨다. 물론 여기서 문제가 되는 규범은 프레이저가 고전 자본주의의 다양한 공적·사적 영역 사이에서 행사되는 영향력의 다방향성 개념을 전유할 때 염두에 두고 있던 규범이 아니다. 가부장제적 젠더 규범은 좀처럼 "자유를 보장하지" 않고, 존재하는 권리와 규범으로부터 여성을 배제하는 것을 정당화해왔다. 그 함의상 제도들을 매개하는

삶에 대한 통제권을 주장할 수 있는 능력을 발전시키기 시작할 수 있는 이데올로기적·제도적 영역을 구축했다. 하지만 여성을 가정영역에 국한시키는 것은 가장 기본적인 권리와 자율적인 개체성, 사람임, 시민권의 지위를 부정하는 것과 밀접하게 연결되어 있었다. 그것들은 양육자의 역할과 양립할 수 없는 것으로 보였다. 19세기 말경 (남성 조직노동자들이 쟁취한) 가족임금체계의 발전, 노동조합운동으로부터 여성의 배제, 그리고 여성을 대부분의 일자리로부터 배제한 '노동보호법'은 여성을 단지 최근에야 이데올로기적·구조적으로 진지하게 도전받기 시작한 종속상황에 가두어버렸다. 이런 방식으로 페미니즘적 관점은 제9장에서 논의한 근대 시민사회의 모든 공적·사적 제도들의 이중성에 필적하는 가족의 이중적 성격을 폭로한다.

98) 프레이저도 마찬가지로 이를 인정한다. "이러한 제도들에 대한 젠더 인지적 (gender-sensitive) 독해는…… 고전 자본주의에서 (공식)경제가 전권을 가지는 것이 아니라 오히려 그것 내에 일부 의미심장할 정도로 일상생활의 규범과 의미를 깊이 새기고 있고 또 그것들을 조건으로 한다는 하버마스의 주장의 정당성을 입증한다."("What's Critical about Critical Theory?," 118)

핵심적인 사회적 역할을 틀 짓는 젠더 규범들은 비판받아야만 하고, 비가부장제적 정체성과 역할에 의해 대체되어야만 한다.

5. 물론 동일한 일이 복지국가체계에서도 벌어지고 있다. 우리는 시민사회와 정치사회의 규범이 계속해서 정치사회와 경제사회라는 매개제도들을 통해 경제와 국가에 영향력을 행사한다고 주장해왔다. 하지만 이러한 영역들에서 사회의 영향력 '수신기관들'은 그 범위에서 제한적이고, 그것들이 동원하거나 강화하는 규범과 관련하여 매우 선택적이다. 가부장제적 젠더 규범은 분명 후자에 속하며, 그러한 젠더 규범이 여성의 역할을 그리고 많은 복지개혁을 통해 시행되는 정책들을 구조화한다. (돈과 권력의 불평등에 의해 이미 뒷받침된) 이러한 규범들이 여성을 종속자로 만들어내기 때문에, 여성이 복지수혜자의 대부분을 구성한다는 것은 놀랄 일이 아니다. 오늘날 핵심적인 문제는 생활세계 규범이 결정적인가 하는 것이 아니라 어떤 생활세계 규범이 결정적인가 하는 것이다.[99]

식민화 테제는 교환의 반대방향——돈과 권력 매체(그리고 공식조직)가 일상생활의 의사소통적 하부구조에 침투하는 것——과 관련된 문제들을 강조한다. 이것은 개인적·집합적 정체성을 유지하고 창출하는 데 필요한 재생 불가능한 문화적 자원들을 물화하거나 고갈시키는 경향이 있다. 거기에는 생활세계에서 비가부장제적 규범을 창출하는 데 필요한, 그리고 그러한 규범이 하위체계에 영향력을 행사하는 데 도움을 주는 연대적 결사체와 적극적 참여를 발전시키는 데 필요한 자원이 포함되어 있다.

복지국가가 활용하는 새로운 법제화 형태에 관한 하버마스의 개략적이지만 시사적인 분석은 체계와 생활세계 간의 이중적 상호교환 과정

---

99) Fraser, "What's Critical about Critical Theory?," 124.

과 관련된 양면성을 강조한다. 한편에서 가족영역에서의 법제화는 (적어도 앵글로-아메리칸 국가들에서) 전에는 유부녀 교의(doctrine of couverture) 하에서 법에 의해 법적 사람임을 부정당했던 여성과 아이들에게 기본적인 법적 원칙을 확장하는 것을 포함한다. 달리 말해 평등주의적 원칙이 (부모에 대항하는 아이들, 남편에 대항하는 아내 등의) 권리형태 속에서 가부장제적 규범을 대체한다. 그러한 새로운 권리는 가족 성원들 사이에 권한과 자격을 보다 평등하게 배분하기 위해 가부장권의 지위를 폐지하는 경향이 있다. 여기서 규범의 선택을 포함하여 영향력의 방향은 분명히 시민사회에서 국가로 흐른다. 법 제정의 최종 결과 국가에 의해 시민사회에서 강화되고 있는 것도 바로 이러한 규범들이다.

다른 한편 복지법 하에서 종종 그러하듯이, 법제화의 구조가 (사회적으로 통합된 상황을 법제도로 보충할 뿐만 아니라 그러한 상황을 법이라는 매체의 작동을 통해 대체하는) 행정적·사법적 통제를 포함한다면, 가족에서의 해방은 새로운 형태의 가능한 유대를 희생하여 획득된다.[100] 전문가(판사 또는 치료사)는 새로운 권리와 그것을 둘러싼 갈등의 심판관이 된다. 그들은 어떤 다른 일단의 적대적 관계들처럼 행정적 또는 사법적으로 처리되는 개별화된 사례들로 형식화되고 분열되고 재구성된 사회관계들에 사법적 또는 행정적 수단을 가지고 개입한다. 맥락상의 복잡성을 다룰 수 없는, 형식적이고 개별화하고 그리하여 보편화하는 판결들이 의뢰인들이 자신들의 문제에 대한 해결책을 찾는 데 적극적으로 참여하는 능력을 선점함으로써, 의뢰인들에게서 그러한 능력을 박탈한다. 따라서 이런 식으로 법제화되어온 영역의 의사소통 구조를 침해하는 것은 바로 법이라는 매체 그 자체이다. 이러한 법제화 형태는 권리에 대한 외적인 법적 부호화를 넘어선다. 그것이 수반하는 시민사회의

---

100) Habermas, *The Theory of Commnicative Action*, vol. 2, 369.

행정적 침투가 상호이해를 통해 지향되는 행위구조에 적합한 갈등해결 절차의 발전을 선점한다. 그것은 의지형성의 담론과정과 합의지향적 협상 및 의사결정 절차의 출현을 봉쇄한다. 그것은 또한 필연적으로 각 개별 '사례'의 구체적 맥락, 조건, 관계, 욕구를 사상한다. 최근의 가족법 개혁에 대해 페미니스트 분석가들이 어느 정도 상세하게 분석하고 비판해온 것이 바로 이러한 종류의 탈맥락화되고 개인화하는 형식주의적 의사결정이 갖는 권한박탈 효과이다.[101]

이 영역에서 권리를 추구하는 것의 의미와 바람직성에 대한 논쟁과 혼동이 페미니즘 논의에 침투해왔다. 우리는 제도로서의 법과 매체와 식민화로서의 법을 구분하는 것이 여기서 유용하다고 믿는다. 이러한 노선을 따라 구성된 시민사회 이론은 우리에게 새로운 '권리'를 그렇게 모호하게 만드는 것이 무엇인가에 관한 하나의 중요한 측면을 개념화할 수 있게 해준다. 이러한 접근방식에 입각할 때, 이러한 영역에서 이루어진 '평등권'의 입법화에 대한 페미니스트들의 양가감정이 실제적인 딜레마에 기초하고 있다는 것이 분명해진다. 다시 말해 특정한 맥락을 사상하고 차이를 없애버리고 시민사회 내에서 평등주의적 관계의 창출을 봉쇄하는 수단과 기법을 통해 획득한 형식적 평등은 실제로 모호하다. 실제적인 불평등의 맥락(옛 마르크스주의적 통찰)뿐만 아니라 각축하는 취약한 정체성의 맥락에서, 그러한 수단들은 새로운 종속을 창출하거나, 아니면 국가침투의 해체적 측면의 효과에 대한 하나의 방어책으로서 옛 가부장제적 규범의 부활을 조장할 것이다. 전통적인 가부장적 형태의 삶은 여성과 아이들의 새로운 권리에 의해 형식적으로 탈정당화되어왔지

---

101) Lenore Weitzman, *The Divorce Revolution* (NewYork: Free Press, 1985); Deborah L. Rhode, *Justice and Gender* (Cambridge: Harvard University Press, 1989); Martha Fineman and Nancy Thomadsen, eds., *At The Boundaries of Law* (New York: Routledge, 1991)를 보라.

만, 시민사회 속에서 법이라는 매체를 통해 증식되는 의뢰인/전문가 관계는 권력이나 발언권의 실제적 불평등을 폐지하지도, 또 새로운 의미, 정체성, 규범의 창출을 용이하게 하지도 않는다. 실제로 법적 주체와 판사 또는 사회사업가 간의 새로운 수직적 관계가 새로운 연대, 평등주의적 규범, 옛것을 대체하는 생활방식을 창출하는 데 필요한 수평적인 의사소통적 상호작용을 대신한다. 그 결과 시민사회에서 자율적인 집합적 권한부여 과정과 비가부장제적 정체성의 창출은 봉쇄된다.[102]

  하지만 모든 복지국가 개혁이 동일한 구조나 논리를 갖는다고 가정하는 것은 매우 오해를 불러일으킬 수 있다. 분명 임금노동자들이 노동조합을 조직하고 집합적으로 협상할 수 있는 자유를 확보하는 법적 개혁, 그들을 그러한 집합행위를 이유로 해고당하지 않게 보호하는 법적 개혁, 그리고 기업이사회에서 노동자 대표권을 확보하는 법적 개혁은 한부모가정에 대한 자산조사 보조금, 그리고 일부 선입견이 가미된 모델에 따라 어떻게 양육자와 책임 있는 부양자로서의 역할을 적절히 수행할 수 있는지를 복지수혜자에게 '가르쳐주는' 사회적 서비스와는 성질이 다르다.[103] 이러한 개혁유형들 간의 차이는 그것들이 대상으로 하는 사람들

---

102) 매우 이상하게도 프레이저가 가장 반대한 것이 바로 이원론적 사회이론 속에서 분명하게 설명된, 시민사회의 의사소통적 하부구조에 대한 위협과 관련한 관념이다. 그녀는 지불작업장과 관련된 복지개혁과 가족의 내적 동학과 관련된 복지개혁 간에는 어떤 범주적 구분이 존재한다는 관념에 이의를 제기한다. 그녀가 볼 때, 후자의 경우에서 개혁이 갖는 '경험적' 양면성은 생활세계 제도에 내재하는 상징적 성격이 아니라 복지체계의 가부장제적 성격에서 기인한다. 실제로 그녀는 체계와 생활세계 간의 구분 자체를 남성 중심적인 것으로 거부하면서, 거기에는 두 가지 종류의 개혁을 차별적으로 평가할 어떠한 이론적 토대도 존재하지 않는다고 주장한다. Fraser, "What's Critical about Critical Theory?," 124. 우리는 이에 동의하지 않는다.

103) 이것은 프레이저가 다음과 같이 지적할 때 그녀가 견지한 입장인 것으로 보인다. 복지국가에는 두 가지 상이한 종류의 프로그램이 있다. 하나는 '남성적인' 것으로 주요 생계부양자에게 혜택을 주는 것을 목적으로 하고, 다른 하나는 '여성적

의 젠더(또는 이 문제라면 인종)를 언급하는 것으로는 충분히 포착되지 않는다. 여성이 한 가지 개혁유형의 대상이고 남성이 또 다른 한 가지 개혁유형의 대상이라고 진술하는 것에 덧붙여, 개혁 자체가 어떤 사람에게는 권능을 부여하고 다른 사람들은 허약하게 만든다는 것이 무엇인지를 말할 수 있어야만 한다.

이원론적 사회이론은 우리로 하여금 바로 그것을 할 수 있게 해준다. 전자의 개혁들은 후자의 개혁들과는 달리 국가관료제의 격리된 수혜자들을 만들어내는 것이 아니라 오히려 개인들에게 함께 집합적으로 행동하고 새로운 연대를 발전시키고 더 큰 권력관계의 균형을 이룰 수 있는 권한을 부여한다. 왜냐하면 그것들은 이미 공식적으로 조직화된 영역을 다루기 때문이다.[104] 그러한 개혁은 시민사회에 담론적 갈등해결 절차를 설치하고 그러한 절차를 통해 경제적 하위체계와 시민사회를 탈분화시키지 않으면서도 경제적 하위체계에 대한 시민사회의 통제권을 주장함으로써, 경제적 하위체계 내에 시민사회의 행위규범과 행위양식이 행사하는 영향력을 "수신하는 기관들"을 만들어낸다. 두 번째 유형의 개혁은 정반대이다. 그것은 행정기관의 모든 힘을 공식적으로 조직되지 않은 그리고 조직되지 않을 영역에 투입한다. 이것은 시민사회의 의사소통적 하부구조와 자율성을 위협하고 '수혜자들'이 스스로 행위하고 담론적으로 갈등을 해소할 수 있는 능력을 훼손한다. 하지만 누군가는 시민사회의 법제화, 규제 또는 금전적 급부가 정의상 혜택을 받게 되어 있는 사람들에게 굴욕감을 느끼게 하거나 그들에게서 권한을 박탈한다고 주장하고 싶어 하지 않을 수도 있다. 여기서 제기되는 문제는 법제화(새로운 권리의 창출) 또는 국가개입(새로운 급부금의 수여)이 시민사회에서 발생

인' 것으로 소유적 개인의 부정적 측면, 즉 '가정의 실패자들'을 지향한다("What's Critical about Critical Theory?," 122-123).

104) Habermas, *The Theory of Communicative Action*, vol. 2, 35.

하는지의 여부가 아니라 어떤 종류의 법적 권리, 행정적 관계 또는 금전적 혜택이 확립되어야만 하는가이다. 여성들이 이 영역에서 주요한 대상/수혜자라는 점을 고려할 때, 분명 그러한 질문은 페미니즘의 관심사에서 '벗어나 있지' 않다.[105]

복지국가에 대한 페미니즘적 비판은 그 성찰성을 계속 견지할 필요가 있다.[106] 그럴 경우, 시민사회의 탈식민화와 그것의 근대화(전통적으로 유지된 가부장제적 규범을 의사소통적으로 성취된 규범으로 대체한다는 의미에서) 모두는 페미니즘 프로젝트들이다. 행정체계와 경제체계에 영향을 미칠 수 있는 평등주의적 제도의 발전 역시 마찬가지이다. 첫 번째 프로젝트는 시민사회의 행위자들을 행정적 통제에 종속시키지 않으면서 그들에게 권한을 부여하는 형태로만 법제화를 허용할 것이다. 두 번째 프로젝트는 공적 제도와 사적 제도 모두에서 남성지배를 해체할 것이다. 세 번째 프로젝트는 경제사회와 정치사회가 새로운 정체성과 새롭게 민주화된 평등주의적인 시민사회 제도들을 수용하고 보충하게 만들기 위해 경제사회와 정치사회 속에서 구조적 개혁을 수행할 것이다.[107]

---

105) 실제로 만약 우리가 그러한 쟁점들을 무시한다면, 그것들은 사라지지는 않을 것이지만, 페미니즘과는 정반대 방식으로 정식화될 (그리고 정식화되었을) 것이다. 우리는 시민사회로부터 체계통합 메커니즘을 제거하고 시민사회를 재전통화하고자 하는 것을 목적으로 하는, 복지국가에 대한 신보수주의적 비판을 염두에 두고 있는 중이다.

106) 이 문제를 놓고 페미니스트들은 이미 흥미로운 논쟁을 벌인 바 있다. 이에 대한 문헌들은 많이 있다. 이에 대한 서곡에 해당하는 논의로는 다음의 것을 보라. Linda Gordon, "What Does Welfare Regulate?," *Social Research* 55, no. 4 (Winter 1988): 609-630; Frances Fox Piven and Richard A. Cloward, "Welfare Doesn't Shore Up Traditional Family Roles: A Reply to Linda Gordon," *Social Research* 55, no. 4 (Winter 1988): 631-648.

107) 이를테면 전형적인 노동자가 더 이상 한 명의 남성 생계부양자가 아니라 언젠가는 아이들이나 노인의 돌봄 또한 책임을 지게 될 여성 또는 남성으로 해석되자마

이중의 정치: 페미니즘운동의 사례

우리는 이제 현대 페미니즘운동의 이원론적 논리에 대한 하버마스의 해석에 대해 우리의 대안을 제시해야 할 시점이다. 우리는 새로운 사회운동의 주요 표적이 시민사회의 제도들이라고 주장해왔다. 그러한 운동들은 새로운 결사체와 새로운 공중을 창출하고, 현존하는 제도들을 더욱 평등주의적으로 만들기 위해 노력하고, 시민사회의 공적 토론을 풍부하게 하고 확장하며, 기존 정치사회의 공적 공간──잠재적으로 그러한 운동들을 확대하고 또 추가적인 시민참여 형태로 그러한 운동들을 보충하는──에 영향을 미친다. 페미니즘의 경우에, 그것이 남성지배에 기초한 구체적인 삶의 형태들을 전복하고 젠더 정체성을 재해석하는 데 초점을 맞추는 것은 시민사회와 정치사회의 공적 공간 내에 보다 평등주의적인 젠더 정체성의 영향력을 확보하고 그러한 조건들 위에서 정치적으로 포함되고자 하는 시도들을 보완한다.[108]

근대 시민사회의 공론장과 사적 영역이라는 이원론적인 제도적 구조를 감안할 때, 거기에는 첫 번째 지향을 퇴각으로 바라볼 어떠한 이유도 없다. 페미니즘의 방어적 정치를 단순하게 식민화에 대한 반발──단지 공식적으로 조직화된 행위체계의 조류를 막는 것을 목적으로 하는──로

자, 노동구조와 노동시간 구조를 개정할 필요성은 분명해지고, 예컨대 작업장 탁아소 설치, 유연노동시간, 육아휴가에 대한 주장은 더욱 강력해질 것이다. 페미니스트들이 이러한 종류의 개혁을 제기하고 싸워온 것은 분명 우연한 일이 아니다. 확실히 그러한 노력들이 시민사회 제도 내의 젠더 위계질서를 변혁하려는 시도를 보충해주어야만 한다.

108) 정의의 규범을 특히 가족에 그리고 젠더 관계 일반에 적용할 필요성에 대한 최근의 논의로는 Okin, *Justice, Gender, and the Family*를 보라. 물론 정반대의 목적을 추구하는 새로운 운동들도 많이 있다. 이를테면 태어날 권리 운동(the right-to-life movement)은 시민사회의 핵심제도들의 재전통화를 기본적인 목적으로 삼고 있다.

해석하는 것은 매우 오해를 불러일으키기 쉽다. 정체성에 대한 관심, 젠더 개념, 새로운 욕구해석 등에 경멸적인 논조로 '특수주의적'이라는 이름을 붙이는 것도 역시 그렇다. 이것들이 생물학과 성이라는 자연주의적 범주를 축으로 하여 조직된 공동체들로 퇴각하는 신호로 받아들여져서는 안 된다. 정반대로 그것들이 단순히 반발적인 것도 아니다. 오히려 그러한 관심들은 시민사회의 규범적 전제와 제도적 접합에 초점을 맞추고 있다. 페미니즘적 개입은 공론장과 사적 영역 모두를 지배하는 특수주의적인 성차별주의적 규범과 관행에 도전하는 것이다. 그것은 사회 도처에서 규범과 정체성에 대한 담론을 제기하고 그것에 영향을 미치고자 시도한다. 그러한 프로젝트들이 (공론장과 사적 영역에서) 규범을 창출하고 전통을 해석하고 정체성을 구축하는 의사소통 과정 속에 존재하는 제한과 불평등에 도전하는 한, 그것들은 보편주의적이다. 분명 그러한 도전으로부터 출현하는 새로운 정체성의 내용은 특수하다. 투렌이 분명하게 보여준 것처럼, 어떠한 집합적 또는 개인적 정체성도 보편적일 수 없다. 그러나 일부 정체성은 다른 것들에 비해 더 큰 정도의 자기성찰과 자아자율성(ego autonomy)을 포함한다. 그리고 위계적인 성차별주의적 규범에 기초한 특수한 젠더 정체성과 그렇지 않은 젠더 정체성을 구분해주는 것도 바로 이것이다.

　정치제도와 경제제도가 분명 사회의 규범에 침투할 수 있다는 점을 감안할 때, 정체와 경제에 영향을 미치고 그것을 통제할 수 있는 평등주의적이고 민주적인 제도가 발전할 수 있다는 것을 미리 배제할 이유 또한 전혀 없다. 페미니즘운동은 시민사회에 만연하는 남성지배의 규범과 구조에 맞서 싸우지만, 또한 그런 규범과 구조들이 하위체계 일반 그리고 특히 사회정책의 구조화를 이끄는 방식에도 도전한다. 페미니즘 정치의 '공격적' 차원은 실제로 국가와 경제를 표적으로 삼아, 동일한 조건에서 국가와 경제에 포함되기 위해 그것들에 압력을 가한다.[109] 하버마스가 옳게 주장했듯이 이것은 "해방적이고 보편주의적"이지만, 보편주의 그리고 노동과 정치세계에의 여성의 평등주의적 포함은 이들 영역의 이른바 중립적 구조 배후에서 작동하는 남성적 기준에 대한 도전을 수반한다. 일단 '전형적 노동자'가 더 이상 남성 생계부양자로 해석되지 않게 되면, 노동시간 구조, 노동일의 길이, 급부금의 성격, 일자리의 가치가 적절하게 개정될 수밖에 없다. 그리고 일단 '책임 있는 시민'이 더 이상 남성 군인으로 해석되지 않게 되면, 정치영역과 국가영역에서의 여성의 포함 역시 그러한 영역에서의 중요한 변화를 수반할 수밖에 없다. 요컨대 '포함'의 공격적 정치는, 그것이 실제로 보편주의적일 경우, 제도개혁을 수반한다. 따라서 페미니즘 정치의 이중적 논리는 시민사회와 정치사회를 표적으로 하는 의사소통적인 담론적 정체성 및 영향력 정치와 정치제도와 경제제도를 겨냥하는 조직화된 그리고 전략적으로 합리적인 포함 및 개혁의 정치를 수반한다.

실제로 (미국과 유럽의) 페미니즘운동에 대한 거의 모든 주요한 분석들은 이원론적 정치의 존재와 중요성을 보여주었다.[110] 미국 운동의 궤적에 관한 간략한 개관이 우리의 논지를 분명하게 해줄 것으로 보인다.

---

109) 이것은 의회 또는 행정부서에 대한 로비, 법원에 초점을 맞춘 권리지향적 정치, 정당활동, 정치적 기회구조에 의존하기 등 광범위한 전략을 포함한다.
110) 해석학적 참여관찰 접근방식을 활용한 연구로는 Sara Evans, *Personal Politics* (New York: Random House, 1979)를 보라. 역할긴장과 상대적 박탈뿐만 아니라 자원동원이론에 의지하고 있는 분석으로는 Jo Freeman, *The Politics of Women's Liberation* (New York: McKay, 1975)을 보라. 정치적 기회구조와 공공정책에 초점을 맞추고 있는 것으로는 다음의 편집서에 실려 있는 글들을 보라. Mary Fainsod Katzenstein and Carol McClurg Mueller, eds., *Women's Movements of the United States and Europe* (Philadelphia: Temple University Press, 1987). 페미니즘운동에서 의식의 역할에 초점을 맞추고 있는 것으로는 Ethel Klein, *Gender Politics* (Cambridge: Harvard University Press, 1984)를 보라. 서로 다른 부분에 초점을 맞추고 있기는 하지만, 이들 연구 모두는 이중논리가 항상 페미니즘운동에서 작동하고 있었다는 우리의 테제를 증명한다.

자원동원과 정치적 기회구조 이론가들은 조직, 네트워크, 동맹, 저항주기의 존재, 개혁의 분위기가 운동의 출현과 성공에 중요하다고 주장한다. '제2의 물결' 페미니즘 분석가들은 1960년대 후반과 1970년대 초반에 이러한 요소들의 이용 가능성을 잘 입증해왔다.[111] 여성들로 하여금 지불 노동인구, 대학, 정체로 대거 진입할 수 있게 해준 구조적 변동이 여성에게 미친 효과 역시 잘 입증되어왔다.[112] 그러나 구조적 변동도, 여성단체의 회원과 정치적 전문지식의 증대도, 그리고 강력한 동맹의 존재도 여성의 권리 또는 페미니즘의 의제들을 더욱 진척시키기에는 충분하지 않았다.[113] 여성운동을 위한 자원, 조직, 리더십은 20세기로의 전환기 이래로 존재해왔다. 그것이 가지고 있지 못했던 것은 여성의 권리에 대한 요구를 기꺼이 지지하는 대중적 지반, 즉 페미니즘 의식이었다.[114]

---

111) 그들의 강조점이 다르기는 하지만, '제2의 물결' 페미니즘의 기원에 대한 대부분의 논의들은 20세기에 여성의 역할을 변화시킨 다음과 같은 '구조적' 변동과 기술발전을 강조한다. 출산율을 낮추고 양육에 헌신하는 시간을 줄여준 의학의 발전, 결혼 불안정성의 증대. 여성들이 가사노동 이외의 다른 일에 더 많은 시간을 투여할 수 있게 해준 노동절약적 장치들, 교육기회의 향상, 여성의 노동인구로의 통합, 투표권의 획득을 통한 여성의 정체로의 형식적 통합, 도시화와 산업화를 통한 여성 역할의 집 밖으로의 이동, 사회 서비스 제공에서의 정부관여의 증대가 바로 그것들이다. 하지만 구조적 변동 그 자체만으로는 운동의 발생 또는 그것의 논리를 설명할 수 없다. 이에 대해서는 Klein, *Gender Politics*, 1-32를 보라.

112) Klein, *Gender Politics*, 32-81.

113) 전통적인 자발적 여성단체 형태들(원래 이데올로기적으로 페미니즘적이 아니었지만 여성의 관심에 초점을 맞추고 있던)의 전국적인 조직기반, 자원, 리더십은 1890년에서 1925년 사이에 확립되었고, 이들 결사체들은 1960년대 내내 여성의 권리를 증진시키기 위해 자신들의 자원을 사용했다. 19세기 여성운동의 경우에서와 마찬가지로, 현대 페미니즘운동은 다른 사회운동들이 활발하게 전개되는 상황에서 출현했다. 게다가 그것은 케네디와 존슨 행정부 시기의 전반적인 개혁지향에서 이익을 얻었다. 1961년에 케네디 대통령은 대통령여성지위위원회를 최초로 설치했고, 그것에 뒤이어 주(州) 수준의 여성 지위조직들이 곧 설치되었다. Evans, *Personal Politics*; Klein, *Gender Politics*를 보라.

114) 에텔 클라인(Ethel Klein)이 적절히 표현하듯이, "이 전통적인 로비는 그것만으

운동분석가들은 또한 집합적인 정치적 행위의 전제조건으로 집단의식, 연대, 부당한 차별의식을 들고 있다. 하지만 그러한 행동이 취하는 형태들은 그 나라의 국가구조와 정치제도(노동조합, 정당)에 따라 다르다.[115] 여성의 경우에, 집단의식의 획득은 여성을 기본적으로 어머니와 아내의 역할이라는 측면에서 규명하고 불평등, 배제, 차별을 정당화하는 전통적 규범에 대한 분명한 도전을 수반했다. 요컨대 여성의 지위와 정체성에 대한 전통적 이해는 변화될 수밖에 없었고, 성차별에 대한 도전이 하나의 정당한 쟁점으로 등장하여 여성이 그것을 축으로 하여 동원될 수 있기에 앞서, 새로운 정체성이 구축되었다. 실제로 여성운동의 핵심부문에게 곧 분명해진 것은 평등한 권리에 대한 저항의 이면에는 다른 방식으로는 설명할 수 없는 보다 심각한 문제가 자리하고 있다는 것이었다. 즉 사회적으로 구성된 전통적인 젠더 정체성이 남성의 특권을 유지시켰고 여성의 자율성과 여성의 자기결정에 반하여 작동했다. 따라서 어떤 표준적인 개혁 또는 포함의 정치가 결실을 맺기 위해서는 페미니즘적 의식과 이데올로기가 운동을 하는 여성의 측면에서 먼저 발전하

로는 광범위한 여성의 권리 입법들을 통과시키는 데 성공할 수 없었다. NOW, WEAL, NWPC와 같은 분명히 페미니즘적인 단체들과 급진적 여성단체들의 노력이 여성의 쟁점에 관한 관심을 행동으로 전환시키는 데 필요한 무리를 결집하고 사회운동을 결성하는 데 결정적이었다."(Ethel Klein, *Gender Politics*, 5) 또한 다음의 것들도 보라. Freeman, *The Politics of Women's Liberation*, 28-29; Joyce Gelb and Marian L. Palley, *Women and Public Policies* (Princeton: Princeton University Press, 1982), 18.

115) 다양한 나라들에서 여성운동이 취한 형태들을 비교하고 있는 것으로는 다음을 보라. Joyce Gelb, "Social Movement 'Success': A Comparative Analysis of Feminism in the United States and the United Kingdom," in Katzenstein and Mueller, eds., *Women's Movements of the United States and Europe*, 267-289; "Equality and Autonomy: Feminist Politics in the United States and West Germany," ibid., 172-195; Karen Beckwith, "Response to Feminism in the Italian Parliament: Divorce, Abortion, and Sexual Violence Legislation," ibid., 153-171.

고 그 다음에 상이한 정체성의 정치, 즉 시민사회의 공론장과 사적 영역을 겨냥하는 정치를 통해 다른 사람들과 소통되어야만 한다.[116] 그러므로 젠더 정체성의 구성과 "개인적인 것은 정치적이다"라는 슬로건은 이러한 제도적 장치와 과정에 정확히 초점을 맞춘 것이었다.

따라서 페미니즘운동이 국가(그리고 경제)와 시민사회 모두를 표적으로 하는 이원론적 전략을 채택했다는 것은 놀랄 일이 전혀 아니다. 또한 이러한 이중성이 두 가지 서로 다른 무관한 운동분파에서 조직적으로 표현되었다는 점도 놀랄 일이 아니다. "더 나이가 든" 분파(중년의 활동가라는 측면에서 그리고 또한 시간상으로 먼저라는 의미에서도 더 나이가 든)는 정치적·경제적 포함에 초점을 맞추는 그리고 차별과 싸우고 평등한 권리를 획득하기 위해 법체계와 정치체계를 통해 영향력을 행사하고자 하는 일련의 이익집단들을 포함하고 있었다.[117] 신좌파와 민권운동으로부터 출현한 '더 젊은' 분파는 느슨하게 연결된 자율적인 풀뿌리 집단들로 결성되어, 시민사회의 사적 영역과 공론장 내에 존재하는 남성지배 형태를 표적으로 삼았다. 이들 집단은 낙태, 피임, 강간, 여성에 대한 폭력 등과 같은 커다란 동원력을 가진 젠더 쟁점들을 분명하

---

116) 이와 관련한 주요한 예외가 스웨덴과 노르웨이이다. 이들 나라에서는 강력한 사회민주당의 존재가 미국, 프랑스, 이탈리아에서와는 다른 '정치적 기회구조'를 구축했다. 여성에게 주어진 많은 혜택이 자율적인 여성운동의 활동을 통해서가 아니라 이들 정당 내에서의 압력을 통해 법제화되었다. 하지만 이들 나라에서도 역시 오늘날 보다 자율적인 시민사회와 자율적인 페미니즘운동의 바람직성을 둘러싸고 논쟁이 시작되었다. 이에 대해서는 다음을 보라. Sylvia Hewlett, *A Lesser Life* (New York: William Morrow, 1986), 341-383; Helga Hernes, *Welfare State and Woman Power* (Oslo: Norwegian University Press, 1987).

117) 다음을 보라. Freeman, *The Politics of Women's Liberation*, 48-50; Klein, *Gender Politics*, 9-31; Gelb and Palley, *Women and Public Policies*, 24-61; Ann N. Costain and W. Douglas Costain, "Strategy and Tactics of the Women's Movement in the United States: The Role of Political Parties," in Katzenstein and Mueller, eds., *The Women's Movements of the United States and Western Europe*, 196-214.

게 표현했다. 그들이 지하언론, 자신들의 대안출판물, 대학을 통해 정체성, 자조, 의식고양, 전향에 초점을 맞춘 것은 페미니즘 의식을 확산시키고 시민사회의 전통적인 불평등주의적 젠더 규범에 기초한 사회관계를 제도적으로 변화시키는 것을 목적으로 하는 것이었다.[118] 1960년대 말경 두 운동분파는 서로 가까워지기 시작했다. 정치적 '내부자들'이 '풀뿌리' 페미니스트들이 제기한 많은 쟁점들을 채택한 반면, 풀뿌리 페미니스트들은 전국적 정치조직의 지역 지부들에 대거 가입하기 시작했다.[119] 1970년대 중반경 "여성운동 단체들은 정책을 변화시키기 위해 모든 정치적 수단을 채택했다. 여성운동 단체들은 정당, 의회, 법원, 행정부처에 접근했다. 그 단체들은 헌법개정, 입법로비, 정치적 저항을 활용했다."[120] 동시에 원래 자신들의 활동을 정치적 압력이라는 표준적인 전략에 국한했던 단체들도 보다 급진적인 집단들이 시작한 저항과 설득 방법을 채택하기 시작했다.[121] 그 결과 페미니즘운동의 조직적 다양성

---

118) 페미니즘운동 분파의 출현에 대한 설명으로는 Evans, *Personal Politics*를 보라.

119) 정치적 내부자들이 처음에는 풀뿌리 페미니스트 집단의 극적인 직접행동을 피하고, 후자가 NOW와 같은 내부자들의 로비노력에 별 관심을 가지지 않았지만, 여성의 권리 주창자들('자유주의적 페미니스트들')과 여성해방단체('급진적 페미니스트들')의 날카로운 구분은 1968년 이후 사라졌다. 이제 NOW는 대중 저항운동을 후원하는 데 관여하기 시작했다. 그리고 상당수의 호전적인 페미니스트들이 지역 지부에 가입했을 때, NOW는 초기 급진주의자들의 쟁점들 중 많은 것들(낙태와 같은)은 물론 그들의 참여 이데올로기를, 그리고 그들이 평등한 권리와 나란히 자기결정과 자율성에 초점을 맞추는 것을 받아들였다. 동시에 NOW와 같은 조직에 가입한 덕분에, 운동활동가들은 영향력 정치의 중요성을 학습했다. 미국 페미니즘의 이러한 궤적에 대한 상세한 분석으로는 다음을 보라. Costain and Costain, "Strategy and Tactics of the Women's Movement in the United States"; Gelb and Palley, *Women and Public Policies*.

120) Costain and Costain, "Strategy and Tactics of the Women's Movement in the United States," 201.

121) 1972년에 NOW의 의장 윌마 스콧 하이드(Wilma Scott Heide)가 표현했듯이, "NOW는 변화를 개시하고 여성의 권리와 법 그리고 행정명령들을 공적 계약에

에도 불구하고, 우리는 매우 광범위한 전략들을 사용하지만 하나의 페미니즘 의식을 공유한 다양한 결사체와 단체들로 구성된 단일 형태의 현대 페미니즘운동에 대해 말할 수 있다.[122]

현대 여성운동의 이원적 전략이 정치적 · 문화적 · 제도적 측면에서 성공을 거두어왔다는 데에는 의문의 여지가 있을 수 없다. 1972년 한 해에만 미국 의회는 이전의 10개 입법기관을 합한 것보다도 더 많은 여성 권리증진 법안들을 통과시켰다.[123] 여성운동 단체들은 미국 역사에서 견줄 것이 없는 입법조치의 물결을 촉발하는 데 일조했다.[124] 1970년에서

입각하여 이행하게 하기 위해 체계 내 · 외부에서 활동했다. ……우리의 전술과 전략에는 공손한 편지, 회의와 상원위원회 방해, 시위와 협의, 8월 26일의 평등쟁취 파업의 요청과 조정, 수사적 프로그램과 적극적 프로그램, 형제자매 의식 고양, 새로운 조직유형과 리더십 스타일의 실험이 포함되어 있다."(Costain and Costain, "Strategy and Tactics of the Women's Movement in the United States," 260에서 인용함)

122) 오늘날 페미니즘운동은 적어도 다섯 가지 유형의 집단들로 구성되어 있다. 대중 회원 조직, 소송과 연구 집단을 포함하는 전문화된 페미니즘 조직, 전문 로비조직, 단일 쟁점을 중심으로 하는 집단, 전통적인 여성단체, 그리고 정치활동위원회들(PACs)과 민주당의 틀 내에서 움직이는 집단들을 포함한 선거 캠페인 부문이 그것들이다. 페미니즘 결사체들은 계속해서 시민사회 속에서 번성하고 있으며, 무수한 신문, 잡지, 뉴스 레터, 직접행동, 학대받는 여성 보호소, 탁아소, 의식 고양 집단 등등을 조직하고 있다. 엄청난 규모의 대중 집합행위가 분명하게 쇠퇴했음에도 불구하고, 페미니즘운동은 계속해서 의식에 영향을 미치고 젠더 규범을 변화시키기 위해 공론장을 표적으로 삼고 있다. 대학교와 로스쿨에서 여성연구의 놀라운 확산 또한 지적할 만한 가치가 있다. 다음의 글들을 보라. Gelb and Palley, *Women and Public Policies*, 26-27; Jo Freeman, "Whom You Know vs. Whom You Represent: Feminist Influence in the Democratic and Republican Parties," in Katzenstein and Mueller, eds., *Women's Movements of the United States and Europe*, 215-246.

123) Gelb and Palley, *Women and Public Policies*, 26-27; Freeman, "Whom You Know"; Klein, *Gender Politics*, 29-33.

124) Costain and Costain, "Strategy and Tactics of the Women's Movement in the United States," 203.

1980년 사이에 정치 엘리트에 대한 여성의 접근과 영향력은 극적으로 증가했고, 미국 역사의 과거 어느 때보다도 더 많은 여성이 공직에 선출되거나 임명되었다.[125] 게다가 법원이 운동의 형태와 전선 모두에서 운동의 중요하고 생산적인 표적이 되었다. 1971년 리드 대 리드 소송(Reed v. Reed)에서 내려진 획기적 판결은 헌법의 평등보호조항을 이용하여 노동시장에서 성차별적 법령을 해체하기 위한 소송이 봇물을 이루게 했다. 1973년 로 대 웨이드 소송(Roe v. Wade)의 판결은 프라이버시 권리를 이용하여 낙태를 합법적으로 만들었고, 그리하여 젠더 관계 일반에서 그리고 특히 시민사회의 핵심제도, 즉 가족에서의 변화를 촉진했다.[126] 하지만 대부분의 분석가들이 강조하듯이, 이러한 정치적·법적 성공은 문화적 의미에서 성공—이미 확산되어 있던 페미니즘 의식—을 그것의 선행조건 또는 전제조건으로 하고 있었다.[127] 여기서의 요점은 대중운동이 권력과 영향력을 추구하는 새로운 집단에 전략적으로 도움이 될

---

125) Gelb and Palley, *Womm and Public Policies*, 26-27; Freeman, "Whom You Know."

126) *Reed v. Reed*, 404 U.S. 71 (1971); *Roe v. Wade*, 410 U.S. 113 (1973). 성공은 때때로 제약되기도 했고 또는 중요한 반전이 일어나기도 했다. 성차별 소송에서 페미니스트들은 성을 수정안 제14조의 '의심스런 분류' 항목에 포함시키는 데, 그리고 평등권수정안(ERA)을 통과시키는 데 실패했다. 낙태의 경우에는 로 대 웨이드 법원과 입법부가 여성의 선택권을 축소시켜왔고, 말뿐인 반낙태운동이 출현해왔기 때문이다. 게다가 평등권에 입각한 법적 개혁의 한계가 인식되자 페미니즘운동 내에서 모든 '성공'을 둘러싸고 논쟁이 발생했다. 하지만 이 중 어떤 것도 우리의 보다 전반적인 논지를 손상시키지는 않는다.

127) 우리는 페미니스트들 또는 여성들이 앞서 언급한 개혁을 제안하지 않았다고 주장하고 있는 것이 아니다. 많은 경우에 개혁과정은 여러 가지 이유에서 여성의 이해관계나 페미니스트의 관심과는 아무런 관련이 없는 다른 이익집단들에 의해 제안되었다. 캘리포니아 주의 무과실이혼제도 그리고 심지어 낙태법 개혁 시 민행동이 이에 해당하는 사례들이다. 그럼에도 불구하고 이러한 개혁의 동학은 페미니즘 담론에 의해 그리고 그후 곧 페미니스트 활동가들에 의해 이끌어졌다. Weitzman, *The Divorce Revolution*; Kristin Luker, *Abortion and the Politics of Motherhood* (Berkeley: University of California Press, 1984)를 보라.

수 있다는 것이 아니라, 오히려 시민사회에서 규범, 사회적 관계, 제도적 장치, 관행을 구축하는 것을 목적으로 하는 정체성의 정치 없이는, 그리고 정치사회를 겨냥하는 영향력의 정치 없이는 첫 번째 측면에서의 성공은 가능하지 않고 또 제한될 것이라는 것이다.[128]

페미니즘 의식의 확산은 이미 입증되어왔다. 1980년 버지니아 슬림 여론조사에서는 64퍼센트의 여성이 여성의 지위를 변화시키고 강화하려는 노력을 지지했다(이에 비해 1970년에는 40퍼센트가 지지했다).[129] 또한 1980년경 모집단의 60퍼센트가 자연이 아니라 사회가 여성에게 집 밖에서의 노동보다 가사를 선호하게 가르친다고 믿었다.[130] 게다가 51퍼센트가 남편과 아내가 가사책임을 공유하는 결혼을 선호했고, 56퍼센트가 양육의 공동책임을 지지했다.[131] 이러한 통계들은 평등권의 수용과 정치적 영역에서 여성의 포함——이것들은 적어도 원칙적으로는 모집단 대다수가 받아들이고 있다——을 훨씬 넘어서는 문화적 변동을 보여준다.[132]

따라서 새로운 젠더 정체성 개념에 의해 인도되는 영향력 정치는 정치적 엘리트에 대한 접근을 페미니즘의 목적을 달성하는 데 필요한 수단으로 전환시키는 것을 가능하게 했다. 그리고 미국에서 사실인 것은 이

---

128) 여성들이 개인으로 인식되기 전에는, 평등권의 정치는 어떠한 성공의 기회도 가지지 못했다. 그리고 가정영역의 가부장제적 구조와 그것이 사회의 다른 영역에 미치는 부정적 영향이 주제화되고 도전받기 이전에는, 평등한 또는 동등한 권리는 결코 여성에게 평등할 수 없었다.

129) Gelb and Palley, *Women and Public Policies*, 45.

130) Klein, *Gender Politics*, 92.

131) Ibid.

132) 하지만 이러한 사태들은 실제와는 달라 보인다. 가정과 직장에서의 젠더화된 분업과 그것이 여성에게 계속해서 강요된다는 불만에 대한 논의로는 Gerson, *Hard Choice*를 보라. 미국에서의 여성과 남성 간의 계속되는 임금격차와 빈곤의 여성화에 대한 통계로는 Hewlett, *A Lesser Life*, 51-138을 보라.

탈리아, 독일, 영국, 프랑스에서도 역시 사실이었다.[133] 한 가지 예를 들면, 제인 젠슨(Jane Jenson)은 프랑스에서 여성의 욕구와 이해관계를 정책의제로 끼워 넣은 것은 여성운동이 새로운 집합적 정체성의 구체화를 그것의 근본적 목적으로 채택한 후에나 가능했다는 것을 보여주었다. 그녀는 근대 여성운동의 근본적인 기여는 그것이 '정치적 담론의 세계'를 변경시키고 그리하여 이전의 여성동원과는 아주 다른 방식으로 그것의 목표를 밀어붙일 수 있는 능력이었다고 주장한다.[134]

젠슨에 따르면, 페미니즘운동은 새로운 집합적 여성 정체성을 창출함으로써 그리고 정치 엘리트들이 그러한 정체성을 받아들이게 함으로써 여성을 배제해온 정치적 담론의 세계를 변화시켰다. 젠슨은 또한 여성의 권리를 확대한 위로부터의 개혁이 페미니즘운동이 부재한 상황에서 정치적 담론의 세계나 여성 정체성을 변화시킨 것은 아니라는 점을 보여준다. 제2차 세계대전 이후에 프랑스 여성들은 투표권을 획득하고 보다 자유롭게 피임을 할 수 있게 되었지만, 여성을 아내로, 남성의 부속물로, 그리고 어머니로 규정한 정치적 담론의 세계가 그러한 개혁에 의해 변화되지는 않았다.[135] 전통적인 정치적 담론의 세계가 변화되기 시작하

---

133) Katzenstein and Mueller, eds., *Women's Movements of the United States and Europe*, passim.

134) Jane Jenson, "Changing Discourse, Changing Agendas: Political Rights and Reproductive Policies in France," in Katzenstein and Mueller, eds., *Women's Movements of the United States and Europe*, 64-65. 젠슨에서 '정치적 담론의 세계'는 정치의 작동방식, 정치적 담론의 경계, 그리고 정치과정을 통해 해소될 수 있는 갈등의 종류에 대한 일단의 신념을 의미한다. 정치적 담론의 세계는 행위자, 쟁점, 정책대안, 동맹전략, 그리고 변화를 달성하는 데 이용할 수 있는 집합적 정체성을 선택하거나 금지하는 정치적 행위의 문지기로서의 기능을 한다.

135) Ibid., 68-80. 프랑스에서 여성은 1945년에 페미니즘운동이 죽어가던 시기에 저항에 기여한 보답으로 투표권을 얻었다. 1968년의 로이 노이워스법(Loi Neuwirth)은 결혼한 여성에게 피임을 합법화했지만, 또한 피임약 광고와 독신 여성의 피임약 사용은 제한되었다. 그 법의 기본 의도는 가족의 출산력 통제를

고 의도와 영향 모두에서 페미니즘적 개혁이 일어난 것은, 1968년 신좌파가 열어놓은 문화적 공간에 들어간 페미니즘운동이 일상생활 비판과 평등과 자율성의 권리와 같은 테마들을 여성들에게 적용하기 시작하고 여성의 집합적 정체성을 페미니즘의 측면에서 재규정하고 난 뒤였다.

젠슨이 여성운동이 담론세계에 미친 영향을 입증하기 위해 낙태의 합법화를 둘러싼 논쟁에 초점에 맞추고 있다는 것은 인상적이다. 실제로 대부분의 페미니즘 분석가들은 서구 전체에서 현대 여성운동에 새롭고 독특한 것은 그리고 여성을 대거 공적 장으로 끌어들인 것은 낙태, 여성에 대한 폭력(강간, 아내 학대), 성적 강제, 성희롱, 정형화라는 중대한 동원 테제들이었다는 것에 대해 동의한다.[136] 페미니스트들은 정의의 기준을 가족을 포함하여 시민사회의 모든 영역에 적용할 것을 요구했다. 공식적인 시민권이 여성에게 부여된 후에, 그리고 그와 함께 평등한 정치적 권리를 획득하고 임금과 기회에서 경제적 차별을 종식시키고 노동력의 성적 차별과 분절화에 맞서 싸우려고 노력한 이후, 모든 근대 페미니즘운동의 동원은 주로 이러한 '사적'이고 '비정치적'이었던 이전의 '시민사회' 쟁점을 축으로 하여 이루어져왔다.[137] 그리고 모든 근대 페미니즘운동은 명시적으로 담론세계를 재형성하여, 여성의 목소리를 듣게 하고 여성의 관심사를 인식하고 여성의 정체성을 재구성하고 전통적인 여성 역할, 몸, 정체성과 그것에 의해 뒷받침되는 남성 지배의 토대를 허물고자 했다. 그 성격이 페미니즘적이 되기 위해서는 새로운 권리와 제도적 개혁은 젠더 정체성과 여성의 열망의 변화를 반영해야만 했다.

도움으로써 아동의 물질적 복리와 감정적 지원이라는 가족목표를 충족시키기 위한 것이었지 여성에게 아이를 낳을 것인지에 대한 선택권을 주기 위한 것이 아니었다. 여성들은 여전히 가족 준거틀 내에서 규정되었다.

136) Ibid., 80-86.

137) Gelb and Palley, *Women and Public Policies*, 30. 페미니스트들은 또한 남성적인 정의(正義)기준 개념에 대해서도 도전해왔다.

낙태문제는 이 모든 관심사를 포괄하는 것이었다. 이 문제가 전통적인 담론세계에 도전한다는 것은 곧 분명해졌다. 왜냐하면 그것이 여성의 지위와 정의(定義)의 근본적 변화를 의미했기 때문이다.[138] 선택의 자유와 "우리 자신의 몸에 대한 통제권"의 요구라는 테마는 평등한 권리에 대한 열망 그 이상의 것을 표현하는 것이었다. 그것들은 자기형성 과정과 관련한 자율성, 자기결정, 육체의 보전에 대한 요구, 요컨대 여성이 스스로를 위해 그들이 누구이기를 원하는지—그들이 어머니가 될 것인지 말 것인지 그리고 언제 어머니가 될 것인지를 선택하는 것을 포함하여—를 결정할 권리에 대한 요구를 상징하는 것이었다. 여성에 대한 폭력을 주제화하는 것과 낙태를 합법화하고 배우자 폭력과 배우자 강간을 범죄화하는 법을 요구하는 것을 함께 고려하는 것은 이전에는 '사생활'이라는 미명 하에 그러한 감시에서 멀리 떨어져 있었던 시민사회의 한 영역을 표적으로 삼는 것이었다. 한쪽 측면에서는 자율성으로서의 사생활이 여성에 의해 그리고 여성을 위해 주장되고 있었다면, 다른 한쪽 측면에서는 어떤 사회제도가 정의의 원칙을 면제받고 있다는 의미에서 사적인 것이 될 수 있다는 관념이 진지하게 도전받고 있었다.[139]

낙태문제를 둘러싸고 벌어진 논쟁에서 표출된, 전통적 정체성과 여성

138) 낙태논쟁은 또한 남성적인 권리 개념, 보다 정확히 말하면 그 권리가 적용되는 사람에 대한 남성적 개념에 대해 도전해왔다. 이 논쟁이 권리 개념 자체에 대해 근본적 이의를 제기하고 있었다는 것은 놀랄 일이 아니다. 왜냐하면 자신의 재산으로서의 몸에 대한 권리라는 전통적인 노선을 따를 경우, 어떤 사람의 몸속에 재산처럼 분명하게 그에게 '속하지' 않는 다른 잠재적 사람이 존재할 때, 낙태에 대한 권리를 떠올리기란 어렵다는 것은 주지의 사실이었기 때문이다. 그러나 비소유적인 개인주의적 권리 모델에 입각할 때, 여성의 법적 사람임, 도덕적 주체성, 그리고 특수한 주체성이 문제가 되고, 그것들이 3개월 된 태아의 생명보다 더 중요하다는 것이 분명해진다.

139) Anita Allen, *Uneasy Access: Privacy for Women in a Free Society* (Totowa, NJ: Rowman and Littlefield, 1988)를 보라.

에게 할당된 역할에 대한 이의제기는 정치적 담론의 세계에 영향을 미치고 그것을 변화시켰다. "여성이 처음으로 단독으로 그리고 가족이라는 준거틀 밖에서 정치적 담론의 주체가 되었고, …… 낙태개혁에 대한 새로운 담론은 바로 여성의 지위 그리고 여성 자신의 몸과 국가 간의 관계의 변화를 상징하게 되었다."[140] 이러한 담론은 여성을 자율적이자 젠더화된 것으로 (즉 그들 나름의 특수한 상황을 지니고 있는 것으로) 보는, 즉 다르지만 동등한 관심과 존경을 받을 만한 가치가 있는 것으로 보는 관념을 포함하고 있었다.[141] 이것이 바로 낙태문제가, 배제된 사람들을 동일한 조건에서 정체나 경제에 포함시키는 '부르주아 해방운동'의 노선을 따라 포함의 정치라는 측면에서 해석될 수 없는 이유이다. 오히려 그것은 페미니즘운동의 '새로운' 차원과 결부되어 있는 문제이다. 왜냐하면 그것은 전통적인 젠더 정체성, 전통적인 가족 개념, 가부장제적 권력, 그리고 시민사회의 공론장과 사적 영역에 관한 표준적인 자유주의적 개념에 근본적인 이의를 제기하기 때문이다. 이것이 바로 페미니즘운동이 지닌 이중적 논리의 전형적 실례이다.

시민사회와 이중의 정치: 이론적 요약

우리는 생활세계의 관련 차원들을 시민사회로 해석하는 것이 새로

---

140) Jenson, "Changing Discourse, Changing Agendas," 82-83. 낙태에 대한 페미니즘 담론과 그것과 전통주의적 담론과의 갈등을 통찰력 있게 분석하고 있는 것으로는 Luker, *Abortion and the Politics of Motherhood*를 보라.

141) 현대 페미니즘운동은 여성이 여성으로 자리 매겨질 뿐만 아니라 개인, 사람, 시민으로 인식된다고 주장함으로써 보편주의, 다원성, 차이를 화해시킨다. 그 함의상 법 앞에서의 평등 개념 그 자체가 변화되고 있다. 왜냐하면 그것은 더 이상 평등한 권리와 비차별이 유사한 위치에 있는 사람들에게만 적용된다는 것을 의미할 수 없기 때문이다. 이것이 바로 낙태나 생식권 일반의 문제의 경우 여성과 남성이 결코 유사한 위치에 있을 수 없는 이유이다.

운 사회운동의 이중적인 정치적 임무—공중, 결사체, 조직이 정치사회에 대한 영향력을 획득하고 그 성과들(새로운 정체성, 자율적인 평등주의적 결사체 형태, 민주화된 제도)을 생활세계 내로 제도화하는 것—를 이해할 수 있게 해준다고 주장해왔다. 우리는 이러한 측면에서 새로운 운동의 이중적 조직논리를 설명하고자 노력해왔다.

하지만 현대 집합행위의 이중적 논리에 대한 또 다른 해석도 가능하다. 누군가는 모든 사회운동이 비제도적 대중저항 형태에서 제도화된 일상적 이익집단 또는 정당정치로 이동하는 단계(또는 생애주기) 모델과 관련하여 설명하려고 할 수도 있다.[142] 사회운동은 '지도자'와 추종자, 회원과 비회원이 최소한으로 구분되는 광범하지만 느슨한 지역 결사체와 풀뿌리 집단의 네트워크 형태에서 시작한다. 이 초기 단계에서 집합행위자들은 산만하고 가치가 개재되어 있고 협상이 가능하지 않은 요구들을 만들어내어 집합적 저항행위 속에서 표출한다. 이러한 유형의 집합행위는 새로운 집합행위자들이 정체성을 형성하는 과정에서 독특하게 드러난다. 새로운 운동의 첫 번째 과제는 정치적 협상과 교환에 참여할 집합행위자가 되고 그 다음에 그 이득과 손실의 담지자가 될 바로 그 주체를 만들어내는 것이다. "사회적 갈등 속에서 우리는 하나의 행위범주를 관찰할 수 있다. 이 범주는 사회적 갈등이 행위자에게 산출할 이득과 손실이 무엇인가가 아니라 그것이 연대를 산출할 것인지의 여부를 물을 때에만 이해할 수 있다. 이러한 사회갈등이 바로 정체성 형성과정을 내포하는 행위이다."[143] 따라서 사회운동의 형성기에 표출적 행위와 직접참여가 새로운 집합적 정체성 표출이라는 목적에 적합하며, 영향력 정치는 새로운 집합행위자를 인정받기 위한 목적에서 공론장을 표

---

142) Jenkins and Eckert, "Channelling Black Insurgency," 또는 Pizzorno, "Political Exchange and Collective Identity in Industrial Conflict"를 보라.

143) Pizzorno, "Political Exchange and Collective Identity in Industrial Conflict," 293.

적으로 삼는다.

사회운동 활동의 두 번째 단계는 관례화, 포함 그리고 마지막으로 제도화를 수반한다.[144] 일단 새로운 집합행위자가 정체성을 형성하고 정치적 인정을 받는 데 성공하면, 행위는 표출적인 것에서 도구적/전략적인 것으로 전환한다. 공식적인 조직이 느슨한 네트워크를 대체하고, 회원역할과 지도자가 출현하고, 대의제도가 직접참여의 형태를 대체한다. 이 단계에서 집합행위의 논리가 정치적 포함의 정치에 의해 구조화된다. 즉 성공은 외부자가 확대된 정체에서 내부자가 되는 것을 의미한다. 집합행위의 합리성이 표출적인 것에서 도구적인 것으로 전환하고 조직구조가 비공식적인 것에서 공식적인 것으로 변화하는 것은 정치구조에 대한 목적합리적 적응을 포함하는 학습과정으로 이해된다. 완전한 제도화는 새로운 정치적 내부자에 의해 대표되는 (탈동원화된) 집단을 하나의 정당한 특별한 이해당사자들로 인정하게 할 것이고, 그들의 주장은 협상과 정치적 교환의 대상이 된다. 성공은 정당경쟁, 선거참여, 의회제적 대의제, 로비단체나 이익집단의 결성, 그리고 궁극적으로는 정부지위의 점유로 구성되는 통상적 정치에 '대표자'를 두게 되는 것을 의미한다.[145]

단계이론은 운동정치의 이중적 논리를 선형적 발전 모델의 측면에서

---

144) 페미니즘운동을 '단계 모델'에 입각하여 분석한 것으로는 Costain and Costain, "Strategy and Tactics of the Women's Movement in the United States"를 보라. 또한 Claus Offe, "Reflections on the Institutional Self-Transformation of Movement Politics: A Tentative Stage Model," in Russell Dalton and Manfred Küchler, eds., *Challenging the Political Order: New Social and Political Movements in Western Democracies* (Oxford: Oxford University Press, 1990)도 보라. 오페는 새로운 사회운동이 다양한 발전단계에서 처하게 되는 모순에 대한 흥미로운 분석을 제시한다. 하지만 그는 또한 마지막 단계, 즉 제도화의 단계에서조차 그러한 운동들이 시민사회지향적인 '방어적' 정치의 중요한 측면을 유지하는 데에는 그럴 만한 이유가 있을 것이라고 주장한다.

145) Offe, "Reflections on the Institutional Self-Transformation of Movement Politics," 15.

설명한다. 게다가 단계이론은 언젠가는 모든 운동이 직면할 것으로 보이는 미켈스식 딜레마——공식조직, 포함, 제도화를 향한 어떠한 조처도 운동목적을 훼손하고 운동이 집합행위 형태로 지속적으로 존재하는 것을 위협할 것이라는 두려움——에 대해 위안을 주는 답변을 제공하는 것으로 보인다. 그러한 과정이 매수, 탈급진화, 전문화, 관료제화, 중앙집중화를 수반하는 한, 포함이라는 제도적 측면에서의 '성공'은 운동의 종말과 그 목적의 약화를 예고한다(유명한 과두제의 철칙). 그것의 원래의 형태 속에서는 이 딜레마가 노동운동의 혁명적 수사(修辭)——후일 폐기된——로부터 논리적으로 도출되었기 때문에, 생애주기 이론가들은 그것을 유토피아적인 것, 비현실적인 것 또는 위험한 것으로 보고 기각할 수도 있다. 오늘날 운동 근본주의자들이 혁명적 정치에 참여하라는 어떠한 주장도 하지 않은 채 그러한 두려움을 드러낼 때, 그들은 학습하려 하지 않는다거나 학습할 능력이 없다고 비난받을 수도 있다. 요컨대 만약 집합행위의 정상적 궤적이 표출적 행위에서 도구적 행위, 정치체계의 구속요인들에 대한 적응, 그리고 내부자들에 의해 시작된 정치적 포함과 개혁으로 나아가는 것이라면, 미켈스식의 딜레마는 사라진다.

단계 모델이 분명 사회운동 발전동학의 중요한 측면들을 포착하기는 하지만, 그것은 우리가 가장 중요한 것으로 생각하는 새로운 운동의 특징 그 자체를 설명할 수 없다. 실제로 미국 페미니즘운동의 궤적에 대한 우리의 간략한 논의는 그것의 전제 중 많은 것과 상반된다. 페미니즘운동은 처음부터 이중의 조직논리를 가지고 있었다. 거기에는 관례화와 제도화가 존재했지만, 그것들은 대규모 집합행위, 풀뿌리 결사체, 자율적 자조단체 또는 정체성 지향 정치를 배제하지도 또 대체하지도 않았다.[146] 페미니즘운동은 선형적 발전 모델을 따르기보다는 가용한 정치

---

146) 1980년대에 전문가 조직에 의해 선거정치와 로비정치가 크게 증가한 것은 미국

적 기회와 해당 쟁점에 따라 대중행위와 정치적 압력 사이를 오갔다.

활동가들은 표출적 합리성에서 도구적 합리성으로의 단방향적 전환을 학습하지도 않았다. 운동조직의 발전에 대한 우리의 논의는 학습이 양쪽 측면에서 그리고 양방향으로 발생했다는 것을 보여준다. 즉 정치적 내부자들은 풀뿌리 활동가들의 쟁점과 방법을 채택한 반면, 많은 활동가들은 공식조직에 가입했다. 이것은 운동의 두 얼굴이 합체되었다는 말이 아니라 오히려 운동의 두 분파 간의 분업이 시간이 지남에 따라 변한다는 말이다.

마지막으로, 페미니즘운동의 표적이 주로 정치체계(그리고 그것을 통해 경제)이고 성공이 포함, 위로부터의 개혁 또는 이득과 관련하여 해석될 수 있다는 관념은 매우 오해를 불러일으키기 쉽다. 낙태를 둘러싼 투쟁은 다시 한 번 좋은 반대사례이다. 법정을 표적으로 하는 이익집단들(미국에서의) 또는 정당과 의회(유럽)는 낙태권에서 주요한 변화를 이끌어내는 데 필요한 것이었다. 그러나 낙태권 지지자들과 새로 동원된 반대자들 모두를 놓고 볼 때, 여성의 역할, 지위, 정체성에 대한 전통주의적 정의에 대한 도전이 문제의 중심에 있다. 실제로 시민사회의 공론장과 사적 영역 내에서 여성에 대한 규범, 역할, 정체성을 변화시키고자하는 시도는 작업장에서의 공식적 평등이나 정치적 공론장에서의 포함 요구보다 훨씬 더 많은 저항(그리고 심지어는 반대운동)을 산출해왔다. 미국 평등권수정안 통과와 실패와 함께 낙태합법화 반대운동이 지지자를 동원하고 낙태권을 희석하는 데서 거둔 성공은 이러한 측면에서 이해되어야만 한다.[147] 따라서 법적 개혁과 정치적 포함은 성공을 정의하거나

에서 여성운동의 제도화를 알리는 것이었다. 하지만 낙태합법화 시위의 계속되는 힘과 자조집단들은 정체성 지향 정치가 여전히 의제에서 매우 중요하다는 것을 보여준다.

147) Jane Mansbridge, *Why We Lost the ERA* (Chicago: University of Chicago Press,

확보하는 데 전혀 충분하지 않다. 정체성 정치와 풀뿌리 동원은 여전히 의제로 남아 있다.[148]

단계 모델의 한 가지 장점은 그것이 사회운동이 시민사회와 정치사회 모두를 표적으로 한다는 사실에 주목하게 했다는 점이다. 하지만 이 모델이 양자택일적 측면에서 그러한 지향을 제시하고 집합행위의 통상적 궤적을 시민사회에서 정치사회로의 선형적 움직임으로 기술할 경우, 그것은 오해를 불러일으키기 쉽다. 이 모델에는 두 가지 뿌리 깊은 문제가 있다. 첫째, 단계 모델은 과도하게 단순한 학습개념을 사용한다. 그것은 집합행위자들이 단지 인지적-도구적 차원을 따라서만 학습한다고 가정한다. 즉 단계 모델은 학습을 정체성 지향의 상징정치가 그들의 목적을 달성하는 데 도움을 주지 못할 것이라는 점을 점차 알게 되는 것으로 규정하고, 그러한 학습이 규율 잡힌 위계적인 조직과 도구적-전략적 행위 모델로 이동하게 한다고 인식한다. (정당에 전형적인) 이러한 관점은 정체성과 연대의 유지가 장기적인 전략적 행위에 대해 갖는 중요성조차 무시하는 경향이 있다. 이것은 단계 모델이 정치사회의 행위자들이 시민 사회에 뿌리박고 있다는 것과 관련한 성찰을 결여하고 있을 뿐만 아니라 사회운동이 전략적 요구와 정체성 구축에 동시에 집중할 수 없다는 관념 또한 함축하고 있다는 것을 보여준다. 이 접근방식의 암묵적인 가

1986); Luker, *Abortion and the Politics of Motherhood*. 평등권수정안에 대한 주요한 반대는 경제적 요소들에서가 아니라 가정에서의 여성역할이 변할 것이라는 두려움에서 나왔다.

148) 페미니즘운동의 이해관심들은 무엇보다도 젠더 정체성의 탈전통적 해석과 시민 사회에서의 비위계적인 젠더 관계의 제도화에 있다. 실제로 여성이 단순히 "다르고 특수한" 또 다른 특별한 이해당사자로, 즉 또 다른 로비단체나 정당의 지지자 들로 인정받는 데 '성공'하고자 한다면, 여성문제의 보편적이고 변혁적인 추동력은 시야에서 사라질 것이다. 반면 페미니즘이 단순히 포함과 평등권을 위한 투쟁으로만 해석된다면, 젠더 정체성, 몸의 보전, 가족의 본성, 시민사회의 공론장과 사적 영역 내의 제도와 사회적 관계의 구조와 관련한 쟁점들은 흐려질 것이다.

정은 정체성은 보다 합리적이 될 수 없다는 것이다. 그 결과 정체성 구축은 정체성과 전략 간의 긴장을 통합할 수 있는 수준의 성찰로 나아갈 수 없다. 정체성 정치와 전략을 의식적으로 결합해온 사회운동의 역사는 결국에는 그러한 결합이 '성공'할 수 없고 성공할 수 없을 것이라는 주장에 의해 해체될 것이다.

이러한 견해와는 반대로 우리는 과거와 현재의 운동과 관련한 경험적 증거는 훨씬 더 모호하며 성공의 기준 자체가 재규정될 필요가 있다고 믿는다. 이를테면 노동계급운동의 성과와 연속성은 부분적으로 문화적 관심과 정치적 관심을 결합할 수 있는 그것의 능력에 기인했다.[149] 이러한 점에서 새로운 운동의 새로움은 그것의 이중성이 아니라 그것이 그러한 이중성을 더욱 분명하게 주제화한다는 데 있다. 따라서 새로운 운동이 협소하게 인식된 정치적 성공을 거둘 목적으로 문화정치와 정체성 구축을 도구화하기를 거부하는 것을 단지 근본주의적으로 학습을 꺼리는 것으로 해석해서는 안 된다. 오히려 누군가는 많은 현대 집합행위자 측에서 드러나는 '자기합리화'에 대한 저항을 '통상적인' 정치적 수단에 의해서는 바로잡을 수 없는 현대 시민사회에 독특한 일련의 문제들을 통찰한 결과로 해석할 수도 있다. 만약 전통적인 정부개입 도구들이 젠더와 가족관계, 사회화와 교육관행, 그리고 생명공학과 같은 영역에서 야기되는 문제들에 적절하지 않다면, 의식고양, 자조, 지방의 권한강화에 초점을 맞추는 자율적 집합행위는 결국 학습을 포함하게 될 것이다. 정체성, 전통적 의미, 제도화된 규범, 소비 생활양식의 유형, 사회화 관행이 사회문제에 대한 해결책을 내놓기 위해 변경되어야만 하는 영역들에서는 도덕실천적 차원을 따르는 학습이 요구된다. 자기성찰적인 정체성

---

149) E. P. Thompson, *The Making of the English Working Class* (New York: Random House, 1963)를 보라.

정치가 적절한 자리를 차지하는 곳이 바로 여기이다.[150]

두 번째 오류는 단계 모델의 정치적 개념들의 일정한 빈곤과 관련되어 있다. 단계 모델은 비록 하나의 일시적인 단계로서이기는 하지만, 정체성 정치에 자원동원이론이 제기한 포함의 정치와 개혁의 정치를 덧붙인다. 만약 운동정치의 이 두 주요한 영역이 시민사회와 정치사회라면, 정체성 정치와 포함의 정치도 유사하게 이해될 수 있을 것이다. 왜냐하면 그것들은 각 영역에서 행위자의 출현을 묘사하기 때문이다. 정체성 정치는 시민사회의 행위자들을 조직한다. 그리고 포함의 정치는 조직에서 그리고 그러한 행위자들의 지향에서 필요한 변화가 일어난 후에 그들을 정치사회의 성원으로 자리 잡게 한다. 마지막으로, 개혁정치는 국가정책의 창출과정에서 정치조직과 정당이 벌이는 전략적 활동을 포함한다. 여기서 놓치고 있는 것은 시민사회의 집합행위자와 정치사회의 집합행위자 간의 관계에 대한 개념이다. 이런 일이 발생하는 까닭은 단계 모델에서 전자가 후자의 출현과 함께 실제로 사라지기 때문이다. 단계 모델은 정치사회와 달리 시민사회가 단지 스스로에게만 영향을 미칠 수 있다고 가정한다. 이처럼 이 모델은 엘리트민주주의 이론을 그대로 따라 시민사회와 정치사회, 즉 시민적 행위자와 정치적 행위자 간의 연계를 끊어버린다. 거기에는 정치사회의 집합행위자들을 대상으로 하여 시민사회의 집합행위자들이 벌이는 영향력 정치가 자리할 여지가 전혀 존재하지 않는다. 그러나 정치사회가 국가행정에 영향을 미칠 수 있는 것과 마찬가지로, 시민사회의 행위자들도 그들의 영향력 아래로 담론과 정치사회의 행위자들을 끌어들일 수 있다. (우리가 여성운동의 사례에서 살펴본 것처럼) 상당한 경험적 증거들이 존재하는 이러한 영향력 정치는 오늘날 사회운동 연구를 위해 사용하는 대부분의 패러다임들이 놓치고 있는 핵

---

150) Cohen, "Rethinking Social Movements"를 보라.

심적 요소이다.

이러한 관념을 염두에 두고, 우리는 단계 모델이 긍정적 패러다임으로 전환시킨 미켈스식 딜레마를 재고할 수 있다. 우리가 볼 때, 부정적 모델과 그것을 피할 수 있는 모델 모두에서 운동은 여전히 관료제적 정당이나 로비단체로 흔적도 없이 변화한다. 우리는 운동이 국가행정 하위체계와 시장경제 하위체계들에 직접적으로 영향을 미치고자 하는 순간 그것이 권력과 돈에 의해 결정된 조직구조를 재생산하는 경향이 있다는 것을 인정한다. 우리는 운동형태가 생활세계의 경계를 넘어서는 생존할 수 없다고 믿는다. 운동은 자기도구화의 압력을 극복하지 않고는 규범적 또는 의사소통적 상호작용과는 다른 수단을 통해 조정된 구조에 영향을 미칠 수 없다. 이 점에서 체계/생활세계 구분은 효과를 발휘하기를 원하는 운동가라면 제거할 수 없는 경계를 계속해서 제공한다.

자기관료제화는 영향력의 정치에서 나오는 것이 아니다. 어떠한 '과두제의 철칙'도 정치사회의 매개구조들이나 그 수준에서 존재하는 공론장의 형태들을 겨냥하는 운동활동에 부착되어 있지 않다. 미켈스식 딜레마에 대한 우리의 답변은 시민사회와 정치사회의 행위자들이 잠재적·실제적으로 중첩된다는 점, 그리고 그들 간에 새로운 유형의 관계가 형성될 수 있다는 점을 지적하는 것이다. 우리는 시민사회를 표적으로 하는 생활세계의 풀뿌리 결사체와 국가와 경제체계에 전략적으로 영향을 미칠 수 있는 조직 간의 긴장을 인정하지만, 그것은 관료제화(권력매체의 침투)를 대가로 할 때뿐이다. 그럼에도 불구하고 우리는 이론과 그 운동 수신자들 간의 대화에 근거하는 더 높은 수준의 자기성찰이 그러한 적대관계를 감소시킬 가능성이 있다고 믿는다. 자기제한적인 급진민주주의 프로그램은 시민사회에 기초한 집합행위자들에게 전형적인 민주적 근본주의에 대한 비판과 정치사회에 기초한 집합행위자들에게 전형적인 민주적 엘리트주의에 대한 비판을 담고 있다. 하지만 이러한 이론적 비판은 시민행위자들이 근본주의의 또 다른 측면(즉 수동성)으로 퇴각하는 대신에 정치적 행위자들에게 영향을 미칠 수 있는 정치 쪽으로 나아가지 않는 한, 무기력해질 것이다.

마지막으로, 우리의 이원론적 개념은 운동 근본주의자들과 정치전문가들의 기준과는 다른 운동의 성공기준을 제공한다. 우리는 정치적 담론에 영향을 미칠 수 있는 자기성찰적·자기제한적 행위자의 발전을 매우 바람직한 것으로 간주한다. 왜냐하면 그래야만 정당이 효과적인 전략적 조치의 필요조건들에 빠져들지 않고 시민사회에 고도의 개방성을 유지하기 때문이다. 우리의 주장으로부터 너무나 많은 것이 자동적으로 따라나온다. 그러나 시민사회와 정치사회의 성공관념을 동일한 것으로 보아서는 안 된다. 정치사회에서 조직의 자기유지는 꼭 필요한 것이다. 그러나 시민사회에서는 그것이 꼭 필요한 것은 아니며, 그것에 너무나 많은 주의를 기울이는 것 자체가 체계와 생활세계 간의 경계를 넘어서게 할 수도 있다.

시민사회 수준에서 사회운동의 성공은 어떤 실제적인 목표의 달성이나 운동의 영속화와 관련해서가 아니라 오히려 궁극적으로는 정치문화에 뿌리를 두고 있는 가치, 규범, 제도의 민주화의 측면에서 인식되어야만 한다. 그러한 발전이 특정 조직이나 운동을 영속화할 수는 없지만, 그것은 운동형태를 자기민주화하고 있는 시민사회의 하나의 정상적 구성요소로 확보할 수 있다. 이를테면 만약 운동의 업적 중 일부가 권리의 제도화라면, 사회운동의 종식―그것의 조직적 변형 때문이든 아니면 새로 창조된 문화적 정체성으로의 흡수 때문이든―은 사회운동을 발생시키고 구성하는 맥락의 종식을 의미하지 않는다. 운동이 획득한 권리는 생활세계, 국가, 경제의 경계를 안정화시킨다. 그러나 그것은 또한 새로 획득한 집합적 정체성을 반영하고, 새로운 제도적 장치, 결사체, 집회, 운동의 출현 가능성을 조건 짓는다. 민주주의혁명과 노동운동이 성취한 고

전적 권리들은 이미 민권운동과 다른 운동들에 대해 이런 식으로 기능하고 있다. 이론가들은 이제 현대 운동이 국가와 경제에 대해 제기하는 도전에 적합한 새로운 권리를 정식화해야만 한다. 오늘날 두 개의 지배적인 권리 모델—하나는 소유권이 갖는 현저한 지위와 연결되어 있고, 다른 하나는 국가가 보장하는 혜택과 관련한 모델을 축으로 하여 구조화되어 있다—은 그것들의 이면을 드러내고 있다.[151] 그럼에도 불구하고 제도화된 권리들은 (바로 그것의 내적 모순 때문에) 현대의 권리투쟁에서 중요한 발판이자 기폭제이다. 이것은 결사와 의사소통의 권리 자리에 자부심이 자리 잡게 하는 식으로 민주주의혁명과 복지국가의 프로그램을 "성찰적으로 지속"시키고자 하는 시민행동에서 특히 그러하다.

이 프로그램은 단지 정체성의 정치, 영향력의 정치, 포함의 정치, 개혁의 정치 모두가 주요한 역할을 수행하는 이중의 전략에 기초할 때에만 완결될 수 있다. 시민사회 이론의 관점에서 볼 때, 영향력의 정치는 그것들 중 가장 중심적이다. 왜냐하면 영향력의 정치가 운동 근본주의를 대체하고 정치적 엘리트주의로의 길을 봉쇄하는 유일한 수단이기 때문이다. 영향력 정치 없이는 시민사회의 정치는 반(反)정치로 전환된다. 따라서 영향력의 정치는 정치이론의 관점에서 보다 면밀하게 고찰할 만한 가치가 있다. 이것이 시민불복종을 다루는 제11장의 과제이다. 시민불복종은 사회운동이 근대 사회에 영향을 미칠 것이라고 기대할 수 있는 가장 중요한 수단들 중의 하나이다.

---

151) 즉 한쪽에서는 자본주의 경제에 대해, 그리고 다른 한쪽에서는 복지국가의 기관들에 의한 행정적 통제에 대해 그 취약성을 드러내왔다.

제11장 시민불복종과 시민사회

우리는 새로운 시민사회 이론이 우리로 하여금 자유주의적 전통의 규범적 정치이론과 민주주의적 전통의 규범적 정치이론을 화해시킬 수 있게 해준다고 주장해왔다. 제8장에서 우리는 담론윤리가 권리와 민주주의의 양립 가능성, 실제로는 친밀한 상호관계를 함의하고 그러한 관계는 단지 도구적인 관계에 불과한 것이 아니라고 제시했다. 우리의 논점은 민주적이고 권리를 존중한다고 주장하는 근대 입헌체제가 궁극적으로는 민주주의 이론과 자유주의 이론의 초법적인 규범적 전제, 즉 민주적 정당성과 도덕적 권리의 관념에 의존한다는 점을 보여주는 것이었다.[1]

자유민주주의로 간주되는 많은 체제들이 존재한다. 하지만 문제는 우리가 보기에 자유민주주의의 지배적 모델들(그리고 이론들)이 충분히 민주적이지 않다는 것이다. 시민사회와 국가의 대립을 상정하는 표준적인 자유주의적 모델의 관점에서 볼 때, 민주주의는 대체로 도구적으로 인식되지만,[2] 그러한 견해는 우리의 개념과 양립할 수 없다. 대신에 우

---

1) 제8장을 보라.

2) 제2장과 제3장을 보라. 달리 말해 우리의 주장은 민주주의의 이상—공적 삶에 참여하는 것과 우리를 지배하는 법과 정책에 대해 발언권을 가지는 것—은 도덕적 자율성의 관념을 보충하는 집합적 자율성의 관념이라는 가정에 의거한다.

리는 시민사회를 민주적 정당성과 권리 모두의 소재지로, 사적 영역을 구성하지만 또한 정치적으로 관련된 공적·사회적 영역을 구성하기도 한다고 파악한다. 공적·사회적 영역에서 개인들은 공적 관심사에 대해 이야기하고 그와 관련하여 회합을 열고 결사체를 조직하고 함께 토론하고, 정치사회에 영향력을 행사하고 직접 의사결정을 하기 위해 협력하여 행위한다. 이 개념은 고전 자유주의의 공적인 것/사적인 것의 이분법적 틀을 깨뜨리고, 민주주의를 근본적인 가치의 수준으로 고양시키는 동시에 민주주의의 가능한 형태와 소재지에 대한 모든 일원론적 개념에 도전한다.

그렇다면 왜 시민사회에 관한 책을 시민불복종에 관한 논의로 결론 맺는가? 우리는 혁명적 근본주의의 정치가 근대 시민사회의 민주화 프로젝트와 정반대라고 주장해왔다. 우리는 이 테제를 뒷받침하는 규범적·구조적 주장들을 제시해왔다. 동시에 우리는 급진적인 제도적 개혁의 가능성과 바람직성을 주장해왔고, 또 이러한 노선을 따라 새로운 사회운동의 프로젝트들을 해석해왔다. 그럼에도 불구하고 우리가 현실주의를 희생한 채 급진민주주의 프로젝트의 유토피아적 핵심—즉 공적 삶에 시민의 진정한 참여를 확보한다는 목적—을 추구해온 것으로 보일 수도 있다. 현실주의적인 엘리트민주주의 모델들은 정치를 정치사회의 전문가들에게 맡기고, 시민사회의 성원들에게는 '시민적 사생활주의'를 고취한다. 우리는 근대 시민사회 내에서 시민불복종이 수행하는 역할에 대한 논의가 그러한 해석을 일소하기를 기대한다. 게다가 마르크스주의, 즉 이 세기의 가장 중요한 유토피아적 해방 프로젝트가 사망한 상황에서 우리의 시민사회 이론과 해방 프로젝트의 관계를 검토할 필요가 있다. 급진적 시민사회 정치를 상상하는 것은 가능한 일인가? 우리는 시민불복종에 대한 성찰이 '영혼 없는 개혁주의'와 혁명적 급진주의 사이에서, 즉 시민적 사생활주의와 사회의 전면적 정치화 사이에서 선택하는 것에 하나의 대안이 실제로 존재한다는 것을 보여줌으로써 이 문제에 대한 하나의 해답을 제공할 수 있다고 믿는다.

사회운동은 비록 제도 외적이지만 근대 시민사회에서 이루어지는 정치행위의 한 가지 정상적 차원이다. 우리는 사회운동의 자기제한적 급진주의 프로젝트를 권리를 확대하고 제도를 민주화하려는 시도로 해석해왔다. 따라서 시민사회의 정치는 방어적이기도 하고 또 공격적이기도 하다. 즉 사회운동은 시민사회를 민주화하고 경제적·정치적 '식민화'로부터 시민사회를 보호하고 정치사회에 영향력을 행사하고자 한다. 그것은 정체성 정치, 포함의 정치, 개혁정치, 영향력 정치를 포함하지만, 영향력 정치가 우리의 현재의 관심에서 가장 중심적이다. 왜냐하면 영향력 정치는 시민사회와 정치사회 간의 연계를 유지하는 것을 목적으로 하기 때문이다.

사회운동에 대한 우리의 논의는 민주주의 이론(그리고 자유주의 이론)에 일단의 새로운 문제를 제기한다. 사회운동이 항상 내적으로 민주적인 것은 아니며, 그것은 영향력을 행사하기 위해 현존하는 정치적 통로를 우회하는 경향이 있다. 실제로 집합행위자들은 자주 시민불복종에 참여한다.[3] 그렇다면 우리 앞에 놓여 있는 문제는 다음과 같다. 시민불복종에 참여하는 사회운동은 "거의 공정하고" "거의 민주적인" 입헌체제 내에서 어떤 정당성 주장을 할 수 있는가?[4] 민주적 입법기관들이 정

---

3) Michael Walzer, *Obligations* (Cambridge: Harvard University Press 1970), 24-45를 보라.

4) 이것은 롤스의 정식화를 말을 바꿔 표현한 것이다. John Rawls, *A Theory of Justice* (Cambridge: Harvard University Press, 1971)를 보라. 롤스는 어떠한 정치적인 절차적 지배도 모든 권리가 보호되고 침해되지 않을 것이라는 의미에서의 정당한 결과를 보장할 수 없다는 것을 보여주기 위해 거의 정당한 입헌민주주의에 대해 논의한다. 우리는 어떠한 단일한 절차나 절차들의 조합도 민주적 참여의 완전한 실현이나 모두가 수용할 수 있는 하나의 결과를 보장할 수 없다는 것을 지적하기 위해 거기에 거의 민주적인 입헌민주주의라는 관념을 추가한다.

당하게 공포한 법률을 위반하는 것을, 또는 정치적 관심사를 표현하기 위해 현존하는 절차와 제도를 우회하는 정치활동을 정당화하는 방법은 무엇인가? 시민불복종 행위는 다수가 구속력 있는 법을 제정하는 권리를 침해하고[5] 그리하여 자유주의 원리와 민주주의 원리 모두에 도전하는 것은 아닌가? 그 목적이 무엇이든 불법적인 정치행위가 어떻게 자유민주주의적 정체의 원리—법의 지배, 다수결 원리, 모든 권리의 존중—와 조화될 수 있는가? 그리고 규범적 정치이론에서 시민불복종 문제를 다루는 것이 도대체 왜 필요한가?

시민불복종은 적절하게 이해될 경우 유토피아적 정치의 차원이 근대 시민사회에서 취할 수 있는 하나의 핵심적 형태라는 것이 우리의 테제이다. 우리가 해석해왔던 것처럼, 우리는 권리와 민주주의가, 입헌민주주의의 근간을 이루는 (칸트식의 규제원리라는 의미에서의) 유토피아적 정치 원리를 부분적으로 포함한다는 가정에서 시작한다. 우리는 근대 시민사회의 시민들에게 독특한 비제도적 정치행위의 한 형태인 시민불복종이 이러한 유토피아적 원리와 긴밀하게 연결되어 있다고 주장할 것이다.

시민불복종을 포함하는 집합행위의 특수성은 그것이 반란과 제도화된 정치활동의 경계 사이에서, 즉 시민전쟁과 시민사회 사이에서 움직인다는 것이다. 그 정의상 시민불복종은 제도 외적이다. 즉 시민불복종에 참여할 법적 권리는 자기모순적이다. 그러나 시민불복종은 법적 권리를

---

5) 시민불복종을 지지 또는 반대하는 다양한 논거들에 대한 초기의 논의로는 Carl Cohen, *Civil Disobedience: Conscience, Tactics, and the Law* (New York: Columbia University Press, 1971)를 보라. 정통 시민불복종이론이라는 이름이 붙게 된 것들에 대한 개관으로는 G. G. James, "The Orthodox Theory of Civil Disobedience," *Social Theory and Practice* 2, no. 4 (1973), 특히 각주 2에서의 언급을 보라. 최근의 포괄적인 논의로는 Kent Greenawalt, *Conflicts of Law and Morality* (Oxford: Oxford University Press, 1987)를 보라.

통해 시민사회의 원리를 침해하지는 않는다. 오히려 시민불복종 형태의 직접 정치행위는 두 가지 이유에서 민주적이고 공정한 시민사회의 유토피아적 지평을 활력 있게 유지한다. 첫째, 시민불복종은 적어도 권리와 민주주의의 부분적 제도화를 전제로 하는, 원칙에 입각한 집합행위이다. 즉 시민불복종은 (시민의 의견과 이해관계를 대변하고 그것에 응답한다는 의미에서) 민주적 정당성을 주장하고, 적어도 일정한 정치참여를 제공하는 대의제적 정치체계뿐만 아니라 시민사회를 확립하고 보호하는 권리를 전제로 한다. 둘째, 물론 완전히 민주적이고 공정한 시민사회는 고전적인 의미에서 하나의 유토피아이다. 즉 그것은 결코 완전히 실현되거나 완결될 수 있는 것이 아니라 정치적 프로젝트를 인도하는 하나의 규제적 이상으로 작동한다. 시민사회는 항상 더 공정해지고 더 민주적이 될 수 있다. 집합행위자는 이러한 유토피아를 진지하게 받아들이고, 그것을 실현하기를 희망한다. 실제로 이러한 종류의 강력한 동기 없이는 어떠한 사회운동도 있을 수 없다. 그럼에도 불구하고 시민불복종 행위는 자기제한적 급진주의의 전형적 사례이다. 한편으로 시민불복종자들은 비록 처음에는 탈법적이지만 특정 정치문화가 받아들이는 정당한 시민활동의 범위를 확대한다. 오늘날 노동자의 파업, 연좌농성, 보이콧 또는 대중시위에 충격 받는 사람은 거의 없다. 이러한 형태의 집합행위는 이제 정상적인 것으로 여겨지게 되었다. 하지만 이들 행위 모두는 한때는 불법적이거나 탈법적인 것이었고, 특정한 조건에서는 다시 불법적인 것이 될 수도 있다. 이렇듯 시민불복종은 성숙한 시민사회 내에서 사적 시민들에게 열려 있는 참여의 범위와 형태를 확대하는 하나의 학습과정을 시작한다. 게다가 역사적으로 시민불복종이 권리와 민주화 모두의 창조와 확대의 동력이었다는 점은 잘 알려져 있다. 다른 한편 시민불복종은 시민사회의 전반적 틀 내에서 급진정치의 외적 한계를 규정한다. 그것은 입헌정부의 기본 원리를 받아들인다. 동시에 우리는 입헌주의의 진정성은 그 정치문화가 시민불복종 형태의 불법적 집합행위의 규범적이고 가치 있는 성격을 받아들이는 것에 있다고 주장할 것이다. 따라서 우리는 시민불복종을 단지 하나의 전술로서가 아니라 하나의 정당한 시민행위의 표현으로 평가한다. 우리는 시민불복종을 일반 시민들이 정치사회의 성원들에게 영향력을 행사하고 전문정치인들이 여전히 여론에 민감하게 반응하게 하기 위해 사용하는 수단들 중 하나로 본다. 따라서 우리는 개념적·규범적 수준에서 "자신감이 있는 모든 입헌민주주의는 시민불복종을 자신의 정치문화의 하나의 정상화된—필요하기 때문에—구성요소로 간주한다"는 주장을 입증하고자 한다.[6]

우리는 이러한 주장을 하기 위해 다소 이상적인 상황 하에서, 즉 '거의' 공정하고 민주적인 입헌민주주의의 틀 내에서 시민불복종의 역할과 적실성을 검토한다.[7] 존 롤스(John Rawls)가 주장한 바와 같이, 시민불복종의 문제는 실제로 "민주주의의 도덕적 토대에 대한 모든 이론의 결정적 검증사례"이다.[8] 하지만 "민주주의의 도덕적 토대"가 민주주의 전통의 정치철학과 구분되는 자유주의 전통의 정치철학에서도 동일한 의미를 가지는 것은 아니다. 자유주의 전통에서 민주주의의 도덕적 토대가 권리의 원리 속에 자리 잡고 있다면, 민주주의적 전통에서 그것은 민주적 정당성의 원리에서 파생한다. 따라서 시민불복종 문제는 다소 다른 방식으로 제기된다. 첫 번째 전통에서 이 문제는 정당하게 확립된 민

---

6) Jürgen Habermas, "Civil Disobedience: Litmus Test for the Democratic Constitutional State," *Berkeley Journal of Sociology* 30 (1985): 99.

7) 우리는 권위주의 체제 내에서 권리와 대의제 민주주의의 원리를 제도화하고자 하는 시민불복종을 다루는 것이 아니다. 오히려 우리 앞에 놓여 있는 문제는 활력 있는 시민사회를 가지고 있고 그 속에 권리, 민주적 절차, 법의 지배가 이미 제도화되어 있는 입헌민주주의 내에서의 시민불복종을 정당화하고 그것의 역할을 규명하는 것이다. 이 문제에 대해서는 Rawls, *A Theory of Justice*, 363을 보라.

8) Rawls, *A Theory of Justice*, 363.

주적 권위의 결정(법, 정책)과 개인적 권리(또는 자율성)의 원리 간의 잠재적 갈등의 틀 내에서 다루어진다. 두 번째 전통에서 쟁점이 되는 것은 민주적 절차의 질의 문제이다. 달리 말해 민주주의자에게 시민불복종의 문제는 특정 절차의 대표성과 포함의 정도, 참여 가능성 또는 주권의 적절한 소재지와 관련하여 제기된다. 각 접근방식은 다른 관점을 차폐하는 경향이 있다.

우리 앞에 놓여 있는 문제는 권리와 민주주의에 관한 두 가지 반사실적이고 규범적인 그리고 심지어는 유토피아적인 개념들이 입헌주의 원리에 의해 지배되는 근대 시민사회 내에서 수행하는 역할과 관련되어 있다. 실제로 권리에 의해 확보되고 시민의 참여에 의해 그리고 정치사회의 '대표자들'에게 영향을 미칠 수 있는 집합행위에 의해 활력을 얻는 시민사회 관념은, 비록 자기제한적이기는 하지만 그 자체로 하나의 유토피아이다. 그것은 과거의 제도적·문화적 성과의 연속성과 급진적 변화를 연계시킨다. 우리는 시민불복종의 문제가 근대 정치이론의 자유주의적 전통과 민주주의적 전통 내에서 어떻게 다루어져왔는지를 살펴봄으로써, 각각이 시종일관 다른 관점을 배제할 수밖에 없다는 점을 그리고 더 나아가 그러한 배제가 시민사회에 대한 우리의 모델에 기초할 때 끝날 수 있다는 점을 보여줄 것이다.[9]

---

9) 시민불복종과 정치적 책무에 대한 문헌들은 엄청나게 많이 있다. 그것들 중 대부분은 사회계약 모델이나 법률학적 성찰에 기초한 자유주의적 정치이론의 틀 내에 있다. 이 문제에 대한 진지한 철학적 논의는 미국철학회 동부지회가 이 주제에 대한 심포지엄을 개최한 1961년에 시작되었다. 휴고 베다우(Hugo Bedau), 존 롤스(John Rawls), 로널드 드워킨(Ronald Dworkin), 크리스티안 베이(Christian Bay), 루돌프 바인가트너(Rudolf Weingartner), 조지프 베츠(Joseph Betz), 칼 코헨(Carl Cohen)은 다소 편차가 있지만 정통 자유주의적 견해와 같은 어떤 것을 공유하고 있다. 이에 대한 언급으로는 James, "The Orthodox Theory of Civil Disobedience," 496를 보라. 또한 Rawls, *A Theory of Justice*, ch. 6; Ronald Dworkin, *Taking Rights Seriously* (Cambridge: Harvard University Press, 1978), ch. 8; *A*

현대 자유민주주의 이론과 시민불복종

자유주의 전통의 가장 영향력 있는 현대 이론가들 가운데 두 사람—
존 롤스와 로널드 드워킨(Ronald Dworkin)—이 시민불복종 문제에 대
한 수많은 글들을 써왔다는 것은 전혀 놀랄 일이 아닐 것이다.[10] 이들
글 중 일부는 정치적 사건에 응답하여 쓴 것이었지만,[11] 그럼에도 불구
하고 그것들은 현대 자유주의 정치이론의 장점과 한계를 잘 드러내주
고 있다. 롤스와 드워킨 모두는 시민불복종을 법에 대한 충성의 한계 내
에서 법에 반하는 행위를 수반하는 것으로 이해한다.[12] 둘 모두는 "거의
공정한"(롤스) 입헌민주주의 내에 시민불복종의 정당성을 확립하고 그
것에 대한 관용의 범위를 설정하고자 한다. 게다가 그들이 이 주제에 대

Matter of Principle (Cambridge: Harvard University Press, 1985), ch. 4를 보라.

민주주의 정치이론의 전통 내에서 이루어진 시민불복종에 대한 논의로는 다음
을 보라. Howard Zinn, *Disobedience and Democracy* (New York: Random House,
1978); Walzer, *Obligations*; Hannah Arendt, *Crisis in the Republic* (New York:
Harcourt Brace and Jovanovich, 1969), 51-102; Carole Pateman, *The Problem of
Political Obligation* (Berkeley: University of California Press, 1979); Habermas,
"Civil Disobedience."

법률학적 논의로는 Hannah Arendt, *Crisis in the Republic*, 51-57의 각주들을 보
라. 보다 최근의 견해로는 Greenawalt, *Conflicts of Law and Morality*를 보라.

10) 드워킨에 따르면, "법 자체에 대한 복종의 의무에 대해 말하는 것은 어리석은 짓
이다."(*Taking Rights Seriously*, 192-193)

11) 각주 4에 인용된 글들은 미국에서의 민권운동과 반전운동 직후에 쓴 것들이다.
『원리의 문제』(*A Matter of Principle*)에 실려 있는 드워킨의 두 번째 글은 1981년
독일 평화운동에 응답하여 쓴 것이었다.

12) Rawls, *A Theory of Justice*, 366-367; Dworkin, *Taking Rights Seriously*, 206-222. 둘
모두는 또한 행위자들이 이미 일상적인 법적·정치적 통로를 통해 그들의 주장을
펼치려고 노력했어야 했다고 가정한다. 그러나 이것이 가능하지 않은 경우들도
있다. 이를테면 낙태를 원하는 임신한 여성은 입법적 결정이나 법원의 판결을 기
다릴 수 없다. 민권운동가들은 남부의 법정이나 입법과정을 이용할 수 없었다. 왜
냐하면 그러한 제도들이 바로 흑인의 정의(正義)를 부정하는 것이었기 때문이다.

해 쓴 글들은 그들의 전반적 이론들 속에서 가장 '민주적인' 순간들이다. 우리가 앞으로 살펴볼 것처럼, 시민들은 다른 어떤 곳에서는 아니지만 여기서는 핵심적인 정치적 행위자와 최종 항소법원으로서의 입법자, 행정부, 판사를 대신한다. 하지만 이들 이론가에게서 시민불복종이 "민주주의의 리트머스 시험지"에 해당한다는 것은 전혀 사실이 아니다.[13] 오히려 각각의 경우에서 시민불복종은 입헌민주주의 국가가 자유주의적인 정도, 즉 그러한 국가가 권리를 진지하게 받아들이는 정도를 시험한다. 바로 그 본성상 시민불복종은 시민들의 정당한 정치참여 활동의 정도와 종류의 문제—민주주의 이론의 중심을 차지하는 문제—를 제기한다. 하지만 롤스와 드워킨 어느 누구도 시민불복종을 정체의 민주적 절차의 정도나 평등에서 인식된 결함에 대한 하나의 대응으로 해석하지 않는다. 만약 입법부가 헌법이 보장한 정의의 절차와 원리를 따른다면, 그리고 시민들의 정치적 또는 시민적 권리가 침해받지 않는다면, 시민불복종은 그러한 종류의 문제를 처리하는 적절한 방법이 아니다. 실제로 자유민주주의자가 볼 때, 그러한 문제들은 존재하지조차 않는다. 민주주의의 문제가 권리의 언어로 번역된다. 게다가 민주적 정당성의 원리는 투표, 공무담임, 청원, 집회, 언론, 결사의 권리가 보장되는 대의정부의 정치체계 내에 완전히 제도화될 수 있다고 가정된다.[14]

---

13) 이것이 하버마스가 롤스와 드워킨을 해석하는 방법이지만, 사실 하버마스는 민주적 정당성에 대한 자신의 주장을 입증하기 위해 개인의 권리에 기초하고 있는 그들의 주장을 이용하고 있다.

14) 언론, 집회 등등의 자유를 보장하는 일정한 시민적 권리와 함께 전 범위의 시민의 권리는 정당, 언론, 선거, 의회, 이익집단과 같은 제도를 통해 정치체계에 참여할 수 있게 해주는 개인의 권리로 이해된다. 이것들은 권력과 공공성의 구분과 같은 다른 보장조치들과 함께 대표자들의 권력남용으로부터 시민들을 보호하는 한편, 대의정치제도에 그들이 참여하는 것을 보장한다. 그러한 것들이 잘 작동할 때, 개인의 권리를 방어하는 것을 목적으로 하는 정치활동 이상의 어떤 불법적인 제도 외적 정치활동도 전혀 필요 없는 것으로 생각된다.

대신에 시민불복종은 정의의 침해, 즉 정당하게 구성된 (입법부의) 민주적 다수가 개인 또는 소수집단의 권리를 침해하는 것에 대한 정당한 대응으로 인식된다. 물론 각 이론가들에게서 정의의 원리는 "민주주의의 도덕적 토대"를 이루고 있다. 하지만 이러한 토대가 바로 기본적 자유의 개념인 것으로 판명 나며, 입헌체제와 민주적 절차는 이 개념에 부합하게 구성되고 작동해야만 한다. 그러한 사회에서 시민들은 헌법에 의해 확립된 제도들에 충성을 다할 의무가 있는 것으로 가정된다. 복종의 의미는 시민들이 참여할 수 있는 정도가 아니라 정부의 권리에 대한 존중에 따라 다르다.

달리 말해 원칙적으로 입헌민주주의에서 기인하는 충성을 전제할 때, 개인이 법에 복종할 책무의 정도는 시민들이 부정의에 처하여 정당하게 행할 수 있는 것 또는 정당하게 그렇게 하기를 거부할 수 있는 것과 관련하여 정식화된다.[15] 각 이론가들이 기본적인 자유 또는 권리를 다소 다르게 해석하지만, 그들 모두는 입헌국가의 정의(正義)는 그것이 타인들의 자유(롤스) 또는 평등한 관심과 존중(드워킨)과 양립할 수 있는 가장 포괄적인 기본적 자유, 그러므로 만인을 위한 기본적 권리를 확보하는 정도와 관련하여 평가될 수 있다고 가정한다.[16] 그러므로 정당한 이의 또는 시민불복종의 문제는 국가와 사회 간의 경계문제를 제기하고, 입헌국가의 민주적 다수가 자기제한적이어야만 하는 지점을 확립한다. 기본

---

15) 책무에 대한 수평적 모델로는 Hannah Arendt, "Civil Disobedience," *Crisis in the Republic*, 85-86를 보라. 캐롤 페이트만(Carole Pateman)은 이 견해를 정교화하고 있다. Carole Pateman, *The Problem of Political Obligation*, 1-36을 보라. 다원주의적 철학 개념에 입각한 또 다른 수평적 책무 모델로는 Walzer, *Obligations*, 1-23을 보라.

16) 물론 둘 모두에서 정당한 사회는 분배정의를 포함해야만 한다(롤스의 정의의 제2원칙과 드워킨의 평등할 권리의 요구에 기초한 복지 메커니즘에 대한 논의를 살펴보라). 그러나 둘 중 어느 누구도 분배정의를 위한 시민불복종은 받아들이지 않는다.

적 권리를 침해하는 입법부는 그것의 적절한 경계선을 넘는다. 롤스는 다음과 같이 진술한다.

> 내가 앞으로 해석하듯이, 시민불복종 문제는 다소 공정한 민주주의 국가 내에서 헌법의 정당성을 인정하고 받아들이는 시민들에게서만 발생한다. 이 분쟁은 의무들 간의 상충의 문제이다. 입법부의 다수에 의해 제정된 법(또는 그러한 다수가 지지하는 행정법령)을 따라야 하는 의무가 사람들의 자유를 방어할 권리와 부정의에 반대할 의무에 비추어 어느 지점에서 구속력을 행사하기를 중단할 수밖에 없는가? 이 문제는 다수결의 원리의 본성과 한계와 관련된다.[17]

롤스와 드워킨 모두에게서 시민불복종은 민주적 정체에 맞서 개인의 권리를 보호하는 역할을 한다.

자유주의자들에게서 입헌민주주의의 도덕적 토대는 권리의 원리에 자리한다.[18] 자유주의 정치이론은 다원성을 가정하는 것에서 시작한다. 그것은 상이한 그리고 심지어는 대립되는 생활방식과 바람직한 것에 대한 개념을 가지고 있는 집단과 개인들—그럼에도 불구하고 하나의 공유된 정치적 정의 개념에 도달할 수 있는—로 구성된 근대 시민사회를

---

17) Rawls, *A Theory of Justice*, 363.
18) 그것은 또한 권력분립, 법의 지배, 투표 등에 관한 헌법에 수립되어 있는 절차에 자리 잡고 있다. 도덕적 권리의 의미를 하나의 초제도적 요소를 함의하는 어떤 것으로 아주 잘 논의하고 있는 것으로는 Dworkin, *Taking Rights Seriously*를 보라. 실제로 롤스와 드워킨 모두의 저작들은 자유주의 이론 내에서의 중요한 진화를 보여준다. 그 이론 속에서 그들은 사유재산 개념보다는 개인의 자율성 개념이 핵심을 이루는 권리이론을 전개하고자 노력해왔다. 이 점과 관련하여 노직(Nozick)은 한 단계 후퇴한 모습을 보이고 있다. Robert Nozick, *Anarchy, State, and Utopia* (New York: Basic Books, 1968).

전제로 한다.[19] 하지만 롤스도 그리고 드워킨도 공법에 대해 개인의 도덕적 양심이 절대적 우위를 점한다고 주장하지는 않는다. 실제로 그들에게서 이것은 심지어 시민불복종의 핵심문제도 아니다. 그와는 반대로 두 이론가들은 양심적 거부와 시민불복종을 후자의 정치적 성격과 전자의 몰정치적 성격과 대비시키며 신중하게 구분한다. 롤스는 시민불복종을 "통상적으로 법 또는 정부정책을 변화시킬 목적으로 행해지는, 공적이고 비폭력적이고 양심적이지만 법에 반하는 정치적 행위"로 정의한다.[20] 시민불복종은 그것이 시민사회 개념과 공공선 개념을 규정하는 도덕원리에 의해 정당화되는 행위라는 의미에서 하나의 정치적 행위이다. 그것이 정치적 행위인 까닭은 그것이 정치권력을 장악하고 있는 다수와 관련되어 있기 때문만이 아니라 그것이 헌법을 규제하는 정의의 정치적 원리에 의해 인도되고 정당화되기 때문이기도 하다. "시민불복종자는 공동체의 다수의 사람들이 갖는 정의의식에 호소하고, 또 심사숙고해 볼 때 자유롭고 평등한 사람들 간의 사회적 협력의 원칙이 존중받지 못하고 있다고 선언한다."[21] 시민불복종을 양심적 거부와 구분해

---

19) 다원성에 대해서는 Rawls, *A Theory of Justice*, 27을 보라. 그리고 Dworkin, "Liberalism," *A Matter of Principle*, 181-204도 보라. 롤스가 직면하는 주요 문제는 우리가 어떻게 구속력 있는 정의원리에 도달할 수 있는가 하는 것이다. 그러한 정의원리는 바람직한 것에 대한 어떤 특별한 개념으로는 정당화할 수 없다. 『정의론』에 등장하는, 모든 곳에서 모든 사람에게 명백히 적용되는 합리적 선택 논법이 하나의 해답을 제공한다. 롤스의 또 다른 글("The Idea of an Overlapping Consensus," *Oxford Journal of Legal Studies* 7, no. 1 [1987]: 1-25)은 또 다른 해답을 제공한다. 이 주제에 대한 우리의 입장에 대해서는 제8장을 보라.

20) Rawls, *A Theory of Justice*, 364-365. 드워킨은 양심적 거부와 시민불복종을 다소 다른 측면에서 구분한다. 즉 그의 "고결성에 기초한" 시민불복종은 롤스의 양심적 거부와 동일하고, 그의 "정의에 기초한" 시민불복종은 롤스의 일반적인 시민불복종 개념과 유사하다. 드워킨은 또한 "정책에 기초한" 시민불복종에 대해서도 논의한다(*A Matter of Principle*, 107).

21) Rawls, *A Theory of Justice*, 365.

주는 것은 그것이 숨어서 또는 은밀하게 이루어지지 않는다는 의미에서 그리고 사람들의 개인적 도덕성, 종교 또는 특수이익이나 집단이익이 아니라 입헌체제 속에서 모든 사람이 공유하는 것으로 추정되는 일반적인 정치적 정의의 원리에 호소한다는 의미에서 이중적으로 공적이라는 점이다.[22] 양심적 거부, 즉 직접적인 법적 명령이나 행정적 명령에 따르는 것을 거부하는 것은 은밀하게 진행되지 않는다는 의미에서 공적이지만, 그것이 다수의 정의의식에 호소하지도, 또 정의상 다른 사람들을 납득시키거나 법 또는 정책을 변화시키는 것을 목적으로 하지 않는다는 점에서 몰정치적 논거에 기초하고 있다. 실제로 롤스는 그러한 경우에서 정치적인 것의 우위를 역설한다. 즉 양심적 거부의 관용 정도는 개인의 양심의 명령에 대한 법의 절대적 존중의 관점에서가 아니라 정치적 정의 이론의 관점에서 정당한 제도를 유지하고 강화하는 데 필요한 것이라는 측면에서 이해되어야만 한다는 것이다.[23] 전자의 관점은 분명 다원주의적 시민사회에서는 지지될 수 없을 것이다.

만약 사회제도가 공유된 정의 개념에 기초하고 있다면, 도대체 왜 시민불복종이 '거의 공정한' 입헌민주주의에서 발생하는 것인가? 롤스와 드워킨이 제시한 답변은 우선 첫째로는 다소 단순하다. 즉 그것은 입법부의 다수가 잘못을 범할 수도 있고, 더 나쁘게는 편견에 의해 잘못 인도될 수도 있고, 따라서 헌법의 근간을 이루는 도덕원리를 위반할 수도 있다는 것이다.[24] 하지만 두 이론가가 그러한 도덕원리의 지위를 이해하

---

22) 즉 공평한 주장이란 주어진 것, 보다 정확하게는 바람직한 것에 대한 어떤 특별한 개념에 입각하는 것이 아니라 단지 공유된 권리 개념에 입각하는 주장임이 틀림없다. 따라서 시민불복종은 법에 저항하는 것을 넘어 법을 위반할 수도 있다. 그리고 또한 관련 행위자들은 비록 법령이 지지받고 있을지라도 그것에 기꺼이 반대하기 때문에, 그것은 하나의 검증사례 이상의 것이다. Rawls, *A Theory of Justice*, 365를 보라.

23) Rawls, *A Theory of Justice*, 370.

는 방식에는 중요한 차이가 있다. 그것에 따라 관용할 수 있는 시민불복종의 범위 그리고 심지어는 기능이 달라지기 때문에, 그 차이를 좀 더 상세하게 탐구할 필요가 있다.

롤스는 공정한 입헌민주주의를 정의의 두 가지 원칙에 의해 인도되는 합리적인 대표자들이 제헌회의에서 합의를 이룬 헌법을 가지고 있는 민주주의로 정의한다. 공정한 법과 정책은 공정한 헌법에 의해 제약받는 그리고 또다시 정의의 두 가지 원칙에 의해 인도되는 합리적 입법자들이 제정한 법과 정책이다. 정의의 두 가지 원칙은 원초적 입장 속에서 공정한 것으로 선택된 원칙들이다.[25] 그리고 실제로 롤스가 보기에 이 정의의 두 가지 원칙이 다수결 원리의 도덕적 근거를 구성한다. 따라서 그러한 원칙이 없이는 그러한 규칙은 단지 수(數)의 권력을 신성시하는 하나의 절차적 도구에 불과할 수 있다. 게다가 최고의 정체에서조차 '불완전한 절차적 정의'가 이루어질 수밖에 없다는 불가피한 조건을 감안할 때, 어떠한 정치적 절차도 그리고 제정된 법률도 공정하다는 점을 보장할 수 없기 때문에, 불공정한 법률이 법을 제정하는 헌법적 권리를 가진 사람들에 의해 통과될 수도 있다는 것은 분명하다.[26] 다수의 원리의 일부 형태들은 필요하지만, 다수가 법률제정에서 다소 고의로 실수를 할

---

24) Ibid., 356-362; Dworkin, *Taking Rights Seriously*, 211-212. 드워킨은 '외부의 선호'의 강요로서의 편견에 기초한 입법부를 언급한다(234-235쪽).

25) 정의의 두 가지 원칙은 다음과 같다. "첫째, 각자는 모든 사람에게 유사한 자유의 체계와 양립할 수 있는, 가장 포괄적이고 전면적인 평등한 기본적 자유의 체계에 대해 동등한 권리를 가져야만 한다. 둘째, 사회적·경제적 불평등은 (1) 공정한 구제의 원칙에 부합하게 가장 혜택 받지 못한 사람들에게 가장 큰 이익이 돌아가고, (2) 공정한 기회의 평등이라는 조건 하에 직위와 직책이 모든 사람에게 개방되도록 조정되어야 한다."(Rawls, *A Theory of Justice*, 302) 롤스의 원래의 입장에 대해서는 ibid., 17-22를 보라. 공정한 헌법, 공정한 입법부에 대한 정의(定義)와 다수결 원리의 지위에 대한 논의로는 ibid., 195-201과 356-362를 보라.

26) 불완전한 절차적 정의에 대한 정의로는 Rawls, *A Theory of Justice*, 353-354, 356을 보라.

수도 있다.[27] 이렇듯 다수가 공동체 일반이 공유하고 헌법에 구현된 정의 개념을 위반할 때, 그것은 시민불복종이라는 정당한 행위를 위한 무대를 마련한다.

롤스는 법의 부정의가 그러한 행위를 충분히 정당화한다고 주장하지는 않는다. 그와는 반대로 그는 만약 부정의가 일정한 한계를 넘어서지 않는다면 우리는 불공정한 법을 따를 수밖에 없다고 주장한다. 다수결의 원리 하에서 다수는 불공정한 것으로 간주되는 결과를 초래할 수밖에 없지만, 그것들이 일정한 한계를 넘어서지 않는 한, 그러한 제도를 지지해야 하는 의무는 불공정한 법에 복종해야 하는 의무를 포함한다. 이 문제에 관한 한, 정의의 두 가지 원칙을 따르는 법에 순응한다는 것이 정치적 책무의 충분조건은 아니다. 실제로 엄격하게 말해서 정치적 **책무** 개념은 일정한 범주의 개인들, 즉 제도적 협정의 이익을 자발적으로 받아들이거나 자신들에게 이익을 더 많이 제공하는 기회를 이용해온 사람들에게만 적용된다.[28] 나머지 사람들에 대해서는 롤스는 거의 공정한 정체의 법과 정책을 따를 '자연적 의무'가 존재한다고 주장한다. 게다가 자연적 의무는 우리의 자발적 행위와는 무관하게 우리에게 적용된다. 즉 "각자는 자신의 자발적 행위—수행적이든 그렇지 않은 간에—와는 무관하게 그러한 제도들에 속박받는다."[29] 롤스는 정의의 자연적 의무는 가설적 합의나 계약의 결과로 이해되어야만 하며, 그러므로 가설적 동

---

27) Ibid., 371-377.

28) Ibid., 111-116, 342-350. 이들 특권 있는 개인의 범주에 대해서는 '공정성의 원칙'이 적용된다. 즉 사회체계에서 실질적인 이익을 얻는 개인들은 자연적 의무를 따르는 것에 더하여 이 원칙에 훨씬 더 복종해야만 한다. 롤스가 이러한 책무의 원리에 자연적 의무를 덧붙이고자 하는 까닭은 무임승차 문제를 피하기 위한 것이다(116쪽). 이 주제에 대해서는 또한 Pateman, *The Problem of Political Obligation*, 118-120을 보라.

29) Rawls, *A Theory of Justice*, 115.

의를 함의한다고 주장한다. 하지만 그는 어떠한 동의행위—명시적이
든 암묵적이든—도 그리고 어떠한 자발적 행위도 정의의 의무를 위해
전제되지 않는다고 주장한다. 즉 그것은 무조건적으로 적용된다. 롤스
가 자발적 행위를 공정한 제도에 순응할 의무의 토대로 보기를 거부하
는 이유는 그것이 불필요하기 때문이다. 즉 정의의 두 가지 원칙과 자유
의 우선성을 전제할 때, 평등한 자유라는 완전한 보충물이 이미 보장되
어 있고, 따라서 더 이상의 보장은 필요하지 않다. 게다가 정의의 자연적
의무를 인정하는 것은 안정성을 제공하고 무임승차 문제에서 벗어날 수
있게 해준다.[30]

시민불복종은 정당한 다수가 제정한 법을 따를 자연적 의무와 사람들
의 자유를 방어하고 부정의에 반대할 권리 간의 갈등을 포함한다. 그렇
다면 순응의 의무는 언제 중단되는가? 입법부의 다수가 위반할 수 없는
한계는 무엇인가? 롤스는 그러한 부정의가 발생할 수 있는 두 가지 방식
을 언급한다. 즉 법 또는 제도적 협정이 공적으로 인정된 정의 개념에서
이탈할 수도 있으며, 또는 정의 개념 자체가 이치에 맞지 않거나 불공정
할 수도 있다.[31] 하지만 그는 시민불복종을 단지 전자의 가능성과 관련
해서만 그리고 일정한 상황 하에서만 논의한다.[32] 실제적이고 분명한
부정의의 경우에, 복종할 자연적 의무는 중단되고 시민불복종은 정당화
될 수 있다. 즉 "시민불복종을 정의의 제1원칙인 평등한 자유의 원칙을

---

30) Ibid., 335–336. 많은 논평자들은 롤스가 계약을 '가설적'인 것으로 이해하는 것
이 시민불복종과 관련하여 정치적 책무의 문제가 제기될 때 계약을 그 문제와 무
관하게 만든다고 지적해왔다. Dworkin, *Taking Rights Seriously*, 151을 보라. 실제
로 우리가 살펴보았듯이, 롤스는 시민불복종의 문제를 다룰 때 계약관념을 거의
사용하지 않는다.

31) Rawls, *A Theory of Justice*, 352.

32) 롤스에게서 두 번째 사례는 그 함의상 상이한 정의 개념에 기초하여 새로운 사회
를 수립하는 것을 목적으로 하는 반란이나 저항 같은 보다 중대한 행위를 포함
한다.

심각하게 침해하는 것과 제2원칙의 두 번째 부분인 공정한 기회의 평등 원칙을 현저하게 위반하는 것에 국한시키고자 한 데에는 그것을 뒷받침하는 근거가 존재한다."[33] 롤스에 따르면, 정치적 권리와 시민적 권리가 침해받고 있을 때, 그것은 대체로 분명하게 드러난다. 왜냐하면 그러한 권리들이 요구하는 엄격한 조건들이 제도 속에서 가시적으로 표현되어 있기 때문이다. 하지만 정의의 제2원칙의 첫 번째 부분, 즉 불평등은 가장 부유하지 못한 사람들에게 이익이 되어야 한다는 요구조건의 침해는 훨씬 더 부정확하다. 왜냐하면 그것들은 경제적·사회적 정책, 사변적 신념, 통계적 정보 등의 문제를 포함하기 때문이다. 따라서 이러한 문제의 해결은 정치과정에 맡겨놓는 것이 최선이다.

이러한 개념에 입각할 때, 시민불복종은 정치권력을 장악한 다수들에게 호소하는 공개담화의 한 가지 형태로, 심사숙고해 볼 때 정치적 다수가 공적으로 공인된 정의 개념과 사회적 협력의 도덕적 토대를 침해했다는 심원한 양심적인 정치적 확신을 표현한다.[34] 시민불복종은 하나의 교정장치로 그리고 하나의 안정화 장치로 기능한다. 시민불복종은 제멋대로인 다수가 제정신이 들게 하고, 입법체제를 이전의 상태로 돌려놓는다. 정치문화적 수준에서 볼 때, 정당화된 시민불복종에 기꺼이 참여하는 것은 정의로부터 잠재적으로 이탈하는 것을 막는 예방약으로 기여하고, 그럼으로써 사회를 잘 정돈된 사회로 안정화시킨다.[35]

---

33) Rawls, *A Theory of Justice*, 372.
34) 이로부터 사람들이 시민불복종에 참여하기에 앞서 획득해야만 하는 세 가지 조건이 나온다. 첫째 그것은 비폭력적이어야만 하고, 다른 사람들의 시민적 자유를 해치지 말아야만 하고, 하나의 위협의 형태를 취해서는 안 된다. 둘째, 중대한 부정의가 존재해야만 한다. 셋째, 사람들이 적절한 통로를 통해 입법부의 다수에게 영향을 미치고자 노력해왔고, 그 결과 그것을 통해서는 그렇게 할 수 없다는 것을 깨달았어야만 한다. Rawls, *A Theory of Justice*, 372-374를 보라.
35) 시민불복종은 두 가지 방식으로 예방약으로 기여한다. 첫째, 시민불복종은 권력 소유자들을 설득하여 권력남용——불안정성의 하나의 중요한 잠재적 근원——을

이렇듯 롤스는 시민불복종에 하나의 중요한 정당화를 제공하면서도, 그것의 범위와 정당성에 대해 상대적으로 협소한 개념을 제시한다. 그는 정치사회는 권리에 대한 시민사회의 관심에 민감하고 시민사회는 (권력행사보다는 담론과정으로 이해되는) 집합행위를 통해 정치사회에 일정한 영향력을 행사할 수 있다고 가정한다. 하지만 시민불복종과 그에 상응하는 집합행위 형태의 정치적 추동력은 권리를 침해받아온 사람들 측에서의 순수한 방어적 자세로 제한된다. 게다가 다수가 불공정한 법을 제정할 때 범할 수 있는 '잘못'의 유형은 정의의 두 가지 원칙의 측면에서 범하는 침해에 국한된다. 롤스는 정체의 모든 성원이 원칙적으로 받아들이는 일관된 정의 개념이 존재하며 다수가 잘못을 범할 때 정의 개념에 호소할 수 있다고 가정한다. 그러한 잘못에는 개인적 권리침해만이 포함되지, 이를테면 대중의지의 오해, 여론의 부적절한 대변 또는 관련 쟁점들의 불충분한 공개적인 고려는 포함되지 않는다. 실제로 롤스가 볼 때, 입헌민주주의에서 정의 개념은 '확고하게' 고정되어 있다. 그리고 이것은 사회의 전체 제도에 도전하지 않고는 이 개념을 검증하거나 확대하는 정당한 초법적 방법이 존재하지 않는다는 것을 의미한다. 따라서 권리를 침해받지는 않지만, 이를테면 사회와 정체의 현존 제도와 절차들이 공정하고 부분적으로 민주적이지만 충분히 그렇지는 않다고 믿는 사람들은 어려운 선택에 직면한다. 즉 그들은 자신들이 부적절하다고 생각하는 바로 그 제도를 감수하거나, 폭동으로 해석될 수밖에 없는 행위에 참여한다. 다시 말해 그들은 지배적인 정의 개념과 그것을 구현하는 제도를 받아들이거나 투사가 된다.[36) 이것은 시민불복종의 기능에 대한 매

단념하게 한다. 둘째, 집합행위자의 측면에서 시민불복종은 근본주의에 반대한다. 시민불복종은 사람들이 도덕적 양심에 따라 행위할 절대적 권리에 토대한 행위가 아니다. 그것보다는 시민불복종은 공유된 정치적 정의 개념에 호소하는 것에 기초한다. 이러한 의미에서 시민불복종은 자기제한적이다.

우 정적인 개념이다. 즉 시민불복종은 현존 권리침해를 교정할 수 있고, 다수결 원리를 안정화시킬 수 있고, 또는 기껏해야 모든 사람의 권리가 존중되어야 한다는 것, 즉 정의 개념은 모두에게 평등하고 공평하게 적용되어야 한다는 점을 확실히 함으로써 권리를 확장할 수 있을 뿐이다. 정의 개념, 새로운 종류의 권리와 새로운 권리해석, 더 많은 참여와 새로운 종류의 참여에 대한 의문은 잘 정돈된 정체 내에는 자리할 여지가 존재하지 않는다. 즉 그러한 질문들은 정체를 대체하는 것으로 이어질 수 있을 뿐이다.

롤스가 시민불복종을 권리의 방어에 국한시키는 것은 시민사회, 국가 그리고 그가 전제로 하는 그것들의 상호관계에 대한 자유주의적 모델에서 비롯된다.[37] 이러한 틀 내에서 시민사회는 사적 영역으로 해석된다. 즉 시민사회는 개인의 자율성, 독특한 생활방식 및 바람직한 것에 대한

---

36) Rawls, *A Theory of Justice*, 367ff.

37) 이러한 제한은 입법부의 정책결정과 관련한 시민불복종을 제한할 뿐만 아니라 경제와 관련한 활동(즉 시민행위)의 전 범위를 배제한다. 이것은 이론적으로 롤스가 자유의 가치와 자유 그 자체의 구분에 기초하여 '사회경제적 주장'을 할 수 있는 권리의 지위를 부정하는 것에 근거한다. 전자는 우리의 자유가 우리에게 가치 있는 것이 되게 해주는 자격 또는 여타 수단들을 지칭하는 반면, 후자는 권리를 지칭한다. 롤스가 분배정의의 문제를 염두에 두고 있지만, 그의 개념은 작업장 자체 내의 권위와 의사결정 구조의 문제를 놓치고 있다. 그의 이론에는 단체교섭 권리가 자리할 여지 또는 작업장의 민주화나 입헌화라는 표제 하에 속하게 될 그 밖의 어떤 것들이 자리할 여지가 전혀 존재하지 않는다. 이것은 중대한 누락이다. 왜냐하면 그것이 이 영역에서 시민불복종을 정당화하기 위한 하나의 사례가 될 수 있기 때문이다. Walzer, *Obligations*, ch. 2를 보라. 우리는 단체교섭 및 그와 유사한 권리를 확립하기 위한 시민불복종은 적절하고 정당하다는 데 동의한다. 시민사회는 정치사회뿐만 아니라 경제사회에도 영향력을 행사할 수 있어야만 한다. 시민사회가 정체에 영향을 미칠 수 있는 까닭은 원칙적으로 영향을 받는 구조들(이를테면 의회 또는 법원)이 그곳(정치사회)에 존재하기 때문이다. 동일한 종류의 '수신기관'이 경제(경제사회) 내에도 존재해야만 한다. 또한 Greenawalt, *Conflicts of Law and Morality*, 230-233도 보라.

개념을 가지고 있는 무수한 집단, 어떠한 정치적 의도도 가지지 않은 자발적 결사체, 권리에 의해 확보된 공개적 표현의 소재지이다. 정치적 삶은 분명 정치사회 내에 위치한다. 즉 그것은 선거, 정당, 이익집단 그리고 헌법상 적시되어 있는 절차들과 같은 통상적 기관들에 의해 보충되는, 입법부 형태의 국가영역에서 이루어진다. 이것들이 정치적 행위의 유일하게 정당한 영역을, 그리고 정상적 상황에서 (권리와 정치적 중립성 그 어느 것도 침해받지 않은 때에) 시민들에게 열려 있는 유일한 정치참여 형태를 구성한다. 게다가 롤스의 이론에서 시민불복종의 순수한 방어적 기능—이미 획득한 권리를 보호하거나 그것을 분명하게 제도화된 정의의 원칙의 이름으로 확대하는 것—은 공적인 것과 사적인 것, 국가와 시민사회 간의 경계에 대한 정적인 개념과 정치문화 일반에 대한 정적인 개념에 의거한다.

이러한 제한조건들에도 불구하고, 롤스의 시민불복종에 대한 논의는 그러한 엄격한 이원론을 불쑥 드러내는 경향이 있다. 한편에서 시민불복종을 **입법부**의 정치적 다수의 정의 개념에 호소하는 공적 담화로 정식화하는 것은 그러한 행위를 도덕적 권고 모델—단지 고전 자유주의적 권리의 방어를 양심으로 확대하고 관용에 대한 호소를 협소하게 정의된 일단의 집합행위로 확대하는—로 축소하는 것으로 보인다.[38] 다른 한편 롤스는 또한 시민불복종은 **공동체**의 다수의 정의의식에, 즉 시민사회 자체의 여론에 호소하는 것이라고 주장한다. 이것이 바로 그가 최종 항소법원은 입법자도 대법원도 행정부도 아닌 전체로서의 유권자라고 주장할 때 염두에 두고 있는 것이다.[39] 최종적 권위를 지니는 주권을 가진 국민이라는 핵심적인 민주적 관념이 그의 텍스트에서 유일하게 등장하

---

38) 이와 관련한 롤스에 대한 비판으로는 Pateman, *The Problem of Political Obligation*, 118-129를 보라.

39) Rawls, *A Theory of Justice*, 390.

는 것도 바로 이 맥락에서이다. 여기서 그는 민주적 정당성과 권리관념 모두가 순수한 법적 입헌민주주의 틀에 도덕적 토대를 제공한다고 주장한다.[40]

게다가 롤스는 의회라는 공론장 내에서의 입법을 공동체를 위한 최고의 정책이나 법을 달성하는 것을 목적으로 하는 하나의 담론과정으로 이해한다. 그 속에서 입법자들은 자신들의 특수한 지지자들의 이익에 따라서가 아니라 개인적 판단에 따라 투표한다. 그러나 그러한 판단이 단지 사적이기만 한 것은 아니다. 즉 그것은 사회의 원칙들과 정치문화에 대한 심사숙고한 해석이어야 한다. 그 함의상 여론은 입법부의 다수에 영향을 미칠 수 있어야만 한다. 시민사회의 행위자들은 정치사회의 행위자들에게 영향을 미칠 수 있어야만 한다. 롤스는 이것이 자주 사실이라고 믿는다.[41] 하지만 만약 시민불복종이 호소하는 곳이 **공동체의 정의의식**이라면, 만약 시민이 최종 항소법원이라면, 만약 오직 권리의 원리만이 아니라 민주적 정당성의 관념도 입헌주의에 도덕적 토대를 제공한다면, 시민사회 내의 (비록 불법적이지만) 정당한 집합행위의 범위는 입법부의 다수의 정의 개념과 상충하는 법, 다수에 의한 소수의 권리침해, 또는 민주주의의 도덕적 토대의 권리 차원에만 국한될 수 없다.[42] 그 함의

---

40) Ibid., 385.
41) "공동체의 정의의식은 (정치적) 다수가 소수를 억누르는 데 필요한 조치를 취할 수 없고 또 법이 허용하는 시민불복종 행위를 처벌할 수 없다는 사실에서 드러날 가능성이 더 크다. …… 다수의 우월한 권력에도 불구하고 다수는 자신들의 입장을 포기하고 반대자들의 제안을 마지못해 따를 수도 있다."(*A Theory of Justice*, 387)
42) 다른 사람들은 롤스의 개념이 시민불복종의 정당한 근거의 범위에서 특정 사회에서 일반적으로 받아들여지지 않는 도덕원리를 빠뜨리고 있다는 점에서 과도하게 제한적이라고 주장해왔다. 롤스는 양심적 거부라는 항목 하에서 이 문제를 다루고 있지만, 그는 관련 시민들이 자신들의 도덕적 입장을 드러내고자 하는 시도들을, 시민불복종 행위를 통해 그 사회의 정치문화에 포함되고자 하는 것의 후보로 채택하지 않는다. 정치적 규범은 제도화된 도덕적 가치들이기 때문에, 그리고 시

상 시민사회 자체는 정치와 관련된 하나의 적극적 차원을 가지는 것으로 이해되어야만 한다. 즉 시민사회 내의 집합행위들은 여전히 정치체계의 제도화된 통로 밖에 존재하지만, 정상적인 것으로 인식되어야만 한다. 달리 말해 언론, 자유, 결사의 권리의 정치적 관련성은 정치사회에 그리고 간접적으로는 정치적·법적 결정에 영향을 미치는 것을 목적으로 하는 시민행위의 정당성을 확고히 해주는 것으로 보다 진지하게 다루어져야만 한다.[43]

하지만 롤스는 이러한 관념들이 지닌 함의를 다루지 않는다. 그는 어디에서도 우리에게 영향력의 통로가 시민사회의 공중과 입법부 사이에 존재하거나 존재해야 한다는 것을 말하지 않는다. 그는 권리의 침해가 존재하지 않는 경우에도 그러한 통로를 창출하거나 확대하는 것이 시민불복종의 정당한 표적이 될 수 있다는 것을 결코 인정하지 않는다. 게다가 그는 민주적 정당성 원리는 선거, 의회 그리고 여타 헌법적 형태들에 의해 완전히 제도화되어 있다고 가정한다.[44] 제헌의회 이후—또는 보다 정확히 말하면 헌법비준 이후—에 사회의 정의 개념은 일거에 제도화되고, 국민들은 정상적 상황 하에서 유권자의 모습 이상의 어떤 다른 모습으로 정치적 행위자가 되기를 그만둔다. 이를 별개로 하면, 정치는 여전히 정치사회의 독점물로 남아 있다. 이 이론으로 무장할 경우, 롤스

간이 지남에 따라 정치적 규범의 레퍼토리는 변화하고 새로운 가치들이 제도화되고 종래의 규범들은 재해석되기 때문에, 이것의 누락은 심각하다. 우리는 그것의 기원을 롤스의 상대적으로 정적인 정의 개념까지 거슬러 올라갈 수 있다고 생각한다. 이 문제에 대한 논의로는 Peter Singer, *Democracy and Disobedience* (Oxford: Oxford University Press, 1973), 86–92를 보라.

43) 우리는 우리의 '정치사회' 개념에 법원을 포함시킨다. 법원은 경제적 압력이나 정치권력에 노출되어 있지는 않지만, 재판관은 공동체의 원칙, 전통, 지배적인 정의 의식에 맞추어 법의 해석을 조정한다는 의미에서 영향력에 노출되어 있음이 틀림없다.

44) Singer, *Democracy and Disobedience*, 385.

는 시민불복종 행위로 표현되는 제도 외적 '주권'이나 '국민'의 권위를, 모든 사람이 이미 원칙적으로 가지고 있는 권리를 방어한다는 협소한 범위 내로 분명하게 한정할 수 있다.

그러나 만약 헌법 속에 간직되어 있고 또 입법의 지침이자 그 정당성이 검증받는 기준으로 기능한다고 주장되는 사회의 정의 개념이 분명하거나 자명하지 않다면, 어떻게 되는가? 기본권 관념의 핵심을 이루는 헌법에 표현되어 있는 도덕원리들이 다르게 해석되어 달리 적용될 수 있다면, 어떻게 되는가? 실제로 드워킨에 따르면, 시민들이 가지고 있는 도덕적 권리가 무엇인가라는 문제가 항상 새롭게 해석될 수 있는 까닭은 모든 헌법이 도덕적 쟁점과 법적 쟁점을 융합하고 있어 법의 타당성이 복잡한 도덕적 문제에 대한 답변에 달려 있기 때문이다.[45] 게다가 비록 다수가 헌법을 그냥 방치하고 있고 대법원이 그것을 적절히 해석하기는 하지만, 어떠한 헌법도 시민들이 가지는 도덕적 권리를 모두 제도화할 수는 없다. 달리 말해 사람들이 모든 기본권이 확립되어 보호되고 있다고 말할 수 있는 시점은 존재할 수 없다. 왜냐하면 기본권의 의미, 해석, 범위 자체가 시간이 경과함에 따라 발전하기 때문이다. 헌법이 확립할 수 있는 것은 개인들이 국가에 맞서는 근본적인 도덕적 권리를 가진다는 것을 인정하는 것이다. 헌법이 그러한 권리들의 일부를 광범위한 용어들로 열거할 수는 있지만, 그러한 권리 모두를 표현할 수는 없다. 그 이유는 그 목록이 길기 때문이 아니라 권리의 해석이 변화하기 때문에, 그리고 국가에 맞서는 도덕적 권리를 가진다는 원리에는 부합하지만 그 관념에서는 거의 도출할 수 없는 새로운 권리들이 주장될 것이기 때문이다. 따라서 하나의 복잡한 해석학이 헌법원리, 전통, 판례, 현대의 정치적 도덕에 대한 성찰을 비롯하여 권리해석에서 작동할 것임이 틀림없다.

---

45) Dworkin, *Taking Rights Seriously*, 185.

따라서 권리를 인정하는 거의 공정한 입헌민주주의에서 시민불복종이 왜 정당하게 발생할 수 있는가 그리고 왜 그것은 범죄행위나 명백한 폭동행위와는 다르게 취급되어야만 하는가라는 질문에 대해 드워킨은 롤스보다 복잡한 답변을 제시한다. 실제로 우리가 앞으로 살펴보는 것처럼, 드워킨은 자유주의 이론을 상상할 수 있는 최고 한도로까지 확대한다. 하지만 앞으로 분명해질 이유들 때문에, 그 이론은 민주적 정당성의 원리의 초입에 머무르며 그리하여 부분적이다. 드워킨은 만약 정부가 정부에 대항하는 사람들의 권리를 부당하게 침범하는 법을 제정할 경우 사람들은 그 법을 위반할 도덕적 권리를 가진다는 점에 롤스와 의견을 같이한다. 이것은 별개의 권리가 아니라 정부에 대항하는 권리를 가지는 것의 한 가지 특징이다.[46] 하지만 드워킨은 어떠한 경우에도 법에 복종해야 하는 일반 의무는 전혀 존재하지 않으며 도덕적 권리가 위반될 때에는 분명 어떠한 복종의 의무도 존재하지 않는다고 주장함으로써 롤스의 입장을 넘어서는 한 가지 중요한 조치를 취한다. 실제로 실질적인 문제는 방금 언급한 분명한 사례가 아니라 법이 불분명하여 법의 타당성에 대한 의문이 있을 수 있는 상황이다. 드워킨에 따르면, "그럴듯한 주장이 양측 모두에서 제기될 수 있다는 의미에서 법이 불분명할 때, 그 자신의 판단을 따르는 시민은 부당하게 행동하는 것이 아니다."[47] 물론 이

---

46) Ibid., 192. 드워킨은 옳은 것(도덕적 양심의 관점)과 권리를 가지는 것의 중요한 차이를 구분한다(198-199쪽). 국가에 대항하는 도덕적 권리를 가진다는 것은 국가가 부정의를 저지르지 않고는 위반할 수 없는 원리를 합당한 이유 없이 위반할 수 있는 데에는 한계가 존재한다는 것을 의미한다. 이것은 각 개인이 무엇을 하는 것이 옳은지를 판단할 수 있는 개인의 도덕적 판단(소극적 자유)의 영역을 포함한다. 하지만 권리는 어떤 개인의 도덕적 판단에서 도출되는 것이 아니라 공동체의 공통의 정의 개념에서 핵심을 이루는 인간의 존엄성 또는 평등 개념으로부터 나온다. 권리는 각 개인들의 판단에 자율성을 부여하지만 모든 사람과 관련된 정치적 원리에 의거한다. 헌법적 권리는 도덕적 권리와 법적 권리의 교차점이다. 즉 헌법적 권리는 타당한 규범으로 인식되어온 도덕적 원리로 이루어져 있다.

것은 불분명한 법에 대한 매우 포괄적인 정의이다. 즉 여기서 명료성의 결여가 가리키는 것은 법의 성문 텍스트가 아니라 오히려 그 법적 규범이 논쟁이 되고 있는 상황이다.

미국에서 권리의 측면에서 의심스러운 법과 관련한 해석문제를 결말짓는 것은 대법원의 역할이다. 하지만 드워킨이 지적하듯이, 법원은 "자신의 견해를 바꿀" 수 있다. 실제로 어떤 법원이든 결정을 번복할 수 있다. 따라서 우리는 어떤 주어진 시점에서 헌법은 대법원이 그것이 헌법이라고 말하는 것이라고 가정할 수 없다.[48] 어떤 의심스런 법의 경우에 권위 있는 기관이 입장을 결정하기 전까지만 시민들이 그들 자신의 판단을 따를 것이라고 설득력 있게 주장할 수도 없다. 반대로 시민들이 마치 의심스런 법이 타당한 것처럼, 그리고 최고법원이 판단의 최종 장소인 것처럼 행위해야만 한다면, "우리가 도덕적 근거에서 법에 도전하는 주요 수단들은 사멸될 것이며, 시간이 경과함에 따라 시민의 자유는 분명 감소할 것이다."[49] 만약 어느 누구도 보편적 권리의 이름으로 분명하게 정해진 법에 이의를 제기할 수 없다면, 우리는 공동체의 도덕에서 시간이 경과함에 따라 발생하는 변화를 인지할 수 없게 될 것이다.[50] 만약 반대자의 압력이 존재하지 않는다면, 우리가 공유하는 원리를 위반하는 원리에 의해 우리가 지배받을 가능성은 증대될 것이다. 실제로 법은 부분적으로 시민들의 실험을 통해 그리고 그것에 반대하는 과정을 통해 발전하며, 시민불복종은 판결의 쟁점을 구체화하는 데 일조한다.[51] 법

---

47) Ibid., 215. 여기서 문제는 법이 분명하게 진술되어 있지 않을 수도 있다는 것이 아니라 양측 모두의 논거가 타당할 수도 있다는 것이다.

48) Ibid., 211-212.

49) Ibid., 212. 개방적인 탈전통적 사회는 도덕(원리)과 판례를 모두 고려할 것이기 때문에, 거기에는 어떠한 독단적인 사례도 존재할 수 없다. 심지어는 최고법원조차 진리에 특권적으로 접근하지 못해왔다.

50) Ibid., 212.

은 끊임없는 적응과 개정의 과정에 있기 때문에, 시민불복종은 너무나도 뒤늦은 수정 또는 혁신에 대한 속도조정자일 수도 있다. 그리고 이러한 수정과 혁신이 없다면, 어떤 활력 있는 공화국도 과거로부터 유증되어 지속되고 있는 법의 정당성을 시민들이 계속해서 신뢰하게 할 수 없을 것이다.

법적 타당성에 대한 이러한 논의는 시민불복종에 대한 드워킨의 옹호에서 중심을 차지하고 있으며, 좀 더 자세한 설명을 필요로 한다. 드워킨에 따르면, 법의 타당성은 영원히 열려 있는 검증과정에 달려 있다. 그리고 그 과정에서 법원은 헌법을 이끄는 원리들에 대한 도덕적으로 적합한 해석을 검토하는 것을 비롯하여 여러 역할을 수행한다. 분명 문제가 되는 것은 법률을 제정하는 입법과정의 절차적 옳음뿐만 아니라 헌법을 통해 표현된 정치문화를 이끄는 도덕적 원리의 해석이다. 그리고 판사들이 그러한 원리들을 성찰하는 것과 마찬가지로 일반 시민로 그렇게 할 수 있다. 즉 법의 검증은 판사의 독점물이 아니다.

이러한 주장은 하트(H.L.A. Hart)의 내부 또는 참여자의 관점과 외부 또는 관찰자의 관점 간의 구분과 연계되어 있다. 이 구분은 암묵적으로 법의 타당성과 관련한 두 가지 분석 수준—기존의 규칙과 절차적 필요조건에 대한 존중과 도덕적 타당성에 대한 존중—과 상응한다. '규칙모델' 내에서의 절차적 옳음의 문제는 관찰자의 관점만을 포함한다. 타당성 문제 역시 자주 이러한 방식으로 해석된다. 즉 만약 하나의 법의 제정과 적용 모두가 절차상 옳고 또 타당한 규칙을 위반하지 않았다고 판단되어왔다면, 그 법은 타당한 것으로 간주된다. 이러한 의미에서 타당성 검증은 검증자 스스로가 그 법에 성공적으로 도전할 수 있는 기회를 평가하는 '객관적 법률가'의 입장에 있을 것을 요구한다. 그들은 차후의

---

51) Ibid., 212, 214, 216-217, 219-220.

법률적 결정이 절차적으로 옳은 한 그것에 무조건적으로 복종하는 것에 동의할 것이다.[52] 이 모델에서 뒤집히거나 폐지되지 않은 법은 타당한 법이다. (비록 여기서 정확한 경계를 설정하기는 어렵지만) 헌법해석의 변화에 따라 폐지되거나 뒤집힌 법이 법으로서의 그 이전의 지위를 소급적으로 상실하지는 않는다.

의심할 바 없이 일상적인 사안이 아니라 '난해한' 사안을 염두에 두고 있는 드워킨은 이 타당성 모델에 만족하지 않는다. 그의 타당성에 대한 이해는 관찰자의 관점과 참여자의 관점 모두를 포함한다. 법률위반자들이 자신들을 타당한 법을 명료하게 만드는 것을 목적으로 하는 하나의 객관적 과정의 일부로 바라보는 검증사례가 있을 수도 있다. 그러나 하나의 검증사례가 헌법 속에 착근되어 있는 도덕적 원리(권리)가 침해되어왔다는 주장을 포함할 경우, 참여자의 관점 역시 평가의 대상이 된다. 드워킨에 따르면, 이러한 종류의 해석행위는 법의 타당성을 검증하기 위해 법을 위반하는 사람들과 법원 모두에 의해 수행된다. 특정 법률이 기본적인 도덕적 권리를 위반하고 있고 따라서 그것이 부당하다고 믿는 시민들이 행한 불법행위를 포함하는 검증사례는 법원이 법의 합헌성, 즉 법의 타당성을 평가하는 과정의 본질적 부분이다. 이러한 좀 더 광범위한 검증사례 모델에서 그 도전이 성공하는 경우, 그 뒤집힌 이유가 절차 때문이든, 헌법적 적합성 때문이든 또는 고도의 규범적 원칙 때문이든 간에, 그것이 공표되는 순간 문제의 법은 무효라고, 즉 법이 아니라고 선언된다.

이 모델에서 시민불복종이 법 또는 정책의 무효추정에 의해 발생하든 아니면 그것들의 부정의나 부당성에 대한 보다 일반적인 믿음에 의해 발생하든 간에, 시민불복종은 검증사례의 한 가지 유형으로 해석된다.

---

52) Greenawalt, *Conflicts of Law and Morality*, 227.

실제로 이 해석에서는 만약 시민불복종자들이 도전해온 법이 부당한 것으로 판명되면, 결국 어떤 법도 위반된 적이 없었던 것이 된다.

하지만 이 해석은 만족스럽지 못하다. 왜냐하면 그것은 시민불복종 내에서 발생하는 긴장, 즉 상위법 또는 규범적 원칙에 대한 복종과 (다른 경우에서는 법체계를 일단 인정하고 존중하는 개인들이 갖는) 법위반의 트라우마 간에 존재하는 구체적 긴장을 과소평가하기 때문이다. 두 가지 사례가 이 점을 입증한다. 첫째, 어쩌면 의도적으로 검증사례를 유발하는 모든 행위와는 달리, 시민불복종 행위의 대다수는 시민불복종자들이 도전하고자 하는 특정 법률이나 정책이 아닌 법을 위반한다. 실제로 드워킨이 언급한 시민불복종 사례들—(징병반대를 제외한) 베트남 전쟁 반대운동, (인종차별 반대 간이식당 연좌시위를 제외한) 민권운동, 반핵운동—은 이 범주로 분류되며, 그러므로 통상적인 의미에서의 검증사례들로 이해되지 않을 수도 있다. 사실 드워킨의 전체 논의는 표준적인 검증사례가 아니라 이러한 종류의 불법행위를 다루고 있다. 둘째, 구체적인 정책에 반대하는 시민불복종—드워킨은 이것의 정당성을 제한하기는 하지만 부정하지는 않는다—은 법의 합헌성에 이의를 제기하는 것이 아니라 그러한 법이 사려 깊지 못하거나 부도덕하다고 또는 둘 다라고 주장한다. 이와 관련한 정책들은 부당한 것이 아니며, 따라서 입법적 폐지나 대체에 의해서만 (소급적으로는 아니지만) 폐지될 수 있다. 이러한 경우에 쟁점이 되는 것은 실제로 법의 타당성보다는 정당성이다. 이 정당성은 순전히 참여의 관점을 취하는 행위자들, 즉 자신이 입법부의 자리를 차지하고 있고 실제로 그들의 대표자들 및 전체 유권자(공중)와의 의사소통 과정에 참여하는 행위자들에 의해 이의를 제기받는다.

우리는 적어도 분석적 목적에서는 시민불복종과 검증사례를 구분하는 것은 이해할 수 있다고 생각한다.[53] 진정한 의미의 시민불복종에서 기본적인 관점은 참여적 관점이고, 그것이 수반하는 것은 무엇보다도 법의 정당성과 관련한 주장이다. 진정한 법 검증에서 문제가 되는 것은 법적 규칙체계의 일관성뿐만 아니라 검증 이전과 법률적 검증과정 동안 모두에서의 절차적 규칙성이다. 검증자의 동기가 무엇이든 간에, 검증은 단지 관찰자의 관점만을 전제로 한다.

물론 법 검증과 시민불복종이 쉽게 구분될 수 없는 사례들도 존재한다. 그러한 경우에 문제가 되는 것은 단지 정당한 절차나 정당성만이 아니라 드워킨이 말하는 복잡한 의미에서의 타당성이다. 분명 징병반대와 연좌시위와 같은 일부 시민불복종 사례들의 경우에는 분명 타당성의 문제가 배제되어 있지 않고 또 집합행위의 기법을 사용하여 법령에 불복종하는 사람들 역시 그 법의 타당성 지위를 변화시키기를 원하기도 한다. 또한 어떤 법 검증사례들의 경우에는 도전자들이 법률가의 예견이나 법원의 판단을 받아들일 준비가 되어 있지 않고 또 법원의 판결 자체가 법적 절차 밖의 대행자와 지지자들에게 부정의 그리고 실제로 부당성을 극화할 것으로 가정되기도 한다. 이러한 혼합된 사례들에도 불구하고 그리고 드워킨과 대조적으로, 우리는 법 검증과 시민불복종을 구분하는 것이 유용할 것으로 생각한다. 비록 드워킨이 이러한 논의의 목적을 위해 구분한 것은 아니지만, 우리는 그가 진정한 의미의 시민불복종에 관심을 기울이고 있다고 가정하는 것은 정당하다고 생각한다. 그가 정당성보다는 오히려 타당성을 강조하고 시민불복종과 검증사례를 일치시키는 경향이 있기는 하지만, 그가 시민불복종과 근본적인 권리의 방어과정(이 과정에서는 최고법원의 결정조차도 최종 결정이라고 말할 수 없다)을

53) Ibid., 227–229. 기본적 권리가 실제의 적절한 과정이나 근본적인 가치에 호소하지 않고도 방어될 수 있다고 주장하고자 하는 것은 설득력이 없다. 왜냐하면 절차적인 민주적 정당성 역시 근본적인 가치, 즉 대의제 민주주의에 의지하기 때문이다. 과정에 근거한 논증으로는 John Hart Ely, *Democracy and Distrust* (Cambridge: Harvard University Press, 1980)를 보라.

연계시킨 것은 **전체로서의** 우리의 법적 질서의 최고의 원칙을 포함하고 있으며, 분명 하나의 일반 모델로서의 검증사례를 넘어선다.

그렇다면 우리가 여기서 염두에 두어야 할 것은 현존하는 개인의 권리를 누가 보더라도 분명하게 위반하는 상황 이외에서 발생하는 시민불복종을 정당화하는 것이다. 시민불복종은 입헌민주주의 내에서 변화를 일으키는 결정적 요소의 하나로 인식될 수 있다. 그것은 권리창조(즉 이전에는 제도화되지 않았던 도덕적 권리의 제도화)의 주요 원천 중의 하나이다. 그리고 시민불복종은 정치문화의 발전과 제도적 변동에 기여하는 학습과정을 개시한다. 시민불복종의 준거점은 여론이다. 우리가 여론을 정치와 연관된 우리의 도덕적 원리로 간주한다는 심대한 의미에서 그렇다. 따라서 정치와 연관된 시민행동의 역할은 개인의 권리를 구체적으로 위반하는 것에 대해 방어적으로 반발하는 것을 넘어 어떠한 원리와 규범이 법으로 입법화되어야만 하는가라는 문제를 포함하는 쪽으로 확대되고 있다. 드워킨에게서 그러한 문제는 권리의 언어로 번역될 것임이 틀림없지만, 이 모델에서 (기존 권리를 방어하는 것만이 아니라) 권리를 주장하는 것과 관련된 행위는 분명 정치적이다. 따라서 드워킨은 권리를 창출하는 과정에서 그리고 여론을 계몽하는 과정에서 시민불복종이 수행하는 역할을 역동적으로 이해할 수 있게 해준다.

시민불복종 행위가 권리의 방어와 창출을 지향하는 시민의 측면에서 행해지는 정치적 행위라는 광범위한 의미로 해석되기 때문에, 그리고 그것들이 시민사회의 공론장을 통해 정치과정에 영향력을 행사하기 때문에, 바로 그러한 행위는 양심적 반대행위보다도 더 강력한 정당화를 필요로 한다. 후자가 특정한 법에 대한 도덕적 반대를 포함하고 개인적 면제를 추구한다면, 전자는 정치제도를 겨냥하고 변화에 기여하고자 한다. 어쨌든 간에 시민의 참여권리가 확보되어 있고 다수결 원리가 입법의 핵심원리를 이루고 있는 입헌민주주의에서 시민불복종이 다수결의 원리를 위반하지 않으며 또 반민주적이지 않다는 것을 보여주는 것은 시민불복종 옹호자들의 의무이다.

이것은 우리를 왜 거의 공정한 입헌민주주의에서조차 시민불복종이 정치문화의 하나의 유망하고 중요한 차원인지에 대한 두 번째 설명으로 인도한다. 롤스와 같이 드워킨은 다수결 원리의 정당성을 절차적으로 해석한다. 즉 법은 대의정치체계에서 정당한 절차를 따를 경우 구속력을 지닌다. 하지만 한 가지 실제적인 단서조항이 존재한다. 그것이 바로 소수의 권리가 침해되어서는 안 된다는 것이다. 어떠한 다수의 합의도 항상 경험적일 뿐이기 때문에, 롤스가 주장했듯이 그것은 잘못을 범할 수 있다. 이것은 민주적 정치과정에 내장된 위험이다. 다수의 합의는 단지 결합된 편견, 개인적 혐오, 다수의 이익, 그리고 입법 또는 여론의 합리화뿐일 수 있다. 게다가 "법의 대부분—사회정책과 경제정책 그리고 외교정책을 규정하고 보충하는 부분—은 중립적일 수 없다. 법은 그것의 가장 중요한 부분에서 공공선에 대한 다수의 견해를 진술하지 않을 수 없다."[54] 복잡하고 분화된 다원주의적 시민사회에서 권리의 제도가 입법부의 다수가 내릴 수 있는 결정의 범위와 유형을 제한한다. 하지만 그것 때문에 권리가 민주적 원리에 대치되는 것은 아니다. 왜냐하면 권리의 제도들은 소수의 존엄성과 평등이 존중될 것이라는, 소수에 대한 다수의 약속을 상징하기 때문이다. 게다가 다수의 의사결정에 대한 실제적 제한—국가에 대항하는 근본적 원리들이 상징하는—은 다수결 원리 그 자체의 정당성의 근원이다.[55] 실제로 권리 테제는 법 이면에는 법체계 전체의 정당성의 토대로 기여하는 무엇인가가, 즉 도덕원리가 존재한다는 것을 전제하고 있다. 자유주의자에게 이 무엇인가가 개인의 도덕적

---

54) Dworkin, *Taking Rights Seriously*, 205.
55) Ibid. 다수결 원리의 정당성은 소수의 기본적 권리가 침해되지 않고 소수가 평등한 배려와 존중을 받을 것을 요구한다.

권리라는 원리이다.

그렇다면 우리는 어떻게 권리가 문제가 될 때를 아는가? 우리는 어떻게 시민불복종 행위와 헌법체계의 원리에 도전하는 행위를 구분하는가?[56] 드워킨은 두 가지 종류의 공적 쟁점을 구분하는 방식으로 이 문제에 답변한다. 하나의 쟁점은 공동체 전체의 집합적 목적과 관련한 정책결정을 포함하고, 다른 하나의 쟁점은 원칙의 문제, 즉 특정 개인 또는 집단의 권리에 영향을 미치는 결정을 포함한다.[57] 이러한 정책과 원칙 간의 구분은 드워킨의 시민불복종 유형분류의 일부가 되고, 또 그가 시민불복종이 정당할 때와 그렇지 않을 때를 구체화하고자 하는 노력에서도 활용된다. 만약 사람들이 다수의 이익 또는 목적에 대항하여 소수의 권리를 방어한다는 명목으로 법을 위반할 때, 사람들은 "정의에 기초한" 시민불복종에 참여하는 것이다. 만약 사람들이 특정 정책이 부도덕하거나 불공정하다는 믿음 때문이 아니라 그것이 사려 깊지 못하거나 어리석고 또는 사회에 위험하다고 생각되기 때문에 법을 위반한다면, 사람들은 "정책에 기초한" 시민불복종에 참여하는 것이다.[58] 이 두 유형의 시민불복종 모두가 도구적·전략적이라는 의미에서(그것의 목적은 정책 또는 법의 변경이다) '공격적'이지만, 우리는 두 가지 유형의 전략을 좀 더 구분할 필요가 있다. 그 하나가 다수가 그들의 생각을 바꾸기를 희망하면서 다수에게 반대주장을 경청할 것을 강요하는 것을 목적으로 하는

---

56) 행위의 내용(폭력적 또는 비폭력적, 무력의 사용 또는 비사용), 행위의 의도 또는 행위자의 고결성(도덕적 정직함 또는 무책임)에 기초하여 그러한 구분을 하고자 하는 가장 자유주의적인 시민불복종 이론가들과는 달리, 드워킨은 그러한 접근방식은 설득력이 없다고 인식한다. 모든 시민불복종 행위는 복잡하고, 무력을 정의하기가 어렵고, 그러한 행위에서 폭력은 자주 정부의 진압에 대한 하나의 대응이다.

57) Dworkin, *Taking Rights Seriously*, 82.

58) Dworkin, *A Matter of Principle*, 107. 드워킨은 시민불복종의 세 번째 유형―롤스가 양심적 거부라고 정의한 것에 기초한―을 "고결함에 기초한 시민불복종"이라고 부른다.

설득전략이고, 다른 하나는 다수가 새로운 비용이 받아들이기 어려울 만큼 많이 들어간다는 것을 깨닫기를 바라면서 정책추진 비용을 증가시키는 것을 목적으로 하는 비설득전략이다. 그렇다면 그 형태와 의도에서 시민불복종은 담론적(영향력 정치)일 수도 있고, 비담론적(권력전략)일 수도 있다. 시민불복종의 설득전략은 어떤 근본적인 방식으로 다수결 원리에 도전하지는 않는다. 왜냐하면 불법적 집합행위의 논리는 다수의 주목을 받고 다수가 주장에 주의를 기울이게 하는 것이기 때문이다. 그것은 정치사회에 영향을 미치는 것을 목적으로 한다. 비설득전략은 비록 비폭력적이고 도덕적 관점에서 볼 때 열등하기는 하지만, 사람들이 어떤 정책이 심히 불공정하다고 믿는다면, 그 전략은 받아들여질 수 있다. 그 전략은 입헌민주주의 원리의 토대를 근본적으로 침식하지는 않는다. 왜냐하면 국가에 대항하는 권리라는 관념 그 자체가 다수는 권리를 존중해야만 하고 또 다수의 의지에 반하여 공정할 것을 강요받을 수 있다는 관념에 의지하기 때문이다.[59] 그럼에도 불구하고 정책에 기초한 불복종—이것은 소수의 문제가 아니고 따라서 원칙의 문제가 아닌 상충하는 선호의 문제이다—의 경우에, 비설득전략은 다수의 원리의 심장에 일격을 가하지만 정당화될 수는 없다.

이러한 설득전략과 비설득전략 간의 구분은 해명적이고 또 중요하다. 그러나 정의에 기초한 불복종과 정책에 기초한 불복종 간의 구분이 드워킨이 시도한 방식으로, 즉 실제적 의사결정 영역과 관련하여 이루어질 수 있는지는 분명하지 않다. 원칙과 정책 간의 구분은 (권리와 관련된 주장이 거의 모든 정책문제와 관련하여 제기될 수 있고 어떤 경우에는 문제가 되는 것이 바로 그 경계선이기 때문에[60]) 문제를 교묘하게 회

---

59) Ibid., 111.
60) 드워킨 자신은 외교정책 문제와 관련하여 그러한 주장을 했다. 그는 권리주장에 기초하여 베트남전쟁 반대운동을 옹호하고자 했지만, 궁극적으로 그의 논증 모델

피하는 것이거나, 아니면 그것은 민주적 정치과정과 공공선에 대한 순전히 공리주의적인 모델을 희생하고서만 주장될 수 있다. 드워킨의 저작에서는 후자의 경향이 지배적이다. 실제로 드워킨은 정치와 도덕 간의 표준적인 자유주의적 구분을 부활시켜, 다수결의 원리, 다수의 의견, 선호, 공동이익, 정책문제를 정상적인 민주적 정치과정 내에 위치시키고 도덕원리 또는 권리문제를 이 과정 밖에 위치시키는 경향이 있다. 그 함의 상 그리고 그것을 부인하는 진술에도 불구하고, 그에게서 권리와 민주주의, 도덕과 정치는 결국 대립적인 것으로 등장한다. 이러한 해석에 입각할 때, 여론은 기껏해야 일단의 선호로, 최악의 경우에는 일단의 외부의 선호로 축소되는 경향이 있다. 그리고 '정상적인 민주적 과정'과 입법은 그것들의 원칙에 입각하고 있는 규범적 성격을 박탈당하고 이익집단, 타협안, 압력에 대한 반응――요컨대 공리주의적인 이익집단 다원주의 모델――으로 축소되는 경향이 있다. 마찬가지 이유에서 시민사회는 도덕적 (비정치적) 영역으로 등장한다. 그 속에서 정당한 것으로 간주되는 유일한 제도 외적인 정치적 행위는 권리를 보호하기 위해 정치사회에 영향력을 행사하고자 하는 정치지향적 행위들뿐이다. 왜 권리가 그렇게 규정된 민주주의에 승리해야만 하는지 그리고 왜 정책결정이 원칙의 문제를 포함하는 것으로 인식되지 않는지를 이해하기는 어렵지 않다.

　이 정치 모델은 드워킨이 분명하게 표명한 시민불복종의 창조적 차원

은 설득력이 없다. 거기에는 개인의 권리문제(학생면제)를 제기하는 운동의 측면들이 있기는 했지만 그 운동은 또한 정부가 내린 정책결정에 도전하는 것이었으며, 비록 헌법절차상의 문제가 준수될 때조차도 그렇게 할 수 있었다. 우리의 관점은 어느 누구의 권리와 직접적으로 관련되어 있지 않지만 민주적 의사결정과 정치적 도덕성의 쟁점이 문제가 될 때 특정 시민불복종 행위가 특정 정책에 도전한다는 것이다. 그리고 만약 그것이 권리에 기초한 주장에 의해 정당화될 수 없다고 하더라도, 그럼에도 불구하고 그것은 민주적 원리에 기초한 주장에 의해 윤리적으로 정당화될 수 있다. 아래의 각주 63을 보라.

에 대한 통찰 자체를 손상시키고 시민불복종을 다시 한 번 방어적 전략으로 축소시킨다. 그것은 또한 드워킨으로 하여금 자신이 시민불복종을 영향력 정치로 이해한 것이 공적인 것과 사적인 것이라는 표준적인 자유주의적 이분법—즉 사생활과 개인의 자율성의 영역으로서의 시민사회와 정상적인 정치적 행위의 영역으로서의 국가 또는 정치사회라는 이분법—에 이의를 제기하는 것이라는 점을 인식하지 못하게 한다. 만약 시민불복종이 학습과정을 포함하고 우리의 자유민주주의적 정치문화와 제도를 발전시키는 데 하나의 역할을 수행한다면, 만약 관련 집합행위의 표적이 먼저 시민사회 내의 여론이고 그 다음이 입법부나 법원[61]이라면, 민주적 정치과정은 이익집단 이상의 것을 포함해야만 하고, 또 시민사회의 정치관련 활동은 이익추구와 개인의 권리방어 이상의 차원을 지니고 있어야만 한다. 왜냐하면 그것이 바로 권력전략과 구분되는 영향력 정치가 전제로 하는 것이기 때문이다. 만약 그렇지 않다면, 정치제도를 변화시키고 입헌원칙에 대한 충성의 범위 내에서 급진적인 제도적 개혁을 꾀하고 개인들의 권리가 문제가 되지 않는 상황에서 공동체의 도덕의 이름으로 여론에 호소함으로써 입법부에 영향을 미치고자 하는 제도외적 시도들은 반민주적인 선동행위로 보여질 수밖에 없을 것이다.

다른 자유주의자들과 마찬가지로 드워킨 역시 그러한 결론을 피할 수 없다. 왜냐하면 그는 입헌민주주의의 정당성을 오직 그것이 보호하는 개인의 도덕적 권리에만 위치시키기 때문이다. 시민의 권리는 근본적인 도덕적 권리의 목록에 포함되지만, 자유주의자들은 도덕적 권리가 그리고 그것과 함께 민주주의의 원리 자체가 투표권과 공무담임권[62]의 보편화

---

61) 법원은 돈이나 권력을 통해 행사되는 압력에서 벗어나 있어야만 하지만, 판사는 현대 정치문화로 인해 논거를 통해 매개되는 간접영향에 노출되어 있음이 틀림없다. 따라서 그들은 정치사회의 일원이다.
62) 이는 언론자유, 집회, 결사 등의 관련 시민권에 의해 뒷받침된다.

와 함께 완전히 제도화된다고 가정한다. 따라서 민주적 정당성의 원리는 다수의 원리를 실행하기 위해 제도화되어온 개인의 권리와 선거절차의 관념으로 용해된다. 만약 어떤 특정 범주의 시민이 완전한 정치적 권리를 부정당한다면 시민불복종은 당연할 것이지만, 정치사회가 시민의 견해를 더욱 대변하게 만들거나 국가에 대한 시민사회의 영향력을 확대하여 시민사회나 정치사회를 더욱 민주화하는 것을 목적으로 하는 시민불복종은 자유주의적 입장에서 완전히 차단당하게 된다. 이것은 자신이 옹호하는 현대 시민불복종 행위를 오직 권리의 문제와 관련해서만 해석하고자 하는 드워킨의 설득력 없는 시도에서 분명하게 드러난다.[63] 이것은 드워킨이 개인의 권리주장으로 환원할 수 없는 상황에서의 시민불복종을 정책문제와 비설득전략을 포함하는 것으로 그리하여 부당한 것으로 해석하고자 하는 경향에서 더욱 분명하게 드러난다.[64] 이를테면 드워킨은 독일 반핵저항을 논의하면서, 미사일 배치와 억제전략은 복잡한 징책문제이며 그러한 상황에서 그러한 논의는 불법행위의 견지에서 조

---

63) 이를테면 베트남전쟁 반대운동에 대한 그의 논의를 주목해서 살펴보라. 그는 반대자들의 주장을 법률가나 할 수 있는 종류의 권리주장으로 번역하고자 노력한다. 이러한 해석은 징병법의 불평등에 기여할 뿐 베트남전쟁과 관련한 도덕적 반대—미국이 파렴치한 무기와 전술을 사용하고 있었다거나 미국이 시민들이 거기서 목숨을 걸게 강요하는 것을 정당화할 수 있는 이해관계를 베트남에 가지고 있지 않다는 비난—와 관련해서는 사람들을 전혀 납득시키지 못한다. 문제가 되었던 것은 분명 전쟁결정이 어떻게 내려져야만 하는가 하는 것이었다. 즉 공적 논쟁을 유발시킨 것은 그것은 단지 '국가이성'의 문제가 아니라 도덕적·규범적인 정치적 문제였다는 주장, 그리고 민주주의 국가에서는 국민이 그러한 의사결정 과정에 영향을 미칠 수 있어야만 한다는 주장이었다. 그리고 민주주의 국가에서는 국민이 그러한 의사결정 과정에 영향을 미칠 수 있어야만 한다는 주장이었다. 문제가 되었던 것은 양심적 거부의 문제가 아니었다. 왜냐하면 운동에 참여한 사람들은 징병될 위험에 처한 사람들만이 아니었기 때문이다. Dworkin, *A Matter of Principle*, 208-209를 보라.
64) 드워킨 자신이 정책에 기초한 시민불복종을 옹호함에도 불구하고, 그는 자신이 제시한 유일한 사례를 은연중에 비설득적인 것으로 해석한다.

명될 수 없다고 주장한다. 그는 평화운동이 그것이 반대하는 정책의 대가를 증가시키는 것을 목적으로 하는 비설득전략을 사용한다는 이유로 그것을 비난한다.[65] 정책과 원칙 간의 구분의 약점은 여기서 특히 분명하게 드러난다. 왜냐하면 사람들은 시민불복종 관련 행위들에서 문제가 되는 것이 바로 이 구분이라고 쉽게 주장할 수 있기 때문이다. 평화운동의 목적은 드워킨이 비난하듯이 일반 공중이 관련된 복잡한 문제에 주의를 덜 기울이게 하는 것이기는커녕 정확히 그것과 정반대였다. 즉 평화운동의 목적은 이전에는 국가관료제와 국가이성의 영역에 맡겨졌던 공적 담론과 논쟁을 확대하는 것, 그리고 폭력수단의 국가독점에 대해서가 아니라 그러한 수단의 정당한 사용과 관련한 정치와 도덕적 문제의 국가독점에 대해 도전하는 것이었다.[66] 문제가 되는 것은 개인의 권리가 아니라 민주적 원리였다. 실제로 인간사슬과 연좌농성을 "많은 사람들이 부끄러워서 고개를 돌려야 할 사람들이 누구인지를 직시하게끔"[67] 함으로써 논쟁을 촉발하는 것을 목적으로 하는 하나의 상징적 행사라기보다는 무력시위, 즉 비설득적 권력행사로 해석하는 것은 전혀 이치에 맞지 않는다. 이 경우에 문제가 되는 것은 적어도 두 가지 규범적 원리였다. 하나는 하나의 특수한 종류의 무기가 지닌 윤리성이고, 다른 하나는 정책결정을 하는 정치사회의 민주적 또는 대의제적 속성이다. 여기서 요점은 정책문제와 권리와 관련된 문제의 구분이 유지될 수 없다는 것이

---

65) Dworkin, *A Matter of Principle*, 112.

66) Habermas, "Civil Disobedience"를 보라.

67) 이 표현은 드워킨이 여론을 각성시키고 그것을 표현할 수 있는 공간을 창출하고 그것의 영향력을 느끼게 할 방법을 찾고자 했던 미국 민권운동에 대해 사용한 것이었다(*A Matter of Principle*, 112). 우리는 미국의 오퍼레이션 레스큐(Operation Rescue)의 활동과 같은 행위들은 이러한 근거에서 정당한 시민불복종으로 볼 수 없다는 점을 지적할 필요가 있다. 왜냐하면 이 낙태반대 단체의 활동은 설득보다는 오히려 협박전술을 사용하고 공동체의 정의의 원칙에 호소하기보다는 오히려 특수한 세계관을 강요하고자 하기 때문이다.

아니라 두 종류의 문제 모두 원칙의 문제를 포함할 수 있으며, 만약 이것이 인정되지 않는다면 사람들은 각각의 시민불복종 행위의 성격을 잘못 해석할 위험에 처한다는 것이다.

　권리지향적 자유주의는 거의 공정한 입헌민주주의 국가──이것은 협소하게 인식된 정당성 원리에 기초해서 작동한다──에서 발생하는 시민불복종 문제를 정당하게 평가할 수 없다. 자유주의자들은 법 위반의 제도 외적인 도덕적 토대──하지만 면밀히 살펴보면 그것은 법의 지배의 존중을 약화시키기보다는 재확인한다──가 존재한다고 주장하면서, 권리지향적 시민불복종을 탈범죄화하는 조치들을 요구한다. 하지만 자유주의자들은 입헌주의의 원리에 의해 인도되는 정체에서 법의 정당성에는 이중적인 제도 외적인 도덕적 토대가 존재한다는 것을 인정하지 않는다. 모든 다른 도덕적 권리와는 달리, 시민불복종 자체는 모순 없이 법적 또는 헌법적 권리가 될 수 없다. 엄밀하게 말해, 권리를 주장할 권리는 결코 권리가 아니다. 그것은 정치와 구분되는 도덕 개념에 다시 회부되는 것이 아니라 정치 그 자체의 규범적 원리, 실제로는 정치적인 것에 대한 민주적 개념과 직접적으로 관련되어 있다. 개인의 권리를 방어하는 불복종은 기본권 관념으로부터 나오지만, 엄격한 의미의 시민불복종은 특히 그것이 새로운 권리를 창조할 때에는 입헌민주주의의 제2의 규범적 토대, 즉 자유주의자들이 망각한 입헌주의의 또 다른 토대인 민주적 정당성의 관념에서 나온다.

　우리는 이제 우리의 작업정의(working definition)를 제시할 수 있다. 시민불복종은 보통 집합행위자 측에서 공적이고 원칙을 따르고 그 성격상 상징적이며 기본적으로 비폭력적인 저항수단을 사용하고 또 대중의 이성능력과 정의의식에 호소하는 불법행위를 포함한다. 시민불복종의 목적은 특정한 법과 정책이 부당하고 따라서 그것이 변경되어야 한다고 시민사회와 정치사회의 여론을 설득하는 것이다. 시민불복종에 참여하는 집합행위자들은 입헌민주주의 유토피아적 원리를 불러내어 기본권 또는 민주적 정당성 관념에 호소한다. 따라서 시민불복종은 시민사회가 정치사회(또는 경제사회)에 대해 영향력을 행사하려는 합법적 시도가 실패하고 다른 수단들도 남김없이 다 썼을 때 시민사회와 정치사회(또는 시민사회와 경제사회) 간의 연계관계를 거듭 주장하기 위한 하나의 수단이다.[68]

---

68) 이 정의에 포함되어 있는 모든 요소는 도전받을 수 있다. 즉 이것은 정의를 내리려는 모든 시도가 처하는 위험이다. 이러한 상황이 최악으로 남용되는 것을 피하기 위해 우리는 몇 가지 요점을 명확히 해두고자 한다. 이 정의에서 '공적'이라는 것은 불법행위가 알려져야만 하지만, 그것이 범해지는 동안은 반드시 그럴 필요는 없다는 것이다(비록 이것이 대체로 사실이기는 하지만). 행위의 입안자가 자신을 반드시 알려야만 하는 것도 아니다. 하지만 이것 역시 일반적으로는 누구나 다 알게 된다. 베트남전쟁에 반대하는 저항 동안에 징집서류에 피를 뿌린 것은 하나의 유용한 사례이다. 이러한 행위들은 비밀리에 행해졌고, 행위자들은 익명성을 유지했다. 그러나 그러한 행위는 분명 상징적이었고, 누구나 알게 되는 것을 목적으로 한 것이었다.

'불법적'이라는 것은 결코 법의 지배 전체 또는 헌법체계 자체에 의문을 제기할 작정은 아니지만 의도적인 법 위반이 존재한다는 것을 의미한다. 법적 의무를 위반한 것에 따른 법적 결과를 기꺼이 받아들이는 것은 행위자가 "거의 공정한, 즉 거의 민주적인" 헌법에 충성한다는 것을 입증하지만, 그것이 절대적으로 요구되는 것은 아니다.

'비폭력적'이라는 것은 저항의 성격이 상징적이고 의사소통적이거나, 또는 드워킨의 표현으로 설득적이라는 것을 의미한다. 폭력을 포함하는 전략적 권력행동은 시민불복종으로 정당화되기 어렵다. 그럼에도 불구하고 구체적 상황에서 폭력은 발생할 수 있다. 폭력에 대한 평가는 폭력을 행사한 사람과 관련해서 내려져야만 한다. 노동운동의 역사는 시민불복종 행위로 인식될 수 있는 수많은 폭력적 파업의 사례를 제공한다. 무력과 폭력은 주지하다시피 정의하기 어려우며, 그것들의 의미는 모든 형태의 강제를 포함하는 것까지 확장될 수도 또는 단지 물리적 폭력만을 의미하는 것으로 범위가 한정될 수도 있다. 우리는 프랑켄베르크(Frankenberg)의 다음과 같은 정식화를 받아들인다. "'수단의 균형성'을 위반하지 않는, 그리고 특히 저항의 반대자와 무구한 방관자의 육체적·정신적 고결성을 보호하는 위반행위만이 시민적이다."(Günter Frankenberg, "Ziviler Ungehorsam und rechtsstaatliche Demokratie," *Juristenzeitung* 39 [March 1984]: 266ff.)

마지막으로, 주민의 이성능력과 정의의식에 호소한다는 것은 시민불복종이 시

따라서 시민불복종은 집합행위자 측에서의 불법적인 정치참여 형태이다. 그것은 정의상 시민사회의 공론장을 활성화하고 제도 외적 시민활동을 포함하는 정치적 목적을 갖는 정치적 행위이다. 민주적 정체에서 시민불복종의 궁극적 정당화는 근본적인 도덕적 권리뿐만 아니라 민주주의 자체에 근거해야만 한다. 그러나 만약 우리가 민주주의를 헌법에 분명하게 표현된 절차와 제도의 총체라고 가정하고 그것들이 공리주의적 정치 모델에 의해 이론적으로 파악될 수 있다고 본다면, 우리는 악순환을 결코 피할 수 없을 것이다. 그럴 경우 다수결의 원리에 동시에 도전하지 않는 시민불복종에는 (권리주장 이상의) 어떠한 민주적 논거도 존재하지 않을 것이다. 그것의 해결책은 민주적 과정, 시민사회, 그것들의 규범적 토대, 그것들의 관계에 대한 다른 모델에서 찾을 수 있다.

그리고 실제로 드워킨은 데블린 경(Lord Devlin)과의 논쟁에서 비공리주의적인 민주적 과정 모델을 개관한다. 그는 입법이 중립적일 수 없을 때, 즉 그것이 공동체의 도덕과 관련한 쟁점을 포함할 때,[69] 입법자는 판사와 비슷한 도덕적인 해석학적 성찰을 해야만 한다고 주장한다. 즉 특정 쟁점에 대한 공동체의 도덕적 입장을 결정하려는 시도는 여론조사를 실시하거나 선호를 결집하는 문제(정책)가 아니라 오히려 공동체가 보존하고자 하는 집합적 정체성에 내재하는 도덕적 원리를 식별해내는 문제이다. 따라서 "만약 편집자 칼럼, 그의 동료의 연설, 이익집단의 증언을 둘러싼 공개적 논쟁이 있었다면, …… 입법자는 그러한 주장과 입

민사회와 정치사회 모두의 성원에게 입헌민주주의의 근간을 이루는 기본 원리들을 성찰하고 그러한 원리에 위배되는 법, 정책, 제도적 장치들을 변경시킬 것을 요청한다는 것을 의미한다.

69) 이를테면 드워킨은 여기서 '비중립적'이라는 것이 입법이 바람직한 것에 대한 개념을 비롯한 일반적 규범을 포함한다는 것을 의미한다고 지적하지만, 다른 곳에서는 그것을 외교정책, 경제정책, 사회정책 결정만을 지칭하는 것으로 해석하고 있음에 주목하라.

장을 면밀히 검토하여 어떤 것이 편견이고 합리화인지 그리고 어떤 원칙과 이론이 전제되어 있는지를 결정하고자 노력해야만 한다."[70] 요컨대 입법자는 대중의 분노, 불관용, 혐오를 공동체의 도덕적 확신으로 받아들여서는 안 된다.

만약 드워킨이 도덕적 엘리트주의라는 비난을 피하고자 한다면, 그는 민주주의 개념과 다수결 원리에 대한 여론과 입법 간의 이러한 유형의 관계가 갖는 함의를 다루어야만 할 것이다. 여기에 함축되어 있는 것은 정치과정에는 이해관계 이상의 것, 입법에는 이해관계의 절충 이상의 것, 공공선 또는 공동이익에는 총합된 선호 이상의 것, 입헌주의와 다수결 원리의 근간을 이루는 도덕원리에는 개인의 권리보호 이상의 것이 존재한다는 것이다. 입법자가 공동체의 도덕적 원리를 식별해내려고 노력해야 하고 정보에 근거하여 형성된 여론이 그러한 원리들을 입법자에게 전달하고 또 입법에 영향을 미칠 수 있어야만 한다는 관념은 시민사회가 정치와 관련된 차원을 가진다는 것을 암시한다. 실제로 이것들은 입법에는 정치문화 또는 공동체의 집합적 정체성에 대한 해석을 포함하는 차원이 존재한다는 것을 시사한다. 그리고 그러한 것들은 시민사회 속에서 정식화된다. 이 점에서 시민사회가 정치사회에 미치는 영향은 민주주의의 하나의 중요한 차원이다. 공동체의 도덕의 측면을 제도화하는 법(그리고 이 점에서 어떠한 정체도 결코 완전히 중립적일 수 없다)은 정책결정으로도 또 권리로도 환원될 수 없다. 게다가 공적 담론의 과정은 도덕적 권리에서와 마찬가지로 공동체의 집합적 정체성(전통과 공동규범)과의 성찰적 관계를 요구한다. 여기서도 역시 어떤 단일한 권위 있는 심의기관이 있을 수 없지만, 이 경우에 입법기관을 넘어서는 것은 (개인의 권리문제는 문제가 되지 않는다고 가정하는) 법원이 아니라 여론

---

70) Dworkin, *Taking Rights Seriously*, 255.

자체에 호소한다. 결국 공중이 최종 항소법원이 된다. 즉 의회제도의 공론장에서 도달한 결정의 정당성의 궁극적 소재지는 시민사회의 공론장에서 발전되고 표현되는 여론이다. 자유주의자들은 권리(언론, 집회, 결사)에 의해 보장되는 시민사회 내의 활력 있는 공적 공간이 권리의 방어에 근본적이라고 이해한다. 그러나 그것들은 또한 민주주의의 원리에도 근본적이다. 이 개념은 도덕과 정치, 즉 비정치적인 사적 영역으로 해석되는 시민사회와 정치의 유일하게 정당한 소재지로 해석되는 국가라는 엄격한 이원론을 무너뜨린다. 그것은 또한 공리주의적인 민주적 과정 개념도 무너뜨린다. 비록 언론, 집회, 결사라는 개인의 권리들이 시민사회의 공론장을 제도화하기 위한 전제조건이기는 하지만, 그것을 고무하는 원리는 지극히 정치적이다. 그것이 바로 민주적 정당성의 원리이다.

민주주의 이론과 시민불복종

급진민주주의 이론은 국가에 대항하는 개인의 권리라는 관념보다 민주적 정당성의 원리에서 시작한다. 이 전통은 개인의 권리목록에 의해 보충되는 보다 '현실주의적인' 엘리트민주주의 모델에 의거하여 시민의 직접참여라는 유토피아적인 민주적 규범을 포기하는 것을 거부한다. 이 전통은 시민사회라는 제2의 유토피아적 이상을 채택한다. 이 전통에서 시민사회는 근대의 평등주의적 토대 위에서 고전적인 시민권의 원리, 즉 지배와 피지배에의 만인의 참여를 실현하게 될 제도적 장치를 의미한다.

우리 앞에 놓여 있는 문제는 다음과 같다. 시민불복종이 거의 민주적인 입헌민주주의에서 어떤 역할을 수행한다면, 그 역할은 무엇인가? 그리고 무엇이 시민불복종의 민주적 논거를 구성할 것인가? 급진민주주의적 시민사회 모델에서도 시민불복종은 필요한 것인가? 이것은 단지 자유주의의 문제이기만 한 것인가?

자유주의 이론의 경우에서처럼 우리는 급진민주주의적 전통 내에서도 두 가지 일반적 지향을 확인할 수 있다. 첫 번째 지향에는 "거의 민주적인" 정체에서 발생하는 시민불복종을 거부하는 경향이 있다. 두 번째 지향은 민주적 규범에 근거하여 시민불복종을 정당화한다. 이것들 각각을 차례대로 살펴보기로 하자.

급진민주주의적인 참여민주주의 이상의 가장 영향력 있는 정식화는 장 자크 루소의 정식화이다. 시민들이 법에 복종해야 하는 도덕적 책무의 문제에 대한 고전적인 루소식 해결책은 다음과 같은 구조를 지니고 있다. 즉 법의 지배 하에 있는 민주주의 사회에서 시민들은 어떤 이질적인 의지에 복종하는 것이 아니라 오직 스스로에게만 복종한다. 그 결과 모든 사람은 시민이자 주체이다. 공공선에 관심을 갖는 시민과 사적 행복을 추구하는 자아 간의 갈등은 내면화된다. 법에 복종해야 하는 시민의 책무는 그렇게 하기로 동의했다는 가정과 지배자와 피지배자 간의 간극은 폐지되었다는 사실 모두로부터 나온다. 모든 시민은 지배자와 피지배자 간의 동일성을 창출하는 제도적 장치를 통해 입법자가 되었다. 따라서 일반의지(general will), 즉 법을 따르기를 거부하는 시민은 잘못을 범하고 있거나 이기주의자이며 제거되고 말 것임이 틀림없다.

루소식의 급진민주주의 이론에는 항상 모호성이 존재해왔다. 일반의지가 구속력을 가지는 것은 그것이 정당하기 때문인가(그것이 일반이익 또는 공공선을 표현하기 때문인가) 아니면 그것이 인민의 의지이기 때문인가? 우리의 목적에서 볼 때, 두 대안 모두 문제가 있다. 우리는 두 번째 답변에 대해 논의할 것이다. 왜냐하면 그것이 우리의 질문과 가장 밀접한 관계가 있고, 절차적인 민주적 정당성 모델과 가장 분명한 관계가 있기 때문이다. 루소식의 민주적 정당성 개념은 정치적으로 이루어지는 모든 의사결정은 공적 시민의 담론적 의지형성 과정과 연계되어 있음이 틀림없다는 원리에 의해 인도된다. 루소는 이러한 원리를 곧장 적절한 주권조직의 문제로 번역한다. 민주적 정체는 정치적 의사결정에 시민이 직접참여할 수 있게 하며, 그렇지 않으면 그것은 비민주적이다. 그것은 민주적 정당성의 규범이 잘 조직된 정치공동체에서 완전히 제도화될 수 있다고 가정한다. 지배자와 피지배자, 규범과 조직이 동일시될 경우, 그러한 규범들의 반사실적 성격은 사라진다.[71)

    루소식의 참여민주주의의 이상은 대의제 의회의 비민주적인 부르주아 제도를 (보충하기보다는) 대체하고자 하는 제도적 모델 속에서 개념화된다. 실제로 사람들은 지배자와 피지배자 간의 동일성을 주장함으로써 무의식적으로 대의제의 원리에 대한 모든 견해가 지니는 민주적 잠재력(이를테면 평의회의 평의회)을 배제해왔다. 왜냐하면 대의제는 항상 필연적으로 대표자와 대표되는 사람들 간의 거리를 수반하기 때문이다. 유일한 예외가 있다면, 그것은 일반의지와 대표자들이 도달한 입장을 신비하게 동일시할 때뿐이다. 그 함의상 의회민주주의의 구조적 전제조건들—국가와 시민사회, 즉 공적인 것과 사적인 것의 분리, 그리고 개인의 권리에 대한 강조—은 정치적 소외의 근원으로 간주된다.[72) 이러한 관점에서 볼 때, 이론가들이 그리스 폴리스의 이상화된 모델에 다시 귀를 기울이든(아렌트), 중세 후기 공화주의적 전통에 다시 귀를 기울이든(루소), 아니면 노동자운동의 환경 내에서 만들어져서 전체 사회의 조직원리로 일반화된 새로운 형태의 직접민주주의에 다시 귀를 기울이든(평의회 공산주의, 혁명적 생디칼리슴), 그것은 아무런 차이를 만들어내지 않는다. 각각의 경우에서 모든 사회적 · 정치적 · 경제적 제도를 위한

---

71) 급진민주주의 이론에서의 동일시 개념에 대한 논의에 대해서는 Carl Schmitt, *The Crisis of Parliamentary Democracy* [1923] (Cambridge: MIT Press, 1985)를 보라. 제3장에서 슈미트를 다루고 있는 부분도 보라.
72) 이 입장은 네오아리스토텔레스식(매킨타이어[MacIntyre]) 또는 신공화주의식(샌델[Sandel], 테일러 등)의 현대 신공동체주의자들에게 전형적으로 나타난다.

단 하나의 조직원리만이 민주적 유토피아를 인도할 수 있다고 가정된다.

(네오아리스토텔레스식 모델과 사회주의적 모델과 함께) 루소식의 급진민주주의 모델이 탈분화 텔로스를 가지고 있다는 점을 분명히 할 필요가 있다. 그것은 도덕적 관점에서 나온 시민적 덕성의 개념—집합적으로 동의되어온 것에 대해 어떠한 도전의 여지도 남겨두지 않는—속에 도덕과 정치를 융합하는 경향이 있다. 시민사회와 정치사회 역시 붕괴된다. 일반의지나 현존 합의에 대한 불복종은 부당하고 반민주적이다. 왜냐하면 시민적 덕성과 공공선 외부에는 그 어떤 도덕적인 것도 존재하지 않기 때문이다. 달리 말해 관련 논쟁의 모든 관련자가 배제되지 않고 참여하여 완전히 공개적으로 벌이는 토론에 다수결이라는 절차적 원리가 뿌리내리고 있는 거의 민주적인 입헌민주주의에는 시민불복종 행위, 즉 민주적 과정을 통해 도달한 법에 대한 도전이나 그러한 과정을 우회하는 행위를 위한 여지나 그것에 대한 정당화는 거의 존재할 수 없다.

그러한 정체에서 유일하게 있을 수 있는 시민불복종의 정당화는 일정한 형태의 배제가 일어났을 때뿐일 것이다. 사람들은 제도가 충분히 민주적이지 않고, 어떤 집단의 목소리가 대변되지 않았고, 사람들의 주장에 충분한 주의가 기울여지지 않았다고 주장할 수 있다. 그러나 급진 참여민주주의 제도들이 충분히 민주적이지 않다는 주장은 항상 제기될 수 있다. 하지만 이를 인정하는 것은 정당성의 소재지와 주권조직, 지배자와 피지배자, 대표자와 대표되는 사람, 정치사회와 시민사회 간에 차이—바로 급진민주주의자들이 메우고자 하는 간극—를 재도입하는 것일 수 있다.

진정한 민주주의자는 민주주의가 **결코 완전히 제도화될 수 없다**는 점을 거듭 말하고 인정해야만 할 것이다.[73] 사람들이 긴장을 풀고 우리가 민

---

73) 이것은 비민주주의자들에 의해서도 역시 인정되어왔다. 카를 슈미트는 인민주권

주적 정당성 원리의 완전한 절차적 제도화에 도달했다고 말할 수 있는 시점은 결코 존재할 수 없다. 권리의 원리처럼 그 정체의 제도적 장치가 무엇을 달성했든 간에, 민주주의는 실현해야 할 진리(verité à faire), 즉 하나의 학습과정으로 이해되어야만 한다. 민주주의의 모든 경험적 조직 형태는 그것의 배제 메커니즘을 가진다. 즉 근대 대의제 민주주의는 강력한 자발적 결사체나 정당의 성원이 아닌 사람들에게는 그 적실성이 떨어진다. 직접민주주의는 공적 행복을 우선적으로 추구하지 않기에 적극적으로 정치활동을 하지 않는 사람들을 배제한다. 영토민주주의는 생산자를 차별하고 산업민주주의는 소비자를 차별한다. 연방주의는 연방의 약한 구성단위들의 중요성을 증가시키지만, 각 구성단위들 내의 의견을 달리하는 개인과 집단을 희생시킨다. 중앙집중화하는 민주주의는 잠재적으로 중요한 자치단위들에 어떠한 유인도 제공하지 못한다. 게다가 이러한 원리들의 어떠한 결합도 배제를 전적으로 배제하지 못한다. 우리는 대신에 복수의 민주적 형태를 근대 시민사회의 이상적인 제도화로 주장한다. 그러나 우리의 논점은 사람들이 그러한 방향으로 이동한다고 하더라도 그들은 여전히 민주적 정당성의 규범적 원리와 주권조직의 문제 간을 구분할 수밖에 없으며, 따라서 전자가 후자를 비판하는 도덕적 관점으로 작동할 것이라는 것이다.

두 번째 접근방식은 민주적 정당성에 대한 두 명의 최고의 현대 이론

은 제도화될 수 없다—제헌권력 형태의 인민의 의지는 항상 법 위에 또는 법 밖에 머무른다—는 전제에서 시작한다. 그가 이러한 통찰로부터 끌어낸 결론은 물론 전혀 민주적이지 않다. 그에 따르면, 인민의 의지는 대변될 수도 또 근대적 조건 하에서는 총회에서 형성될 수도 없기 때문에, 그것은 단지 그렇게 주장하고 박수 갈채라는 기법을 통해 그러한 주장을 확인하는 사람 속에서 구현될 수 있을 뿐이다. 따라서 지도자는 자신의 인품 속에서 정당성(법 이면의 원리)과 주권(비상시 결정을 할 능력)을 재결합한다. 이러한 이유 때문에 슈미트는 자신이 루소, 자코뱅주의, 볼셰비즘 속에서 발견한 동일시로서의 민주주의 모델에 기초하여 민주주의와 독재 간의 경계선은 실제로 하나의 가는 선이라고 결론짓는다.

가, 즉 한나 아렌트와 위르겐 하버마스의 접근방식이다. 두 사람은 루소식의 급진민주주의 이론을 거부하지만 그것의 규범적 이상은 포기하지 않았다.[74] 두 사람은 각기 공론장을 자신들의 정치이론의 중심에 위치시켜왔다. 그리고 매우 흥미롭게도 각자는 급진민주주의적 접근방식의 많은 약점에서 벗어난 민주주의 이론의 틀 내에서 시민불복종의 문제에 대한 글을 써왔다.[75] 우리는 그들의 입장을 간략하게 요약하여 그들이 자유주의적 전통 내의 최선의 것을 가지고 하나의 통합 가능성을 제시한다는 점을 보여줄 것이다.

우리가 법 또는 심지어 권리의 관점에서가 아니라 민주주의의 관점에서 시작하는 이론가들로 눈을 돌리자마자, 우리는 자유주의적 시민불복종 이론의 이론적·정치적 한계를 발견할 수 있다. 아렌트는 이 점에 대해 가장 확고한 입장을 드러내고 있는 인물이다. 실제로 그녀의 주요 주장은 민주주의의 관점에 의거하고 있다. 아렌트는 시민불복종을 양심적 반대와 구분하고자 노력함에도 불구하고 자유주의적 접근방식과 기본적으로 법률적인 접근방식은 그것을 적절히 수행할 수 없다고 주장한다.[76] 법학자들이 도덕적·법적 근거에 입각하여 시민불복종을 정당화하고자 노력할 때, 그들은 법령의 합헌성을 검증하는 개인이나 양심적 반대자의 이미지 속에서 사안을 해석한다. 아렌트는 이렇게 말한다. "내

---

74) 이것은 아렌트보다는 하버마스가 더 그렇다. 아렌트의 전반적 이론에서 나타나는 커다란 결점은 그 이론이 근대 시민사회에 대해 반감을 가진다는 것과 시대착오적인 이분법적 범주를 사용한다는 것이다(제4장을 보라). 미국에서 있었던 실제적 문제들에 대응하여 집필된 아렌트의 시민불복종에 대한 글은 그녀의 이론적 모델의 엄격성을 뚫고 나오는 경향이 있다.

75) Arendt, *Crisis in the Republic*, 51-102; Habermas, "Civil Disobedience."

76) 드워킨은 상당한 도움이 된다. 왜냐하면 대부분의 자유주의적·법률주의적 옹호자들과는 달리 그는 법 위반자들이 기꺼이 자신들의 행위에 대한 처벌을 받아들일 때에만 시민불복종 행위가 정당하다는 점을 강조하지 않기 때문이다. 대신에 그는 탈범죄화, 관대한 처벌 등을 강조한다.

가 보기에 현재의 논쟁[1967년]에서 가장 심각한 오류는 우리가 공동체의 법 및 관습과 주관적·양심적으로 맞서 싸우는 개인들을 다루고 있다는 가정—시민불복종의 옹호자와 비방자가 공유하고 있는 가정—에 있다고 생각된다."[77]

문제는 시민불복종 상황이 어떤 고립된 개인의 상황과 유비될 수 없다는 것이다. 그것은 불복종자는 집단의 한 성원으로서만 기능하고 생존할 수 있다는 단순한 이유 때문이다.[78] 자신들의 개인적인 도덕적 양심에 위배되는 어떤 특정 법령을 따르기를 거부하는 양심적 반대자들과는 달리, 시민불복종자는 자주 다른 부당한 법령에 저항하기 위해 그 자체로는 이의가 없는 법을 위반하기도 한다. 달리 말해 시민불복종 행위의 정치적 성격의 결정적 측면—실제로 아렌트가 볼 때 그들을 정치적으로 만드는 것—은 행위자가 홀로 행위하지 않는다는 것이다. 우리는 집합행위, 사회운동, 그리고 (공동의 이익을 넘어) 하나의 공동의 의견으로 함께 결속되어 있는 조직화된 소수의 일원으로 행동하는 개인들을 다루고 있다. 게다가 그들의 행위는 서로의 동의에서 나오며, 그들의 견해에 신뢰와 확신을 부여하는 것은 개인들의 주관적인 도덕적 성격이 아니라 바로 그러한 동의이다.

따라서 문제가 되는 것은 개인의 도덕적 고결성이나 주관적 양심의 지배(법학자들이 그러한 행위와 범죄행위를 구분하게 하는 의도의 문제)가 아니라 단결하여 행위하는 시민들이 행하는 불법적 정치행위의 정당성이다. 따라서 시민불복종은 담화의 형태를 포함하지만, 즉 다수에게 영향을 미칠 목적에서 그들에게 호소하지만, 그것은 정치사회의 행위자들에게 영향을 미치는 것을 목적으로 하는 시민사회의 공적 공간 내에

---

77) Arendt, *Crisis in the Republic*, 98.
78) Ibid., 55. 또한 Walzer, *Obligations*, 4도 보라.

서 행해지는 정치적 행위이기도 하다. 그것은 언론의 자유를 보호하는 수정헌법 제1조의 원리 그 이상의 것을 포함한다. 아렌트에 따르면, "시민불복종은 유의미한 수의 시민들이 변화의 정상적 통로들이 더 이상 작동하지 않고 불만이 경청되거나 처리되지 않을 것이라고 확신하게 되거나, 반대로 정부가 그 합법성과 합헌성이 중대한 의문에 노출되어 있는 행위양식을 변경시키려고 하기는커녕 그것에 관계해왔고 또 그것을 고집하고 있다고 확신할 때 발생한다."[79] 이 정의는 변화라는 사실, 시민사회가 정치사회(그리고 그것을 통해 국가)에 영향을 미치는 통로의 적합성, 그리고 모든 국가행위를 인도하고 제약하는 정당성(합헌성)의 원리를 강조한다.

아렌트는 또한 시민불복종을 범죄행위와 철저한 혁명 사이에 위치시키기를 원하지만, 자유주의자나 법학자들과는 달리 그녀는 비폭력을 시민불복종의 특별한 특징으로 주장하지도 그리고 개인의 권리침해를 강조하지도 않는다. 실제로 그녀는 노동입법 전체—단체협상권, 노동조합 조직권, 파업권—를 시민불복종이 쟁취한 권리의 사례들로 거론한다. 오늘날 우리가 노동입법을 당연한 것으로 인정하는 경향이 있지만, 실제로 그것은 폭력적 시민불복종이 수십 년 동안 결국 시대에 뒤진 법으로 판명된 것에 도전해온 결과 얻어낸 것들이었다.[80] 그러므로 시민

---

79) Arendt, *Crisis in the Republic*, 74.

80) 여기서 시민불복종에 대한 자유주의적 그리고 대부분의 민주적 담론이 놓친 한 가지 차원이 경제와 관련한 시민불복종의 역할과 정당성이라는 점은 지적할 만한 가치가 있다. 기본적 자유에 관심을 가진 자유주의자들이 그러한 고찰을 무시했다는 것은 놀랄 일이 아니지만, 민주주의 이론이 그것을 직접적으로 다루지 않았다는 것은 이상하다. 아렌트는 그것을 단지 지나가는 말로 언급한다. 롤스는 분배 정의 문제와 관련한 시민불복종 행위의 정당성을 분명하게 거부한다. 드워킨과 하버마스는 이 문제에 대해 침묵한다. 왈저(Walzer)는 경제제도와 관련하여 시민불복종을 논의해온 몇 안 되는 급진민주주의자 가운데 한 사람이다. 그는 사적인 경제적 법인은 더 큰 국가공동체 내의 하나의 정치조직으로 간주되어야 한다고

불복종의 특이성은 다른 곳에 위치되어야만 한다. 입헌민주주의가 직면하는 주요 문제는 자유의 제도들이 시민전쟁이나 혁명 없이 변화의 습격에 살아남을 수 있기에 충분할 정도로 유연한가 하는 것이다. 시민불복종과 법의 관계는 이 질문에 대한 답변에 달려 있다. 아렌트의 논점은 폭력을 긍정하는 것이 아니다. 왜냐하면 그녀는 폭력을 정치적 행위의 정반대로 파악하고 시민불복종을 전형적인 정치적 행위로 보기 때문이

주장한다. 오늘날 법인은 국가를 대신하여 세금을 징수하고 국가가 요구하는 기준을 유지하고 국가의 궁극적 지원 하에 국가의 돈을 쓰고 규칙과 규제를 강화한다. 그것들은 반(半)공적인 기능을 수행하고 노동자에 대해 권력과 권위를 행사한다. 그러나 법인 임원의 권위는 민주적 방식으로 정당화되지 않는다. 법인의 권력은 피고용자-부하에게 권위주의 국가의 권력과 다르지 않은 방식으로 행사된다. 물론 법인의 권위에 지배받는 사람들 가운데 일부는 그것에 대항하는 권리— 노동시간 또는 파업권과 같은 문제로 구체화되는, 국가가 보호하는 권리—를 어떻게든 획득해왔다. 사실 파업은 오랫동안 노동계급 시민불복종의 가장 공통된 형태였다. 자주 폭력 또는 무력이 노동자운동의 연좌시위와 연좌농성 전략에서 사용되었다. 그리고 왈저는 그러한 행위가 법인 내의 권력배분을 변화시키는 것을 목적으로 하는 혁명적인 것으로 보일 수도 있지만, 그 혁명이 국가 자체를 표적으로 하지 않는 한, 그러한 행위는 시민성의 한계 내에 있다고 주장한다(*Obligations*, 31). 그가 여기서 지적하는 논점은 거기에는 이용할 수 있는 합법적 통로가 전혀 존재하지 않는다는 것이다. 따라서 이러한 제한된 '혁명적' 시민불복종 행위는 민주적인 헌법의 원리를 법인의 영역으로 확대하여 그 속에서 재산권에 기초하여 임원이 절대권력을 주장하는 것을 전혀 설득력이 없게 하고자 하는 노력으로 이해될 수 있다. 법인의 임원과 국가공무원은 법인을 정치공동체보다는 재산의 일부(우리의 용어로는 경제사회)로 보는 경향이 있지만, 그것은 분명 둘 다를 포함한다. 이러한 시민불복종 행위에서 문제가 되는 점은 누가 법인을 소유하느냐가 아니라 그러한 소유권이 무엇을 수반하고 경영진이 어떤 통치권력을 정당하게 요구할 수 있는가 하는 것이다. 왈저는 봉건체제를 특징짓는 특징은 재산소유권이 통치권력을 수반한다는 것이지만 어떠한 근대 국가도 그리고 분명 어떠한 민주적 입헌국가도 그러한 상황을 용인할 수 없을 것이라고 주장한다. 따라서 그는 민주국가의 이해관계는 법인의 민주화에 의해 가장 잘 실현될 수 있다고 주장한다. 그러므로 거기에는 국가의 법과 정책이 아니라 오직 국가가 보호하는 법인의 권위에만 도전하는 한 가지 유형의 시민불복종이 존재한다. 우리는 다음과 같은 한 가지 단서조항을 달아 이러한 주장에 동의한다. 즉 경제적 효율성이 민주적 압력에 전적으로 희생되어서는 안 된다.

다. 그러나 집합행위는 복잡하다. 즉 시민불복종을 모반과 구분해주는 것은 갈등의 폭력적 또는 비폭력적 성격이 아니라 오히려 그것과 관련된 행위의 정신과 법의 정신이다.

오늘날 시민불복종이 전 세계적인 현상이기는 하지만 그것의 기원과 내용은 미국적이라는 것이 아렌트의 테제이다. 그녀는 어떤 다른 언어는 심지어 그것을 표현하는 단어조차 가지고 있지 않다고 주장한다. 하지만 드워킨과는 달리 아렌트는 미국 입헌주의의 특이성을 그것이 분명하게 드러내는 도덕적 권리의 원리나 권력분립에 대한 법률주의적 이해 속에 위치시키지 않는다. 그녀가 생각할 때, 아메리카공화국의 특별한 법 개념과 입헌주의 개념의 이면에 놓여 있는 독특한 정신은 공익과 공동의 관심사에 대한 사람들의 적극적 지지와 계속적인 참여라는 의미에서의 적극적 동의(active consent)의 원리이다. 게다가 사람들은 하나의 의지와 하나의 견해를 가진 미분화된 통일된 대중(루소)으로 인식되는 것이 아니라 복수의 상이한 여론들이 목소리를 낼 수 있는 복수의 지방, 지역, 국가의 정치체들(연방의 권력분립의 원리) 속에서 적절히 구성되는 것으로 인식된다. 아렌트는 미국 헌법의 권위와 정당성은 인민권력의 원리에 의거한다고 주장한다. 즉 당국과 정부에 부여되는 권력은 제한되고 위임되고 취소될 수 있다.

여기서 아렌트의 논점은 미국 입헌주의의 근간을 이루는 공화주의적 정치문화 전통―즉 자발적 결사체의 전통, 상호약속을 통해 유대와 책무를 확립하는 관행, 단결하고 협력하여 행위하는 사적 시민의 전통―과 시민불복종을 연계 짓는 것이다. 그녀는 이렇게 주장한다. "시민불복종자들은 자발적 결사의 최후의 형태와 다름없으며 그들은 이 나라의 가장 오래된 전통에 매우 부합한다."[81] 동의, 반대의 권리, 그리고 소수

---

81) Arendt, *Crisis in the Republic*, 96.

의견을 분명하게 표현하게 하고 그럼으로써 다수의 도덕적 권력을 감소시키는 결사의 기술이 근대 공화국의 시민적 덕목을 구성한다. 그리고 아렌트는 1960년대 후반 대중시위 속에서 옛 전통을 잇고 있는 하나의 중요한 사례를 정확히 포착한다. 그녀는 또한 조직화된 소수가 시민불복종 행위를 통해 다수의 의견에 놀랄 만한 영향을 미칠 수 있다는 점을 발견한다. 이러한 시민사회의 정치개입, 즉 시민불복종의 핵심에 자리하고 있는 것이 결사체적 행위원리이다.

아렌트는 결코 우리에게 그녀가 자신의 글에서 옹호하는 시민불복종 개념에 적절한 시민사회 이론을 제공하지 않는다. 다른 네오아리스토텔레스적 공동체주의자들과 마찬가지로, 그녀는 이론적으로 시대착오적인 개념을 가지고 작업한다. 그럼에도 불구하고 미국에서의 시민불복종 현상과 마주쳤을 때, 그녀는 자신의 전반적인 이론적 틀과 상충하는 시민사회 개념의 핵심적 차원들을 어쩔 수 없이 도입한다.[82] 가장 놀라운 사례는 그녀가 로크식 사회계약 모델을 미국이 혁명 이전에 경험한 계약, 서약, 협정 경험에 가장 적합한 모델로 언급한다는 것이다. 아렌트가 이전에도 로크식 계약 모델을 언급한 적은 있지만,[83] 그 글에서의 그녀의 해석은 아주 새롭다. 그녀에 따르면, 로크는 계약이 정부를 낳는 것이

---

82) 제4장을 보라. 우리는 한편에서는 사적 영역과 공적 영역의 엄격한 대비, 그리고 다른 한편에서는 대중사회로서의 근대 사회 개념을 염두에 두고 있는 중이다. 이 이론적 모델은 정의상 우리가 정식화해온 시민사회 개념을 배제한다. 기껏해야 그것은 개인주의적으로 인식되는 사적 영역과 정부로서의 국가 사이에 정치사회 개념을 염두에 두고 있을 뿐이다. 그러나 아렌트의 시민불복종에 대한 이해는 집합적으로 행위하는 사적 시민들의 영향력에 노출되어 있는 정치사회 모델을 함축하고 있으며, 그것은 권력이 분산되고 단지 부분적으로 그리고 조건부적으로만 정치사회나 국가에 위임되는 복잡한 시민사회 모델을 전제로 하고 있다. 요컨대 시민불복종에 대한 논의는 아렌트로 하여금 비록 이론적으로는 아니지만 내용의 수준에서 시민사회 개념의 핵심요소들——결사체와 사회운동(원형적인 전체주의적 대중운동과는 구분되는)——을 재도입할 수밖에 없게 한다.
83) 제4장을 보라.

아니라 사회(societas), 즉 자발적 결사체를 낳는다고 가정했다. 이 자발적 결사체의 개별 성원들은 일단 자신들을 서로 결속하고 나서 정부와 계약을 맺는다.[84] 하지만 이때 그녀는 '수평적' 형태의 사회계약을 각 개별 성원들의 권력을 제한하지만 사회의 권력은 그대로 두는 것으로 해석한다. 이 권력은 사회가 지속되는 한 개인에게 되돌아갈 수 없지만, 그것은 정부에 의해 완전히 전유될 수도 없다. 오히려 정부가 가진 권력은 사회의 의지에 의해 제한되고 억제된다. 여기서 새로운 것은 아렌트가 새로운 정치체의 혁명적 설립을 묘사하기 위해서가 아니라 시민불복종 현상을 설명하기 위해 수평적 계약 모델, 즉 수평적 협력행위 모델을 사용한다는 것이다. 시민불복종 속에서 집합행위자들은 (기존 형태의 정치사회를 대체하거나 심지어 새로운 형태를 창출한다는 의미에서의) 혁명을 목적으로 하지 않는 사회운동의 틀 내에서 자발적 결사체를 결성한다.

아렌트가 미국 또는 다른 곳의 근대 사회 또는 정치체계에 대한 자신의 평가를 바꾼 것은 아니었다. 그녀에게 미국은 여전히 하나의 대중사회이다. 그런 사회에서 동의는 전적으로 허구이다. 그리고 대의제 정부는 위기에 처해 있다. "왜냐하면 부분적으로는 시간이 경과하면서 정부가 시민의 적극적 참여를 허용하는 모든 제도를 상실했고, 또 부분적으로는 그것이 현재 정당체계가 겪고 있는 질병—관료제화, 그리고 당의 지배세력 말고는 그 아무도 대변하지 않는 양당의 풍조—에 의해 극심한 악영향을 받고 있기 때문이다."[85] 실제로 그녀가 기존 제도를 비판하는 관점은 제도 외적인 이상화된 직접민주주의 모델이다. 민주적 정당성 규범은 근대 입헌정치체계와 관련하여 선험적이다. 시민불복종에 대한

---

84) 『인간의 조건』에서 드러나는 아렌트의 입장변화에 주목하라. *The Human Condition* (Chicago: University of Chicago Press, 1958), 23. 거기서 그녀는 사회(societas)를 정치적인 것의 상실로 혹평한다.

85) Arendt, *Crisis in the Republic*, 89, 95.

그녀의 전폭적 옹호의 양면성도 여기서 비롯된다. 한편에서 그녀는 시민사회의 사적 시민들의 정치참여를 방어하고 경제사회와 정치사회에 대한 그들의 영향력을 확대하는 것과 관련하여 시민불복종의 정상성에 대한 설득력 있는 주장을 제시하는 것으로 보인다. 다른 한편 그녀는 자신의 전반적인 이론적 틀에 기초하여 자발적 결사체의 전통을 정당과 의회라는 대의제적 정치제도의 사회적 전제조건이라기보다는 하나의 잠재적 대체물로 파악한다. 결국 아렌트가 언급하는 계약과 결사의 전통은 그녀가 『혁명론』에서 주장했듯이 정치제도가 처음 수립되고(식민지 경험) 그 다음에 재창조될 때(혁명경험)의 전통이다. 아렌트가 볼 때, 계약과 결사는 직접민주주의적 참여를 위한 정치적 공간──즉 정치체계가 미래에 정당과 의회를 떠나 모종의 평의회 모델로 재조직화되기 위한 배아(胚芽)──을 구성하는 것이었다.

그럼에도 불구하고 아렌트는 시민불복종에 대한 자신의 글에서 근대의 분화된 사회의 사적 시민들에 특수한 제도 외적 정치행위와 시민적 덕성의 유형에 주목하면서, 근대 시민사회의 핵심차원들 중 일부를 재발견한다. 적어도 그 글에서 그녀는 민주적 정당성의 원리를 정치체계나 정부가 아니라 적어도 암묵적으로 그 둘로부터 분화된 것으로서의 시민사회에 위치시킨다. 더욱이 그녀의 자유주의적이라기보다는 민주주의적인 이론은 그녀로 하여금 시민불복종의 정치적 기능뿐만 아니라 정치적 성격까지도 분명하게 파악할 수 있게 해준다. 즉 그녀에 따르면, 시민사회, 정체, 경제의 더 많은 민주화를 목적으로 하는 시민불복종은 정당한 정치적 행위이다. 아렌트는 소수의 권리를 방어하거나 주장하는 것을 목적으로 하거나 정치사회와 (전혀 일관적이지 않지만) 경제의 민주화를 목적으로 하는 시민불복종을 옹호한다.

아렌트는 법을 위반하는 것에는 아무런 법적 정당화도 있을 수 없지만 정부제도 내에는 시민불복종의 여지가 있을 수 있다고 주장한다. 시민불복종이 정치적 행위를 포함하기 때문에 수정헌법 제1조의 자유언론의 권리에 의해 보호받지는 못하지만, 미국 정치문화의 핵심에 자리하고 있는 시민불복종의 한 가지 결정적 요소가 바로 헌법상의 하나의 권리, 즉 결사의 권리(미국 권리헌장에는 존재하지 않는)라고 분명하게 제시될 수 있다. 그녀는 이 결사의 권리를 인정하는 것은 분쟁을 무릅쓸 만한 대단히 가치 있는 수정조항이 될 것이라고 주장한다. 그녀는 토크빌을 인용하며, 다음과 같이 주장한다. 왜냐하면 만약 시민불복종과 함께 결사의 자유가 훨씬 더 가공할 위험을 피하기 위한 위험한 수단이라면, "미국인은 위험한 자유를 향유함으로써 자유의 위험을 덜 가공할 만한 위험으로 만드는 기술을 배우기" 때문이다.[86] 권력(협력하여 행위하고 여론을 형성하는 사람들의 권력)이 창출되고 시민사회를 통해 퍼져 나가는 것은 결사의 기술을 통해서이다. 또는 다른 방식으로 표현하면, 제한된 정부를 제한된 상태로 붙잡아두는 것은 시민들이 기꺼이 시민사회 내에서 결합하고 여론을 형성하고 그들 나름으로 집합적으로 행위하고 그럼으로써 정부에 영향을 미치는 것이다. 비록 아렌트가 이에 대해 전혀 설명하고 있지는 않지만,[87] 그 함의상 입헌민주주의에서 민주적 정당성은 그것의 소재지를 권위가 지방의 정치체들로부터 위로 흘러 올라가는 연방정체 모델[88]에서뿐만 아니라 자발적으로 결합한 사적 시민들——정치사회의 공적 공간과 구분되는 시민사회의 공적 공간에서 집합적으로 행위하고 자신들의 견해를 표현하는——의 여론 속에서도 발견해야만 할 것이다.

이것이 바로 하버마스의 근대 공론장 개념의 핵심을 이루는 것이며,

---

86) Ibid., 97.
87) 아렌트가 그것을 설명할 수 없는 데에는 이론적 이유들이 있다. 즉 그것은 그녀가 근대 세계의 시작과 함께 공론장이 쇠퇴하고 또 공적인 것과 사적인 것이 혼합된 모호한 영역, 즉 사회(시민사회)가 출현하여 확장되고 있다고 가정하기 때문이다.
88) 이것은 아렌트가 『혁명론』 말미에서 설명한 모델이다. Arendt, *On Revolution* (New York: Penguin Books, 1977).

또한 그는 이것에 기초하여 자신의 민주적 정당성 이론을 정교화시켜왔다. 사실 하버마스의 근대 공론장에 대한 분석은 자발적 결사체의 원리에 대한 아렌트의 논의를 보충한다. 그것은 전문정치인이 아닌 사적 시민들에게 개방되어 있는 종류의 정치활동을 이해하는 데 중요한 또 다른 핵심적인 근대 시민사회의 제도에 기초하여 정교화된다. 하지만 하버마스의 민주적 정당성 이론은 그것의 규범적 주장이 하나의 특수한 전통 또는 정치문화(아렌트가 초점을 맞추고 있는 미국)의 한계를 넘어서고 또 하나의 특수한 관행(자발적 결사체와 타협의 습관)에 하나의 규범적·책무적 성격을 부여하는 원리를 제시한다는 점에서 아렌트의 이론적 틀을 능가하는 하나의 중요한 조치이다. 하버마스의 이론은 선험적이지도 또 시대착오적이지도 않은 현존 제도와 관련하여 반사실적인 규범적 관점을 재도입한다. 동시에 그 이론은 시민사회의 공론장을 정치사회의 대의제적·민주적 제도에 대한 하나의 잠재적 대체물이나 대안으로서가 아니라 하나의 보충적 전제조건으로 파악한다. 이런 식으로 하버마스는 아렌트식 접근방식의 모호성을 피한다.

제8장에서 우리는 하버마스의 공론장 개념과 민주적 정당성 이론에 대해 논의했다. 우리는 여기서는 자유주의적 근거라기보다는 민주적 근거에서 시민불복종을 옹호하는 데서 그것들이 갖는 함의에 초점을 맞추고자 한다. 롤스와 (그가 인용하고 있는) 드워킨과는 달리, 하버마스는 근대 입헌국가는 도덕적 정당화를 필요로 하는 동시에 도덕적 정당화를 할 수 있다고 가정한다. 그도 역시 "근대 입헌국가가 전에 없던 높은 수준의 정당성을 요구받는다는 것," 즉 민주적 입헌국가가 그것을 정당화하는 입헌원리들을 실정법적으로 구현하는 것 이상을 요구받는다는 사실에서 시작한다.[89] 하지만 하버마스에서 이 도덕적 정당화는 롤스, 그

---

89) Habermas, "Civil Disobedience," 101, 106.

리고 특히 드워킨에서처럼 개인의 권리의 원리에 근거하는 것이 아니라 민주적 정당성의 원리에 기초한다. 후자의 원리에 따르면, 오직 일반화할 수 있는 이해관계를 표현하고 있고 그럼으로써 모든 관련자가 심사숙고하여 내린 동의——이성적 판단에 입각한 의지형성 절차와 연계된 동의——에 의존할 수 있는 그러한 (입헌적) 규범만이 정당화될 수 있다.[90] 하버마스는 비록 다른 근거에서이기는 하지만, 아렌트와 같이 민주적 입헌국가는 시민들의 법에 대한 조건부적·제한적인 지지에 의존한다고 주장한다. 왜냐하면 민주주의는 "오류를 범할 수 있는 이성과 타락할 수 있는 인간의 본성에 대한 불신"을 제도화하고 있기 때문이다. 역설적으로 "민주주의는 합법적 형태로 출현하는 부정의에 대한 불신——비록 이 불신이 제도적으로 보장된 형태를 취할 수 없다고 하더라도——을 보호하고 유지해야 한다."[91] 그러나 이 경우에 오류 가능성은 다수가 개인의 권리를 침해할 가능성(롤스와 드워킨)이 아니라 제도화된 다수가 절차적 합법성을 존중하면서도 충분히 민주적이지 않은 방식으로 의사결정을 할 가능성을 지칭한다. 하버마스는 시민불복종을 정당성과 합법성 사이에 위치시킨다. 시민불복종이라는 국민의 의사표명적 압박, 즉 정치적 의지의 형성에 영향을 미치는 수단으로서의 시민불복종의 지위는 민주적 입헌국가가 자신의 법질서로 축소될 수 없다는 사실을 말해 준다. 거기에는 겉으로 보기에는 다수결 원리라는 절차적 원리를 존중하는 것처럼 보이는 의사결정의 민주적 성격이 도전받을 때 호소할 수 있는, 그리고 의사결정 과정을 더욱 민주화하는 것을 목적으로 하는 시민불복종 행위를 정당화할 수 있는 반(反)사실적인 민주적 원리들——그럼에도 불구하고 우리의 정치제도들이 의존하는——이 존재한다.

---

90) Ibid., 102.
91) Ibid., 103.

따라서 영향력 정치로서의 시민불복종에 대한 하버마스의 분석에서 초점의 대상이 되고 있는 것은 시민불복종이 입헌주의의 근간을 이루는 민주적 원리 및 그러한 원리들이 실현되는 과정과 맺는 관계이다. 하버마스는 시민불복종을 극히 부당한 질서의 사례 또는 심지어 심각한 위기와 연계시키기는커녕, 시민불복종은 "보편적 내용을 담고 있는 엄격한 입헌원리의 실현이 역사적으로 결코 선형적이었던 적이 없는 장기적 과정"이기 때문에 반복해서 발생하게 될 상황에 대한 하나의 정상적 대응이라고 가정한다.[92] 실제로 그는 시민불복종은 자주 민주적 원리를 실현하는 과정에서 발생하는 오류를 바로잡거나 정치체계에 영향력을 행사할 수 있는 특권 있는 기회를 부여받지 못한 보통 시민들[93]이 혁신을 추진할 수 있는 마지막 기회라고 주장한다.

드워킨과 마찬가지로 하버마스는 우리에게 의회법안의 삼중 독회에서 사법심사 과정에 이르기까지 자기수정 제도의 급격한 증가가 보여주듯이, 입헌국가가 법 개정에 대한 높은 요구에 대처하고 있다는 것을 상기시킨다. 이러한 법 개정에 대한 높은 요구는 개인의 권리뿐만 아니라 민주적 정당성의 규제원리와 관련해서도 제기된다. 그러한 요구는 개인의 권리에 대한 존중을 포함하지만 또한 그것을 넘어서는 다수결 원리의 전제조건으로부터 파생한다. 다수의 원리가 그것의 정당한 권력을 유지하기 위해 충족시켜야만 하는 최소한의 필요조건이 바로 영원한 소수가 존재해서는 안 되고 그러한 결정이 철회될 수 있어야 한다는 것이다. 또한 모든 경우에서 의사결정의 소재지가 어디에 위치하는지도 분명하

---

92) Ibid., 104.

93) 즉 의회, 노동조합 또는 정당(정치사회)의 성원이 아닌 사람들, 매스미디어에 접근할 수 없는 사람들, 선거유세 동안에 투자를 보류하겠다고 위협할 수 없는 사람들—요컨대 많은 돈과 권력이 없는 사람들. Habermas, "Civil Disobedience", 104를 보라.

지 않다. 지방, 지역, 중앙의 심의기구들 간에 주권의 적절한 배분을 둘러싼 논쟁이 발생할 수 있고 또 발생한다.[94] 시민사회의 권위영역과 정치사회의 권위영역을 둘러싼 의견차이 역시 발생한다. 클라우스 오페는 그러한 상황에서 다수결의 원리를 성찰적으로 사용할 것을 주장해왔다.[95] 그것은 다수의 원리 그 자체의 적용대상, 적용방법 그리고 한계를 다수의 분별력에 따르게 하는 것—즉 그 원리를 스스로에게 성찰적으로 적용하게 하는 것—을 포함한다. 비록 그러한 성찰 자체가 다수결주의적인 성향 속에서 이루어질 것임이 틀림없지만, 그것은 다음과 같은 기준에 의해 인도되어야만 한다. "시간과 정보라는 자원이 제한된 상황에서 다수결의 과정이 만들어낼 수 있는 결정이 담론을 통해 얻은 동의 또는 추정컨대 공정한 타협이라는 이상적 결과들로부터 얼마나 벗어나 있는가?"[96]

하버마스는 모든 시민들의 이해관계 및 관심과 관련한 도전이 발생할 때 개별 시민뿐만 아니라 집합체가 "주권자의 원래의 권리"를 떠맡을 수도 있다고 진술한다. 즉 민주적 입헌국가는 최종 심급에서는 이 정당성의 수호자에 의지할 수밖에 없다.[97] 하지만 민주화를 목적으로 하는 시

---

94) 이를테면 정부의 의사결정 사례가 원자력 발전소의 입지결정에도 그대로 적용될 수 있는지를 둘러싼 논쟁은 이것의 한 사례이다. 이 문제에 대한 탁월한 논의로는 Claus Offe, "Legitimation Through Majority Ruler?," *Disorganized Capitalism* (Cambridge: MIT Press, 1985), 259-299를 보라.

95) Ibid.

96) Habermas, "Civil Disobedience," 111.

97) Ibid., 105. 이것이 바로 적절한 민주적 제헌권력 이론이다. 하버마스는 카를 슈미트와 유사한 통찰에서 전혀 다른 결과를 도출한다. 제헌권력이 민주적 체제에 완전히 제도화될 수 없다는 것은 사실이다. 선거와 경쟁적 정당체계 그리고 법의 지배의 결합이 인민주권을 제도화하거나 제한할 수 있다는 관념은 전혀 설득력이 없다. 슈미트는 자유주의에 반대하는 자신의 주장 속에서 이러한 통찰을 행정부의 결단주의(decisionism)와 임의적인 주권적 의지를 정당화하는 것으로 변질시킨다. 그러나 이러한 통찰이 지닌 함의를 정치적인 것의 본질 속으로 끌어들이는

민불복종을 포함하는 집합행위는 자기제한적이어야만 한다. 즉 예외적인 수단의 채택은 상황에 적합해야만 한다. 하지만 단순한 전술적인 비폭력 방침보다 더 중요한 것이 민주공화국의 입헌원리와의 동일시이다. 시민불복종자들이 자신들의 저항행위가 상징적 성격을 지니며 또 다수 주민의 이성능력과 정의의식에 호소한다는 확신에 기초할 때, 그들은 엘리트주의적 태도에서 벗어난다.[98] 따라서 시민불복종은 민주적 입헌국가의 틀이 전적으로 온전히 유지되는 상황에서 발생한다. 그러한 국가는 시민들의 개인적 확신과 관련해서는 중립적이지만, 상호주관적으로 인식된 합법성의 도덕적 토대와 관련해서는 중립적이지 않다. 시민불복종은 개인의 사적 확신의 절대적 성격이 아니라 그러한 원리들에 대한 호소에 기초한다. 정치적 엘리트들의 대응뿐만 아니라 그러한 행위의 자기제한은 정치문화의 성숙성을 보여주는 하나의 표지이다.[99]

따라서 민주주의 이론은 입헌민주주의에서 시민불복종의 정의, 성격,

또 다른 방식이 있다. 오페와 하버마스가 주장했듯이, 민주적 입헌국가에서 사람들은 그러한 통찰을, 권리와 민주적 정당성의 원리를 갖추고 있는 입헌주의는 제헌권력의 부분적 제도화에 의거하며 실제로 입헌의회와 헌법개정의 관념 속에서 주권을 제도적으로 인민에게 복귀시킨다는 것을 의미하는 것으로 받아들일 수 있다. 시민불복종 이론은 이것을 한 단계 더 진척시킨다. 시민불복종을 제도화하는 것은 가능하지 않다. 그러나 시민불복종이 합법적이 될 수는 없지만, 정치문화 속으로 진입할 수 있다. 현존 정당정치체계 외부에서 작동하는 사회운동은 입헌민주주의가 지속적으로 수정될 필요가 있다는 점을 인식하고, 그럼으로써 영구혁명이 되거나 법질서 전체에 도전하지 않을 수 있다. 따라서 주권은 결코 완전히 제도화될 수 없다는 통찰은 행정부의 권력을 위한 슈미트식 주장을 뒷받침하는 것이 아니라 민주적 정당성의 원리를 재확인하는 것일 수 있다.

98) 하버마스는 이것이 바로 새로운 사회운동을 그릇된 혁명적 이상을 가지고 있는 신좌파와 구분해주는 것이라고 주장한다.
99) 드워킨과는 달리 하버마스는 이것은 1980년대 후반 독일의 대탄도미사일 저항에서 사실이었다고 주장한다. 그는 이것을 엘리트주의적 권력행동이 아니라 여론을 압도하고 입법부의 다수에게 영향을 미치는 것을 목적으로 하는 일련의 상징적 집합행위로 해석한다.

기능과 관련하여 자유주의 이론과 유사한 하나의 논점에 도달한다. 하지만 자유주의자와 민주주의자들은 서로 다른 이유에서 시민불복종 행위를 정당화하고, 그것에 적합한 행위에 대해 서로 의견을 달리한다. 자유민주주의 이론의 한계와 급진민주주의 이론의 한계는 서로 대칭적이다. 각각은 자신들의 논리에 입각하여 시민사회라는 유토피아의 한 가지 차원을 차폐한다. 자유주의자들은 개인의 권리의 방어 또는 창출을 위한 경우에만 불법적 집단행위의 정당성을 인정한다. 반면 민주주의자들은 민주주의의 방어 또는 확장에 초점을 맞추고 있다. 우리가 살펴보았듯이, 국가에 대항하는 도덕적 권리라는 자유주의적 이상은 자유주의자들이 기꺼이 인정하는 것보다 더 광범위한 시민사회 및 시민행동 모델을 전제로 하고 있다. 왜냐하면 권리에 의해 확보된 공적 공간과 사적 공간은 서로 정치적으로 관련되어 있고, 그러한 권리를 확대하고 방어하려는 집합행위는 지극히 정치적이기 때문이다.

다른 한편 민주적 정당성의 원리 또한 제도 외적인 도덕적·정치적 함의를 지닌다. 첫째, 민주적 정당성의 원리는 민주화는 영원한 의제이며 대의민주주의의 더 많은 민주화를 명분으로 하는 시민불복종 행위는 대의민주주의를 진지하게 받아들이며 또 그것은 정당하다는 것을 전제로 한다. 이러한 맥락에서 민주화는 시민사회와 정치사회 간의 의사소통과 영향력의 통로를 열어놓는 것을 의미한다. 여기서도 역시 아렌트나 하버마스가 제시한 것보다 더 광범위하고 더 분화된 시민사회 모델을 전제해야만 한다. 왜냐하면 민주주의자들은 도덕적 권리의 관념이 확보한 것, 즉 자유주의자들이 소극적 자유 또는 개인의 자율성과 특수이익의 존엄성이라고 부르기를 좋아하는 것을 인정하고 승인할 필요가 있기 때문이다. 우리가 제8장에서 주장했듯이, 민주적 정당성의 원리를 확립하는 담론윤리들 또한 근본적인 개인적 권리를 당연히 수반한다. 그것은 탈전통적인 도덕적 능력을 갖춘 자율적 개인들을 전제로 한다. 그 밖의 누가 토론을 위해 설정한 금기와 한계에 도전할 수 있는가? 그 밖의 누가 전통적 또는 과거의 합의가 더 이상 타당하지 않다고 말할 수 있는가? 그 밖의 누가 정치적 규범 또는 기본적 권리로 제도화될 수도 있는 새로운 가치를 제안할 수 있는가? 참여민주주의가 전통주의적 민주주의 또는 권위주의적 민주주의가 되지 않기 위해서는, 그것은 기본적 권리와 그것에 상응하는 분화된 시민사회와 정치사회 모델을 전제로 해야만 한다.

두 가지 도덕원리, 즉 권리의 원리와 민주적 정당성의 원리가 입헌과정 내의 다수결이라는 절차적 원리에 정당성을 부여한다.[100] 이 두 가지 원리가 입헌주의의 두 가지 규범적 축이다. 제도화된 공론장과 정치체계와 관련하여 민주적 정당성의 원리가 놓여 있는 상황은 법체계와 관련하여 도덕적 권리의 관념이 놓여 있는 상황과 유사하다. 어떤 시점에서 우리의 모든 도덕적 권리가 법에 의해 완전히 보장되었다고 주장하는 것이 불가능한 것과 마찬가지로, 어떤 일단의 정치적 장치들이 민주적 정당성의 원리를 완전히 제도화했다고 주장하는 일은 생각할 수도 없는 일이다. 여론을 표출하고 형성하는 제도적 공간은 모든 민주적 체계에서 제공되고 있음이 틀림없다. 하지만 도덕적 권리의 관념과 마찬가지로, 민주적 정당성의 원리도 반사실적 규범으로서의 지위를 가진다. 이것은 권리와 민주주의 모두가 우리로 하여금 민주적 제도들이 보다 민주적이 될 수 있다고 생각할 수 있게 하는 학습과정을 수반한다는 것을 의미한다.[101]

---

100) 달리 말해 만약 다수결의 원리가 입법의 규범적 요소—여기서 선호의 단순한 계산은 부적절하며 그것은 개인의 원리의 문제가 아니다—와 관련하여 존속할 수 있으려면, 그것은 민주주의 이론의 근간을 이루는 일단의 도덕적 원리에 기초해야만 한다. 우리는 제8장에서 민주적 정당성이라는 표제 하에서 이 문제를 다룬 바 있다.

101) 도덕적 권리의 관념과 마찬가지로 민주적 정당성의 원리도 일단의 반사실적 규범—국가가 부분적으로 제도화할 수 있으나 결코 완전하게 제도화할 수는 없는 규범—으로 작동한다. 국가는 폭력의 정당한 사용을 독점하지만, 그것은 반민주적이 되지 않고는, 즉 인민주권의 관념과 그것과 연계된 민주적 정당성을 위반

입헌민주주의 내 제도들의 더 많은 민주화를 지향하는 시민불복종은 다수결 원리의 정당성을 입증한다. 그러한 행위는 입법기관의 외부에서, 즉 시민사회 내부에서 다수의 의견에 영향을 미치고, 그리하여 입법과정에 영향을 미치고자 한다. 그것은 다수결의 원리가 개인의 권리라는 기준뿐만 아니라 민주적 정당성의 원리에 기초하여 평가되어야만 한다는 것을 전제로 한다. 그것은 또한 권리의 원리와 민주적 정당성의 원리가 궁극적으로 활력 있는 시민사회의 공적 공간과 사적 공간에 처음부터 끝까지 소재한다는 것을 전제로 한다. 따라서 시민불복종은 민주주의와 자유주의 모두의 리트머스 시험지이다. 시민불복종이 자유주의의 리트머스 시험지인 까닭은 그것이 권리에 대한 존중을 함의하고 또 그간 제도화되어온 민주적 합의와 절차 외부에서 정치와 관련되어 있는 도덕적 기준을 존중한다는 것을 함의하기 때문이다. 분화된 다원주의적인 근대 시민사회는 자유주의적·민주적 시민권의 약속과 위험을 받아들이기에 충분할 만큼 성숙한 정치문화를 요구한다. 우리는 우리가 그러한 방향으로 나아가고 있기를 희망한다.

하지 않고는 정치를 독점할 수 없다.

옮긴이의 말

옮긴이 중 한 명이 이 책 『시민사회와 정치이론』을 접한 것은 한창 박사학위 논문을 쓰고 있던 1992년, 그러니까 이 책 영문판이 출간되던 해였다. 구체적으로 그때 그 옮긴이는 한국의 정치위기를 분석하기 위한 삼분 모델을 구성하고 있었다. 이 책이 학위논문을 작성하는 데 많은 도움이 될 것임은 틀림없었다. 하지만 그때는 시간관계상 엄청난 분량의 이 책을 다 읽을 엄두도 못 내어 당시 국내에 번역되어 소개되었던 코헨과 아라토의 논문을 참고할 수밖에 없었다. 그리고 누군가에 의해 이 책이 번역·소개되어 쉽게 읽을 수 있기를 기대했다. 그러나 그 다음 해에 이른바 '문민정부'가 들어서면서 민주주의 이론도, 시민사회 이론도 학계와 출판계에서 멀어지기 시작했다. 이 책의 저자들이 민주주의를 끝없이 추구해야 하는 하나의 '이상'으로 상정하고 있음에도 불구하고, 군부독재의 종식을 민주주의의 완성으로 보는 시각이 당시 정치권을 넘어 학계에까지 영향을 미치고 있었기 때문이다.

옮긴이 중 한 명이 이 책을 번역하고자 한 것은 2000년에 접어들 때쯤 한창 번역작업에 눈을 돌리고 있을 때였다. 번역판이 나오기를 기다리느니 시민사회 이론을 다시 한 번 공부하고, 내친김에 직접 번역하기로 마음먹었다. 그러나 이미 다른 출판사에서 다른 역자들에 의해 번역되고 있다는 소식이 들렸다. 그러나 그 번역은 기다려도 나오질 않았다. 그리고 이 책은 다른 작업에 빠져 있던 옮긴이의 마음에서도 언젠가 뒷전으로 밀려 있었다. 그런 와중에 한길사의 번역제안은 이 책을 우리의 책상 위로 다시 옮겨놓게 했고, 길고 긴 번역작업이 시작되었다. 그러나 우리의 번역작업은 왜 이 책이 아직껏 우리말로 번역되지 않았는지를 우리에게 확인시켜주는 과정이었다.

이 책의 엄청난 분량─이것은 이 책을 두 권으로 분책하게 만들었다─은 차치하고, 거기에는 크게 두 가지 이유가 있어 보였다. 이 책의 제1부와 제2부는 저자들이 이 책에서 직접 언급하듯이, 우리가 그 이유를 알 수는 없지만 "의도적으로 비체계적으로" 서술되었다. 그리고 어떤 논평자가 말하듯이, "너무 복잡한 철학적 수준을 유지"하고 있어 일반 독자들이 접근하기에는 너무나도 난해하다. 따라서 우리는 이 책을 통해 시민사회 이론을 공부하기보다는 이 책을 이해하기 위해 시민사회 이론의 철학적 계보를 먼저 공부해야 하기도 했다. 그리고 제3부는 저자들이 제1부와 제2부에 비해 "더 체계적이고 더 설명적"이라고 언급하고 있지만, 이 부분 역시 수많은 정치철학자들의 논의를 검토하고 있는 것은 물론 자신들이 의지하는 하버마스의 체계-생활세계 이론과 담론윤리 이론의 확장과 해석을 정당화하면서 자신들의 '자기제한적 민주주의 이론으로서의 시민사회 이론'을 전개하고 있기 때문에, 정치철학을 제대로 섭렵하지 못한 옮긴이들에게 난해하기는 마찬가지였다.

우리는 이러한 이 책 읽기의 어려움을 독자에게 그대로 반복하게 할 수는 없었다. 그렇기에 우리는 독자들의 이해를 돕기 위해 이 책 앞에 긴 해제를 붙일 수밖에 없었다. 해제의 제2절 "시민사회 개념: 분리와 융합의 역사"는 이 책의 제1권을 읽는 데 도움을 주기 위한 것이다. 이 책의 제1권에 해당하는 제1부와 제2부에서 코헨과 아라토는 자신들의 삼분모델의 구성을 염두에 두고 시민사회의 긍정성을 부각시키는 다양한 이론들과 부정성을 부각시키는 여러 이론들을 해체시키지만, 각 이론들의 내용을 친절하게 설명하지 않는다. 따라서 우리는 그곳에 주요 시민사회 이론가들의 논지를 요약적으로 소개해놓았다(하지만 우리는 코헨과 아라토가 다룬 무수한 학자와 이론들을 다 정리하여 소개할 수는 없었다). 그러나 너무나도 축약된 우리의 논의가 거꾸로 과잉단순화의 오류를 범할 수 있는 여지가 있음을 독자들은 유념해주기 바란다.

해제 제3절 "코헨과 아라토의 시민사회 이론의 재구성"은 이 책 제2권의 이해를 돕기 위한 것이다. 비록 이 이 부분이 코헨과 아라토의 말대로 더 체계적일 수는 있지만, 제3부를 이루는 각 장들은 다른 책이라면 하나의 부(部)를 이룰 정도로 방대하다. 그리고 독자들 역시 이 책을 읽으면서 느끼겠지만, 코헨과 아라토의 길고도 세세한 논증과정은 우회와 반복을 거듭하고 있기 때문에, 코헨과 아라토의 전체적인 일반적 논지를 따라가기가 쉽지 않다. 따라서 우리는 독자들을 위해 코헨과 아라토의 주장을 그의 시민사회 이론의 밑에 깔려 있는 '자기제한적 민주주의'라는 개념을 핵심축으로 하여 그들의 시민사회 이론을 '우리식'으로 재구성해 놓았다. 하지만 이 부분 역시 우리식의 재구성이기 때문에, 또 다른 재구성의 여지는 여전히 남아 있다. 우리는 이 책이 이러한 '여러' 재구성 및 해석과 시민사회 이론과 민주주의 이론의 발전에 도움이 되기를 바랄 뿐이다.

번역과정에서 우리를 괴롭힌 또 다른 문제는 번역어의 선택 문제였다. 이 책에는 동일한 현상을 지칭하는 서로 다른 영어 표현과 서로 다른 현상을 지칭하는 동일한 영어 개념들이 등장한다. 그중 우리를 가장 괴롭힌 것은 Öffentlichkeit라는 다의성을 지닌 독일어 단어와 관련되어 있다. 이 단어는 영어로 the public, publicity, public sphere 등으로 번역되고 있으며, 게다가 그 영어 단어들 역시 다의성을 가지고 있다. 이 책 도처에서 이 용어들은 각 학자들이 사용한 의미대로 그대로 인용되며 등장한다. 우리는 이 용어와 관련된 영어 표현에서 그것이 지칭하는 정확한 의미를 파악하는 데 많은 애를 먹었다. 우리는 우리가 문맥상 파악한 내용에 따라 번역어를 선택할 수밖에 없었다. 따라서 the public은 문맥에 따라 '공적인 것'으로 그리고 관사가 없으면서 사적 영역과 대비될 경우 '공적 영역'으로 옮겼고, publicity는 '공공성'과 '공개성'으로 옮겼다. 특히 우리를 괴롭힌 단어는 public sphere였다. 왜냐하면 이와 유사한 단어들, 즉 public realm, public domain이 동시에 사용되고 있기 때문이다. 이 경우에는 각 학자들의 입장과 그것이 지칭하는 내용에 따라 달리 번역어를 선택했다. public sphere는 하버마스 자신 및 하버마스에 대한 논의와 관련해서 사용되었을 경우에는 '공론장'으로, 그리고 여타의 경우에서 사적 영역과 분명하게 대비될 경우에는 '공적 영역'으로 옮겼다. public realm은 주로 한나 아렌트와 관련하여 사용되었으며, 이 경우는 모두 아렌트의 사적 영역과 공적 영역의 대비에 근거하여 '공적 영역'으로 옮겼다. 그리고 일반적으로 사용된 public domain은 공적 영역으로 옮겼다.

또 다른 번역용어 문제는 헤겔과 관련되어 있다. 이는 코헨과 아라토가 헤겔의 『법철학』의 영어 번역본의 오류를 지적하면서도 영어판의 영어 표현과 독일어판의 독일어 표현을 동시에 사용하는 것에서 기인한다. 먼저 코헨과 아라토는 헤겔의 독일어 표현 Sittlichkeit(인륜)와 그것의 영어 표현인 ethical life(윤리적 삶)를 동시에 사용한다. 이 경우는 앞 단어들의 괄호 안의 표현으로 번역했다. 두 번째는 헤겔의 용어인 독일어 Korporation과 그것의 영어 번역어인 corporation의 우리말 표현의 문제이다. 일반적으로 이 용어는 그간 '직능단체'로 번역되어왔다. 하지만 우리는 이를 '조합'으로 옮겼다. 왜냐하면 그것의 중세적 의미를 살리고, 토크빌의 결사체(association) 개념과 뒤르켐의 '직업집단'(occupational

408

group)으로 이어지는 그 개념사적 발전을 염두에 두었기 때문이다. 그리고 general authority는 언뜻 보면 '일반적 권위'로 옮겨야 할 것 같지만, 이 책에서도 등장하듯이 그것의 독일어 표현이 allgemeine Macht인 점을 감안하여 '일반적 권력'으로 옮겼다.

이상 우리의 노력은 독자들에게 좀 더 나은 번역으로 다가가고 또 독자들의 이해를 돕기 위한 것이었다. 하지만 이러한 작업이 독자들에게 어쩌면 혼란을 초래할 수도 있을 것이다. 그리고 이 난해한 저작을 독자들이 우리말로 쉽게 읽을 수 있도록 부단한 노력을 기울였지만, 여러 곳에서 아직 우리의 학문적 부족이 드러날 것으로 보인다. 이 문제는 독자들의 질책을 겸허히 받아들이고, 거듭 수정할 것을 약속한다. 그렇지만 우리의 늦어질 수밖에 없었던 작업을 부단히 기다려주고, 우리의 작업에서 드러나는 문제점을 원문 하나하나 대조하고 꼼꼼히 지적하여 현재의 모습으로 만드는 데 도움을 준 한길사 여러분께 감사의 말을 전해야만 한다. 아무쪼록 이 책이 시민사회 이론과 민주주의 이론이 부활하는 계기가 되기를 기대해본다.

2013년 10월
박형신 · 이혜경

찾아보기

지은이 진 L. 코헨

뉴스쿨 대학교에서 박사학위를 취득하고(1979), 현재는
콜롬비아 대학교 정치사상 석좌교수로 있다. 콜롬비아 대학교로 오기 이전에
베닝턴 칼리지(1980-83), 캘리포니아 대학교(버클리, 1984)에서 교수를 지냈다.
그녀는 현대의 정치·법이론, 대륙 정치사상, 현대 문명, 비판이론, 국제정치이론을
강의하고 있으며, 전공은 시민사회, 주권, 인권, 젠더, 종교, 민주적 입헌주의이다.
현재는 지구화 시대의 국가와 인민주권에 관심을 두고 연구하고 있다.
2013년 콜롬비아 대학교 우수교수상과 뉴스쿨 대학교 우수동문상을 수상하기도 했다.
주요 저서로는『계급과 시민사회: 마르크스적 비판이론의 한계』
(*Class and Civil Society: The Limits of Marxian Critical Theory*, 1982),
『친밀성의 규제: 새로운 법 패러다임』(*Regulating Intimacy: A New Legal Paradigm*, 1992),
『시민권 패러다임의 변화와 시민의 배타성』(*Changing Paradigms of Citizenship and the
Exclusiveness of the Demos*, 2009),『지구화와 주권: 합법성, 정당성, 입헌주의에 대한 재고』
(*Globalization and Sovereignty: Rethinking Legality and Legitimacy and Constitutionalism*,
2012) 등이 있다.

지은이 앤드루 아라토

헝가리 부다페스트에서 출생하여, 시카고 대학교에서 박사학위를 취득하고,
현재 뉴스쿨 대학교 사회학과 정치·사회이론 석좌교수로 있다.
콜레주 드 프랑스 초빙교수를 지내기도 했다(2012). 그의 지적 사고는
옛 동유럽 공산주의 국가 대항 지식인들의 사고와 오랜 지적 동료인 진 L. 코헨, 그리고
위르겐 하버마스의 사회학적·철학적 저작에 영향을 받아 틀이 갖추어졌다.
그는 정치사회학, 사회이론, 종교사회학을 가르치고 있으며, 사회·정치사상사,
법·헌법이론, 혁명·급진적 변동의 역사적 문제, 법사회학에 관심을 두고 연구하고 있다.
주요 저서로는『청년 루카치와 서구 마르크스주의의 기원』(*The Young Lukacs and the
Origins of Western Marxism*, 공저, 1979),『네오 마르크스주의에서 민주주의이론으로』
(*From Neo-Marxism to Democratic Theory*, 1993),
『시민사회, 헌법, 정당성』(*Civil Society, Constitution and Legitimacy*, 2000),
『점령하의 헌법 만들기: 이라크의 강요된 혁명 정치』(*Constitution Making Under
Occupation: The Politics of Imposed Revolution Iraq*, 2009) 등이 있다.

옮긴이 박형신

박형신(朴炯信)은 고려대학교 사회학과를 졸업하고
같은 대학교 대학원 사회학과에서 석사와 박사학위를 취득했다.
강원대학교 사회과학연구소 연구교수, 고려대학교 인문대학 사회학과
초빙교수를 지냈다. 현재 연세대학교 사회발전연구소 연구교수로 있으며,
사회이론, 감정사회학, 사회운동 분야의 연구를 진행하고 있다.
주요 저서로 『정치위기의 사회학』『현대사회의 구조와 변동』(공저),
『새로운 사회운동의 이론과 현실』(공저), 『한국의 종교와 사회운동』(공저),
『열풍의 한국사회』(공저) 등이 있다. 역서로 한길사에서 펴낸
『카를 마르크스의 역사이론』(제럴드 앨런 코헨, 공역)을 비롯해
『정치사회학』(게오르게 A. 쿠르베타리스, 공역), 『감정과 사회학』(잭 바바렛),
『열정적 정치: 감정과 사회운동』(제프 굿윈 외 공편, 공역),
『사회학적 야망』(크리스 실링 외), 『공포정치』(프랭크 푸레디, 공역) 등이 있다.

옮긴이 이혜경

이혜경(李惠京)은 고려대학교 불어불문과를 졸업하고,
같은 대학교 대학원 사회학과에서 석사와 박사학위를 취득했다.
대진대학교 사회복지학과 초빙교수, 서울시립대학교 경제학부 BK21
연구교수를 지냈다. 현재 고려대학교에서 강의하고 있다. 정치사회학,
사회불평등, 사회이론 분야의 연구를 진행하고 있다. 저서로 『사회문제론』(공저)이
있고, 역서로 『사회변동의 비교사회학』(그레이엄 크로우, 공역),
『사회이론의 역사』(알렉스 캘리니코스, 공역)가 있다.
주요 논문으로는 「이데올로기 이론에 관한 사회학적 일 고찰」
「한국 의사집단의 전문직프로젝트에 관한 연구」
「우리나라 지역별 성비불균형과 혼인율: 실증분석」(공저) 등이 있다.

HANGIL GREAT BOOKS **128**

시민사회와 정치이론 2

지은이 • 진 L. 코헨 · 앤드루 아라토
옮긴이 • 박형신 · 이혜경
펴낸이 • 김언호
펴낸곳 • (주)도서출판 한길사

등록 • 1976년 12월 24일 제74호
주소 • (413-756) 경기도 파주시 광인사길 37
www.hangilsa.co.kr
E-mail: hangilsa@hangilsa.co.kr
전화 • 031-955-2000~3
팩스 • 031-955-2005

상무이사 · 박관순 | 총괄이사 · 곽명호
영업이사 · 이경호 | 관리이사 · 김서영 | 경영기획이사 · 김관영
기획 및 편집 · 배경진 서상미 김지희 이지은 권혁주
전산 · 김현정 | 마케팅 · 윤민영
관리 · 이중환 문주상 김선희 원선아

CTP 출력 · 알래스카 커뮤니케이션 | 인쇄 · 오색프린팅 | 제본 · 경일제책사

제1판 제1쇄 2013년 11월 15일

값 27,000원
ISBN 978-89-356-6431-3 94160
ISBN 978-89-356-6427-6 (세트)

• 잘못 만들어진 책은 구입하신 서점에서 바꿔드립니다.

• 이 도서의 국립중앙도서관 출판시도서목록(CIP)은
e-CIP 홈페이지(http://www.nl.go.kr/ecip)에서 이용하실 수 있습니다.
(CIP제어번호: CIP2013021404)

한길그레이트북스 인류의 위대한 지적 유산을 집대성한다